MINHAS RECORDAÇÕES

FRANCISCO DE PAULA FERREIRA DE REZENDE

MINHAS RECORDAÇÕES

Prefácio
Mary del Priore

Prefácio à 1ª edição
Octavio Tarquínio de Sousa

À guisa de
Cássio Barbosa de Rezende

2ª edição

Copyright © Topbooks, 2015
1ª edição: 1944

Editor
José Mario Pereira

Editora assistente
Christine Ajuz

Revisora
Cristina Pereira
José Grillo

Produção
Mariangela Felix

Capa
Miriam Lerner

Diagramação
Filigrana

CIP-BRASIL. CATALOGAÇÃO-NA-FONTE
SINDICATO NACIONAL DOS EDITORES DE LIVROS, RJ

Rezende, Francisco de Paula Ferreira de, 1832-1893
Minhas recordações / Francisco de Paula Ferreira de Rezende ; prefácio Octávio Tarquínio de Sousa ; introdução Cássio Barbosa de Rezende. - 2. ed. - Rio de Janeiro : Topbooks, 2015.
508 p. ; 23 cm.

ISBN 978-85-7475-252-5

1. Rezende, Francisco de Paula Ferreira de, 1832-1893. 2. Minas Gerais - Descrições e viagens I. Sousa, Octávio Tarquínio de. II. Rezende, Cássio Barbosa de. III. Título.

15-24748   CDD: 923.2
                            CDU: 929:32(81)

Todos os direitos reservados por
Topbooks Editora e Distribuidora de Livros Ltda.
Rua Visconde de Inhaúma, 58 / gr. 203 – Centro
Rio de Janeiro – CEP: 20091-007
Telefax: (21) 2233-8718 e 2283-1039
topbooks@topbooks.com.br | www.topbooks.com.br
Também estamos no Facebook.

MINHAS RECORDAÇÕES
Dedicadas a meus filhos.

ÍNDICE

Prefácio — *Mary del Priore* 21
Prefácio à 1ª edição — *Octavio Tarquínio de Sousa* 27
À guisa de introdução — *Cássio Barbosa de Rezende* 33
Advertência 47

PARTE PRIMEIRA

I. A província de Minas Gerais. A excelência de seu clima, a beleza de seus panoramas e a riqueza de seu solo. O grande amor à terra natal e o orgulho de ser mineiro. Os paulistas que, à cata de ouro, devassaram quase todo o continente, parece que não enveredaram pelo sul de Minas, onde o ouro, entretanto, abundava à flor da terra. A fundação da cidade da Campanha. O documento que refere a sua história e fixa a sua data. O grande papel que a Campanha representou na civilização e desenvolvimento do vale do Sapucaí. Sua grandeza e decadência.
.... 51

II. A genealogia da família. O nascimento do autor e a ingênua decepção da progenitora. Um menino franzino e um homem hipocondríaco. De oito irmãos, dois apenas sobreviveram.
.... 63

III. Ajudar a missa e representar na ópera era uma das maiores ambições dos rapazes ou estudantes de certa ordem. Anjos de procissão. Três casamentos ao mesmo tempo. Por que é que as nossas princesas não se casaram no mesmo dia. Preconceito sem fundamento. A pompa dos casamentos e batizados. A remuneração dos padres era generosa, mas a dos médicos e advogados era mesquinha. Os médicos não tinham doentes, e

os advogados que tinham muitas tretas, mas poucas letras, eram vistos com maus olhos.
.... 69

IV. Uma reminiscência muito antiga da primeira infância. O fato, a princípio incompreensível, mais tarde se esclareceu. Sua relação com a insurreição mineira de 1833. Dos baixos de uma casa para os píncaros da política. O Numa Pompílio do Brasil: Bernardo Pereira de Vasconcelos. O elogio deste grande estadista. A atitude da província em face daquela insurreição e uma anedota histórica pouco conhecida ou ignorada.
.... 74

V. As recordações que mais vivas se conservaram na memória infantil do autor foram as da vida política do país. A explicação do fato pela influência do meio em que viveu. As ideias liberais inflamavam os corações. O entusiasmo cívico era grande e as comemorações públicas agitavam as populações. Alvoradas e luminárias. O primeiro grande homem que o autor conheceu foi Evaristo da Veiga. O segundo foi o padre Diogo Antônio Feijó. Feijó se hospedou na casa do avô do autor e, na mesa, não dispensava nunca a compoteira de melado.
.... 81

VI. O enforcamento de um condenado. Incidentes da execução. Comentários do povo. Falecimento da bisavó do autor. Durante a noite, os presos fogem da cadeia. As circunstâncias da fuga levantam suspeitas. A calúnia entra em campo e a sátira popular incrimina o carcereiro.
.... 91

VII. Casamento de d. Bárbara Alexandrina Ferreira, tia do autor, com o tenente-coronel Martiniano da Silva Reis Brandão, sobrinho de Marília de Dirceu e auxiliar do coletor. A história do casamento. Como se fazia então a coleta dos impostos e como era andejo, enfadonho e trabalhoso o lugar de coletor. Os Rezendes e os Brandões como esposos. Os casamentos naqueles tempos. A vida, menos intensiva, se concentrava na religião e no amor. Aos vinte e cinco anos, os homens de então ainda eram filhos famílias. Hoje, aos vinte e um anos, um moço já é um sábio e um velho ao mesmo tempo.
.... 98

VIII. A viagem à Corte, em 1839. Contentamento e temores. A descrição da viagem. O perigo dos salteadores e medidas para evitá-los. A passagem pela vila de Rezende. A sua reminiscência dá lugar a comentários e

conceitos sobre a família real. Pedro I não tinha o mínimo sentimento de dignidade conjugal e d. Miguel era um verdadeiro monstro.
.... 107

IX. A estadia na Corte. Como e por que se conheceu o médico mais notável daquele tempo. O conselheiro Perdigão Malheiros: seu gênio e suas excentricidades. Visitas e passeios. O cicerone não podia ser melhor. Vultos políticos e altos personagens que foram vistos e ficaram conhecidos. A parada militar de 7 de setembro. Ao ver o pequeno imperador, o autor sentiu uma grande inveja. A ida ao teatro: João Caetano, a Esteia e a Ludovina. Visita à Câmara dos Deputados. Um velhinho baixo e muito leso fazia um discurso soltando perdigotos. Quem era esse velhinho. Na Escola Militar. O futuro general Pederneiras jogava florete. A crisma do autor no Convento de Santo Antônio. Regresso à Campanha.
.... 115

X. O autor narra à preta Margarida as peripécias da sua viagem à Corte e ela o escuta maravilhada. Quem era a preta Margarida. As histórias que ela contava e as muitas coisas que ensinava. Para bem se conhecer a humanidade, não basta conhecer-lhe a casca. Um pouco de filosofia e da alta história é necessário; mas não se esqueça do povo, dos preconceitos e até mesmo das superstições absurdas. O saci-pererê e a mula sem cabeça. Bruxas e lobisomens. Os doentes de enxaqueca e os lobisomens. Uma lenda curiosa sobre a Campanha e como é que a preta Margarida explicava as diferenças de cor na espécie humana.
.... 125

XI. O ano de 1840 é vazio de acontecimentos pessoais. O pai do autor tenta, sem resultado, a exploração do ouro. Chega à Campanha a notícia da maioridade do imperador. Os liberais se regozijam e promovem festejos. Há Te-Deum na Matriz. O templo regurgita de povo e de oficiais da Guarda Nacional. Há padres que também se fardam. A quem se deve, em grande parte, o Brasil que hoje existe. O clero daquele tempo e o de hoje. Ilustração, virtude e patriotismo. A pátria em primeiro plano. Depois o papa. Agora é o contrário: primeiro o papa, depois a pátria.
.... 135

XII. As eleições no Brasil. Pedro I nunca venceu as eleições. Durante a Regência, era a Câmara dos Deputados que governava. Depois da maioridade veio a compressão de cima para baixo. A liberdade do voto desaparece. As últimas eleições sérias foram as de 1840. Na Campanha a luta foi muito renhida. Sobressalto dos conservadores e decepção dos liberais.

Bernardo Jacinto da Veiga, que era conservador, introduz na Campanha o sistema das tricas eleitorais e salva a situação. O ódio dos liberais e o apelido de "Pato".
.... 143

XIII. O pai do autor adquire a fazenda do Coroado. A vida na fazenda é monótona e insípida, mas, na cidade, é alegre e movimentada. A política entra em efervescência. Caem os liberais e sobem os conservadores. São estes agora que exultam de alegria e organizam os festejos. A cidade se enche de povo. As festas se sucedem durante três dias, nas ruas e nas igrejas. Descrição das festas. Bandas de música e foguetório. Os encamisados. O curro e as cavalhadas. O jogo das cabeças e da argolinha. O teatro improvisado e o bobo do teatro.
.... 150

XIV. A revolução de 1842. Incêndio repentino no centro da província. O incêndio se propaga em torno de si mesmo e atira fagulhas para muito longe. Quando as fagulhas começam a arder, o foco central está quase extinto. Uma série de calamidades. A ruína das fortunas e o êxodo dos habitantes. José Feliciano é escolhido para chefe do movimento. Monarquista de coração e homem muito rico, José Feliciano nunca desejou o recurso às armas. Os chefes mais prudentes do partido pensam do mesmo modo. A revolução é dominada, mas os mineiros mantiveram, com honra, os compromissos assumidos.
.... 158

XV. A revolução de 1842 no sul de Minas. Os liberais se preparam para a luta e se apoderam de Baependi. Reação do governo. A cidade é retomada. O desânimo invade as fileiras dos revolucionários e estes se dispersam. Na Campanha, o delegado de polícia é um português ignorante e violento. Atos de arbitrariedade e episódios grotescos.
.... 167

XVI. O pai do autor toma parte na revolução. Sua família se retira da Campanha. Prisão, processo e julgamento dos revolucionários. Episódios do processo. Abrandamento dos ódios políticos e a nobreza do caráter mineiro. Teófilo Ottoni é absolvido e, quando penetra no recinto do tribunal, os jurados se levantam para recebê-lo.
.... 174

XVII. O autor é acometido de uma moléstia grave. O seu estado se torna melindroso. O carcereiro se condói das aflições de seu pai e permite que este visite

o filho durante a noite. Regresso à cadeia. Absolvição definitiva. Começam os embaraços financeiros. Retrato físico e moral do avô do autor.
.... 182

XVIII. A memória do autor. Inaptidão para a escrita e para trabalhos manuais. Na escola pública da Campanha. Os professores e os alunos de primeiras letras. A palmatória e o vai de roda. Os exames do fim do ano. O autor é aprovado. Os companheiros da turma: Evaristo Ferreira da Veiga, Joaquim Nicolau Roiz Gama, Inácio Cândido Xavier de Araújo e os três Florianos. Algumas palavras sobre os mesmos e a história triste dos três últimos. O vigário colado de Três Pontas e o anjo de caridade e humildade que foi d. Viçoso. O enjeitado de São Gonçalo de Sapucaí e o milagre da caridade.
.... 189

XIX. Vista geral sobre o estado social em 1842. As raças do Brasil e uma profecia do autor. No começo do século ainda dominava o sentimento aristocrático. As classes não se misturavam e cada uma tinha a sua vida própria. Igrejas, irmandades e festas religiosas na Campanha.
.... 201

XX. Divertimentos profanos na Campanha. As danças da cidade e as danças do campo. Usos e costumes.
.... 213

XXI. O teatro e os circos de cavalinhos. Chiarini e Candiani. Os divertimentos infantis. O ensino público. Era um mal ensinar às meninas. Nem modas, nem modistas. Como se vestiam os homens e as mulheres. O lenço e a boceta de tabaco. O rapé desbanca o tabaco e o charuto desbanca o rapé. O luto de hoje e o luto daquele tempo. As cavaleiras e os selins. O pajem e os capotes de viagem. Como se faziam estas últimas. As botas dos mineiros conferiam imunidades e, pelo fardamento do pajem e objetos de prata que trazia, se avaliava a importância do viajante. Ferraduras de prata que ficavam pelo caminho. A iluminação das casas e o luxuoso candeeiro de latão.
.... 225

XXII. O que era naquele tempo a instrução pública na província. Na Campanha havia uma cadeira de latim. Estudantes que vinham de longe para aprender essa matéria. Joaquim Delfino e seu irmão Antônio Máximo. O primeiro representa, num teatro improvisado, o papel de general russo. Joaquim Delfino e Afonso Celso. Sua vertiginosa carreira política. O professor de latim, na Campanha, era o padre Manuel João Damasceno. Seu caráter e seus conhecimentos. Ele introduz na Campanha a cultura das

abelhas e a homeopatia. O seu método de ensino. A não ser o latim, nada mais se ensinava na Campanha.
.... 239

XXIII. O marasmo na Campanha após a revolução de 1842. Um motivo sem nenhuma importância derruba os liberais em 1841. Três anos depois, um motivo semelhante derruba os conservadores. Só o diabo queira governar com crianças. A frase parece verdadeira. Honório Hermeto teria sido um republicano encoberto. Sua estadia na Campanha em 1852. O ministério da Conciliação. A conciliação dos partidos foi e há de ser sempre uma utopia. A ideia de Honório foi também um erro político. As eleições gerais e municipais de 1844. Tricas, tumultos e espertezas.
.... 249

XXIV. O tenente Manuel Corsino, tio do autor, comparava-se ao primeiro visconde de Caravelas e era um grande contador de casos. A história de Januário Garcia, o Sete Orelhas. O sapateiro Bandarra e as suas profecias. A irmandade do Carmo na Campanha. A fé em Nossa Senhora e o poder da imaginação. O tenente Manuel Corsino marca o dia e a hora de sua morte.
.... 255

XXV. Em 1847, o autor faz um novo, mas curto passeio à Corte. Últimos esforços da antiga hombridade nacional contra o suave e doce absolutismo. A grande província de Minas Gerais dos outros tempos já quase que não existia. D. Antônio Ferreira Viçoso, bispo de Mariana, visita a Campanha. As grandes festas que, então, se realizaram. D. Viçoso, que era um verdadeiro santo, gostava muito de música e, nas horas vagas, tocava piano. Uma cena enternecedora. D. Viçoso deixou muitos discípulos e esta foi uma das suas glórias. O bispo de Diamantina e o arcebispo da Bahia foram seus discípulos. Não menos virtuoso do que estes, foi o cônego João Gonçalves de Oliveira Ribeiro, vigário de Barbacena. O cônego João Gonçalves também gostava de música e tocava piano, mas, em vez das cantatas do bispo, preferia as modinhas e os lundus.
.... 261

XXVI. Na fazenda do Saco. O primeiro engenho deitado e de ferro que se fez naquela zona. A fazenda do Saco era fatídica. A crise da lavoura. Falece o pai do autor. A venda da fazenda. Regresso à Campanha. A orfandade e a luta pela vida. O visconde de Jaguari. O autor tinha que se formar. Por que não quis ser médico. Sua partida para São Paulo em 1849. Inicia-se uma vida nova.
.... 267

PARTE SEGUNDA

XXVII. O autor em São Paulo. A pensão do Bressane. Quem era esse Bressane. Da rua do Rosário para a Chácara dos Ingleses. A celebridade desta chácara. O autor faz os seus primeiros preparatórios. Lentes e examinadores. Dr. Manuel Joaquim do Amaral Gurgel. Dr. Emílio Paulo. Padre Mamede. O conselheiro Antônio Joaquim Ribas e o cônego Fidélis. A caderneta do cônego Fidélis. Comentários e observações.
.... 275

XXVIII. O autor termina os preparatórios. O professor de filosofia e o seu substituto: dr. Manuel José Chaves e o cônego Joaquim do Monte Carmelo. O cônego escreveu contra os bispos na questão religiosa e, com o cabido, rebelou-se contra o seu próprio bispo, d. Antônio de Melo. O autor abandona a companhia do Bressane e vai morar na rua da Palha. Evaristo Ferreira da Veiga, Antônio Simplício de Sales e Bernardo Jacinto da Veiga. A rua da Palha era uma rua de estudantes. José de Alencar morava nessa rua. Feliciano Coelho Duarte, estudante do 5º ano e irmão do conselheiro Lima Duarte, também morava aí. A sua morte abalou a Pauliceia. Laura, a causadora de seu suicídio, era a maior beleza de São Paulo. Muitos a amaram. O conselheiro João Silveira de Sousa dedicou-lhe a mais célebre de suas poesias. Um grande amor e uma indignação ainda maior. Laura, que só ambicionava riqueza, morreu na miséria.
.... 283

XXIX. A república da rua da Palha muda de sede. A rua dos Bambus era uma rua acadêmica. O tenente-coronel Nenê morava aí. Por causa de uma novena. A briga com os estudantes. O coronel barra a entrada em sua casa ao acadêmico Dario Rafael Calado e este perde a tramontana. Os calouros e as vaias. O conselheiro Paulino de Sousa passa momentos amargos. Os drs. Manuel Joaquim e José Maria de Avelar Brotero eram os lentes do primeiro ano. Os exames do fim do ano e as férias na Campanha. Regresso a São Paulo e primeiros acessos de hipocondria. O padre Anacleto José Ribeiro Coutinho. Chega de Ouro Preto um bichinho ainda muito novo e espigado. Quem era esse bichinho.
.... 291

XXX. O autor deixa a república e vai morar numa casinha situada no caminho do Ó, em companhia de um primo. Uma visita inesperada e os apuros por que passou. Da casinha para uma chácara. Os lentes do 3º ano: dr. Ma-

nuel Dias de Toledo, o Bavout; padre Vicente Pires da Mota e dr. Prudêncio Geraldo Tavares da Veiga Cabral. Apreciações, anedotas e comentários.
.... 298

XXXI. A sociedade literária: ensaio filosófico. Primeiros escritos do autor. O senador Manuel Francisco Correia.
.... 307

XXXII. No Colégio João Carlos. Professor de inglês e de latim. Os benefícios da nova atividade. A mesada dos estudantes. O aluguel das casas e os preços dos gêneros alimentícios. O autor nasceu para ser econômico, prudente e amante da paz e da ordem. O barão de Ramalho e o dr. Clemente Falcão de Oliveira. Apreciações, fatos e comentários.
.... 312

XXXIII. Os lentes substitutos da Academia em 1849: João Crispiniano Soares, Joaquim Inácio Ramalho, Francisco Maria da Silva Furtado de Mendonça e João da Silva Carrão. A reforma do ensino em 1854. Criação das cadeiras de direito romano e direito administrativo. Novos lentes e novos substitutos: Silveira da Mota, Gabriel José Roiz dos Santos, Martim Francisco Ribeiro de Andrade e Antônio Joaquim Ribas. A contradança parlamentar se reflete na Academia. O visconde de Caravelas. Apreciações, fatos e comentários. Relação dos bacharéis de 1855.
.... 320

XXXIV. Ao iniciar o curso, a turma do autor se compunha de 48 estudantes. Os que ficaram pelo caminho. A turma foi uma das melhores. Apreciações, fatos e comentários. Felisberto Pereira da Silva, Henrique D'Ávila, Antônio Simplício de Sales, Evaristo Ferreira da Veiga, Américo Brasiliense de Almeida Melo, Frederico Augusto de Almeida, Cândido Gomes de Vasconcelos Guanabara, Paulino de Sousa, Ferreira Viana, Caetano José de Andrade Pinto e Manuel da Silva Mafra.
.... 328

XXXV. Os melhores poetas de São Paulo no tempo do autor. Álvares de Azevedo, Aureliano Lessa, e Bernardo Guimarães. Apreciações, fatos e comentários. Silveira de Sousa e Francisco Otaviano, José de Alencar e Quintino Bocaiuva.
.... 341

PARTE TERCEIRA

XXXVI. O autor, já bacharel, regressa à Campanha. Advogado sem causas. As eleições por distritos em 1856. Os benefícios do novo sistema. Fatos e comentários.
.... 355

XXXVII. As três famílias de Lopes da Campanha: Ferreiras Lopes ou Lopes Mansos. Os Lopes de Araújo ou Lopes Bravos, e os Lopes de Figueiredo. O barão de Parima e o cônego Antônio Felipe. A história interessante desse cônego e o papel que representou na eleição de 1856.
.... 359

XXXVIII. A lei dos círculos, as eleições gerais de 1856 e o cônego Antônio Felipe. A história complicada dessa eleição na Campanha. O marquês de Paraná apresenta a candidatura do filho. O susto do cônego e a morte do marquês. A pressão continua. O cônego vence a eleição e entra para a Cadeia Velha. Sua vida social na Corte. Boas amizades. Morte por febre amarela. Eleições provinciais. A candidatura do autor. A derrota nas urnas. Decepção.
.... 369

XXXIX. Em Queluz de Minas. A cidade de Queluz. Suas freguesias. Sua indústria. Sua agricultura. Suas riquezas naturais. A Igreja de Matozinhos e as estátuas de Aleijadinho. Usos e costumes do lugar: decadência.
.... 380

XL. Os homens mais importantes de Queluz: barão de Suassuí; coronel Antônio Rodrigues Pereira, depois barão de Pouso Alegre; e os dois irmãos Baetas. Traços gerais do caráter e da vida desses homens. O conselheiro Lafayette e seu irmão, dr. Washington Rodrigues Pereira. A família dos Baetas Neves. A doença dos dois irmãos e o conde de Prados.
.... 387

XLI. Ainda em Queluz. A casa do autor. Reminiscências da revolução de 1842. O tenente-coronel José Antônio Rezende. A sua bravura, o seu caráter e as suas esquisitices. Outro homem esquisito: o tenente Francisco Balbino de Noronha Almeida.
.... 395

XLII. Juiz municipal e de órfãos do termo de Queluz. O barão de Camargos. O autor acumula os cargos de juiz e delegado de polícia. Sua atuação nos dois cargos. Por que não foi reconduzido. Um ato de injustiça que foi

um benefício. A vida ingrata do magistrado. Casos comprobatórios. O padre Ribeiro. Advogado e chicaneiro. Uma herança complicada e perversão do senso moral.
.... 404

PARTE QUARTA

XLIII. A zona da Mata. Descoberta do Feijão Cru e a fundação de Leopoldina. Os seus primeiros habitantes. Os Monteiros de Barros. Os Almeidas. Os Britos e os Netos. Fatos e reminiscências.
.... 415

XLIV. O verdadeiro Rômulo de Leopoldina: dr. Antônio José Monteiro de Barros. O seu caráter. A sua bondade. A sua influência política e a sua ruína financeira. Barão de Aiuruoca. Uma figura legendária. Serviços que prestou. Anedotas a seu respeito.
.... 424

XLV. Os índios puris. Seu grau de desenvolvimento. Os seus sentimentos, usos e costumes. O sarampo ocasiona entre eles uma enorme devastação. O seu desaparecimento. As indagações pessoais do autor e o resultado de suas pesquisas.
.... 429

XLVI. Dificuldades com que lutaram os primeiros habitantes de Leopoldina. O desenvolvimento progressivo da localidade e o grande atraso em que ainda se achava quando o autor ali chegou. Os elementos que constituíram a colonização da Mata de Leopoldina. Os Teixeiras Leite, os Leite Ribeiros e os Monteiros.
.... 440

XLVII. Como e por que foi o autor parar em Leopoldina. O autor conta as peripécias de sua viagem e qual era o seu destino. A sua chegada em Leopoldina. O Hotel Leopoldinense. O dono do hotel era um homem extraordinário. O autor não fica no hotel. Um encontro inesperado altera os seus planos e ele desiste de ir para São Fidélis. Instala-se em Leopoldina e nunca se arrependeu.
.... 450

XLVIII. O juiz municipal e de órfãos de Leopoldina: dr. João das Chagas Lobato. Quem era esse homem. O seu retrato físico e moral e o papel que

desempenhou na vida política do país. Amizade que nunca se interrompeu. A vida em Leopoldina. A palestra nas lojas e o gamão na botica. O voltarete, o solo ou a Marília. O coletor de Leopoldina: uma fruta boa com casca, carrasquenha. Festas de roça e passeios pelas fazendas. Um grande giro em diligências, que rendeu muita coisa. Onde estão Breves e Teixeiras Leite, aí também está o jogo. Os dois homens mais ricos da Mata: José Eugênio Teixeira Leite e Antônio Carlos Teixeira Leite. A formatura do dr. Nominato José de Souza Lima e a grande festa na fazenda de d. Euzébia, sua avó.
.... 458

XLIX. O caráter do autor. Seus sentimentos e ideias políticas. A vida política em Leopoldina. Esta cidade era um feudo dos Monteiros de Barros. Como se faziam as eleições. O autor põe-se à frente dos liberais. Deputado provincial em duas legislaturas. Recusa a sua candidatura à deputação geral. Motivos da recusa. Desencanto das lutas e recolhimento à vida doméstica.
.... 464

L. A influência do acaso na vida do autor. O seu fatalismo e a força desconhecida que o arrastava. As surpresas do destino e a história do seu casamento.
.... 471

LI. A índole do autor era essencialmente religiosa e a sua fé era sincera e muito grande. As suas orações cotidianas. Como e por que foi perdendo essa fé e se tornou, por fim, um racionalista. A concepção e a feitura de sua obra "Julgamento de Pilatos" — o vendaval que varreu do seu espírito os últimos preconceitos cristãos. Como e por que foi escrita essa obra e por que foi retardada a sua publicação.
.... 480

LII. Como e por que o autor comprou uma fazenda e lhe deu o nome de Filadélfia. A sua mania para com a República e os nomes dados aos últimos filhos: Cássio, Flamínio e Mânlio. O abandono da advocacia. As dificuldades, erros e contratempos na administração da fazenda, e como foi possível salvar a situação.
.... 487

LIII. O balanço da situação financeira em 1885. Recompensa de 20 anos de trabalhos e sacrifícios. A situação não podia ser melhor. Dívidas quase pagas. Tudo valorizado. Cafezais plantados. Escravos criados e em plena produtividade. Assegurados o futuro da família e a educação dos filhos. Tranquilidade de espírito. De repente tudo se desmorona. A lei de 13 de maio. Libertação

dos escravos. A fazenda abandonada. Ruína quase completa. Abalo geral na vida econômica do país. Comentários e indignação.
.... 492

LIV. A época mais feliz da vida do autor. Viagem a São Paulo em 1868. Motivos e impressões da viagem. O encontro com Luiz Gama e a limpeza de suas mãos. A abolição: ideia justa, generosa e quase santa. Abolicionistas de coração puro e abolicionistas de carregação ou de última hora. A abolição, filha de múltiplos interesses, do servilismo e da especulação, tal como foi feita, muito pouco deve à ideia.
.... 499

PREFÁCIO

Mary del Priore

A CADA dia que passa, sem nos darmos conta, todos agregamos algo de nosso cotidiano ao monumento de nossa memória. Lembrar é preocupação constante. Tal monumento é constituído pelo que aprendemos e, sobretudo, por lembranças engavetadas que guardamos desde a infância, mas também por aquelas que não solicitamos, ou às quais não recorremos com frequência. Sem tal monumento, nossa vida se esboroaria. A memória é à base de nossa identidade. Se ela nos falta, se nos engana, se a vemos manipulada, é o chão que foge aos nossos pés. Sabemos, porém, que nossas lembranças podem ser também traidoras, fugitivas, deliciosa e terrivelmente indignas de nossa confiança. A inquietação sobre a justeza da compreensão que temos do passado explica por que tantos problemas da existência estão ligados à importância de lembrar.

Por essa razão, de Júlio César a Churchill, de Chateaubriand a Marguerite Yourcenar, de Joaquim Nabuco a Pedro Nava, dos Josés – de Alencar ao Lins do Rêgo, entre outros, registraram suas Memórias. Com maiúsculas e no plural, as Memórias são um gênero constituído por obras históricas, e por vezes literárias, que têm por objetivo contar uma vida. Sua narrativa costuma misturar fatos públicos e privados que fazem parte da "pequena" ou da "grande" história. Enquanto a literatura de ficção coloca na perspectiva do passado fatos apresentados como verdadeiros, nas Memórias o procedimento é outro: o autor (ou o personagem que as escreve) tem por objetivo extrair do esquecimento fatos reais e assumir publicamente a ambição de relembrá-los. O árduo trabalho de estilo, o questionamento das lembranças e a preocupação de falar do coletivo através de uma trajetória pessoal tornam as Memórias um material literário e histórico de primeiríssima qualidade. Sem contar que algumas, de tão bem escritas, são verdadeiras obras-primas.

Existem várias maneiras de escrever o passado e posicioná-lo em relação ao presente. O especialista Jean-Louis Jeanelle optou por apontar três aspectos na literatura memorial: o primeiro é a autobiografia ou autorretrato, onde encontramos uma maneira reflexiva, pessoal e subjetiva de reconstituir o passado. O segundo é o testemunho, representando um gênero específico dos séculos XIX e XX: o narrador teve sua vida atingida, modelada ou transformada pela história. No terceiro, o autor se coloca como personagem de um momento charneira da história, em que as escolhas individuais provocam mudanças ao nível coletivo. As relações com a história são mediadas pelas esferas de lembranças: as individuais e íntimas, as coletivas e os grandes traumatismos. Narradas em primeira ou terceira pessoa, os textos buscam sempre uma unidade retrospectiva.

O testemunho é, sem dúvida, o caso de *Minhas recordações*, de Francisco de Paula Ferreira de Rezende, um filho de coronel nascido em 1832 em Campanha, Minas Gerais, formado em Direito nas Arcadas de São Paulo, procurador, juiz de órfãos, deputado, vice-governador da província de Minas e procurador-geral da República, quando faleceu no Rio de Janeiro em 1993. E ele foi ainda viajante, etnógrafo, conservador, e republicano apaixonado. "Escritas às pressas e com a intenção de ser simples lembrança para os filhos", como o autor modestamente informa no preâmbulo, suas Memórias, ao contrário, fundam uma das mais ricas heranças intelectuais e literárias dos Oitocentos. Apoiadas num texto de notável elegância, recheadas das mais fecundas informações, elas têm por objetivo salvar do completo olvido costumes e tradições, homens e fatos com os quais cruzou no caminho de sua vida. E eles foram inúmeros.

Rezende não escreve *sobre* pessoas, acontecimentos e coisas, mas *com* elas. Lucidez e sinceridade são os princípios norteadores de suas recordações, pois, como diz, "todos esses fatos, eu os registro aqui e com minuciosidade com o que estou fazendo para que se possa ver e apreciar quanto é grande a diferença dos tempos de então para os de hoje". Ao avançar no texto de maneira contínua e ininterrupta, animado pela vontade de tudo relatar, sua escrita o permite visitar inúmeros temas, fazendo-os viver novamente, ressuscitando o passado, não só para ele mas, sobretudo, para o leitor com quem dialoga.

O Brasil dos I e II Reinados são passados a limpo na radiografia precisa e encantatória de sua narrativa. Da infância à senectude, Ferreira de Rezende toma o caminho de uma escrita embebida no cotidiano e na exploração de si, convidando o leitor a uma postura diversa daquela que ele tem frente à ficção. Afinal, nas Memórias é a magia de entrar na existência do Outro que conta. E são muitos os Outros: de Evaristo da Veiga, com quem estudou e se formou, a Diogo Feijó, íntimo da família e comedor de melado; do Masca-Pregos a Bernardo Pereira de Vasconcellos; do criminoso Marimbondo a seu tio Perdigão Malheiros; do ministro Manuel Alves Branco ao Visconde de Abaeté; de João Caetano a Luiz Gama; de Honório Hermeto Carneiro Leão a Mariano Procópio, entre tantos.

Em suas páginas, a vida política ferve com todas as tensões entre conservadores e liberais. Espocam as rebeliões dos poderes locais contra o governo centralizado, focadas no triângulo Minas Gerais-São Paulo-Rio de Janeiro. Assistem-se às "eleições de cabresto" e às inflamadas polêmicas em torno da nascente ideia de República. Ali também se descortina a história das cidades do sul de Minas, fundadas por prisioneiros e quilombolas, núcleos inicialmente enriquecidos pelo ouro e, depois, asfixiados pela falta de trilhos de trem. Por suas ruas circulam procissões, correm-se os curros e os "encamisados", celebram-se as festas religiosas que, segundo o autor, irmanavam livres e escravos, negros e brancos. Em suas noites, ouvem-se os tambores do Jongo ou, durante a Quaresma, a gritaria da Serração da Velha. Em suas farmácias, cochicham os delegados, os deputados e até os homens de batina, como o Padre Ribeiro, que "tinha um filho ele também padre, homem de virtudes e grande pundonor", todos preocupados com os destinos do Império. Nas praças, se enforcam criminosos, corretivo exemplar acompanhado pelo olhar curioso de crianças. Observa-se a ascensão da classe média mulata e parda, feita de pequenos negociantes, agricultores, clientes de sua banca de advogado, muitos deles pais de moças bonitas, que chamam a atenção nos bailes dessas mesmas vilas.

Rezende habitou cidades e roças mineiras, vendo-as trocar de nome: de Feijão Cru a Leopoldina; de Cágado para Mar de Espanha; Vila da Posse virou Barra Mansa, Brumado mudou para Entre Rios, e São Gonçalo da Campanha se tornou Sapucaí. Lugares de meninice solta, de colégios em que a ação da "Santa Luzia", palmatória que estalava nas mãos infantis, era mais eficiente do que a presença do professor. De personagens como a negra Margarida, mais sábia do que muito branco togado, contadora de histórias de curar e de assustar. Localidades que foram pontos de partida para viagens à Corte, nas quais Rezende menino ia montado num "piquira tocado por esporinhas de prata", anotando cada detalhe das estradas e da capital. Depois vieram os estudos em São Paulo, as Sociedades Literárias e o contato com Quintino Bocayuva e Álvarez de Azevedo, o despertar das tendências liberais, a rede de amizade que lhe ia sustentar ao longo da vida. De tantas lembranças fundadas nas imagens e palavras, Rezende extrai duplo poder: analítico e poético. Cada página é um mundo de revelações, descrições e personagens marcadas pelo melhor da língua portuguesa.

O livro revela, igualmente, um aspecto importantíssimo e inédito de nossa história: o da decadência das elites no Império. Se as pesquisas universitárias, prisioneiras de modismos das últimas décadas, evitam investigar "os de cima", Ferreira de Rezende oferece um prato cheio de histórias de vida da chamada "gente dinheirosa": barões de café e agricultores ricos, que passaram da mais irrestrita riqueza à mais franciscana pobreza. Já em 1842, quando os liberais de Minas – e entre eles seu pai – se levantaram contra o governo imperial, famílias prósperas viram sua riqueza abalada. Em seguida, a baixa dos preços do açúcar e do fumo, e um "infeliz negócio de gado de que teve um prejuízo de muitos mil cruzados", limou a herança deixada pelo avô. A Lei Saraiva, por sua vez, ao fixar a emancipação de escravos a um preço muito inferior a seu valor de compra, fez Rezende registrar: "Bem grande golpe se deu na fortuna dos fazendeiros. Mas, como não lhe tiraram os braços...".

Já a Abolição, em 1888, foi a pá de cal: "um golpe terribilíssimo (...), ninguém faz idéia do abalo que um tal fato produziu entre todos os lavradores (...)". O recado foi dado: "arranje-se como puder"; e isso "quando pendia das árvores uma colheita tão grande como nunca antes se havia visto". Os comissários também quebraram, "aniquilando tantos anos de esforço". Rezende viveu a ruína impiedosa de milhares de famílias e viu fazendas virarem taperas. Suas páginas sobre o 13 de Maio revelam a desgraçada situação dos pequenos e grandes proprietários, que acreditavam na inércia de D. Pedro II e no fascínio dos preços do café. Nelas se registram ataques nunca ouvidos à apática família imperial. Raramente lembrado pelos que só fazem a "história vista de baixo", o empobrecimento da elite faz parte, ele também, de nosso passado.

Diante do texto de Rezende, o leitor tem a impressão de se reapropriar de todo um período. O escritor Milan Kundera compara esse exercício à sucessão de imagens fotográficas que podem se revelar ou apagar, pois a memória e o esquecimento andam de mãos dadas, da mesma maneira que a memória individual e a coletiva se ombreiam. É a prova da forte relação entre a memória na forma de lembranças individuais e as Memórias que agem como paradigmas coletivos, permitindo-nos reconstituir um passado ao qual não temos acesso sem ajuda.

Se a memória no sentido histórico é vida – e vida sempre habitada por grupos vivos e, sob esse rótulo, em perpétua evolução, como define o historiador Pierre Nora – lembrar é um trabalho que não se faz sozinho. Daí a importância das Memórias que se constroem em conexão com a literatura. Numa época em que tanto ouvimos falar da fluidez ou da rapidez do tempo, do caráter superficial das relações humanas, do desinteresse pelo passado, o gênero é um território que suscita crescente interesse.

Fascinantes fontes para o historiador, as Memórias arrebatam os leitores pelos elementos passionais e por seu engajamento nos acontecimentos de uma época. Se o historiador faz sua entrada como respeitoso visitante, que busca objetividade nos seus registros, o memorialista irrompe na história, é parte dela, encarna um tempo. E o memorialista, seria ele um historiador? Sim, responde o especialista Marc Fumarolli. Afinal, ele é um fornecedor de matéria-prima para o conhecimento. E, sobre isso, não há nenhuma dúvida quanto à contribuição de Rezende.

O século XIX foi, por excelência, aquele da publicação de Memórias que se tornaram, então, um fenômeno editorial. Na França, apenas entre 1810 e 1830 foram publicadas 450, entre apócrifas, inéditas e antigas. As de Claude Gabriel Petitot, para ficar num exemplo, tinham a bagatela de... 130 volumes! O historiador Peter Gay, por sua vez, lembra a segunda metade dos Oitocentos como um momento em que diários e correspondência seriam repositórios da vida introspectiva – aquela mesma que rechearia as Memórias autobiográficas. No Brasil não foi diferente: existe um consenso entre os estudiosos de que a mesma época foi criativa, e não os deixa mentir o testemunho de Rezende. Mais tarde, e sob inspiração proustiana, sucederam-se o Visconde de Taunay, Raul Pompéia, José de Medeiros e Albuquerque, André Rebouças, Júlio Belo, João Daut Filho, sem contar o Nabuco do consagrado *Minha formação*, que, entre outros, multiplicaram o gênero ao longo do século XX.

Escrito ao final da vida, quando o Brasil escravista e cafeeiro declinava, *Minhas recordações* é também uma resposta pessoal à morte. Seu texto, espaço coletivo e ritual de uma família ao longo da história do Brasil, tem o dom de ir, cirúrgica e elegantemente, lá onde há carne e sangue. Carne e sangue que, como dizia o historiador Jacques Le Goff, é a matéria mesma dos homens e da História. E, como todas as maravilhosas viagens ao passado, este é um livro que percorremos sem querer que se acabe.

PREFÁCIO À 1ª EDIÇÃO

Octavio Tarquínio de Sousa

Nossa época, que sob tantos aspectos se caracteriza por uma inumana anulação do indivíduo, é ávida, como reação inevitável, de livros em que os homens apareçam de alma nua, homens particulares, diferentes uns dos outros, homens como a vida modela e destrói, homens no seu meio familiar e social, sofrendo influências e influindo, seu comportamento dentro e fora de casa, os amores e as afeições, o lirismo e a política, as intenções e os atos, a vida, toda a vida em suas mais opostas e diversas faces.

Daí o êxito tão grande das biografias e autobiografias, dos livros de memórias ou de confissões, dos diários íntimos ou de viagem, dos assentos de família e das correspondências particulares.

A coleção "Documentos Brasileiros" reúne nesse gênero de literatura algumas obras de incontestável significação — das *Memórias* de Oliveira Lima, diplomata, historiador, homem público no melhor sentido, com o seu ar de dom Quixote gordo, como o chamou Gilberto Freyre, às de Júlio Belo, depoimento de um autêntico senhor de engenho; do *Diário e notas autobiográficas*, de André Rebouças, documento de um período histórico e espelho de uma grande alma, às *Reminiscências*, do barão do Rio Branco, por seu filho, o embaixador Raul do Rio Branco, trabalho em que a modéstia quase excessiva do autor não chega a prejudicar o valor como contribuição para o conhecimento de um grande brasileiro.

O livro agora incluído na "Documentos Brasileiros" — *Minhas recordações*, de Francisco de Paula Ferreira de Rezende — pode com vantagem figurar ao lado dos outros já aqui aparecidos. *Minhas recordações* é, sob vários pontos de vista, um documento do mais vivo interesse, ao mesmo tempo depoimento histórico e testemunho de um homem.

Nas palavras da "Advertência" que abre o seu escrito, Francisco de Paula Ferreira de Rezende, com um pudor que é traço bastante comum na gente de sua província, como que se desculpa de ter feito "uma tal ou qual autobiografia". Mineiro, bom e verdadeiro mineiro, muito dificilmente exporia ao grande público a sua vida mais íntima, os móveis de seus atos. O que ele pretendeu foi "salvar de um completo esquecimento" costumes e tradições do seu tempo, homens e figuras que encontrou pelo caminho. E, na verdade, realizou esse projeto com muita inteligência, muita finura de observação, pacientemente. Mas nem por isso, nem por querer antes de tudo fixar o quadro familiar, social e político do meio em que viveu, deixou de dar a este livro o sentido de uma autobiografia. Em *Minhas recordações* está também a vida do narrador, está o homem nas suas reações mais pessoais, no recorte de sua fisionomia moral, o homem privado e o homem público, um homem cujo conhecimento através deste livro força a admiração e tem o prestígio de criar amigos póstumos.

Tipo realmente admirável sob muitas faces esse Ferreira de Rezende, mineiro de boa origem, parente de marqueses e grandes do Império, e que foi sempre de uma austeridade, e de uma simplicidade que poderiam ser chamadas de republicanas — à maneira norte-americana dos bons tempos — se não conviesse mais denominá-las à mineira, como características dos melhores exemplares humanos de sua província. Ao lado disso, a cada passo do livro se vão sucedendo os sinais de seu espírito inquieto, de sua curiosidade, de sua compreensão, do seu dom de interessar-se pela vida, de comunicar-se — qualidade esta que estaria em contradição com a "misantropia" ou "hipocondrismo" de que o memorialista por vezes se acusa.

Mas, se este livro interessa pelo homem que nos aparece mineiramente numa "tal ou qual autobiografia", impõe-se em primeiro lugar como um documento de excepcional valor acerca da vida social e de família, dos costumes, das tradições, de tudo que é mais característico do Brasil e, particularmente, de Minas Gerais, entre os anos de 1830 a 1890.

Muito lúcido, muito atento, de tudo se recordando, tudo anotando, Ferreira de Rezende vai desfiando a história de sua vida, desde os dias da primeira infância, num imenso esforço de reconstituição. E lá do fundo de sua memória e dos menores recantos de seu coração, um mundo inteiro, uma época inteira surge com os seus estilos de vida, com as suas peculiaridades, em flagrantes de instituições, costumes e homens.

Como que pressentindo a importância que, para os estudos históricos e sociológicos sobre o passado brasileiro havia em recolher certas "ninharias", como ele chama, em meio de cousas grandes. Fatos da vida cotidiana, cerimônias familiares, batizados, festas populares, danças, vestuários, meios de transporte, viagens, instrução pública, lutas políticas, choques partidários, eleições, revoluções, alvoradas e luminárias, a vida nas cidades e nas fazendas, os senhores e os escravos, as raças e a mestiçagem, os teatros e os circos de cavalinhos, as modas, tudo isso em seus aspectos mais característicos e na sua significação mais realista, Ferreira de Rezende apresenta ao leitor de *Minhas recordações*.

Menino nos grandes dias da Regência, ficou-lhe para sempre a impressão desse "tempo em que o Brasil vivia, por assim dizer, muito mais na praça pública do que mesmo no lar doméstico"; e daí a sua afirmação de que as lembranças mais vivas na sua memória eram as da vida política do país.

Ao escrever este livro, já em caminho dos 60 anos, tinha a imagem muito nítida dos políticos mais eminentes daquela época, que vira com olhos espantados de criança — Evaristo da Veiga, Diogo Antônio Feijó. Do último, que foi amigo de seu avô, transcreve duas cartas e conta como o duro padre paulista gostava de melado, por ele considerado o rei dos doces.

Mas as reminiscências de fatos políticos não são de modo algum o assunto exclusivo de Ferreira de Rezende, não o tornam monótono. Aqui e ali, frequentemente, uma recordação mais pessoal aponta, o registro de um acontecimento privado ou uma desgraça de família dão à narrativa um outro tom, chegando por vezes a uma emoção contida mas funda, como ao evocar o enterro de uma irmã, que morreu com dois ou três anos, e foi para a igreja numa cadeirinha, carregada por dois escravos fardados. "Dentro da cadeirinha, um padre sentado, e, diante do padre, sobre um tamborete com uma colcha de damasco, o seu pequenino caixão."

Que grande cousa a primeira viagem de Ferreira de Rezende ao Rio de Janeiro, à Corte, em 1839! O que o menino de sete para oito anos viu nunca se lhe apagaria da memória, e o que nos conta tem um sopro de vida verdadeira. Para percorrer o Rio, passear, fazer visitas, conhecer personagens importantes, assistir a uma sessão da Câmara dos Deputados (seria típico da era regencial levar uma criança a uma sessão da Câmara), o jovem Francisco de Paula Ferreira de Rezende encontrou um cicerone da maior graduação — seu padrinho de crisma, o padre José Bento Leite Ferreira de Melo, vigário de Pouso Alegre, senador do Império, político liberal de grande prestígio, padre revolucionário, galante, é de rara beleza física, a julgar pelo retrato do álbum de Sisson.

Na Câmara ouviu o discurso de "um velhinho baixo e muito teso e que quando falava cuspia muito" — Antônio Carlos —, e viu sentado, ao lado do presidente, "um homem gordo, baixo, já de alguma idade, e vestido com uma farda bordada" — Manoel Alves Branco, ministro da Fazenda.

O menino foi também ao teatro, parece que ao São Januário, e lá assistiu a uma representação em que tomou parte João Caetano; na parada de 7 de setembro de 1839, teve inveja do chapéu armado do imperador, então com 13 anos.

Depois, é a volta à Campanha, as conversas com a preta Margarida, de quem diz: "Ainda que não professasse de cadeira, sabia tanta cousa e tanta cousa me ensinou que não pode deixar de entrar na classe de meus melhores professores".

Outros professores, que falavam de cadeira — os seus, mestres na Faculdade de Direito de São Paulo — não lhe mereceriam tamanho reconhecimento.

São dos melhores capítulos do livro os que dedica a São Paulo e à vida acadêmica, faz o perfil de professores e evoca os estudantes do tempo. Entre seus colegas e contemporâneos aparecem Bernardo Guimarães, Álvares de Azevedo, Aureliano Lessa, José de Alencar.

Ferreira de Rezende, pela situação de sua família, não teria dificuldades em fazer carreira política, se esse fosse o seu maior pendor ou não o inibisse certo feitio pessoal. Foi juiz, foi fazendeiro de café, morreu ministro do Supremo Tribunal Federal, no começo da República. O homem que não se esquecera dos tempos da Regência, que tinha sempre presente a pureza de Evaristo, a retidão de Feijó, a força de Vasconcelos, foi um inadaptado nos meios políticos do Segundo Reinado. Por uma feição mais idealista, não se conformava com o espírito de transigência dos monarquistas de razão, desses bons oportunistas que eram os políticos do Império.

Queria a República, na qual via a solução dos problemas do Brasil. À sua fazenda em Leopoldina, chamou de Filadélfia, aos filhos deu nomes romanos — Mânlio, Cássio, Flamínio.

Mas quando a República veio, já o encontrou doente e desanimado. A abolição da escravatura, cuja forma violenta tão vivamente combate neste livro, de todo o arruinará. Doenças, cuidados, os novos encargos com a nomeação para o Supremo Tribunal não lhe permitiram concluir as memórias, dar-lhes a última demão.

Meio século depois da morte de Ferreira de Rezende, os filhos resolvem publicá-las. Tendo lido os originais, animei quanto pude a sua inclusão na "Documentos Brasileiros", do editor José Olympio. É autenticamente um documento de homem, de vida, de fatos do Brasil.

À GUISA DE INTRODUÇÃO

Cássio Barbosa de Rezende

NO DIA 16 de fevereiro de 1892, meu pai completou exatamente 60 anos de idade e, por essa ocasião, já se achava completamente encanecido e sentia a saúde seriamente abalada. Quatro anos antes, tinha sido promulgada a lei de 13 de maio que aboliu a escravidão no Brasil. A liberdade dos escravos era, como diz meu pai nas suas *Recordações*, uma ideia justa, generosa e quase santa, mas, feita como o foi, representou mais um ato de servilismo, exploração e interesses inconfessáveis do que mesmo um ato de puro idealismo. O abalo que essa lei produziu na economia nacional foi de efeitos que se poderiam quase classificar de catastróficos e o número de famílias que, em consequência dela, ficaram reduzidas à miséria foi incalculável. Sob esse ponto de vista, pode-se mesmo dizer que ela foi uma lei desumana, e, se é certo que serviu para aureolar de santidade a princesa que a promulgou e que, por isso, recebeu o título bajulatório de Divina Redentora, foi, por outro lado, o atestado mais evidente de que faltava ao governo que nos regia a necessária capacidade para dirigir, com o senso das realidades, os destinos de um grande país em formação, como era o Brasil. Na verdade, o seu imperador, que parecia preocupar-se mais com o grego e o hebraico e com as suas constantes e inócuas correspondências com poetas e filósofos, como Manzoni e Gobineau, do que mesmo com as grandes questões econômicas do seu vastíssimo império, nunca procurou resolver seriamente os problemas fundamentais do Brasil. "Se, em vez de professores de sânscrito e de árabe, se, em vez de lições sobre línguas indígenas, o imperador mantivesse contato utilitário com ingleses, franceses e alemães que nos pudessem ensinar as novidades técnicas de seu tempo, então teríamos tido um surto vigoroso de aparelhamentos materiais, base lógica fundamental para outros surtos de progresso mais elevados, que haveriam de surgir por estas terras" (Vicente Licínio Cardoso — *À margem da história do Brasil* — 2ª ed.).

Ora, um dos problemas fundamentais do Brasil era justamente a abolição racional da escravidão, isto é, a substituição gradual e progressiva do trabalho escravo pelo trabalho livre, promulgando-se, para tal fim, leis justas e prudentes e ao mesmo tempo, promovendo-se, de uma maneira contínua e bem orientada, o movimento imigratório de elementos úteis à nossa lavoura e às nossas indústrias. Foi isto, porventura, o que fez o nosso imperador durante o seu longo reinado de quase meio século?

Absolutamente, não. E quem o diz não sou eu: é um dos nossos melhores historiadores da atualidade, João Dornas Filho, na sua magnífica obra sobre a escravidão no Brasil. "Na solução da questão servil, o Império não fez outra coisa senão protelar, limitando-se a pequenas concessões (mais não foi a liberdade dos nascituros), numa palavra — marcar passo —, enquanto a nação avançava vertiginosamente".

"O imperador", acrescenta ele, "voltairiano e cético, fundido numa cultura livresca e exótica, afinava pelo mesmo diapasão e é pouco provável o interesse esclarecido sobre o problema que alguns monarquistas saudosos se esforçam por emprestar-lhe.

"Estadista medíocre, que se *arrepiava ao se lhe falar em imigração* (o grifo é meu), não possuía o conjunto de qualidades necessárias a guiar a desorientação geral que reinava nos espíritos".

E, em apoio de suas ideias, cita a opinião insuspeita de Joaquim Nabuco quando escreveu: "Não é como soberano constitucional que o futuro há de considerar o imperador, mas como estadista: ele é um Luiz Felipe e não uma rainha Vitória, e ao estadista hão de ser tomadas estreitas contas da existência da escravidão, ilegal e criminosa, depois de um reinado de quase meio século. O Brasil despendeu mais de seiscentos mil contos numa guerra politicamente desastrosa e só tem despendido até hoje (1883) nove mil contos em emancipar escravos".

Fazendo comentários sobre o mesmo assunto, e estabelecendo paralelo entre o que se deu aqui e o que ocorreu na Argentina, escreveu Vicente Licínio Cardoso na sua já citada obra: "Entre nós, a colonização nunca foi desejada com a mesma forma de interesse".

"O erro vinha de cima, do próprio Pedro II. Explicou-o Oliveira Lima, lembrando que a honestidade do imperador temia uma transformação do caráter do Brasil antigo, inspirando-lhe por isso mesmo, uma *repulsão invencível por uma colonização abundante*" (O grifo é meu).

João Dornas Filho é ainda mais positivo quando escreve: "Se houve incúria ou cegueira no modo de solver o problema de braços, meridianamente corolário do da extinção do tráfico, esta teria partido do Imperador, que nunca compreendeu a necessidade de se fazer paulatinamente a substituição do braço escravo pelo livre do imigrante europeu, causando-lhe essa solução 'uma repulsa invencível', receando uma transformação 'desastrosa ao caráter do Brasil antigo'" (João Dornas Filho — *A escravidão no Brasil* — p. 100).

Pode-se, pois, afirmar, com apoio na opinião dos nossos melhores historiadores, que, na solução do problema da abolição, o nosso imperador, por motivos que não é fácil perscrutar, deixou que as coisas corressem mais ou menos ao deus-dará. Quando viu que o movimento havia chegado a um tal ponto que seria difícil sustá-lo, mudou repentinamente de rumo e permitiu que a sua filha, então regente do Império, e, que em 1871 já havia assinado, também como regente, a lei do ventre livre, promulgasse a lei de 13 de maio. Discutida e votada, por assim dizer, de afogadilho, como se se tratasse de uma lei de salvação pública, em termos secos se declarava extinta a escravidão no Brasil, mas não se encontrava uma palavra sequer de consolo ou esperança para os senhores espoliados. É evidente que, assim procedendo, d. Pedro atendia aos reclamos e anseios da opinião geral do país, mas, não é menos evidente, que, ao mesmo tempo, ele dava ensanchas à sua filha, então na direção do Império, de fazer, pela segunda vez, alguma coisa de muito grandioso que a viesse prestigiar e até mesmo glorificar perante o mundo civilizado como a libertadora de uma raça infeliz e sofredora. Mas, abandonando assim tão inopinadamente a velha política que até então havia seguido, teria ido d. Pedro ao encontro de uma necessidade premente do país? Haveria, realmente, necessidade de se precipitar, como se precipitou, o ato da abolição, em obediência a interesses de ordem pública, ou estariam em jogo, como fatores de maior preponderância, interesses de outra natureza? Na sua conhecida e muito apreciada obra sobre *O ocaso do Império*, Oliveira Viana, que é, como se sabe, um dos nossos grandes pensadores, escreveu: "Em boa verdade, não havia nenhuma razão interna que nos levasse imperiosamente à abolição: salvante exceções inevitáveis, em regra os escravos viviam dentro de latifúndios, formando aquela tribo patriarcal isolada do mundo, de que falava Nabuco. E o estado de degradação em que caíram, depois da abolição, e em que atualmente vivem, mostra que o regime da escravidão não era tão bárbaro e desumano como fizera crer o romantismo filantrópico dos abolicionistas" (Oliveira Viana — *O ocaso do Império* — p. 69).

Ora, se, em boa verdade, não havia nenhuma razão interna que nos levasse imperiosamente à abolição, como declara Oliveira Viana, então como se explica a sofreguidão da coroa em realizar, em poucos dias, contra o conselho de velhos e experimentados estadistas do Império, aquilo que esteve parado durante perto de cinquenta anos? Influência estrangeira? Pode ser. Pura filantropia? É possível. Mas, por detrás de tudo isso, não haveria também a visão tenebrosa do precipício e a necessidade de um apoio para o trono que periclitava? É outra hipótese igualmente aceitável e à qual veio dar um certo fundamento a criação da Guarda Negra, logo depois da abolição, com o apoio e até mesmo com os aplausos da regente do Império, conforme se lê na obra de Oswaldo Orico, *O tigre da abolição*, a biografia de José do Patrocínio. Aquela criação diabólica, que mal se compreende que pudesse achar acolhida no espírito ou no coração de uma mulher que acabava de receber o excelso título de Divina Redentora, e fora estigmatizada pela pena indignada de Rui Barbosa, muito deu que pensar e mais firme tornou ainda a suspeita que andava de boca em boca, naquela ocasião, sobre a existência, na luta pela abolição, dos chapados interesses inconfessáveis ou interesses dinásticos, a empanarem o brilho da obra humanitária da redenção. Seja, porém, como for, o que é certo é que a abolição se fez definitivamente, extirpando-se, por essa forma, o cancro que infectava e corrompia a nossa civilização. É forçoso, entretanto, reconhecer que ela não foi obra de um estadista, mas, antes, de um filantropo, sincero ou não, como quiserem. O lugar, porém, dos filantropos não é na direção suprema dos povos. Nesta devem estar os homens de Estado, os homens objetivos, aqueles que sabem ver as realidades da vida e que nunca destroem uma ordem social sem primeiro construírem outra que lhe seja superior e que venha já ficar no seu lugar. Foi isto o que fez o nosso imperador quando pôs abaixo, em poucos dias, a instituição três vezes secular da escravidão, sobre a qual se apoiava quase toda a economia da nação? Que é que ele fez para aparar o golpe de morte que a aniquilou por tanto tempo; ele, que era a vontade soberana da nação ou o homem do "suave absolutismo", como diz meu pai? Que eu saiba, nada. O que eu sei, porque vi com os meus próprios olhos, é que, de um dia para o outro, se arruinou a fortuna particular de milhares de famílias, praticando-se, por essa forma e de uma maneira verdadeiramente impiedosa, o assalto mais inclemente que, até hoje, já se perpetrou no Brasil contra a propriedade privada. O meu pai foi uma de suas vítimas. Depois de haver lutado durante mais de vinte anos na formação e organização de sua fazenda, enfrentando situações difíceis e fazendo os mais ingentes sacrifícios para alcançar aquele desiderato, e, quando ia começar a colher, como ele diz nas suas *Recordações*, os frutos de tantos trabalhos e fadigas, e supunha assegurados o futuro da família e a educação dos seus filhos, eis que tudo se desmorona. A fazenda ficou abandonada e virou uma tapera. Ele olhou em torno de si e viu que estava completamente sem recursos para enfrentar a nova situação. Debalde apelou para os colonos italianos que, então, começavam a chegar ao nosso país e que ele foi buscar na "imigração" de Juiz de Fora. O fracasso foi completo e, então, já velho, com as energias gastas e o organismo minado pela enfermidade, que podia ele fazer? Resignar-se. E foi o que ele fez, entregando à Providência o seu futuro e o futuro de seus filhos. Por essa ocasião, isto é, em 1892, dos seus oito filhos, o mais velho, já formado em direito, era promotor público em Leopoldina; o segundo, terminando os estudos, foi trabalhar como auxiliar técnico na construção de uma estrada de ferro; e os restantes, em número de seis, incluindo a filha única do casal, se achavam na fazenda. Destes filhos, o mais velho estaria com 18 anos de idade é o mais moço, com sete. O único colégio de educação secundária que, até então, existira em Leopoldina tinha-se fechado e, não podendo meu pai arcar com as despesas que teria de fazer se quisesse internar os filhos em colégios longínquos da província, ele, que sempre fora um intelectual e que, por esse motivo, desejaria, sem dúvida, dar aos filhos a mesma educação que recebera, viu-se forçado, e sabe Deus com que dor no coração, a conservá-los na fazenda, entregues a uma vida de perfeito embrutecimento físico e mental. E como não havia, então, quem colhesse o café que pendia das árvores, afogadas estas no mato que crescera por falta das capinas anuais que não mais se puderam fazer, foram eles, os seus filhos, ajudados por um preto velho, que fora pajem do meu pai no começo da vida deste, e mais o irmão colaço de quem escreve estas linhas, que tiveram de fazer, bem ou mal, aquele serviço da colheita do café, nos anos de 1891 e 1892, a fim de que nem tudo se perdesse no meio de tão grande descalabro. Mas, se era grande o acabrunhamento moral de meu pai, imagine-se qual não deveria ser o sofrimento de nossa mãe ao ver os filhos reduzidos à grosseira condição de trabalhadores da roça e diante da negra perspectiva de nunca mais poder dar a eles a educação com que sonhara. Para se poder avaliar devidamente o grau de sofrimento que deveria amargurar o seu amantíssimo coração, é preciso que se diga que a nossa mãe havia recebido uma esmerada educação moral, artística e literária. Filha do conselheiro Luiz Antônio Barbosa, que gozara de certa importância na política geral do país, e especialmente na política de Minas, e morrera muito moço ainda como senador do Império, nossa mãe, durante a sua mocidade, frequentara as altas-rodas sociais da Corte e chegara a ser mesmo um tanto palaciana. Por isso, conforme diz meu pai, nunca chegou a fazer dela uma boa republicana. Depois de casada, vivendo num verdadeiro sertão, e, apesar dos grandes encargos que lhe eram impostos por uma vida de sacrifícios a fim de ajudar meu pai a vencer as imensas dificuldades que teve de enfrentar durante mais de vinte anos na organização da fazenda, nossa mãe, entretanto, nunca se descuidou de entreter o cultivo de seu espírito. E, assim, ao mesmo tempo que lia obras literárias e acompanhava de perto o movimento social e político do país, muito se interessava pelos trabalhos intelectuais de meu pai, com quem, a modo, trocava ideias e discutia. Mas, a nossa mãe, mais do que uma mulher de espírito, era uma mulher de coração. A imensa bondade de seu coração e a cativante simpatia que irradiava de seu semblante eram de tal ordem que ninguém havia que com ela tratasse ou com ela convivesse que, desde logo, não recebesse a impressão de haver tratado ou convivido com uma verdadeira santa. Nestas condições, é fácil compreender com que dor não havia ela de encarar a situação de seus filhos quando, das janelas da fazenda, os via partir de manhã para o serviço da lavoura e, à tarde, os via voltar, descalços, cobertos de pó e de suor e a exalar aquele cheiro tão característico das folhas verdes do mato que ela tantas vezes sentira nos escravos quando estes, todas as noites, antes de se recolherem, vinham à presença de meu pai para lhe dizerem o "louvado seja Nosso Senhor Jesus Cristo". Ora, isso que se passou com meu pai e minha mãe foi igualmente o que se passou com a quase totalidade dos fazendeiros daquela época e, por isso, nunca será demais repetir que a lei de 13 de maio, se foi humanitária para os escravos, não deixou de ser desumana para os senhores. E que culpa tinham estes de possuir escravos? Não era uma propriedade tão legítima como a que mais o fosse? Não eram eles o único instrumento de que dispunham ou que os governos lhes davam para o cultivo da terra? E não é certo que, ainda nas vésperas da abolição, o mesmo governo que realizou esta última permitia livremente a compra e venda daquela propriedade? Agora que está passada a fase do sentimentalismo, sincero ou fingido, que então agitou o país, sobretudo entre aqueles que nada tinham a perder e tudo a ganhar, pense-se bem no grau de infortúnio que terá sido para os fazendeiros a queima inesperada e nunca indenizada do enorme capital que representava para eles o braço escravo. Pense-se igualmente nas consequências de ordem econômica que daí devem ter resultado para o organismo então florescente da nação e que, assim, subitamente se via privado da fonte primordial de toda a sua vida e riqueza. E por que não pensar igualmente nas consequências de ordem mais elevada que o ato terá ocasionado? Abolida a escravidão e reduzidos à miséria tantos milhares de famílias, quantos meninos e jovens brasileiros, que poderiam ter sido grandes homens nas artes, nas ciências e em todos os demais ramos da atividade humana, não se terão estiolado na ignorância ou se tornado imprestáveis à pátria, porque esta os privou dos recursos que eram deles e de que precisavam para crescerem e aparecerem! Deixemos, porém, de lado estas considerações e estes fatos que, no momento atual, nada mais podem adiantar e que, quando muito, poderão servir como depoimento de certa valia para o historiador do futuro, que, escrevendo um dia a história da abolição no Brasil, como juiz imparcial e esclarecido, há de ver nela, sem dúvida alguma, a generosa redenção de uma raça infeliz, que envergonhava a nossa civilização, mas que foi também o atestado mais impressionante da imprevidência de um governo inepto, que não soube fazer o bem, sem praticar o mal. Voltemos, pois, ao fio da nossa narrativa e lembremos, conforme já ficou assinalado, que era do mais profundo desalento e tristeza o ambiente que reinava no seio da nossa família quando, numa tarde merencória do mês de maio de 1892, chegava inesperadamente às mãos de meu pai a carta que, a seguir, passo a transcrever. Ei-la:

Rio, 25 de maio de 1892.

Exmo. Patrício e Amigo.

Tendo o governo federal consultado a seus amigos, deputados de Minas, sobre a indicação de um jurisconsulto mineiro de provado saber e patriotismo, para ser nomeado ministro do Supremo Tribunal de Justiça, nós, os deputados amigos do governo federal, indicamos unanimemente o nome de V. Ex.ª para esse elevado cargo. O nosso colega, dr. Chagas Lobato, foi encarregado de levar ao seu conhecimento esse fato.
Agora, temos a honra de comunicar a V. Exciª que o Exmo. Sr. presidente da República, atendendo a essa acertada escolha, deliberou mandar lavrar o decreto de nomeação, mesmo antes de chegar a sua aprovação, que foi solicitada pelo dr. Chagas Lobato.
Nestas condições, o que nos cumpre é apelar para seu patriotismo, a fim de que, acedendo a essa indicação de seus patrícios, não recuse à pátria e à República seus serviços que são de subido merecimento. Se, entretanto, V. Ex.ª assim não pensar, pedimos ainda para não dar publicidade à sua recusa, que podia ser torpemente explorada pela imprensa oposicionista, a qual, no desvario do seu ódio, não tem a compreensão destas delicadezas de sentimentos e de escrúpulos. Para que seus nobres escrúpulos não sejam desvirtuados, fazemos essa observação, posto que a julgamos desnecessária por muito confiarmos no seu patriotismo, que lhe fará aceitar um posto honroso de atalaia da República.

De V. Ex.ª amigos e admiradores,
assinados: JOAQUIM GONÇALVES E RAMOS
ANTÔNIO OLINTO DOS SANTOS PIRES

Ao terminar a leitura desta carta, o primeiro ímpeto de meu pai foi recusar o honroso convite que lhe era feito. A idade, a doença, o cansaço das lutas improfícuas, o completo desengano dos homens, tudo isso atuando de longa data sobre o seu espírito, um tanto inclinado para a melancolia, criara nele aquilo que se costuma chamar o tédio da vida. Minha mãe, porém, sempre preocupada com o futuro dos filhos, reagiu e chamou-o à razão, tocando-lhe na fibra sensível do coração que era o amor paterno. E meu pai, cedendo, então, aos apelos da razão e aos imperativos muito mais fortes do sentimento, transferiu-se para esta capital com toda a família, deixando a obscuridade em que sempre vivera na mais completa indiferença pelas grandezas do mundo, a fim de vir ocupar um lugar no mais alto tribunal do país. Esta insigne honra, que nunca passara pela sua cabeça e que, assim, lhe vinha, sem que ele nunca a tivesse desejado e muito menos procurado, era obra exclusivamente de antigos amigos e correligionários que, conhecendo os seus méritos e a pureza nunca desmentida de seu caráter, quiseram recompensar os serviços desinteressados que sempre prestara ao estado de Minas. Certos de que, no Supremo Tribunal Federal, ele continuaria a dar à República e ao Brasil, que ele tanto amava, o fruto de seu saber jurídico e das suas contínuas meditações históricas e filosóficas que, durante toda a sua vida, constituíram o entretenimento predileto do seu espírito.

Aqui chegando, fomos residir na rua Pedro Américo, 93, no começo da ladeira que leva ao morro de Santa Teresa, e o primeiro cuidado que teve meu pai foi matricular os cinco filhos num dos melhores colégios que, então, existiam nesta capital — o Colégio Alfredo Gomes, situado à rua das Laranjeiras nº 25. E aí permaneceram eles até o fim do ano seguinte. Durante todo esse tempo, meu pai, apesar da precariedade de sua saúde, nunca deixou de comparecer, pontualmente e com toda a assiduidade, às sessões do Tribunal e, de tal modo, se houve no desempenho de suas funções que, vagando o lugar de procurador-geral da República por morte do barão de Sobral, que até então o exercera, foi a ele que recorreu o governo da República para o preenchimento da vaga. Eram novos e maiores encargos que iriam pesar sobre os seus ombros, mas aos quais não procurou eximir-se, porque achava que, acima de seu bem-estar e até mesmo da sua vida, estavam os interesses do país. E, com os maiores sacrifícios de sua saúde, ele se pôs à disposição do governo numa das horas mais calamitosas por que estavam passando as novas instituições do Brasil. Nesse período, eu me lembro muito bem de que, mais de uma vez, regressando do Tribunal, ele foi obrigado a parar no meio da ladeira e assentar-se numa cadeira que minha mãe às pressas lhe mandava levar, a fim de que, repousando um pouco, se sentisse aliviado dos pequenos ataques de *angor pectoris* que, de quando em quando, o assaltavam.

Em setembro desse ano arrebentava, nesta capital, a revolta da esquadra, sob a chefia do almirante Custódio José de Melo, e a notícia desse acontecimento produziu no espírito de meu pai a mais profunda depressão. Fanático da República e tendo os olhos sempre voltados para a grandeza do Brasil, foi, com as mais justas apreensões, que ele começou a encarar a possibilidade de uma restauração monárquica e, mais do que isso, o perigo do próprio esfacelamento da pátria. Terminando a primeira parte de um trabalho que escreveu e publicou em 1890, com o título O *Brasil e o acaso*, depois de narrar e comentar os episódios épicos que culminaram com a expulsão dos holandeses, e que tanto concorreram para evitar o desmembramento do Brasil, põe meu pai, como fecho da obra, o seguinte apelo aos brasileiros, ao mesmo tempo, uma profecia que aos poucos se vai realizando, e um hino de glória à futura grandeza da nossa pátria:

> *"Mesmo nestes nossos dias deu-se um fato que desejo aqui recordar. Quando se achava preso nas fortalezas de França ou quando vagueava pelas diversas cidades da Europa, sem que pudesse talvez contar com o próprio dia de amanhã, Luiz Napoleão Bonaparte nunca deixava, a todo momento, de assim se exprimir: 'Quando eu for imperador, hei de fazer ou não hei de consentir que se faça isto, aquilo, ou aquilo outro'. Ou então: 'A França precisa de mim e, logo que seja imperador, hão de ver o que faço dela'. Quando se publicavam todas estas bravatas, Luiz Felipe ria-se, a França ria-se, e o mundo dizia: É um doido! Não eram, entretanto, passados muitos anos, quando o mundo sabia que o príncipe Napoleão se havia proclamado imperador dos franceses e que, dominando quase toda a Europa, punha em execução quase tudo quanto havia dito que teria de fazer.*

> *"Pois façamos nós também, os brasileiros, como esse, embora indigno, tão crente do destino: diga cada um que o Brasil tem de ser a mais grandiosa das pátrias do mundo; esforce-se cada um para que o Brasil cada vez mais se fortaleça; pelo espírito de ninguém passe essa estulta e tão ímpia ideia de dividi-lo; e um dia virá, disso poderemos todos estar certos, em que nossos netos nunca deixarão de erguer a cabeça quando, cheios do maior orgulho, houverem porventura de proferir esta, então augusta e soleníssima exclamação: Eu sou um cidadão dos Estados Unidos do Brasil!"*

Quem lê essas palavras, escritas há mais de meio século, pode bem compreender o que havia de patriotismo na alma do seu autor e bem pode calcular o que ia nela de tristezas e apreensões quando um poderoso movimento revolucionário surgia de repente e, abalando o país de norte a sul, parecia ameaçar seriamente não só a estrutura política, como a própria unidade da nação. Meu pai tornou-se, pois, extremamente preocupado com a nova ordem de cousas e, mais do que nunca, vivia silencioso e introspectivo. Ora, todo mundo sabe o quanto são nocivas aos temperamentos melancólicos e apaixonados, como era o seu, as causas de depressão nervosa. Não é, pois, de admirar que os acontecimentos que, então, se desenrolavam, muito houvessem concorrido para apressar o desfecho inevitável do seu mal. E assim foi. Na noite de 25 de outubro, após um dia muito afanoso no tribunal, meu pai recolheu-se ao leito e, pouco depois de um curto sono, acordou aflito e subitamente faleceu.

Depois de sua morte, ainda continuamos no Colégio Alfredo Gomes, mas, logo depois, em consequência da situação anormal do país, fecharam-se todos os estabelecimentos de educação desta capital e, só em meados do ano seguinte, com o restabelecimento da ordem pública, foi que os mesmos se reabriram. Mas, então, os recursos financeiros da família não permitiam mais que voltássemos para o mesmo colégio. O mais velho dos irmãos passou a trabalhar, como revisor, na Imprensa Oficial, e estudava à sua custa. Os dois mais moços, graças aos bons ofícios de velhos amigos de meu pai, foram internados como alunos gratuitos no Ginásio Nacional; e eu e o meu irmão Gaspar, que andamos sempre juntos, passamos a estudar numa escola pública municipal que funcionava em frente ao antigo Convento da Ajuda, onde está hoje o Palácio Monroe, e, mais tarde, no Mosteiro de São Bento e no Liceu de Artes e Ofícios, onde o ensino era ministrado sem nenhum ônus para os alunos. E, assim, fomos crescendo e estudando e procurando, à medida que foi sendo possível, colocar-se cada um num pequeno emprego a fim de auxiliar nossa mãe nas despesas da casa e, ao mesmo tempo, prover às nossas próprias necessidades. E, por fim, mas não sem passarmos por muitas vicissitudes, todos nós nos formamos, três em direito e dois em medicina, realizando por essa forma a maior, senão única, ambição daquela que tanto sofreu e tantos sacrifícios suportou com resignação evangélica e incomparável grandeza d'alma, a fim de que não faltasse aos filhos o maior de todos os bens que ela lhes poderia dar, isto é, as luzes do espírito.

Em 1908, um dos meus irmãos, formado em medicina e que tinha diante de si um futuro brilhante na promissora clínica que já havia conseguido nesta capital, de repente adoeceu e teve que retirar-se para o interior do país. Minha mãe acompanhou-o, levando consigo todo o arquivo de meu pai, que ela lá depositou no porão úmido da residência, onde o mesmo permaneceu por muitos anos em completo esquecimento. E foi aí que meu irmão Flamínio, atualmente desembargador do Tribunal de Apelação, o foi encontrar, no decurso de uma de suas férias forenses, trazendo-o, em seguida, para esta capital. A umidade do solo havia produzido grandes estragos em muitos documentos do arquivo, mas, mesmo assim, muita coisa se salvou. Entre estas coisas, estavam as *Recordações*, que agora se publicam, e os originais de outro trabalho, não menos interessante, que meu pai escreveu e intitulou *Comentários bíblicos* ou o *Mosaismo perante a razão* e que, mais tarde, talvez seja publicado, juntamente com a reedição de *Brasil e o acaso* e *Julgamento de Pilatos*, cuja distribuição nunca se chegou a fazer por motivos que, em tempo oportuno, serão explicados.

Exposta, assim, em traços gerais, a história dos últimos anos da vida de meu pai, só me resta agora consignar aqui, como necessário complemento de uma tal história, que minha mãe, que nunca mais se separou de seu filho doente, ao qual se dedicou de corpo e alma durante longos anos, veio a falecer em sua companhia, serenamente e em estado de verdadeira santidade, no dia 7 de fevereiro de 1934, aos 88 anos de idade, tendo nascido, em Sabará, no dia 2 de maio de 1846.

Do seu feliz casamento com meu pai, nasceram sete homens e três mulheres. Destas, duas faleceram em tenra idade, sendo os seguintes os filhos sobreviventes com os respectivos descendentes:

Valério Barbosa de Rezende, nascido em 7 de setembro de 1867, advogado, residente em Belo Horizonte, casado com d. Ana Fonseca de Rezende, e uma filha solteira — Leopoldina.

Francisca Eugênia Barbosa de Rezende, nascida em 9 de outubro de 1868, solteira, residente no estado de São Paulo.

Luiz Barbosa de Rezende, nascido em 18 de junho de 1870, engenheiro, casado com d. Carolina de Vincenzi de Rezende, residente no estado de São Paulo, sem descendentes.

Francisco Barbosa de Rezende, nascido em 23 de outubro de 1873, advogado, ex-presidente do Conselho Nacional do Trabalho, residente nesta capital e viúvo de d. Maria Eugênia Peixoto de Rezende. Com os seguintes descendentes:

Cornélia, casada com o sr. Jorge Bhering de Oliveira Matos, e um filho menor — Darke;

Olga, solteira;

Maria Eugênia, casada, sem descendentes;

Francisco José, médico, casado com d. Helena Carneiro de Mendonça, e uma filha menor — Ana Luíza;

Cecília, casada com o sr. Tito Carnasciali, e dois filhos menores — Gilberto Maurício e Gilda Marise;

Vera, casada com o sr. Raul Castro e Silva, com um filho menor — Raul.

Gaspar Barbosa de Rezende, nascido em 25 de junho de 1878, médico, solteiro e residente no estado de São Paulo.

Cássio Barbosa de Rezende, nascido em 28 de junho de 1879, médico, casado com d. Amanda Machado de Rezende, residente nesta capital, com os seguintes descendentes:

Gilda, solteira;

Roberto, solteiro, médico;

Alaysa, casada com o dr. José Joaquim de Sá Freire Alvim, e uma filha menor — Vera Maria.

Flamínio Barbosa de Rezende, nascido em 27 de novembro de 1880, desembargador do Tribunal de Apelação (Distrito Federal), casado com d. Ruth de Freitas Rezende, e uma filha solteira — Silvia.

Mânlio Barbosa de Rezende, nascido em 29 de junho de 1884, advogado, residente em São Paulo, viúvo de d. Francisca Bueno de Rezende, e um filho menor — Hélio.

Rio de Janeiro, novembro de 1942

ADVERTÊNCIA

O AUTOR

Feito apenas de memória e um pouco às pressas, este escrito, pelo lado literário, nenhum mérito encerra. Nem, encetando-o, outra foi minha intenção, do que a de deixá-lo como uma simples lembrança para meus filhos.

A esta falta, porém, de mérito literário, este escrito ainda reúne outra grande desvantagem: a de parecer, à primeira vista, nada mais do que uma simples autobiografia que, pretensiosa talvez para muitos, há de ser para todos o que ela realmente é — insulsa e sem cor, e, ao mesmo tempo, mais ou menos desconchavada. Entretanto, se o leitor, em vez de contentar-se, como vulgarmente se diz, unicamente com a casca, preferir o útil ao agradável e se der ao trabalho de penetrar um pouco mais no âmago do que escrevi, há de afinal reconhecer que, se aqui existe, com efeito, uma tal ou qual autobiografia, esta, porém, não passa de um fio apenas de que a obra mais ou menos precisava, ou de um simples pretexto apenas que muito de propósito procurei, é certo, mas, como o mais apropriado também, para que eu pudesse fazer a descrição de alguns dos nossos costumes que ainda encontrei e que vão de dia em dia se apagando, e, ao mesmo tempo, me ocupar de algumas pessoas que fui achando pelo meu caminho, e muitas das quais lograram alcançar em nosso país uma notoriedade maior ou menor.

Ora, se hoje já tanta gente existe que não conhece muitos dos fatos e costumes de que aqui me ocupo, quanto mais se, em vez de algumas dezenas de anos, começarem os séculos a se acumularem! E se hoje quase nada se escreve senão na Corte e sobre a Corte, quem é que se lembraria de perder o seu tempo escrevendo sobre os costumes e sobre as pequenas ninharias desta nossa tão desprezada província?!

Sejam, pois, quais forem os defeitos de forma ou sejam mesmo quais forem todas as outras arguições em que este escrito possa incorrer, um mérito possui ele pelo menos, e quanto a mim de alguma ponderação, e é o de salvar de um completo esquecimento uma parte, e não muito pequena talvez, desses nossos costumes. Esquecimento este que, me parecendo quase infalível, não deixará de ser, ao mesmo tempo, mais ou menos lamentável.

PARTE PRIMEIRA

(Escrita de meados de outubro ao fim de dezembro de 1887)

CAPÍTULO I

Filho, neto e bisneto de mineiros, eu quase poderia dizer que nunca saí de Minas; pois a não ser o tempo apenas que estudei em São Paulo e o de algumas viagens, poucas e muito rápidas, que tenho feito à Corte, nunca tive realmente outra morada, que não fosse a vivificante e sempre tão benéfica sombra das nossas montanhas; ou que não fosse no seio desta terra em que nasci, cujas ideias e sentimentos assimilei com o leite, com o ar e com os anos; e pela qual, por isso mesmo talvez, é tão grande e é tão sem cálculo o amor que sinto, quanto é grande e quanto é sério o orgulho que ela me inspira.

Desta geografia, portanto, que tanta gente aprende mais ou menos viajando, muito pouco é o que aprendi. E, de fato, é tão limitado o que sei por este modo ou é tão acanhado o círculo em que tem se revolvido a minha vida itinerante que, se eu tivesse de definir a terra pelo que dela unicamente tenho visto, bem poderia talvez defini-la por esta forma — um polígono extremamente irregular, mas sobre o qual não se poderia traçar uma só reta que mais tivesse de cem léguas.

Se preso, porém, pela sorte ou pelo gosto, a tão acanhados horizontes, muito pouco tenho visto; muitíssimo em compensação eu tenho lido e não pouco conversado. E o resultado que tenho colhido, ou a convicção a que cheguei, e que muito grata para mim vai se tornando cada vez mais firme, vem a ser esta — que podem existir, e de fato existem, muitos outros lugares, que por algumas ou mesmo por muitas dessas excelências que nos encantam, nos admiram, ou verdadeiramente nos assombram, se tornam dignos da maior celebridade; porém, sejam quais forem as excelências que possam possuir esses lugares, não há talvez em parte alguma do mundo um torrão a todos os respeitos tão beneficamente privilegiado ou tão divinamente abençoado, como é e sempre foi o nosso centro de Minas; pois que nele se encontrando tudo quanto realmente se torna indispensável para a nossa existência, e podendo o homem, por consequência, aí viver, por assim dizer, independente do mundo, o centro de Minas é ainda um lugar em que não só não se conhece o que sejam grandes frios, nem o que sejam grandes calores; e, ao passo que os olhos se deleitam nas belezas da mais esplêndida natureza, ao mesmo tempo, a água é pura, o ar é são e a terra é fértil; mas é ainda um lugar em que por essas mesmas causas talvez, o espírito, de ordinário, nunca se deprime nem se exalta, ou em que o coração e a cabeça, perfeitamente equilibrados, sempre funcionam em liberdade e sem excessos.

Se, porém, todas estas minhas proposições são mais ou menos verdadeiras quando nós as aplicamos a essa região mais fria e ao mesmo tempo muito mais alta, onde quase que juntas se encontram as estreitas cabeceiras dos nossos longos e volumosos rios Grande, Doce e São Francisco; muito mais verdadeiras elas ainda se tornam, quando nós as aplicamos a esse canto tão aprazível da província, que, tendo formado outrora uma das partes integrantes da antiga comarca do rio das Mortes, hoje se chama o sul de Minas; e que, tendo de um lado o rio Grande e do outro, as divisas de São Paulo, vai sempre subindo e se alargando, até por fim fechar-se nesse alongado e tão majestoso muro que, altíssimo, lhe forma a Mantiqueira, entre o morro do Lopo e o Mirantão.

Entretanto, os paulistas, que, sempre inquietos e sempre aventureiros, tão cedo começaram a devassar quase todo o continente, e de fato o percorreram em quase todos os sentidos, a princípio em busca de índios para os cativar e depois em busca de ouro e de pedras preciosas, parece que nunca enveredaram pelo sul de Minas, ou, se porventura o descobriram, bem depressa o abandonaram e muito mais depressa ainda o esqueceram. Parece, porém, antes, que eles ali nunca passaram; pois que ali com certeza não ficaram nem deixaram de si sinal algum. E se este fato não pode deixar de causar a todos uma grande admiração, muito maior essa admiração ainda se torna quando se sabe que as divisas de Minas por aquele lado quase que chegam às portas da capital dos paulistas, e que esse ouro, que aqueles mesmos paulistas andavam tão afanosos a procurar tão longe, eles ali o tinham, não só tão perto, mas ainda, ou para melhor dizer, à mão, e tanto e tão na superfície da terra que, nas ruas da Campanha, quando a chuva é grande, se o pode ver, assim como eu mesmo muitas vezes o vi, misturado ou por cima do esmeril ou de areia preta e fina, que, lavada e batida pela enxurrada, se deposita e se conserva pelos interstícios da calçada. Parece, porém, que, mesmo por ser assim tão bom aquele lugar, havia da parte da Providência um como que propósito de escondê-lo ou de deixá-lo para o fim; pois que, estando São Paulo pelo lado do sul assim tão perto, e havendo já não poucos anos que, pelo lado do norte, a província quase toda tinha sido descoberta, não só até São João d'El-Rei, mas muito mais ao sul talvez do rio das Mortes, nunca, entretanto, que, pelo menos conste, alguém havia ali ainda penetrado e muito menos ali se havia estabelecido. Nem é preciso para prova deste meu asserto de entrar aqui em longos arrazoados ou de fazer qualquer dissertação mais ou menos erudita, porque, se é certo que as altas cabeceiras do rio Verde foram um pouco mais cedo descobertas e que aí se foram logo fundando algumas pequenas povoações como Baependi, por exemplo, e a de Carrancas, talvez, um fato ainda existe o qual não pode sofrer a menor contestação, e esse fato é o seguinte — que assim como a Campanha do Rio Verde, Campanha da Princesa ou simplesmente Campanha é a primeira cidade e a primeira vila que existiu no sul de Minas, assim também foi ela, de Baependi para baixo, a primeira paróquia e a mais antiga povoação que ali se fundou.

A Campanha, portanto, que foi sempre a cabeça de todo aquele território, foi também sempre considerada como a mais antiga das suas povoações e como o principal ponto de partida de todo o seu povoamento. Ora, se a respeito de Baependi e de Carrancas se pode ter dúvida sobre a época de sua descoberta, quanto a da Campanha, essa parece ter sido, com toda a certeza, nunca antes da segunda ou talvez mesmo da terceira década do século XVIII. E não só é isto o que muito naturalmente se deduz do silêncio tão profundo que a respeito da Campanha guardou a nossa história e a nossa legislação até quase meados do século passado; mas é isto ainda o que justamente nós vemos confirmado por uma carta que ao Almanaque de Minas do ano de 1865 foi dirigida por um dos nossos mais dignos conterrâneos, o muito distinto e muito honrado médico dr. Manuel Joaquim Pereira de Magalhães.

Ora, além de conhecer há muito o autor da carta, eu cheguei também a conhecer um pouco ao coronel José Francisco, a quem a mesma se refere, e, como em falta de outra qualquer tradição, essa carta toma-se para a Campanha de uma importância imensa. Não quero deixar de aqui transcrever um semelhante documento; eis aqui quais são os seus termos:

"Eu não posso precisar bem a época em que se deram os fatos que vou narrar, mas, segundo dados prováveis, creio poder asseverar que eles tiveram lugar entre as eras de 1710 e 1720.

"Foi pouco mais ou menos neste período que, escapados das prisões de Vila Rica, dois sentenciados, um que se apelidava Montanhês e outro cujo nome não me lembro, atravessaram os sertões inabitados, que se estendiam ao Sudoeste de Vila Rica, e, viajando por muitos dias, depararam com um quilombo composto de dois pretos, situado na latitude austral de 21°16' e 2°15' de longitude do meridiano do Rio de Janeiro. Estes pretos tinham seu pequeno estabelecimento rural, do qual e de alguma criação de porcos tiravam subsistência, sendo provável que se comunicassem com alguma povoação mais próxima para o mais de que necessitassem.

"Tomaram então os fugitivos a deliberação de viverem em sociedade com os quilombolas, que os haviam hospedado, e assim viveram por algum tempo, até que, manifestando-se algum predomínio da parte dos brancos, deliberaram os pretos descartar-se daqueles; deu-se então um conflito, do qual saíram vitoriosos os brancos, sucumbindo os pretos, ficando, portanto, os dois fugitivos, proprietários da cabana e mais pertences.

"Assim isolados sentiram a necessidade de comunicações, e neste intuito trataram de explorar os arredores, até que, no fim de dias, puderam perceber dos altos da serra, em cujas fraldas estava estabelecido o quilombo, um fumo que se elevava para os lados de leste. Tendo então este meio de guia, foram por picada até encontrar uma fazenda, estabelecida na margem esquerda do rio Verde, cujo dono era aplicado ao curato de Baependi, e é este o lugar onde está hoje situada a freguesia da Conceição do Rio Verde.

"Estabelecidas as relações entre esse fazendeiro e Montanhês e seu companheiro, casaram-se com filhas do tal fazendeiro, o qual, a convite dos seus genros, foi com toda a família estabelecer-se no quilombo, talvez levado pela abundância de ouro que prometia o terreno, já explorado pelos genros.

"São estes os primeiros habitantes do lugar onde é hoje a cidade da Campanha, que rapidamente povoou-se pela afluência de mineiros quer da capitania de Minas, quer da de São Paulo.

"Esta notícia me foi dada por meu avô, o coronel José Francisco Pereira, falecido em 1855 com 95 anos de idade, que era homem de verdade e teve relações e amizade com um neto de Montanhês, que lhe comunicou todos estes detalhes.

"Ouro Preto, 29 de junho de 1864".

Como acontece a todas as povoações que devem a sua fundação a descobertas do ouro ou de pedras preciosas, o desenvolvimento da Campanha foi, com efeito, não só relativamente grande, mas extremamente rápido.

Assim como, porém, aconteceu a quase todas, ou antes, a todas as povoações de Minas que tiveram uma semelhante origem, a prosperidade da Campanha muito pouco durou.

E disso ninguém pode dar hoje um melhor testemunho do que eu, porque, tendo nascido um pouco mais de século depois que a Campanha se fundou ou foi descoberta, quando cheguei a conhecê-la, ela já tinha então não só atingido ao apogeu da sua grandeza e da sua riqueza, mas, pode-se mesmo dizer, que, trocada a antiga pletora por uma espécie de depauperamento constante e mais ou menos progressivo, já havia muitos anos que para aquela povoação tinha de fato começado, ainda que mais ou menos lenta e, por isso mesmo, muito menos sensível, essa decadência em que mais ou menos se tem sempre conservado, e da qual já muito menos provável é agora que consiga reerguer-se, porque, estando a Campanha, pela sua posição topográfica, fora do traçado natural das nossas vias férreas, esse elemento tão poderoso de vida que lhe falta, terá agora, sem muito grande utilidade para ela, mas antes à sua custa ou em seu prejuízo, de ir cada vez mais aproveitando a todas as povoações que a cercam e por onde essas estradas já passam ou tiverem de passar. E ela terá, por consequência, de ir cada vez mais também perdendo o pouco que ainda lhe resta da sua antiga e tão extensa influência naquela belíssima zona, caso alguma circunstância favorável e imprevista não lhe venha dar na indústria ou em qualquer outro fator das riquezas ou da influência uma nova origem de importância.

Nem para bem se apreciar o grande e rápido desenvolvimento que teve a Campanha é preciso mais do que lembrar quanto a metrópole era morosa e parca em criar divisões eclesiásticas e administrativas, que exigiam sempre um aumento maior ou menor de despesas com os empregados e que diminuíam, por consequência, os proveitos que da colônia se procuravam tirar por todos os modos.

Assim, no começo deste século, e quase que ainda no tempo da nossa independência, a província de Minas só tinha uma única cidade, que era Mariana; quatro comarcas, que eram as de Vila Rica, Rio das Mortes, Serro e Rio das Velhas; e apenas dezesseis vilas, das quais as principais eram Vila Rica, Sabará, São João d'El-Rei, Barbacena, Paracatu, Serro e Campanha.

Ora, de todas as povoações da província, era então a Campanha uma das mais novas; pois que, segundo já tive ocasião de dizer, a sua descoberta só teve lugar na segunda ou terceira década do século passado. Pois a Campanha, que, em 1752, já tinha sido por uma ordem régia criada freguesia, era, em 1785, constituída em um julgado da comarca do rio das Mortes por uma provisão de 20 de junho do conselho extramarino; e era, finalmente, elevada à vila, com um juiz de fora do cível, crime e órfãos, por alvará de 20 de outubro de 1798.

E cumpre aqui observar que era tal, naquele tempo, a sua riqueza, que, apenas criada a vila e eleita a Câmara, um dos primeiros atos que esta praticou, e que mostra ao mesmo tempo qual a confiança que ela tinha na abundância e permanência dos seus rendimentos, foi o de oferecer voluntária e perpetuamente a uma das princesas (a da Beira, se não me engano) a terça parte da consignação que havia feito para o aumento das rendas públicas; oferecimento este, que, em vez de ser recusado, foi, pelo contrário, aceito, e aceito de muito boa vontade pelo príncipe regente, depois d. João VI, o qual, além de todos os agradecimentos do estilo, ainda mandou por carta de 6 de novembro, datada de Mafra, que o dinheiro se remetesse diretamente e em cofre separado, ao erário régio, a fim de ser logo entregue à princesa.

Quando, pois, nasci, a Campanha, que já era vila, havia um pouco mais de trinta anos, possuía nada menos de cinco igrejas, e, além destas, ainda tinha a sua matriz, que é talvez o templo maior que tenho conhecido, mas que, entretanto, já não se tinha podido acabar. Por outro lado, uma dessas cinco igrejas, tendo ameaçado ruína, em vez de ser reparada, foi demolida e nunca mais se levantou. Ora, sendo a religião o que, naquele tempo, pode-se dizer, constituía o principal objeto da vida do homem, pode-se igualmente dizer que o que constituía um verdadeiro barômetro ou melhor indicador da prosperidade de um lugar qualquer, naquele tempo, era, sem dúvida nenhuma, a riqueza ou as magnificências que se ostentavam na celebração das festas religiosas ou na sustentação do culto público.

Pois bem, quando eu conheci a Campanha, ela não só ainda tinha dentro da povoação nove ou dez padres, e todos mais ou menos abastados, mas ainda a sua matriz, que possuía um grande número de objetos de prata e até mesmo alguns de ouro, achava-se ao mesmo tempo, o que, na minha opinião, é ainda uma prova muito maior de sua prosperidade, perfeitamente provida de todos os ornamentos e de todos quantos objetos eram preciosos para todas as grandes festas que era de costume ali fazerem-se, mas que, entretanto, já então não alcancei. O grande São Jorge que, de pé e de pernas abertas, se achava atrás de uma porta e como que escondido para meter medo à gente em um dos corredores da imensa matriz, e que, segundo se me dizia, muitas vezes dali tinha saído para percorrer a vila, puxado e cercado por todos os ferreiros da povoação e com um aparato verdadeiramente deslumbrante, já nunca cheguei, como tanto desejava, vê-lo uma só vez sair daquele lugar escuro, para montar no mais belo cavalo dos arredores, e, armado de escudo e lança, caminhar cercado de um imenso e faustoso estado; assim como, igualmente, já nunca também pude ver as grandes endoenças ou essas semanas santas inteiras de que tantas vezes ouvia falar e de que se me fazia uma tão pomposa descrição.

Ora, se no meu tempo, já tudo isso não se via, muito pior é hoje ainda, porque na Campanha quase não há padres, as suas festas religiosas são inteiramente frias e sem a menor pompa; entretanto que a sua fábrica parece que vai-se tornando cada vez mais pobre.

Eu bem sei que tudo isso não é uma prova bem evidente da decadência da povoação, pois que podia ser apenas o efeito do desaparecimento ou de uma simples decadência do sentimento religioso. Isto, porém, é que não é exato, porque, nesta província e sobretudo na Campanha, se o sentimento religioso já não tem hoje toda aquela vivacidade que teve outrora, nem por isso se extinguiu nem tem muito diminuído.

Eu, porém, vou citar alguns fatos, que, dando-nos uma ideia mais ou menos aproximada do estado daquela cidade em outros tempos, servem de prova a tudo isso que acabei de dizer. Entretanto, como um desses fatos pretendo deduzi-lo do modo como na Campanha saía o "Senhor de fora", e como escrevendo estas *Minhas recordações*, o meu fim principal é descrever costumes, vou, em forma de parêntesis, aqui explicar como era que então se levava na Campanha o viático aos enfermos.

Quando eu conheci a Campanha, era ainda uma grande desgraça, e muitas vezes mesmo um grande escândalo, o morrer-se sem todos os sacramentos. Daqui resultava que muito raro era a semana que não se tivesse de levar o viático a algum enfermo e que, por consequência, e muito frequentemente, não se tocasse o "Senhor de fora". Se, antes de repicar e durante o tempo que repicava, o sino dava por intermitências as cinco badaladas do estilo, todos já sabiam que o sacramento que tinha de levar-se era para algum dos habitantes de dentro da povoação; e quem não tinha um objeto muito rigoroso que o retivesse em casa, imediatamente saía para acompanhá-lo. Quando se chegava à igreja, já ali se encontrava um homem que tinha o apelido de Masca-pregos, por causa de um movimento contínuo que fazia com os queixos como quem mastigava um objeto duro e resistente; e que, além disso, era tão excessivamente míope que não só quando escrevia quase que chegava a tocar no papel com o nariz, mas que, ainda, segundo muitas vezes ouvi dizer, nunca na sua vida tinha visto estreias.

Este homem, que era para os meninos uma espécie de duende e de quem, não obstante, eles nunca fugiam, porque era ele quem lhes poderia dar o gosto de carregar uma lanterna e o turíbulo, e, muito mais ainda, o de carregar, nos enterros, a cruz e a caldeirinha, que davam direito a duas boas velas, chamava-se capitão Manuel Luiz de Sousa, e era pessoa de importância no lugar, pois que sempre o conheci como juiz municipal ou presidente da Câmara. Era ele, entretanto, quem tinha a seu cargo distribuir as opas e quem, pontual sempre e sempre correndo, dispunha de tudo o mais que era preciso para a saída do sacramento. Pouco depois este saía, e eis aqui a ordem que se observava: À frente do préstito ia uma pessoa vestida de opa, de ordinário um menino, tocando a campainha; e depois a cruz de prata da irmandade do Santíssimo entre duas lanternas, cada uma das quais tinha uma vela acesa, para que, a despeito do vento e da chuva, nunca faltasse luz ou esta jamais se apagasse; pois que, assim como antigamente o fogo de Vesta nunca se deveria apagar, assim também, segundo o nosso costume religioso, nunca o sacramento deve ficar às escuras. Todas as pessoas que vestiam opas e que iam com tochas acesas formavam duas alas, que tinham por cabeças de fila as duas lanternas.

No começo de uma dessas duas alas, ia o juiz ou provedor da irmandade com a sua vara de prata onde estava esculpida a imagem do sacramento; e no couce da outra um irmão que levava uma toalha a tiracolo e que ao mesmo tempo carregava sobre um dos braços uma espécie de livro muito grande, mas cujo nome eu nunca soube ou agora não me recordo.

No centro e no fim das duas filas ia então o vigário com o sacramento, o qual era umas vezes conduzido debaixo da umbela ou de um chapéu de sol muito grande, coberto de seda carmesim e forrado de seda branca, e outras vezes debaixo do pálio, cujas varas de prata eram carregadas por seis pessoas.

Atrás finalmente do sacramento iam todas as pessoas que não vestiam opas ou que se iam incorporando pelo caminho; e, se na povoação, existia algum destacamento militar, e o sacramento por ele passava, imediatamente parte dele era obrigado a ir fazer parte do préstito, colocando-se logo atrás do pálio. O que tudo acabava por fazer às vezes um acompanhamento tão grande, que se poderia tomar por uma verdadeira procissão, mas, circunstância esta que era de um péssimo agouro para o pobre doente, visto que se considerava como cousa certa que um acompanhamento muito grande ou fora do ordinário era, neste caso, um sinal infalível de morte para aquele que ia ser sacramentado. Quando se chegava à casa do enfermo, abria-se o tal livro grande de que acima falei e que ficava servindo de altar ou de sacrário; punha-se a toalha debaixo do pescoço do doente para que não houvesse perigo de cair ou de perder-se a sagrada forma; e o vigário administrava a comunhão ao mesmo doente que, às vezes, por intermédio do vigário, pedia a todos os presentes e ausentes o perdão de alguma ofensa que porventura lhes tivesse feito.

Concluindo tudo isso, voltava-se para a igreja, e, tanto na ida como na volta, ou o vigário recitava salmos, que eram respondidos pelas pessoas que os sabiam, ou todos em coro cantavam o Bendito. Desde que chegava-se à capela do Santíssimo, punha-se o sacramento sobre o altar, cantava-se o Tantum Ergo e depois o Bendito; e, recolhido o sacramento ao sacrário, dispersava-se o povo. Se, porém, para anunciar a saída do sacramento, em vez daquelas cinco badaladas intermitentes de que há pouco acabei de falar, eram três apenas as que o sino dava, desde logo se ficava sabendo que o sacramento era para fora da povoação e, embora neste caso, ele tivesse de sair ou ser levado a cavalo, isto não obstava que, muitas vezes menos de meia hora depois, ele se pusesse na rua e não acompanhado por uma meia dúzia apenas de cavaleiros mas, pelo contrário, por dez, por vinte e muitas vezes por muito mais.

E isto por quê?

Porque era tão grande a riqueza na Campanha e esta se achava espalhada por uma tal forma, que não havia talvez uma só pessoa de alguma importância e até mesmo das classes menos abastadas, que não tivesse o seu animal de estrebaria ou de passeio.

Dessa grande abundância de animais de trato, e, ao mesmo tempo, da grande afluência que então havia de gente de fora e que de ordinário preferia que os seus animais ficassem antes a capim do que fossem para o pasto, resultava o ter-se estabelecido na Campanha uma indústria especial que não só dava, à noite, ao largo das Dores o aspecto alegre e sempre animado de uma praça de mercado, mas que era uma das mais concorridas e ao mesmo tempo uma das mais lucrativas para os escravos que viviam a jornal. Não era esta, entretanto, uma indústria leve nem talvez mesmo das mais agradáveis. E eu vou dizer por quê:

Como a necessidade de capim era grande, e como não havia então ainda o de Angola, e muito menos ainda qualquer dessas plantas forrageiras que se vão agora introduzindo, o recurso único que então se tinha era o de um capim nativo que se chama capitinga e que julgo assim chamar-se por ser ele de uma cor verde não muito carregada e significar aquela palavra em língua indígena — capim branco. Mas este capim só se encontrava na serra, que ficava, por consequência, em uma distância da povoação de uma légua pelo menos e, muitas vezes, de muito mais. Os escravos, pois, que se dedicavam a esta indústria, apenas o dia amanhecia, muniam-se de uma ligeira matalotagem que lhes pudesse servir de almoço, ou lhes matar a fome, e, descobertos no tempo seco e cobertos no tempo de chuva com uma capa feita do capim — mumbeca, todos os dias, muito cedo, dirigiam-se para o mato.

Cortado o capim, estendido e amarrado em um comprido varapau, que mal se compreendia como um único homem o pudesse carregar, à tarde vinham todos para o largo das Dores, e aí, dividido o capim em feixes de um tamanho convencional, cada um dos quais custava quatro ou seis vinténs, e dos quais três se considerava a ração suficiente para um animal durante um dia e uma noite. Daí tiravam aqueles pretos o jornal que deviam dar aos seus senhores, que era de uma pataca mais ou menos, e muito ainda lhes sobrava para o seu fumo e a sua cachaça.

Pois bem, essa indústria, creio que hoje desapareceu inteiramente da Campanha; e na última vez que lá estive, talvez não se encontrasse em toda a cidade, já não digo dez, nem mesmo seis cavalos de estrebaria; e isso não porque o gosto mudasse, mas porque os meios faltavam.

Eu, porém, vou citar um novo fato, que só por si basta para provar quanto é grande a decadência da Campanha.

A casa em que nasci é o sobrado que, descendo a rua Direita, forma do lado de cima a esquina do largo das Dores. Essa casa foi construída por meu avô; e, se não me falha a memória, em relação ao que lhe ouvi muitas vezes dizer a este respeito, essa casa é toda de pedra, de alto a baixo; os seus alicerces estão enterrados doze ou quatorze palmos; e meu avô, na casa e nos respectivos muros, gastou quinze ou vinte mil carros de pedras. Verdade é que essas pedras foram compradas a meia pataca o carro; mas, sem falar que aquele edifício era uma casa de luxo para o lugar, calcule-se unicamente o preço das pedras que nela se enterrou, e veja-se quanto não deveria valer em um lugar mais ou menos próspero.

Pois bem, essa casa que por ocasião da ideia que ali apareceu de se criar uma nova província, foi logo indicada como sendo a mais própria para o palácio da presidência, foi, há vinte e tantos anos vendida; e, se não há engano de minha parte, o seu preço foi apenas de oito ou dez contos de réis.

Entretanto, se grande é a decadência da Campanha, se essa decadência, como disse, parece que tende a aumentar, uma glória que nunca se lhe há de tirar há de ser esta: que, não só durante mais de meio século, ela foi uma das maiores e mais importantes povoações da nossa província, mas ainda, e muito principalmente, que, tendo sido, por assim dizer, a mãe de quase todas as povoações que se foram criando e se estendendo por todo aquele abençoado vale do Sapucaí, ela, pela sua grandeza, sua riqueza e, sobretudo, pelo seu adiantamento moral, tornou-se, de fato, e por muito tempo, o verdadeiro e luminoso lar da civilização de todo aquele canto de Minas, que, hoje, já tão povoado, se prepara para as grandes conquistas do futuro, e que tão cheio de esperança, e com toda a justiça, na sua nova geração, já orgulhoso conta, entre seus filhos, além de tantos outros respeitáveis, José Bento e Honório Hermeto.

CAPÍTULO II

Pelos meados do século passado, veio para o Brasil um português que se chamava Manuel Ferreira Lopes. Tendo-se estabelecido como comerciante na Campanha, aí se casou com d. Maria Eugenia de Jesus, cuja família se achava entrelaçada com a dos Machados de Oliveira, de São Paulo, mas na qual, por outro lado, parece que havia alguns parentes caboclos. Deste casamento nasceram os seguintes filhos:

Capitão Antônio Quirino Lopes; tenente Manuel Corsino Ferreira Lopes; tenente Miguel Ferreira Lopes; alferes João Pedro Ferreira Lopes; major Domingos Ferreira Lopes; e comendador Francisco de Paula Ferreira Lopes, os quais todos morreram maiores de 60 anos, e dois quase centenários.

À exceção do alferes João Pedro, todos eles se casaram e deixaram uma descendência mais ou menos numerosa. Destes filhos, o último casou-se com d. Ana Rita de Cássia, que era filha do major Gaspar José de Paiva e de d. Leonor de Paiva. Nada sei a respeito da família de d. Leonor. O major Gaspar, porém, pertencia a uma família muito importante da Campanha e que se tornava até ridícula pelas suas grandes fumaças de nobreza, sobretudo, quando esses Paivas pertenciam a um dos ramos dessa família que se dizia descender ou que de fato descendia de Amador Bueno da Ribeira. Do casamento do comendador Paula Ferreira com d. Ana de Paiva nasceram dois filhos, o dr. Gaspar José Ferreira Lopes e o capitão Francisco de Paula Ferreira Lopes Júnior, e três filhas — d. Francisca de Paula Ferreira de Rezende, d. Bárbara Alexandrina Ferreira Brandão e d. Ana Rita de Cássia Ferreira. À exceção do primeiro e da última, todos se casaram e deixaram maior ou menor descendência. Como, porém, aquele comendador muito cedo enviuvasse, passou logo a segundas núpcias com d. Mariana Generosa Moinhos de Vilhena; deste segundo matrimônio só cresceram e casaram-se quatro filhas — d. Maria do Carmo, d. Iria, d. Mariana e d. Maria José; e só da primeira e da última ficaram descendentes.

Quase pelo mesmo tempo em que veio para o Brasil o quartel-mestre Manuel Ferreira Lopes, veio igualmente o coronel Severino Ribeiro, que pertencia a uma família nobre de Lisboa, e, tendo-se estabelecido em uma fazenda de cultura na freguesia da Lagoa Dourada, ali se casou com d. Josefa de Rezende. Esta era descendente de uma das Três Ilhas, e esta simples frase — descendente das Três Ilhas — equivale para muita gente a uma genealogia, visto que, na província, essa frase tem uma significação especial, e essas Três Ilhas nela conservavam um certo quê de legendário. Como, porém, nem todos têm motivo ou obrigação de as conhecer, eu direi, simplesmente, que eram três irmãs que, tendo vindo para Minas, logo que esta província foi descoberta, aqui se casaram e tornaram-se os troncos das três grandes famílias de Rezendes, Carvalhos e Junqueiras, que, entrelaçando-se há tantos anos com tantas outras, hoje cobrem quase todo o centro e sul de Minas, e uma grande parte de São Paulo. Do casamento do coronel Severino com d. Josefa nasceram os seguintes filhos — Estevam Ribeiro de Rezende (marquês de Valença), coronel Geraldo Ribeiro de Rezende, coronel Severino Eulógio Ribeiro de Rezende; e capitão Joaquim Fernandes de Rezende; e diversas filhas, das quais, de vista ou por notícia, só conheço as quatro seguintes — d. Ana, d. Leonarda, d. Maria Clara e d. Francisca de Paula Galdina de Rezende; à exceção de d. Ana, todos os mais tiveram descendência e não pequena.

  D. Francisca de Rezende casou-se com o alferes Domingos dos Reis e Silva, que pertencia a uma família muito abastada e numerosa de lavradores mineiros, e deste casamento nasceram três filhos e duas filhas — major Estevão Ribeiro de Rezende, coronel José dos Reis e Silva Rezende, tenente-coronel Valério Ribeiro de Rezende, d. Maria Benedita Teixeira e d. Urbana Felisbina dos Reis Perdigão; todos se casaram e deixaram descendência. Tendo d. Francisca enviuvado, passou pouco depois a segundas núpcias com o capitão Antônio Justiniano Monteiro de Queiroz; e, deste segundo matrimônio, nasceram os seguintes filhos — o tenente-coronel Antônio Justiniano Monteiro de Queiroz, Francisco das Chagas de Rezende, d. Justiniana, d. Ana e d. Maria do Carmo, todos se casaram e deixaram descendência.

  Ora, o tenente-coronel Valério Ribeiro de Rezende casou-se com d. Francisca de Paula Ferreira de Rezende, e dos oito filhos que ambos tiveram, seis morreram em baixa idade, e os únicos sobreviventes somos eu e meu irmão Valério Ribeiro de Rezende, que tem se conservado solteiro e que depois de ter morado muito tempo comigo, acha-se atualmente estabelecido em Leopoldina, com um colégio de instrução secundária.

De todos esses meus ascendentes, os únicos que restavam quando nasci eram — Gaspar, d. Maria Eugênia, d. Francisca e Paula Ferreira. E, destes, o que mais viveu, depois do meu nascimento, foi o comendador Paula Ferreira, pois que só veio a morrer em dezembro de 1886, quando já contava nada menos de quase 94 anos.

Por isso, não só foi o único que bem conheci, mas foi ainda o que de todos se tornou para mim o mais querido. Nem poderia ser de outra sorte, porque, se é grande, como dizem, a afeição que os avós nutrem para com os netos, neste caso, a que ele tinha para comigo não era uma afeição simplesmente grande; convertia-se em uma predileção muito forte e francamente declarada, entretanto que foi, segundo já disse, em sua casa que nasci, e foi sempre à sua sombra ou ao seu conchego que me criei e cresci.

Por isso também, quando neste escrito eu disser simplesmente meu avô sem qualquer outro qualificativo, deve-se entender que é a ele que me refiro.

Ora, tendo já tratado do lugar em que nasci e dito dos meus ascendentes tudo quanto sabia ou a memória me ofereceu, creio que é finalmente chegada a ocasião de começar a ocupar-me de mim mesmo, e que posso, por conseguinte, entrar sem mais preâmbulos na história desta minha bem pouco interessante vida, mas que, por não ser das mais breves nem também inteiramente uniforme e desatenta, deu-me ocasião para ver muitas coisas que a atual geração já não conhece e que muito menos poderiam conhecer as gerações vindouras. Eu, pois, começarei por dizer que, logo depois do seu casamento, meus pais se retiraram para a Fazenda do Bom Jardim, que fica a três léguas da Campanha, junto às margens do rio Verde, e onde, apesar de já muito gravemente enferma, ainda vivia minha avó d. Francisca. Aproximando-se, porém, o termo da gravidez de minha mãe, meus pais vieram para a Campanha; não só foi aí que nasci, a 18 de fevereiro de 1832, mas foi ainda aí que a 20 de abril desse mesmo ano fui batizado pelo cônego João Dias de Quadros Aranha, que, paulista de muito boa têmpera, como tantos havia naqueles tempos, foi sempre um amigo sincero da nossa família. Sendo íntimo amigo, ao mesmo tempo, do senador José Bento, foi, graças a este, uma ou mais vezes deputado por esta província. Quanto aos meus padrinhos, quase que era desnecessário que eu dissesse quem eles foram, porque um dos costumes que mais geralmente se observam é o de serem os avós os padrinhos dos nossos primeiros filhos. Como naquele tempo, os únicos avós que então vivos eu tinha, era o meu avô Paula Ferreira e minha avó d. Francisca, esses foram, com efeito, os meus padrinhos.

Filho primogênito de um casal extremamente novo, o meu nascimento foi como que a verdadeira imagem do meu futuro destino; pois que, depois de cinco dias de um laboriosíssimo parto, e quando já cansados de esperar, parece que se dispunham a me tirar a ferros, eu vim afinal ao mundo. Mas tão enegrecido e contundido, que muitas vezes ouvi minha mãe dizer que nunca tivera um tão grande desgosto, como quando ao contemplar, cheia de um ansioso gozo, aquele primeiro, tão esperado e já tão querido fruto do seu amor, ela, cheia de dor e de angústia, reconheceu na sua ingenuidade de criança que tinha dado à luz um filho negro!

Assim também eu, que já comecei a dobrar o morro da vida e que até esta idade quase que não deveria ter senão fervorosas graças a Deus para dar à Providência por me haver acumulado de tantos benefícios e preenchido quase todos os meus desejos, sou, entretanto, imaginariamente embora, um dos homens mais desgraçados ou dos mais subjetivamente infelizes; pois que, vítima de um esgotamento ou de uma desilusão extremamente precoce, comecei a tornar-me um hipocondríaco e quase que um misantropo na idade apenas de vinte anos, ou quando a vida nada mais é para todos do que sorrisos e flores. Desde então, por mais que reaja contra mim mesmo e procure, com o auxílio da minha razão, encontrar no tão carregado céu da existência uma simples aberta apenas um pouco mais azulada, é tudo debalde; porque a bile que me derrama o fígado cada vez mais se corrompe, cada vez mais se enegrece; e hoje tenho chegado a esse incômodo, horrível e tristíssimo estado, em que, verdadeira sensitiva para afligir-me, nada para mim, entretanto, existe que me possa dar prazer.

Ora, se, como se costuma dizer, cada um já nasce com a sua estrela ou com o seu destino, parece que houve na minha natureza de criança alguma coisa que bem se poderia dizer um instinto ou um dom de conhecê-lo, porque, tendo sido tão grande a dificuldade que mostrei de vir ao mundo, ainda não foi menor a relutância que mostrei de nele ficar ou o esforço que fiz para dele sair. Fraco e sempre doentio, os meus primeiros anos, pode-se dizer, que outra coisa mais não foram do que uma luta constante contra a morte; até que, parecendo-me conformar com esse meu destino, me tornei um menino franzino sempre, é verdade, mas sem, entretanto, nunca mostrar uma debilidade verdadeiramente inquietadora. E o que muito mais é, e que aqui consigno como mais uma prova da grande verdade deste dito popular — que não há Senhor do bom princípio —, eu que fui, como acabei de dizer, um menino tão franzino e tão doentio, desde a idade de dez anos até hoje, ainda que nunca fosse um homem forte e menos ainda vigoroso, mas que, pelo contrário, nestes últimos tempos, posso ser considerado como um homem inutilizado ou um velho inteiramente valetudinário, a quem o sereno, a chuva, o sol, tudo faz mal, nunca também sofri de qualquer moléstia grave que me levasse forçadamente ao leito ou que exigisse o emprego desses nauseabundos purgantes ou deletérios vomitórios aos quais sempre votei a mais declarada antipatia.

Se, porém, criança doentia, como disse, quase que não havia ano em que não fosse atacado de febre ou de algum outro incômodo mais ou menos grave. Nunca, entretanto, a minha vida correu tanto perigo como no ano, se não me engano, de 1835, porque, nesse ano, como periodicamente sucede, apareceu na Campanha a coqueluche, e esta epidemia, que, nas partes mais frias de Minas é sempre tão grave, complicou-se desta vez com o sarampo, o que lhe deu um caráter por tal forma mortal que muito poucas foram as crianças atacadas que ao mal não sucumbissem. E raríssimas, entretanto, ou talvez mesmo nenhuma, foram as que se conservaram imunes em uma semelhante epidemia. Como as outras, fui igualmente alcançado pelo mal; e tendo, como eu, sido atacadas as duas irmãs que então tinha e que foram também as únicas que tive, dos três fui eu o único que escapou; e, ainda assim, como por vezes ouvi dizer, se, com efeito, escapei, foi unicamente por um milagre ou graças a um imenso cáustico que me puseram nas costas e do qual ainda hoje conservo o sinal. Eu não cheguei a conhecer bem a essas minhas duas irmãs, porque morreram quando a minha inteligência mal talvez começasse a despertar-se, mas, não obstante, conservo de ambas algumas lembranças, sobretudo da primeira, que se chamava Ana ou Anica, mais moça do que eu apenas dez meses, que era, como eu, muito magrinha, e com quem me lembro de ter brincado e até uma vez brigado. Da outra, que se chamava Bárbara e que morreu muito criança, apenas me recordo que era muito gordazinha, e, ao mesmo tempo, muito clara, muito loura e de olhos azuis como meu pai. Aquilo, porém, de que mais vivamente conservo lembrança é do tempo em que ambas adoeceram e em que ambas morreram; pois que não só me recordo, e muito perfeitamente, de tudo quanto então se passou, mas ainda igualmente me recordo do enterro de uma dessas minhas irmãs, indo ela em uma cadeirinha, carregada por dois escravos fardados. Dentro da cadeirinha, um padre sentado, e, diante do padre, sobre um tamborete com uma colcha de damasco, o seu pequenino caixão.

CAPÍTULO III

Antigamente na Campanha, ou nesses bons tempos em que a tão pouco se reduziam as nossas maiores ambições, duas coisas havia que muito raros eram aqueles que, sendo estudantes ou rapazes de uma certa ordem, nunca as tivessem feito; eram ajudar a missa ou fazer um papel na ópera, como então se chamavam todas as representações teatrais. Ora, eu nunca tive o menor jeito para o teatro, e nunca também quis ou nunca pude saber de cor as respostas que um sacristão deve dar ao padre na celebração daquele santo sacrifício, e que então não havia pajem ou molecote de padre que as não soubesse na ponta da língua.

Eu, pois, nunca subi ao palco nem tampouco ajudei a missa, senão uma única vez, quando já estava casado e já era mesmo um homem de alguma importância. Ainda assim, para nesse ato representar o mais ridículo de todos os papéis, pois que, desempenhando uma cerimônia que eu não sabia nem jamais tinha praticado, tive de ajudar a essa missa de cartilha na mão, e de tal forma atarantado, que, em mais que me esforçasse por ser atento, raríssima era a vez que alcançasse ouvir a deixa para entrar em cena ou que pudesse fazer ou dizer qualquer coisa sem ponto ou aviso.

Se, porém, nunca representei no teatro e se, à exceção dessa única vez de que acabo de falar, nunca ajudei a missa, o que era, como já disse, a grande ambição e o grande orgulho dos rapazes daquele tempo, eu, entretanto, muito cedo comecei e até muito tarde continuei, sem a menor intermitência, a ser aquilo que todos os meninos tanto desejavam e que todos mais ou menos foram, isto é, anjo nas procissões. E o que me parece é que eu tinha mesmo nascido para ser anjo, porque não havia quem não me achasse um anjo muito bonito. E quem ainda muito mais bonito me achava, vinha a ser eu mesmo, quando, pondo-me a me contemplar, eu, com maior orgulho talvez ainda do que mesmo vaidade, me via com aqueles meus sapatinhos de cetim de longas fitas que me trepavam trançadas pelas pernas calçadas de meias de seda cor de carne; com o meu saiote (já então sem arco) também de seda, mas de uma seda toda ricamente bordada, a fio de prata; com as minhas grandes nuvens de filó e asas naturais de garça postas sobre as costas; com o meu turbante ou capacete todo cheio de plumas e de pedras preciosas; e finalmente, e, sobretudo, com aquele peito tão rico e tão brilhante que me cobria a frente e com o qual eu ansiava e mal podia, tão grande era o peso da pedraria que levava. Entretanto, por maior que pareça, e que realmente fosse, a riqueza deste meu vestuário, a despesa que ele ocasionou, não só não foi das maiores, mas, pode-se mesmo dizer, a muito pouco reduziu-se, porque as pedras eram de casa ou dos parentes, e a maior parte dele nada mais era do que restos aproveitados do vestuário com que minha mãe se apresentou no dia do seu casamento; traje este que foi realmente muito rico. Sem falar no mais que não me lembra, ela se casou com um vestido, ou não sei se saiote, da tal seda bordada de prata, com um rico turbante de plumas, que eu ainda vi guardado; e com um grande véu, que, preso ao turbante ou à cabeça, lhe cobria a maior parte do corpo; entretanto que meu pai se casou de calções de casemira branca e creio que também de espadim, pois foi só o que eu ainda alcancei e pude ver.

E já que falo nesse casamento dos meus pais, aproveito o ensejo para dizer que foi esse um dos casamentos da Campanha que deixou maior fama; não só por causa da pompa e aparato que nele houve, mas ainda porque, juntamente com meu pai, casaram-se na mesma ocasião duas pessoas muito importantes da Campanha — o meu parente major Salvador Machado e Oliveira, que se casou com uma filha do major Joaquim Inácio Vilas Boas da Gama, e meu bisavô, major Gaspar, que se casou com uma sobrinha que se chamava d. Maria Cândida de Paiva. Foi, pois, um tríplice casamento, e um casamento em que se pode dizer, figuravam as três idades da vida, a saber: a mocidade, representada por meus pais, dos quais o noivo teria então 20 anos mais ou menos e a noiva 15; a virilidade, pelo major Machado, que já tinha andado pelas guerras do sul como cirurgião-mor; e a velhice, pelo meu bisavô, que já era então mais que sexagenário talvez, e que agora contraía as suas terceiras núpcias.

Dizem que estes casamentos feitos assim ao mesmo tempo quase nunca são bons. E esse prejuízo é tão geral, que, segundo ouvi dizer, foi esse o verdadeiro motivo porque as nossas princesas não se casaram no mesmo dia e teve-se de fazer duas festas em vez de uma. Nem se vá agora pensar que foi isso obra do nosso imperador, que tenho algumas vezes ouvido ser acusado de cético, mas nunca me constou que fosse supersticioso. O obstáculo veio de outra origem ou de quem nunca constou que servisse de obstáculo a coisa alguma, isto é, da boa mãe das princesas ou dessa nossa velha imperatriz, que, embora tenha, segundo dizem, um grande número de virtudes, como verdadeira italiana de Nápoles não deixa de ter o seu fundo maior ou menor de superstição. Por isso, pela primeira vez, nessa ocasião, mostrou que tinha vontade, pois que, repito, segundo ouvi dizer, nada houve que a obrigasse a consentir em que os dois casamentos se fizessem no mesmo dia, e isto, somente por esse receio de alguma desgraça.

Ora, que esse prejuízo é absurdo, como são quase todos os prejuízos populares, é isso uma dessas coisas que nem merecem discussão. E para desmenti-lo, eu tenho só em casa nada menos de dois exemplos, e desses exemplos um me é até pessoal, pois, quando me casei, assim como meu pai, tive também dois companheiros de matrimônio; e, embora já não estejam muito longe as nossas núpcias de prata, todos até agora têm sido mais ou menos felizes. Quanto ao outro exemplo, é esse do casamento dos meus pais; pois que, sendo um tríplice casamento e em que se notava a mais completa diversidade não só de idade, mas ainda, de gênio, de modo de vida, e de muitas outras circunstâncias, nenhum desses casamentos se pode dizer que fosse infeliz; mas antes pode-se dizer que foram até todos felizes. Mesmo o meu bisavô, que se casou com uma sobrinha que podia ser sua neta, e que só por esse fato poderia ser talvez desgraçado, nem esse mesmo o foi; pois que, tendo falecido, senão me engano, em 1846, e tendo, por consequência, vivido ainda 15 ou 16 anos depois que se casou, durante todo esse tempo, ele nunca deixou, do que dou testemunho, de ser sempre muito estimado e muito respeitado por sua mulher, cuja dedicação por ele se revelou verdadeiramente heroica, quando, já no fim dos seus dias, pegando fogo na cozinha da sua casa, o pobre velho, sobressaltado e trôpego, corre a ver o perigo; pisa em uma tábua já carcomida pelo fogo, cai no meio das chamas, e a sua jovem mulher sobre ele se atira e toda queimada salva-lhe a vida. Ora, desse pouco que acima disse sobre o modo como se fez o casamento de meus pais, facilmente se vê qual não era a magnificência e o brilhantismo com que naquele tempo se fazia um casamento de pessoas da mais alta sociedade. E agora acrescentarei que essa magnificência não se limitava unicamente ao vestuário ou mesmo às festas que ao casamento se seguiam; mas se estendia a tudo, e que, daqueles que melhor a podiam apreciar ou dela tirar maior proveito, nenhum ocupava um lugar talvez mais saliente do que o padre que celebrava o casamento.

Assim, pode-se dizer que os batizados e os casamentos de certa ordem eram para os padres daquele tempo exatamente o que hoje costuma ser para um médico uma boa operação ou para os advogados certas defesas no júri; pois, se a espórtula oficial ou legal dos padres por um casamento qualquer estava na mesma proporção do que se lhe arbitrava e do que ele unicamente levava por uma missa rezada e que era meia oitava ou duas patacas, quando se tratava de um desses casamentos de gente elevada, ninguém lhes pagava pela tabela. Quando o sacristão apresentava o livro fechado para sobre ele se pôr a espórtula devida, os pais dos noivos e todos os padrinhos nunca deixavam de pôr ali cada um a sua; essa espórtula não consistia unicamente em simples patacões ou em quaisquer outras moedas de prata, nem mesmo em pequenas moedas de ouro; porém, sim e não poucas vezes, nas maiores desta espécie que então havia e que eram as meias dobras, as dobras e os dobrões. Tão arraigado tinha-se tornado esse costume que ainda quando, tempos depois, a moeda metálica foi diminuindo até quase desaparecer de todo, para esses atos sempre alguma aparecia.

Só os coitados dos médicos e dos advogados é que nunca tinham dessas gordas manjubas; os primeiros porque não pareciam muito necessários em um tempo em que tanta gente sabia curar e não matava mais do que eles; e os segundos porque, sendo todos eles uns homens que tinham tanto de poucas letras quanto tinham de muitas tretas, eram geralmente olhados com muito maus olhos.

Verdade é que, assim como os vigários pareciam não ter mãos para medir o que recebiam dos seus fregueses, que de tudo lhes atulhavam as casas, assim também os médicos e advogados não deixavam de ser mais ou menos obsequiados pelos seus doentes e clientes; mas, nesses casos, o que principalmente importa e na realidade avulta é aquilo com que se compram os melões, e, por esse lado, o negócio era extremamente escasso. Assim, conforme todos sabem, naqueles tempos não havia nem júri nem advocacia administrativa; e se, privados dessas duas tretas que a tanta gente engordam hoje, os advogados daquele tempo nunca poderiam fazer mundos e fundos, faça-se ideia do que seriam os seus lucros quando se souber que, se não cobravam exatamente pelo contado, entretanto, sempre cobravam em uma certa proporção mais ou menos relativa ao contado; e que esse era tal que havia partilha em que o salário do partidor era apenas de cento e cinquenta réis. Ora, com o médico dava-se a mesma coisa, não só porque eles quase nunca faziam operações, ou se as faziam as cobravam como simples ato de obrigação do seu ofício, mas ainda porque nenhum deles se atrevia a cobrar uma cura por estimativa e sobretudo por uma estimativa que só ele conhecia ou que só por ele era arbitrada com uma imaginação verdadeiramente gananciosa. Os médicos, portanto, ou, como se chamavam, os cirurgiões daquele tempo, nada mais cobravam do que as visitas que faziam aos seus doentes e cujo preço convencional, e que era de todos conhecido, era apenas de duas patacas; mas duas patacas estas que podiam multiplicar-se muito, porque o costume dos médicos na Campanha era o de saírem a cavalo todos os dias depois do almoço e do jantar para irem visitar os seus doentes; e, uma vez que eram chamados, nunca deixavam de visitar o enfermo uma ou duas vezes por dia, conforme a gravidade da moléstia, até que o desse para o chão ou que o mandasse para a cova.

    Entretanto, apesar da modicidade dos seus emolumentos, e de os receberem sem arrancá-los nem sequer esticá-los, toda essa gente daquele tempo acabava quase sempre por mais ou menos se arranjar; ao passo que hoje, em que não se fala mais em oitavas nem patacas, mas unicamente em dezenas e centenas de mil-réis, e em, que, além disso, quase não se vê por toda a parte senão arte de berliques e berloques, se alguns se arranjam, a maior parte anda sempre com a sela na barriga e deixam quase sempre a família na miséria. À primeira vista, um tal fato admira, mas a sua explicação é simples. É que não basta ganhar muito, mas é preciso saber guardar; entretanto que isso, que era antes uma virtude, hoje, ainda mesmo de muito longe, cheira a ridículo.

CAPÍTULO IV[1]

Querendo, quanto for possível, neste meu trabalho, observar uma certa ordem cronológica ou a ordem em que as impressões sucessivamente foram segurando nas circunvoluções do meu cérebro ou na tábua rasa do meu espírito, eu disse, em um dos artigos precedentes, que as minhas primeiras recordações se referiam às minhas duas irmãs; e me parece que, a este respeito não me engano. Há outra reminiscência, entretanto, cuja data precisa não posso determinar, mas que considero ser das primeiras ou das mais antigas que conservo; e é dela que vou agora me ocupar. Essa reminiscência é a de um fato o mais insignificante que é possível, visto que, na realidade, de nada mais se trata do que o ter eu visto nos baixos da casa do meu avô umas tábuas que ali se guardavam, e pelas quais nunca podia passar sem que me chamassem a atenção pelo seu comprimento e pelo modo com que estavam serradas ou afeiçoadas. Sempre que se me oferecia ocasião, eu nunca deixava de perguntar o que era aquilo; mas, por mais que perguntasse ou que especulasse, como se diz das crianças que muito querem saber demais, a resposta que se me dava, ou a única que podiam dar-me, quase que não passava disto — que eram as tábuas do arco — e eu ficava sempre na mesma, porque não podia saber nem mesmo compreender talvez o que pudesse ser um tal arco. Quando esta palavra, outra ideia não me sugeria que não fosse a do arco de bater algodão, único que então conhecia, ou a de outro ainda muito menor — a daquele que os meninos fazem de taquara para com ele atirarem varinhas como se fossem setas. Algum tempo, porém, depois, não só cheguei a compreender o que era esse arco, mas ainda soube também o motivo por que havia sido esquecido. E como esse motivo é justamente o que dá a esta minha recordação uma real importância, sem deixar a recordação de parte, para só me ocupar da associação de ideias que ela veio em mim des-

---

[1] Este capítulo está riscado no original, parecendo que o autor quis suprimi-lo por qualquer motivo que não julgou necessário declarar.

pertar, eu vou, por consequência, dar um imenso salto dos baixos da casa do meu avô para os mais altos píncaros da nossa vida política.

Todos sabem que foi em 1833 que teve lugar a sedição militar de Ouro Preto; mas, o que hoje já está um pouco esquecido é o imenso entusiasmo e a verdadeira alacridade com que imediatamente a província se ergueu para sufocá-la em poucos dias. Para isso, apenas chegava a notícia da sedição a qualquer lugar, imediatamente e mesmo talvez sem que de cima tivessem chegado as precisas ordens, a Guarda Nacional reunia-se e sem mais demora partia para a capital em contingente maior ou menor. Ora, nesse tempo, meu avô era o comandante superior da Guarda Nacional da Campanha, e apenas teve a comunicação daquela sedição, com a maior presteza fez partir o contingente que lhe cabia dar. E digo que lhe cabia dar, porque o entusiasmo era tanto que alguns moços, e das melhores famílias, não tendo sido designados para fazer parte da expedição, esperaram que ela partisse, e alguns dias depois fugiram das casas de seus pais e foram em caminho a ela se ajuntar. A Guarda Nacional não entrou em fogo, porque vendo os sediciosos que a província se levantava toda para esmagá-los, perderam logo o ânimo, e apenas o general Pinto Peixoto se aproximou da capital, com as primeiras forças que teve à mão, imediatamente se renderam.

Debaixo, pois, do ponto de vista puramente militar, a vitória que se havia alcançado era uma vitória sem glória, visto que havia sido alcançada sem esforço ou tinha se tornado incruenta. No meio, porém, de tudo isso, aparecia uma vitória infinitamente maior e um triunfo muito mais esplêndido do que tudo isso que se tem por costume considerar a maior de todas as glórias — a glória militar —; e essa vitória e esse triunfo de que falo foi a vitória do mais santo de todos os sentimentos — o do patriotismo desinteressado —, e o triunfo do mais respeitável dos vencedores — a opinião pública. Ora, meu avô quis também pela sua parte celebrar esse triunfo nas pessoas daqueles que mais de perto concorreram para a vitória; e no meio das festas que se fizeram para celebrar a volta dos guardas nacionais da Campanha, estes passaram cobertos de flores e ao som dos hinos patrióticos debaixo desse arco que, para eles, meu avô havia mandado erguer em frente da sua própria casa. Assim pois, vê-se que, nessa ocasião, não só meu avô concorreu, pelo que dele dependia, para o triunfo da ordem pública, mas que ainda, não contente com isso, procurou celebrá-lo com brilho e até com uma certa magnificência. Nem foi este o único serviço que ele prestou à liberdade e ao seu país, mas outros muitos já havia prestado e ainda continuou a prestar, como daqui a pouco terei ocasião de falar.

 Antes, porém, de o fazer, quero referir primeiro uma anedota que se liga a essa sedição militar de Ouro Preto, que julgo pouco sabida ou talvez inteiramente ignorada, e, embora seja de muito pouca importância em si, me parece que eu não poderia, sem uma como que falta de dever, deixar de aqui a mencionar. Não só porque ela nos dá a conhecer um dos lados do caráter de Manuel Inácio de Melo e Sousa, depois barão de Pontal, e de Bernardo Pereira de Vasconcelos, aquele o presidente e este o vice-presidente da província, que foram depostos pelos sediciosos, mas ainda e muito principalmente, porque, na minha opinião, Vasconcelos é um desses homens raros que honram a um país qualquer, e cuja memória, portanto, manda-nos o patriotismo, que nunca olvidemos, mas que procuremos, pelo contrário, conservar por todos os modos. E, de fato, o que nos diz a história, e mais talvez ainda a tradição, é que, jornalista, parlamentar, administrador, e sobretudo legislador, Bernardo de Vasconcelos foi um homem verdadeiramente excepcional. Em alguns destes seus predicados, não seria de admirar que ainda venhamos a ter muitos que o igualem e que até mesmo o excedam; sobretudo se atendermos quanto era profundo e quase que geral o atraso que existia em nosso país no tempo em que Vasconcelos viveu; entretanto que hoje, a ilustração vai cada vez mais se estendendo, e qualquer ministro ou candidato a ministro não só tem muito quem por ele trabalhe, estude e faça, mas que ainda, embora um pouco pela rama, não entenda ele mesmo um poucochinho de quase tudo.

 Se, porém, não é difícil que encontremos oradores ou jornalistas, por exemplo, que pelo brilho de sua pena ou da sua palavra, possam competir com a grande profundeza e a sarcástica argumentação de Vasconcelos, aquilo, entretanto, que se me afigura dificílimo e talvez mesmo como um pouco impossível, é que tão cedo nós cheguemos a ter um segundo ele mesmo, ou que cheguemos a ter um homem que consiga, já não digo reunir em sua pessoa todas as qualidades que ele efetivamente possuiu e que possuía em um grau tão elevado; porém que possa simplesmente igualá-lo nessa única em que mais primava — a de um legislador profundo, metódico, preciso e claro, ou para dizer em uma só palavra, perfeitamente consumado.

Nem se diga que tudo isso não passa de pura declamação ou de uma simples exageração provincialista; porque mesmo sem falar no testemunho que de tudo isso nos dá a coleção das nossas leis provinciais, para prova de tudo isso bastaria apenas o nosso Código Criminal, o nosso Ato Adicional e até mesmo a organização do Colégio de Pedro II. Entretanto, são tantos e de tantas espécies os atos que partiram de Vasconcelos e que se encontram na coleção geral das nossas leis, que se pode dizer, e dizê-lo talvez sem a menor hipérbole, que, gênio verdadeiramente criador Bernardo de Vasconcelos não fez unicamente muito; mas que tudo quanto ele fez era tão perfeitamente acabado, que todas as suas obras ainda mais ou menos perduram, e que ninguém pode nelas ter ousado tocar, sem que imediatamente as estrague, quando mais não seja as deforme.

Nem Vasconcelos fez só aquilo que ele assinou ou que aparece como sendo dele; mas, se até à sua morte, muitos são os referendários das nossas leis, o que parece não estar muito longe da verdade é que desde a 1ª até a 5ª legislatura, talvez nas nossas coleções não se encontre uma só lei ou um só regulamento da nossa mais alta administração, que mediatamente não seja uma concepção ou uma produção daquela imensa cabeça, na qual, como se nela se concentrassem todas as forças que os membros haviam perdido, as ideias borbulhavam como que em uma vasta caldeira fervente, e da qual, entretanto, nunca subiam senão com a maior ordem e o mais perfeito método. Entretanto este homem, que poderia talvez e com toda a razão ser apelidado o nosso Numa Pompílio e que foi incontestavelmente um grande e incomparável gênio, nos oferece duas grandes singularidades. A primeira é que fez uma péssima figura como estudante, pois que, segundo muitas vezes ouvi dizer, ele tinha por costume gabar-se de que a sua carta nunca havia sido manchada com uma só plenamente; entretanto que, segundo nos diz a história, os seus primeiros discursos na Câmara dos Deputados nem sequer de leve anunciavam o grande orador que muito em breve ia ali se revelar, o que tudo prova, que as melhores inteligências nem sempre são as mais precoces, porém, sim, aquelas que, sem nunca darem voos, vão sempre se desenvolvendo e sempre progredindo até à própria velhice.

Quanto à segunda singularidade, é que sendo Vasconcelos um homem de uma capacidade intelectual tão grande, nunca foi, entretanto, um simples ideólogo ou um desses políticos simplesmente especulativos, como esse tão célebre abade Sieyes; mas que, pelo contrário, administrador prático, sagacíssimo político e homem capaz de todas as energias, como bem o demonstrou nesse seu tão afamado ministério das 48 horas, era Vasconcelos ao mesmo tempo dotado de uma coragem a toda prova e do mais profundo sangue-frio. E é isto o que nos mostra a anedota de que falei e que agora vou contar.

Tendo sido deposto o presidente e o vice-presidente da província, consentiram os sediciosos que ambos pouco depois se retirassem da capital; e foi este com certeza o maior de todos os seus erros, porque apenas Vasconcelos se viu fora de Ouro Preto, sem mais demora organizou a resistência contra a revolta, e a revolução, imediatamente contrastada, teve de nascer e morrer dentro dos muros da capital.

A saída, porém, de Vasconcelos e do seu companheiro não impediu que, antes de retirarem-se, pudessem presenciar os violentos desabafos e o alegre tripudio da revolta triunfante, ou que por algum tempo passassem pelas mais terríveis angústias de um grande perigo que lhes parecia iminente e ao mesmo tempo incerto. E a verdade manda que diga que nenhum dos dois se mostrou nessa ocasião intimidado ou pelo menos muito aterrado.

Se, porém, ambos não se mostraram tomados de um susto excessivo ou desonroso, entre eles havia, no entanto, esta muito grande diferença. Ao passo que Vasconcelos via e ouvia tudo como um simples espectador, que observa e toma notas; Manuel Inácio, pelo contrário, que era de um gênio nervoso e insofrido, parecia mais ainda sentir-se das alegrias que tão estrondosamente se mostravam pela sua deposição do que talvez mesmo pela própria deposição. De sorte que durante todo o tempo que se conservaram nessa ansiosa expectativa, um não fazia senão exasperar-se cada vez mais, e o outro a rir-se e a chasquear dos sediciosos e até mesmo do seu próprio companheiro; até que vendo Vasconcelos que este último cada vez mais se irritava com os foguetes que sem cessar subiam ao ar, a modo de conselho ou de consolação, lhe disse que, em vez de estar assim a se afligir sem o menor motivo, melhor fora que se pusesse a contar cada um dos foguetes que os seus inimigos fossem soltando. Manuel Inácio não compreendeu o alcance daquele dito e parece mesmo que não deixou de enfadar-se um pouco; respondendo-lhe que as circunstâncias eram muito sérias para que se tratasse de chalaças. Vasconcelos, porém, sem mudar de tom nem de modos, mas sempre metendo o caso a ridículo, procurou então mostrar a Manuel Inácio que, longe de estar gracejando, estava, pelo contrário, falando muito a sério; e para fazer essa demonstração serviu-se do seguinte raciocínio: um foguete custa uma pataca; cada foguete que soltam é uma pataca que lhes sai das algibeiras e quanto mais daqueles soltarem tanto mais vazias estas ficarão; ora, o nervo da guerra é o dinheiro, logo, quanto mais foguetes soltarem, tanto mais depressa ficarão vencidos. E o que é certo é que durante toda a sua vida nunca Vasconcelos desmentiu a coragem e o sangue-frio que nessa ocasião mostrou.

Eu, porém, disse que meu avô tinha prestado muitos serviços ao país; e, de fato, não só me parece certo que no círculo mais ou menos limitado da sua influência muito fez como liberal e patriota, mas ainda me recordo de haver ele um dia me mostrado em seu escritório um grande maço de papéis que ali guardava e de me haver dito que eram os documentos de todos ou da maior parte dos serviços que durante toda a sua vida nunca tinha deixado de prestar ao governo e à sua pátria; acrescentando que, tendo sido condecorado no primeiro reinado com o Hábito de Cristo e no segundo, com o oficialato e depois com a Comenda da Rosa, pessoalmente já deles não precisava; mas que, não obstante, os guardava sempre e até mesmo com o maior cuidado, porque poderiam servir algum dia a algum dos seus descendentes.

Eu era então muito moço para que pudesse dar a tais coisas uma importância qualquer; e é até muito provável que a comunicação de meu avô não despertasse em mim mais do que algum sorriso de desdém pela vaidade do pobre velho.

Hoje, porém, sinto um real pesar e quase que até mesmo uma espécie de remorso de não ter então lido aquele volumoso e ao mesmo tempo tão bem guardado maço de documentos; não só porque entre eles poderia achar talvez circunstâncias históricas que merecessem alguma atenção, mas porque me causaria hoje prazer e quiçá orgulho o conhecimento que eu tivesse desses tantos serviços que meu avô dizia ter prestado. Em todo caso, dois pelo menos desses serviços conheço eu e vou agora registrá-los.

Sendo em um ano que não posso precisar chamado à Corte, o regimento de milícias da Campanha, não sei se para seguir para o sul ou com que outro fim, meu avô com ele partiu na qualidade de major ou não sei se já de tenente-coronel que acabou por ser. O regimento, porém, não passou da Corte e algum tempo depois voltou para a Campanha.

Quanto ao outro serviço, ele o prestou, ainda na qualidade de comandante superior da Guarda Nacional da Campanha, por ocasião de uma insurreição de escravos que se deu na fazenda de um dos meus parentes Junqueiras. Os escravos cometeram contra a família do senhor as maiores atrocidades; a insurreição se estendia e as circunstâncias se tornavam extremamente graves, quando meu avô, ao ter notícia do que se passava, mesmo sem ordem, fez partir a Guarda Nacional; a insurreição é imediatamente abafada, e as medidas que ele tomou foram tão prontas e tão acertadas que, segundo ele dizia, mereceram do governo a mais completa aprovação e elogio.

Eu não tenho a menor lembrança de ter visto partir essa força, o que não me teria escapado, se eu tivesse mais de quatro anos. É, pois, de supor que fosse antes de 1836 e se foi, como suponho, em 1834 ou no princípio talvez de 1835, é muito provável que essa insurreição fosse a causa dessa tão célebre lei de 10 de junho, de cuja revogação se trata agora.

CAPÍTULO V

De ordinário as nossas primeiras, mais agradáveis e ao mesmo tempo mais firmes recordações quase que não têm por objeto senão aquilo que constitui o círculo comum e muito limitado da vida de uma criança e que pode se dizer, se resume, a princípio, nos seus jogos infantis e nas suas relações com as outras crianças, e, algum tempo depois, nos seus pequenos desejos e pequenas vaidades mais ou menos satisfeitas.

Pois, comigo, deu-se um fato que, se não é inteiramente contrário, parece ser muito pouco comum. E vem a ser que as minhas recordações daquela natureza tendem constantemente a se apagar ou a ir se tornando cada vez mais confusas ou longínquas; entretanto que as que mais nítidas se conservam são as que se referem a atos públicos, ou mais propriamente a atos e circunstâncias da nossa vida política.

O fato tem, quanto a mim, uma explicação plausível e muito natural; é que nasci e me criei no tempo da regência e nesse tempo o Brasil vivia, por assim dizer, muito mais na praça pública do que mesmo no lar doméstico; ou, em outros termos, vivia em uma atmosfera tão essencialmente política que o menino, que em casa muito depressa aprendia a falar liberdade e pátria, quando ia para a escola, apenas sabia soletrar a doutrina cristã, começava logo a ler e aprender a constituição política do império.

Daqui resultava que não só o cidadão extremamente se interessava por tudo quanto dizia respeito à vida pública, mas que não se apresentava um motivo, por mais insignificante que fosse, de regozijo nacional ou político, que imediatamente todos não se comovessem ou que desde logo não se tratasse de cantar um Te-Deum mais ou menos solene e ao qual todos, homens e mulheres, não deixavam de ir assistir; ou que não fosse isso ocasião para que à noite, pelo menos, se tratasse de pôr na rua uma bonita alvorada, mais ou menos estrondosa. Como, porém, esta palavra — alvorada — etimologicamente não explica talvez bem a coisa que vai-se acabando ou que hoje talvez já nem ao menos exista, eu vou aqui dizer o que então se tinha por costume de chamar uma alvorada.

Quando se tratava de manifestar o regozijo geral por qualquer ato político, ou público, apenas a noite começava a escurecer, toda a vila tratava logo de iluminar-se; e esta iluminação se fazia pela forma seguinte:

Nas casas mais ricas ou de maior luxo, suspendia-se em cada um dos portais de todas as portas e janelas uma lanterna de folha de flandres com vidros e, dentro, uma vela.

Em outras casas essa lanterna era substituída por uma espécie de palmatória ou de uma rodela de tábua, que, além de ter no seu centro um lugar apropriado para se pôr a vela, era rodeada por uma meia folha de papel branco, em cuja frente se achavam pintadas as armas imperiais ou simplesmente os ramos de fumo e de café, e, dentro deles, dísticos alusivos ou patrióticos.

E finalmente na maior parte das casas, e sobretudo nas dos pobres, em vez de lanternas, a iluminação se fazia por meio de umas lamparinas, que se chamavam luminárias, e que, parece, era antigamente o único meio de iluminação que se empregava, visto que, na linguagem vulgar, o pôr luminárias era sinônimo de iluminar-se a povoação. Entretanto que essas luminárias nada mais eram do que umas pequenas panelinhas de barro, que, cheias de azeite de mamona e com uma torcida de algodão acesa, eram colocadas em maior ou menor número sobre as vergas de todas as portas e janelas, o que não só de perto, mas, sobretudo, de longe, não deixava de fazer uma bonita vista. Fosse, porém, qual fosse o meio de que cada um se servia para iluminar as suas casas, o certo é que nenhuma ficava que não fosse, mais ou menos iluminada; e até o próprio carrasco, que morava em um morro vizinho e em um pequeno ranchinho que ficava quase dentro do mato, até esse não deixava de pôr na pequena janela do seu casebre as suas duas pequenas luminárias, que, vistas de longe e mais ou menos agitadas pelo vento, muito se assemelhavam a dois grandes vagalumes a relampaguear no mato.

Desde que a povoação começava também a concorrer para o largo da cadeia, onde estava a casa da Câmara, e logo que chegava a hora anunciada ou que a reunião já estava bastante numerosa, todos se punham em movimento, tendo à sua frente o juiz de paz com o seu fitão. Com fogos e música, percorriam as principais ruas da povoação, dando, de distância em distância, entusiásticos e estrondosos vivas; e dos quais os primeiros e sempre infalíveis eram à nossa santa religião, à constituição política do Estado e ao imperador.

Como parar em frente a uma casa para dar os vivas era um sinal de consideração para os habitantes dela, se na casa havia uma ou mais senhoras que sabiam cantar, logo todos se dirigiam para as janelas, e uma das que tinham melhor voz ou a que era mais desembaraçada, dali mesmo cantava o hino patriótico, que umas vezes era ouvido em silêncio pelo povo e outras, por ele respondido ou acompanhado; o que, devo dizer, era realmente bonito e capaz de entusiasmar mesmo aos mais frios ou indiferentes.

Em outros casos, em vez do hino, o que se achava era uma grande mesa de doces, que tinha sido com antecedência preparada, e para a qual, sendo convidado, o povo entrava sem a menor distinção, ali comia e bebia à sua vontade.

E assim se levava até muito alta noite. Ora, tendo eu nascido naturalmente inclinado para a política, e tendo sido criado em um semelhante meio, em que tudo parecia conspirar para fazer correr a quem já tinha nascido para disparar, o que aconteceu foi que não havia uma só festa política ou uma eleição, ainda mesmo de grande perigo, como a de 1840, a que eu não fosse assistir. Aos 10 ou 12 anos já sabia tanto de política e de eleições que eu mesmo muitas vezes me sorria da admiração e quase pasmo que se apoderava dos meus parentes roceiros, quando eles me viam tão pequenino e tão pernóstico, como diziam, saber a este respeito, não só tanto, mas talvez mesmo muito mais do que eles, que já eram homens, e que se tinham na conta de pessoas de mais ou menos importância social e política.

Daqui resultou que não só, como disse, eu conservo ainda muito claramente todas as impressões políticas de minha meninice, mas que não há homem algum de importância política, que em menino eu tivesse visto, do qual ainda hoje não conserve as feições, os modos, e até de alguns as próprias palavras que cheguei a ouvir. Ora, eu muito cedo comecei a ver e a conhecer a alguns dos nossos homens políticos, e, posso mesmo dizer, alguns dos nossos mais grandiosos vultos políticos. Porque sendo meu avô o chefe do partido liberal na Campanha, tendo, além disso, sido membro da assembleia provincial na sua primeira legislatura, e tendo, em todos os tempos, sempre sentido um grande fraco para todas as grandezas, desde muito cedo começou a travar relações com os grandes homens daquele tempo; e raro era aquele que passava pela Campanha ou que, indo tomar as águas virtuosas do Lambari, chegava àquela vila, que não fosse ser ali seu hóspede.

De todos os nossos grandes homens, porém, o primeiro que eu conheci foi Evaristo Ferreira da Veiga, que se tornou, como todos sabem, tão célebre nos primeiros tempos da nossa existência política não só pela imensa influência que então exerceu o seu jornal, a *Aurora Fluminense*, mas ainda pela grande autoridade que tinham os seus conselhos no seio do grande partido nacional a que ele então pertencia. De sorte que, tendo se tornado um dos mais poderosos demolidores do primeiro reinado, ele tornou-se ao mesmo tempo um dos mais modestos e dos mais esforçados fundadores das nossas liberdades.

Todas as lutas, porém, acabam por cansar-nos, e muitas vezes mesmo por nos arruinar a saúde; e como Evaristo se sentisse cansado e mais ou menos enfermo, assentou de ir visitar alguns parentes que tinha na Campanha e de ir ao mesmo tempo retemperar as suas forças naquele delicioso clima, que, além de ameno, é sempre tão benéfico. E parece que achou, com efeito, o que procurava, pois que, embora ali se tivesse demorado bastante tempo, quando de lá partiu, saiu como que arrancado; e é isto o que muito claramente se vê de algumas quadrinhas que em despedida ele então fez àquela vila e das quais, embora eu não possa garantir uma perfeita exatidão, três ainda conservo de memória e são as seguintes:

> Adeus, vila da Campanha,
> Que deixo triste e saudoso,
> Descansando em teu regaço
> Quatro meses fui ditoso.
>
> Nunca de minha memória
> Fugirão tão belos dias;
> Apagará sua ideia
> As cruéis melancolias.
>
> Nem políticas tormentas.
> Nem a intriga e seus furores,

Vieram aqui turbar
Da paz cândida os favores.[2]

---

[2]   Na província de Minas, o excelente seminário de J. Pedro Xavier da Veiga tem publicado, na parte literária, uns valiosíssimos artigos, intitulados *Minhas recordações*, escritos do sr. Paula Rezende, que muito brindou à história de Minas com tão bem elaboradas linhas.
Referindo-se ao grande publicista brasileiro Evaristo Ferreira da Veiga, dá a lume o erudito sr. Paula Rezende três quadras — únicas que sua memória conserva — de uma poesia que aquele compusera ao retirar-se, em 1837, da então vila da Campanha.
Conhecendo nós essa poesia na sua íntegra, damos hoje, como precioso mimo oferecido aos nossos leitores a última composição de Evaristo F. da Veiga.
Extraímo-la de um periódico antigo, publicado no Rio de Janeiro, o *Museu Universal*, no volume do ano de 1838. Ei-la:

POESIA BRASILEIRA
ÚLTIMA COMPOSIÇÃO DE EVARISTO FERREIRA DA VEIGA

Despedida

Adeus, vila da Campanha,
Que deixo triste saudoso,
Em que da paz no regaço,
Quatro meses fui ditoso.

Nunca da minha memória
Fugirão tão belos dias,
Apagará sua ideia
As cruéis melancolias.

Nem políticas tormentas,
Nem a intriga e seus furores,
Vieram aqui perturbar
Da paz cândida os favores.

Adeus, vila da Campanha,
Onde amizade encontrei,
E na doce simpatia
Suaves horas passei.

Mineiro por livre escolha
Deste afamado torrão,
De seda em laços cativo,
É mineiro o coração.

Eu não sei precisamente o ano em que Evaristo foi à Campanha, mas deve ter sido em 1837 mais ou menos, visto que a sua estada ali foi justamente quando se tinha dado ou ia dar-se o grande rompimento do partido moderado ou quando Bernardo de Vasconcelos, levantando a bandeira do regresso, ia criar o atual partido conservador.

Evaristo, entretanto, ainda não tinha até então se manifestado sobre esse ponto, mas, pelo contrário, antes de pronunciar-se ou de dizer a esse respeito a sua última palavra, parece que estudava, refletia, e cada vez mais se concentrava, tão melindrosa e grave lhe

---

Mas, à vila da Campanha
É mais vivo o afeto meu;
Amigos aqui, parentes,
Parte de mim deixo eu.

Oh! que nunca de meu peito
(Embora em mil coisas pense)
Sairá esta saudade
Do bom povo campanhense.

Adeus, parentes queridos,
Que ficais longe de mim,
Ah! só Deus sabe em que tempo
Esta ausência terá fim.

Em brandos nexos de sangue
Já nos prendera a Natura,
Prendem-me agora de novo
Doces provas de ternura.

Adeus, boa e cara mana,
Vivos galantes sobrinhos,
Na distância em que ficamos
Não terei vossos carinhos.

Adeus, belas tão amáveis,
Vosso gesto encantador,
Terna, meiga condição,
Acendem chamas de amor.

Adeus, inocentes brincos,
Onde as horas se apressavam,
Onde as graças, onde os risos,
Lindamente se abraçavam.

parecia talvez uma resolução qualquer sobre esse ponto. O que é certo é que, não se tendo declarado, ele continuou a ser o mesmo para todos; e tão entusiástico e tão unânime foi na Campanha o acolhimento que lhe fizeram que, tendo-se de lhe oferecer um grande jantar, ou, como então se dizia, um grande banquete, não se achou que houvesse para isso uma sala que bastasse; e esse banquete teve de lhe ser dado ao ar livre ou no quintal da casa da rua Direita, que faz frente para o largo da Matriz e que, pelos fundos, confinando com o do meu avô, hoje é propriedade dos herdeiros do dr. Luiz Soares de Gouveia Horta.

Evaristo demorou-se quatro meses na Campanha, e, apenas retirou-se para a Corte, ali pouco depois faleceu.

Essa morte, entretanto, assim tão repentina, foi, quanto a mim, uma circunstância feliz para ele; porque, não podendo talvez mais ganhar em glória, a morte veio poupar-lhe o desprazer de ver, como tantos outros, bem depressa esquecida, ou malsinada, a glória que até então tinha alcançado.

Os seus parentes afirmam que ele estava disposto a aceitar a bandeira do regresso ou que ia sem mais demora declarar-se conservador; e que, se o não fez, foi unicamente porque a morte que veio tão depressa e tão inesperada não lhe deu para isso o necessário tempo. Se isso é exato, a morte, como disse, foi para ele um verdadeiro benefício, visto que não consentindo que ele fosse o homem de um partido, ela fez com que ele vivesse, morresse e continuasse a ser para todos o homem da nação.

O segundo dos nossos grandes homens que muito cedo conheci; e isso, se não me engano, no mesmo ano ou no seguinte da sua abdicação, foi Diogo Antônio Feijó.

Eu não sei quando começaram as suas relações com meu avô, mas sei que eram muito amigos e tão amigos que, ao tomar conta da regência e indo, por consequência, estabelecer a sua residência na Corte, foi com ele morar meu tio Gaspar José Ferreira Lopes, que ali estudava ou que nessa ocasião foi para ali estudar na escola de medicina.

Ainda há pouco, tendo falecido minha mãe e estando a rever alguns de seus papéis, tive ocasião, com uma grande surpresa e com um prazer talvez ainda maior, de entre eles encontrar um bilhete e uma carta de Feijó para aquele meu tio; o que tudo guardo como duas grandes preciosidades e quase com tanto amor e respeito como aqueles com que desde muito tempo guardo dois pequenos pedaços da madeira quase podre que na Varginha de Queluz consegui arrancar de uns bancos que ainda ali encontrei, e nos quais, segundo muitas pessoas me afirmam, mais de uma vez se haviam sentado os inconfidentes de Minas quando ali se reuniam para deliberarem sobre a sua já tão adiantada conspiração.

E já que tive essa ventura de encontrar assim por acaso esses dois autógrafos de Feijó, eu os quero aqui igualmente publicar não só porque são eles uma lembrança de família, mas ainda por que, no caso que para o fazer eu não tivesse outros motivos, para isso bastaria o serem eles do punho desse grande cidadão e emérito patriota, que, julgando-se mais poderoso com cinco mil guardas nacionais do que com um exército de vinte ou trinta mil homens, conseguiu manter a ordem na capital do império; e salvou talvez a integridade de nossa pátria.

> Adeus, todos habitantes
> Desta risonha mansão,
> Em mim, dos vossos favores
> Fica eterna a gratidão.
>
> Tenho nobres sentimentos,
> Tenho uma alma agradecida;
> A lembrança do que devo
> Dura tanto como a vida.
>
> Adeus, vila que afastada
> Já de mim eu considero.
> Outra vez tornar a ver-te
> Mais desejo do que espero.
>
> Adeus!... de lágrimas tristes
> Se banham os olhos meus!
> O coração se me aperta!...
> Bela vila, adeus! adeus!

(Do "Arauto de Minas" — 18-3-1888)

O bilhete de que falo é escrito em uma estreita tira de papel almaço; e essa tira, que já está toda encardida, ainda foi aproveitada de um papel já servido, pois que, no alto do bilhete, ainda se vê, e bem distintamente, o resto ou as hastes de duas letras que foram cortadas.

O bilhete não tem data, mas foi escrito na Corte quando Feijó era regente; e do seu conteúdo pode-se talvez coligir que foi escrito da residência oficial do regente ou do gabinete em que tinham lugar as conferências ministeriais.

Assim, pois, quando hoje não há empregado de secretaria que, por mais subalterno que seja, não escreva em um papel fino e marcado e que não o cubra com uma capa já de antemão preparada e que vale quase tanto como o próprio papel, naquele tempo o regente do império, e do meio talvez dos seus ministros, servia-se para escrever os seus bilhetes de uma simples tira de papel almaço e de mais a mais bem grosso; e ainda assim aproveitava-se para isso de um papel já servido.

Como, porém, os efeitos são sempre conformes com as suas causas, uma grande diferença também se nota de hoje para então. É que, naquele tempo, em que o império se conservava em uma constante convulsão, e parecia quase impossível que fosse salva a nau do Estado das procelas e parcéis que por todos os lados a cercavam, ela, não obstante, foi salva; e com ela foram igualmente salvas todas as nossas liberdades por aqueles homens assim tão simples e quase que grosseiros, sem que tivessem, entretanto, de recorrer jamais a grandes empréstimos; e o que muito mais é, quando apenas tinham para a tudo ocorrer um orçamento apenas quádruplo ou quíntuplo, quando muito do orçamento atual da província do Rio de Janeiro. Hoje, embora reine por toda a superfície do Império uma paz e uma tranquilidade verdadeiramente otaviana, seja ao mesmo tempo o nosso orçamento de quase cento e cinquenta mil contos, o que não nos basta para as nossas únicas despesas ordinárias, e a nossa dívida, crescendo de ano em ano, e em uma progressão cada vez maior, já atingiu e já passou talvez de um milhão de contos.

Quanto ao outro autógrafo — a carta —, essa foi escrita de São Paulo, pouco depois que Feijó deixou a regência; sobre ela eu só farei uma única observação, e é que o Joaquim, a quem se refere aquela carta, nada mais era do que apenas um simples escravo de meu avô e que servia de pajem na Corte a meu tio Gaspar.

Eis agora os autógrafos:

BILHETE — "Sr. Gaspar. — Na primeira mesa da sala do gabinete, encontrará um caderno impresso — Regulamento da Alfândega — com alguns manuscritos dentro; mande-me pelo portador. — Adeus. — Seu venerador. Feijó".

CARTA — "Sr. Gaspar. — Recebi a sua com prazer. Sinto os seus incômodos e estimarei que Joaquim esteja salvo; eu ando melhor, mas ainda bem adoentado e sem esperança de voltar a meu antigo estado de saúde, mas sempre pronto para servi-lo. Adeus, seja feliz como lhe deseja o seu amigo venerador e obrigado servo. — Feijó. — São Paulo, 11 de janeiro de 1838".

Ora, Feijó, ou porque fosse às Águas Virtuosas por enfermo ou por qualquer outro motivo que eu nunca soube ou de que hoje não me recordo, foi hóspede de meu avô durante alguns dias; eu com ele jantei por vezes na mesma mesa, e, se nada me lembro das suas palavras, lembro-me, pelo contrário, muito bem da sua figura, e muito mais ainda de uma circunstância que não deixou então de muito admirar-me. É que, estando a mesa sempre cheia de muitos doces, junto de Feijó sempre se punha uma compoteira de melado; ou porque ele não comia de outro doce, ou porque, como ele dizia, o melado era o rei dos doces, e o preferia a qualquer outro.

CAPÍTULO VI

Do ano de 1838 apenas conservo bem vivas três únicas recordações; e, ainda assim, não tenho bastante certeza de que todas se refiram a esse ano. Dessas três recordações, a primeira é a da execução de um condenado à morte. E ainda que não a possa talvez expor com bastante minuciosidade e mesmo com uma muito perfeita exatidão, porque era então muito criança e nem tudo pude ver muito de perto; vou referir, não obstante, aquilo que me lembro de ter visto ou de me ter sido contado. Na véspera da execução, como, segundo se dizia, não se devia deixar, sendo possível, de satisfazer aos últimos desejos de um condenado à morte, creio que foram saber desse de que aqui me ocupo, aquilo que desejava, mas não sei ou não me recordo do que desejou, nem se lhe satisfizeram o desejo. Sei, porém, que segundo um costume que então havia, e cuja origem ou razão não sei bem qual seja, não deixaram de lhe fornecer na véspera e no dia da execução, além do alimento ordinário, vinho e marmelada.

A condução do condenado para o suplício, e que foi o que de mais perto pude presenciar, foi também o que mais me impressionou. Não me recordo se houve nesse préstito tão lúgubre muita ou pouca força de infantaria, mas lembro-me muito bem de que havia um piquete de cavalaria da Guarda Nacional, que acompanhava o cortejo, ou que o precedia, e ao mesmo tempo o acompanhava. A marcha da justiça era a seguinte: adiante o condenado, que era um africano, segundo creio, um pouco boçal, e que parecia ainda muito moço e franzino. Ao lado dele ia um padre, que já não sei quem era. Mas sei que foi muito difícil achar quem desempenhasse essa missão, porque todos os padres da Campanha se achavam ou se declaravam sem ânimo para desempenhá-la.

O condenado ia amortalhado como se já estivesse morto; e levava uma corda ao pescoço; atrás dele, seguindo-lhe os passos, e segurando na corda, marchava o carrasco, que era um pardo baixo e já velho que puxava de uma das pernas, pelo que todos o chamavam Manoel Joaquim Manco. Atrás do carrasco vinha o juiz municipal com o escrivão das execuções, acompanhado por diversos oficiais de justiça. De distância em distância, todo esse cortejo parava, e o escrivão ou o porteiro dos auditórios lia uma meia folha de papel onde estava transcrita a sentença que havia condenado o réu. A marcha desse cortejo foi exatamente como a de uma verdadeira procissão, pois que, tendo saído da cadeia, desceu pela rua do Fogo até a rua da Misericórdia, desceu por esta e pela do Comércio até o largo das Dores; e daqui, subindo pela rua Direita, largo da Matriz e rua do Rosário foi parar no campo deste nome, onde a forca estava erguida não muito distante da casa da Misericórdia.

Desejei muito ir assistir à execução; mas, ou faltou-me o ânimo para isso, ou, antes e com mais certeza, não me deixaram ir. Então fui para a casa da Câmara e de uma das janelas, donde se avistava a forca, estive olhando o que se passava, embora quase nada pudesse ver muito distintamente por causa da distância. De tudo quanto se passou, o que apenas vi e percebi perfeitamente foi que, de repente, saiu do meio da multidão um Guarda Nacional a galope, e que, tendo chegado a uma loja da rua do Fogo, dali imediatamente voltou levando na mão um objeto que soube depois ser um rolo de cordas. E eis aqui, segundo nesse mesmo dia vim a saber, como é que as coisas se passaram. Logo que o préstito chegou ao campo do Rosário, onde estava a forca, foi esta cercada pela força pública; e então o condenado, o carrasco e o padre subiram por uma pequena escada para uma espécie de estrado, que era formado, se não me engano, sobre três esteios apenas, o que faz com que se dê também à forca o nome de três paus.

Chegados ali e posto o condenado de joelhos na beirada da forca, o padre, que sempre o tinha procurado consolar, mandou que pusesse as mãos e que rezasse o credo, ou com ele o foi rezando, até que ao proferir as últimas palavras — e na vida eterna —, o carrasco empurrou o pobre condenado para fora da forca; com o baque ou com o choque da queda, a corda arrebentou. O fato repetiu-se uma segunda e terceira vez; e só na quarta, o condenado conservou-se suspenso, e pode então o carrasco trepar-lhe nos ombros e acabar de estrangulá-lo. Isso deu causa não só a que, por ignorância da lei, muito se discutisse e muito se acusasse a irmandade da Misericórdia por não ter comparecido ao ato com a sua bandeira, a fim de que pudesse com ela cobrir o condenado logo que a corda arrebentou e dessa sorte salvar-lhe a vida, mas ainda a que tomasse cada vez mais vulto um prejuízo que parecia ser já muito antigo, e vem a ser que a corda só arrebenta quando o paciente é vítima de uma grande injustiça ou é condenado estando inocente. E digo que esse prejuízo tomou então muito maior vulto, porque desde logo começaram a descobrir certos fatos ou a se tornar muito mais salientes certas considerações, que não deixaram de dar uma tal ou qual plausibilidade à opinião que ia se tornando cada vez mais geral de que aquele réu não havia sido de modo algum culpado.

Quanto à segunda recordação de que acima falei, é a do falecimento de minha bisavó d. Maria Eugênia, e que teve lugar com toda certeza a 20 de fevereiro. Muito pouco a conheci: nem quase que dela tenho outra lembrança senão essa do seu falecimento, e ainda assim por uma circunstância, que então se deu, que muito me impressionou; e da qual vou agora falar.

A casa que foi nossa e em que aquela minha bisavó morava, fica ao pé do largo da Cadeia, justamente no lugar em que, do lado de cima da rua do Fogo, faz esquina com a do Hospício. Naquele tempo a cadeia ficava-lhe muito próxima, porque, em vez de estar, como hoje, no centro ou no fundo do largo, naquele tempo a cadeia fazia frente com a rua do Fogo e esquina com outra que descia lá dos lados do Rosário; e era aí que, sobre um grande paredão de pedra que lhe servia ao mesmo tempo de base e de suporte, ela se erguia em dois pavimentos e em forma de um paralelogramo, cujas dimensões não posso determinar, mas que me parece não deveriam muito fugir de cem palmos sobre sessenta. Destes dois pavimentos, o superior, para o qual se subia por uma escada de pedra muito comprida posta do lado de fora e a descoberto, e que, encostada à parede, era do outro lado amparada por um guarda-mão de madeira que mais servia de brinquedo aos meninos que por ele escorregavam montados desde cima até em baixo, do que mesmo para amparo, dividia-se do seguinte modo: do lado da rua do Fogo toda a sua extensão era aproveitada para duas únicas salas, das quais a menor, que era tapetada e muito mais asseada, só servia para as sessões da Câmara. A outra era a sala das audiências, a qual não só servia para estas, como para um grande número de outros atos públicos, como, por exemplo, para as eleições de oficiais da Guarda Nacional, para a reunião das juntas de paz, e até para o exame das meninas que frequentavam a aula pública de instrução primária. Além, porém, destes e de muitos outros atos que ali se praticavam, um ainda havia e dos mais frequentes: era a revista dos enjeitados ou dos expostos, que eram criados à custa da Câmara, e cujas amas tinham periodicamente a obrigação de ir ali apresentá-los, para que, em uma reunião presidida pelo fiscal, e de que faziam parte o secretário da Câmara e o seu médico de partido, fossem todos examinados, tomando-se nota do seu estado e de tudo aquilo que lhes faltava, para então ou depois se darem as providências que o caso exigisse. E o que posso dizer é que era esta uma das reuniões a que eu quase nunca faltava, porque além da minha tão grande curiosidade natural, havia ainda nesse caso para mim alguma coisa de divertido ou de um prazer muito real em ver assim ali reunido um tão grande número de crianças, umas ainda ao colo, outras já começando a andar, e todas tão bem vestidinhas ou pelo menos muito asseadas. Quanto ao resto do pavimento superior, e que embora formasse o fundo da casa, era entretanto por onde nela se entrava. Pode se dizer que era a sua parte escura, porque uma saleta, que do topo da escada ia-se comunicar com o salão das audiências, separava para o lado esquerdo o que se chamava o xadrez, que tinha por porta uma grande grade de madeira e que servia de depósito ou de prisão para presos de pouca importância; e, para o lado direito, os cômodos do carcereiro e um estreito corredor que levava à janela, onde do lado de fora pendia o sino, que não era muito grande, mas cuja voz era muito clara e um pouco diferente da dos outros; e que por isso, apenas soava, era imediatamente conhecida.

 O pavimento inferior ou térreo, esse pode-se dizer que nada tinha que não fosse horripilante e imundo; porque, dividido em três enxovias iguais, para as quais se descia por meio de uma escada móvel que se punha aos alçapões que para esse fim existiam no pavimento superior, estas eram úmidas, frias, cobertas de um barro visguento e fétido, e eram ao mesmo tempo escuras, porque, embora a do meio tivesse uma janela e a dos topos duas, como as paredes eram grossas, e as janelas não muito largas e ainda diminuídas pelas grades de ferro que lhes serviam de segurança, muito pouca era, de fato, a luz que por elas penetrava. Entretanto, parece que os presos, por serem talvez da pior classe de gente, não viviam ali acabrunhados nem mesmo muito tristes; pois que ao passo que umas vezes de pé e só com o pescoço enfiado na grade, outras vezes com as pernas e os braços para fora, quase não saíam da janela onde estavam de conversa e às gargalhadas com as pessoas que passavam pela rua ou que lá iam ter com eles. Por outro lado, viviam sempre a cantar; e para melhor ainda matar o tempo, faziam uns chapéus que vendiam, se não me engano, a doze vinténs, ou como em Minas se dizia a seis cobres. Embora se chamassem chapéus de palha, eram na realidade de taquaruçu que eles encomendavam e compravam e do qual tiravam lâminas ou lascas, que adelgaçadas por eles com uma faca ou com qualquer outro instrumento cortante, serviam-lhes para formar tranças, que sendo depois cozidas, constituíam o chapéu.

Quando, porém, maior e mais ruidosa alegria eles mostravam, era quase sempre à noite, porque não contentes de cantar, ainda algumas vezes punham-se também a dançar; nessa ocasião faziam um barulho de ensurdecer ou verdadeiramente infernal, muitas vezes de propósito e de caso pensado, ou quando meditavam alguma fuga, visto que, no meio de toda aquela matinada e graças a ela, os que não dançavam podiam entregar-se com a maior segurança ao trabalho de laminarem as grades. Este serviço muitas vezes continuava por semanas e meses, mediante a simples precaução que nunca deixavam de tomar — de cobrir e disfarçar com cera da terra todo o serviço que nesse sentido iam fazendo. Ora, a noite do falecimento dessa minha bisavó foi justamente aquela em que teve lugar uma dessas fugas e a mais célebre talvez de quantas têm havido na Campanha. De sorte que, estando toda a família reunida à espera do seu falecimento, soube-se de repente, não sei por que nem como, que os presos estavam fugindo ou já tinham fugido. À vista dessa notícia, meu pai e mais algumas pessoas foram à cadeia; viram que as grades estavam arrombadas e uma das enxovias vazia, bateram por muito tempo à porta do carcereiro sem que ninguém respondesse; e, quando viram que os seus esforços eram baldados, puseram-se a jogar pedras no sino. Até que, afinal, o carcereiro apareceu; tocou-se a rebate, e muito grande foi o rebuliço que então se deu em toda a povoação, mas creio que sem grande resultado, porque o autor e ao mesmo tempo o motivo dessa fuga foi um célebre criminoso que então havia e que se chamava Marimbondo. Esse evadiu-se e nunca mais foi preso, senão muitos anos depois lá pelos lados de Ouro Preto; tendo eu ouvido dizer, se não me falha a memória, que ele acabou afinal por ser agente da polícia secreta da Corte no tempo em que ali foi chefe de polícia, ou antes ministro da Justiça, o conselheiro Francisco Diogo Pereira de Vasconcellos.

Se bem me recordo, Marimbondo era um salteador que exercia a sua profissão para os lados do que hoje se chama a Mata, ou nesses territórios que são banhados pelo Pomba e pelo Piranga. Fosse, porém, o roubo, ou outro qualquer o seu crime, o que sei e posso afirmar é que Marimbondo dispunha de grandes quantias de dinheiro. Tendo o juiz de paz de então o apelido de Rato e o carcereiro o nome de Gato, a calúnia não perdeu a ocasião de explorar um tal acontecimento e de fazer logo esta quadrinha:

O gato miou,
O rato escutou,
O preso fugiu,
O cobre ficou.

Ora, para mostrar quanto aquele preso dispunha, com efeito, de dinheiro, não preciso mais do que recordar que um mil-réis naquele tempo talvez não correspondesse a menos de cinco hoje; e em seguida contar, como vou fazer, o fato seguinte. Pouco depois da fugida de Marimbondo, apareceu em nossa casa um pescador chamado Cirino, compadre de meu pai, e que, sendo extremamente pobre, morava em uma pequena choça coberta de capim junto às margens do rio Verde. Dirigindo-se com um certo ar de mistério a meu pai, pediu-lhe que lhe trocasse uma cédula de dez mil-réis; pois que era esse o nome que se dava então às notas do Tesouro, e apresentou-lhe a cédula. Meu pai examinou-a; viu que era de cem mil-réis e não de dez; perguntando a Cirino qual era o valor da cédula, este de novo repetiu que era de dez mil-réis.

Então, dizendo-lhe meu pai o valor real da nota, e, sendo ele tão pobre, era preciso que explicasse como possuía assim uma quantia tão grande. Cirino lhe contou que, estando uma noite no seu ranchinho, ali havia chegado um viandante que lhe pedira para atravessá-lo para o outro lado do rio. Ele recusou-se a princípio, alegando o que era verdade, que a noite estava muito escura e não se podia fazer a passagem sem grande perigo; mas o viandante lhe oferecera como espórtula a quantia de dez mil-réis, e, à vista de uma tão grande oferta, não hesitou mais. Passou sem demora o viandante, e este, quando chegou do outro lado, tirou da carteira aquela cédula e lha deu dizendo — "Eis aqui os seus dez mil-réis". Então combinaram-se as datas e circunstâncias; e verificou-se que aquele passageiro era o próprio Marimbondo.

CAPÍTULO VII

O TERCEIRO dos fatos que formam as minhas únicas recordações do ano de 1838, e que deixei para dele aqui tratar, é o casamento de minha tia d. Bárbara Alexandrina Ferreira com um moço que era então um dos melhores amigos de meu pai, e que é hoje o meu velho tio e muito estimado amigo, o tenente-coronel Martiniano da Silva Reis Brandão.

Esse casamento, entretanto, não só não foi acompanhado de circunstância alguma extraordinária que merecesse ser aqui referida, mas nem mesmo o posso considerar como uma das minhas recordações mais vivas, tão confusa ou mais ou menos apagada é a ideia que dele me ficou. Eu, porém, entendi que não devia deixar de aqui mencioná-lo; e isso por duas razões: 1ª porque tendo sido esse meu tio um dos primeiros e mais leais amigos de meu pai, e, depois da morte deste, nunca tendo deixado de ser, com a mais perfeita boa vontade, um amigo muito sincero e muito dedicado da sua viúva e de seus filhos. Daqui resultou que, à exceção de meu avô, é ele talvez de todos os homens o que teve uma parte mais larga e mais longa em algumas das relações da minha vida; e que essa qualidade de afim se convertesse por isso para mim em alguma coisa mais do que um simples parentesco. E 2ª porque essa parte que ele teve assim tão grande nas relações da minha vida, sendo, ou de uma natureza muito íntima para ser publicada, ou dizendo então respeito a esses atos muito comuns da nossa existência e que aos outros muito raras vezes interessam, eu não poderei na continuação destas *Minhas recordações* dele falar tantas vezes e tão extensamente quanto talvez desejasse ou me pede o coração. Assim, esse seu casamento, que foi a circunstância feliz que o fez entrar para nossa família, torna-se agora ainda uma circunstância feliz ou uma ocasião extremamente azada, para que eu possa aqui me ocupar desse meu tio e dele me ocupar um pouco mais exclusiva e demoradamente. Como, porém, neste meu trabalho, aquilo que sei ou de que trato, gosto de contar sempre tim-tim por tim-tim, vou antes de tudo começar por contar qual foi o ponto de partida ou a origem de um semelhante casamento. Pouco depois que meu pai se casou, ou porque tivesse sido muito infeliz em um negócio de gados em que se envolveu e no qual teve um prejuízo de muitos mil cruzados, ou por instâncias de meu avô, que desejava ter a filha mais ao pé de si, meu pai aceitou o lugar de coletor de impostos na Campanha; e me parece que aí o exerceu por cinco ou seis anos. Esse lugar, porém, que hoje quase não passa de um simples emprego de escritório, era naquele tempo essencialmente andejo e um talvez dos mais enfadonhos e trabalhosos, porque quase todos os impostos eram lançados. Para lançá-los era preciso que o coletor corresse quase todo o município, e o município da Campanha era então tão extenso que o seu território que pelos lados de Itajubá chegava aos confins de São Paulo, abrangia uma região onde hoje se encontram nada menos de seis ou oito municípios. Isso tudo, porém, nada era em comparação com a avença dos dízimos que então ainda existiam, e para a qual era preciso que o coletor corresse o município, por assim dizer, de fazenda em fazenda; e que ainda tivesse de perder muito tempo em cada uma dessas fazendas. Porque essa avença, como o nome o indica, era uma espécie de ajuste entre o coletor e o coletado, e pode-se fazer ideia qual não seria a dificuldade que aquele não teria em arrancar deste uma confissão mais ou menos sincera dos produtos que colhia, quando já não existia o único móvel que o podia fazer falar e que era o da religião, visto, como é bem sabido, que então os dízimos pertenciam ao Estado, que os tinha tomado para si com a promessa ou a obrigação de sustentar o culto e o clero. Para isso, pois, era preciso não só muita paciência, mas ainda um certo jeito ou ronha da parte do coletor ou dizimeiro, e de que vou dar um exemplo contando um caso que se deu com meu avô, e que, muito mais de uma vez, eu o ouvi contar.

No tempo em que os dízimos eram ainda arrematados e que meu avô arrematou os do município da Campanha, existia na freguesia de São Sebastião da Capituba um fazendeiro que se chamava o furriel Antonio Ferraz. Fazendeiro abastado mas tão birrento que só dava para o dízimo mantimento podre, ardido ou caninchado, não havia coletor ou dizimeiro que lhe arrancasse uma quantia qualquer de dinheiro que valesse a pena; porque, recusando-se sempre a qualquer avença e sendo metido a valentão, se o cobrador insistia, ele o ameaçava e o punha no olho da rua. Meu avô, portanto, que estava de tudo isso muito bem informado, dirigiu-se para aquela fazenda quase que por um simples desencargo de consciência e sem a menor esperança de bom resultado. Mas, ao entrar na sala da fazenda, um dos primeiros objetos que lhe feriu a vista foi uma bonita lança de correr cavalhada que se achava encostada a uma das paredes e que ali parecia ter sido posta de propósito como que em uma espécie de exposição. E como meu avô sabia que o gosto pelas corridas hípicas é uma verdadeira monomania, que pode mudar de forma ou de objeto, mas que existe sempre e é uma talvez das mais profundas, logo começou a criar esperança de que não sairia com as mãos vazias, e fez imediatamente o seu plano. Ele, pois, não falou ao fazendeiro quem era nem ao que ia, mas pôs-se a conversar sobre coisas várias e indiferentes, até que fingiu avistar a lança e perguntou se era de correr cavalhada. Ora, isso, como se diz, foi exatamente bater direitinho na tecla, porque o homem desde esse momento não falou mais senão em cavalos e cavalhadas. Meu avô, que foi sempre um péssimo cavaleiro e que nunca foi amador de cavalos, foi pouco a pouco e como que por contágio se entusiasmando com o homem, até que, para encurtar razões, no fim do dia ou na manhã seguinte, o fazendeiro estava a cavalo e de lança em riste a correr cavalhada no terreiro, para que o seu hóspede pudesse bem apreciar todo o garbo e toda a maestria do cavalo e do cavaleiro. Só na hora de sair é que meu avô disse ao fazendeiro quem era e ao que ali tinha ido, mas acrescentando que sentia-se na realidade quase que sem ânimo de cobrar dízimos a um homem que se podia considerar como o melhor corredor de cavalhadas de toda aquela redondeza. E que, ainda mesmo que tivesse de fazer essa cobrança, pois tal era o seu dever, ele sabia muito bem com quem lidava, e deixava, por consequência, que o próprio dizimado marcasse o que em sua consciência devia ou na sua vontade queria dar. O homem imediatamente deu a sua lista dos produtos colhidos; e os dízimos que ele teve de pagar e que de pronto pagou subiram a uma quantia dez ou vinte vezes maior, do que jamais meu avô tinha esperado.

Por tudo, pois, quanto acabo de dizer, vê-se perfeitamente que meu pai não podia prescindir, como chefe que era da coletoria, de ter agentes ou ajudantes que por ele corressem o município; e um desses seus agentes ou ajudantes foi justamente esse meu tio Martiniano de que estou aqui falando. Ora, como ajudante ou como escrivão da coletoria, ele frequentava muito a nossa casa; e foi ali que teve ocasião de conhecer minha tia ou, pelo menos, de achar entrada para o seu casamento.

Antigamente, em Minas, ou pelo menos em certos lugares e em certas classes, os casamentos se faziam um pouco à moda oriental, pois que os noivos muito pouco ou quase nada se conheciam, e muitas vezes quase que só depois de estarem casados é que podiam saber qual o gênero de negócio que tinham feito. Assim, um dos casos que muitas vezes ouvi contar foi o que se passou com um dos meus tios avós, que nada tinha de peco, mas que, pelo contrário, sempre passou como um homem muito vivo e muito inteligente. Entretanto, tendo pedido em casamento a uma bonita moça que ele tinha chegado a ver, quando, depois do casamento e tirado o véu, pode ver a cara da nova companheira de toda a sua vida, é que verificou que o seu sogro lhe havia dado em lugar de Raquel, que ele tinha pedido, uma Lia, que não era vesga, é certo, e que era de uma bondade muito grande e muito simples, mas que, além de não ter um traço sequer bonito, ainda parecia trazer impresso em toda a sua fisionomia e em todos os seus modos, um certo quê de um mais ou menos pronunciado idiotismo. Não houve divórcio, mas houve alguma coisa que muito com ele se parecia, pois que os dois cônjuges, pode-se assim dizer, moravam e viviam nas duas extremidades da casa.

Felizmente na Campanha nunca existiu um tal costume, e o casamento de meu tio Martiniano não só foi um casamento de puro amor, mas, pode-se dizer, foram os próprios noivos quem o ajustaram, pois ainda me lembro de havê-los visto em minha casa, e em presença de minha mãe e de minha tia d. Ana, darem a sua última palavra e combinarem no pedido que devia sem mais demora ser feito a meu avô.

E, de fato, o casamento realizou-se pouco depois; eles se conservaram casados perto de 50 anos, e (coisa inacreditável talvez, porém real!) esses 50 anos foram para ambos o tempo de uma felicidade conjugal sem a menor sombra ou de um amor que parecia eterno. Esse fato, como disse, pode ser tido até como incrível, mas a admiração diminuirá muito se eu disser que minha tia, além de ter sido uma das moças mais bonitas da Campanha, e de moça e bonita se ter conservado até muito mais tarde, era uma senhora que tinha se tornado de alguma sorte como que insensível a tudo, tanto a sua sensibilidade parecia ter-se toda concentrado nestes dois únicos objetivos — o seu marido e os seus filhos.

Por outro lado, meu tio Martiniano pertencia à família dos Brandões; e, como se sabe, todas as famílias têm certas qualidades que mais ou menos as caracterizam. Ora, assim como na minha, por exemplo, não há maus maridos, mas seria muito difícil achar um Rezende que não fosse um marido mais ou menos imperioso, assim também o que caracteriza os Brandões é a doçura para com as mulheres, e muito raro seria achar um que não fosse um marido mais ou menos condescendente e sempre benévolo para com as suas mulheres. E disso a melhor de todas as provas é um irmão desse mesmo meu tio Martiniano, que, indo muito mocinho para São Paulo, a família entendeu que não podia para lá ir sem uma pessoa que dele tratasse e que o vigiasse; para isso, foi escolhida uma sua tia e que era, se não me engano, ao mesmo tempo a sua madrinha. Esta, ali chegando, pôs-se a refletir sobre o caso, e afinal reconheceu que o melhor dos meios que podia ter de bem tratar do sobrinho e de melhor vigiá-lo era, sem a menor dúvida, o de tê-lo sempre preso a si pelo mais seguro de todos os laços, o do matrimônio, e com efeito com ele se casou.

Muitíssimos anos depois, quando os vi na Campanha, a mulher já tinha de 60 a 70 anos, usava peruca, tinha alguns dentes, poucos, redondos e muito grandes; a cara bexigosa, todas as feições muito graúdas e flácidas, e era o que se poderia chamar uma mulher, não direi asquerosa, pois que era pelo contrário muito asseada e até um pouco casquilha, mas que tinha alguma coisa um pouco mais do que simplesmente feia e que muito se aproximava do horrendo. O marido, entretanto, que muito mais filho parecia do que mesmo seu marido, era muito bem apessoado e até quase bonito, teria então 40 anos mais ou menos e poderia, se quisesse, passar por um homem de trinta e poucos. Pois bem esse moço vivia com aquela velha; mostrava-se com ela extremamente satisfeito, e a tratava com um tal carinho que, em vez de um casal de velhos, mais pareciam dois jovens noivos, que ainda se achavam na sua lua de mel.

Órfão muito cedo, meu tio Martiniano quase não teve outra educação literária senão a simples instrução primária que então se dava na Campanha. Tal era, porém, a sua inteligência, e tal o conjunto que ele possuía dessas qualidades ativas e ao mesmo tempo práticas, que constituem, se assim me posso exprimir, o grande senso da vida, que, sendo muito pobre, logo depois de casado tentou um ou dois anos a advocacia em Três Pontas. Veio depois exercê-la na Campanha; e tão bem se houve em tudo quanto empreendeu que, no fim de alguns anos, ele não só já dispunha de influência muito extensa naquela cidade, mas ainda acabou por acumular uma fortuna relativamente não pequena. E isso, não por meio de uma economia sórdida, mas, pelo contrário, passando sempre com certa largueza, dando a toda sua família uma educação mais ou menos esmerada; tendo formado a quase todos os seus filhos, ajudando-os ainda depois disso, e tendo finalmente o prazer de vê-los todos aparecer, de um modo mais ou menos notável, nas diferentes carreiras que adotaram.

    Neto de um general Sanches de Ouro Preto, e sobrinho de d. Maria Doroteia (a Marília de Dirceu), meu tio Martiniano teve por pai a João Crisóstomo da Fonseca Reis, que foi tabelião de notas na Campanha e que, sendo um homem de inteligência pouco comum, ali se tornou sobretudo notável pela sua prodigiosa habilidade para a música, pois, sem ter um mestre suficientemente habilitado, não só se tinha tornado um insigne rabequista, mas ainda compunha músicas às quais, segundo muitas vezes ouvi dizer, não faltava merecimento e talvez grande. Eu mesmo, apesar de ser então muito criança, lembro-me ainda de ter ouvido uma dessas composições, que alguns amadores estavam tocando, única e simplesmente para apreciar o talento do compositor; assim como ainda igualmente lembro-me de que essa cantata, hino ou não sei como lhe chame, tinha sido feita para solenizar-se a chegada, não sei se de Lisboa ou do Rio de Janeiro, do compromisso de uma das irmandades da Campanha; pois que, finalmente, ainda muito bem me recordo, que a letra dessa música era assim que começava:

    Aplaudo a irmandade
    Com gosto geral
    O seu compromisso
    De firma real.

E todos esses fatos eu os registro aqui, e com a minuciosidade com que o estou fazendo, para que se possa ver e apreciar quanto é grande a diferença dos tempos de então para os de hoje; pois que, ao passo que hoje, sem o menor barulho nem esforço, qualquer irmandade pode em poucos dias obter do presidente da província o seu compromisso, por mais complicado que seja, e o recebe com a mais completa indiferença ou como se tivesse recebido um simples ornamento um pouco mais precioso que tivesse mandado vir da Corte para as festas do seu orago; antigamente para se obter o mais simples dos compromissos, levavam-se meses e anos; e quando o recebia de Lisboa, com a assinatura do próprio rei, fazia-se para celebrar a sua chegada uma grande e pomposa festa, e até para ela se compunha uma cantata ou música especial.

Entretanto, com isso não quero de modo algum fazer crer, que os homens daquele tempo fossem menos felizes, ou antes mais infelizes, do que nós somos hoje; porque, se, como se diz, e é uma grande verdade, o melhor da festa é esperar por ela, eles, que eram forçados a esperar muito mais do que nós pelas suas festas, tinham também um prazer infinitamente mais prolongado do que o prazer que nós hoje temos. A isso acresce que, sendo o círculo da atividade dos homens daquele tempo muitíssimo mais limitado do que o temos hoje, pode-se dizer que, sem falar na luta pela vida, que é sempre a mesma em todos os tempos e em todos os lugares, os homens daquele tempo quase que se não ocupavam senão de duas coisas — da religião e do amor. Ora, se por um lado a religião é a fonte de todos os nossos sentimentos, é justamente o amor o que nos dá os prazeres os mais doces e, ao mesmo tempo, os mais intensos. E como é ainda uma grande verdade que tanto mais a nossa sensibilidade se concentra em um ponto único, tanto mais intenso se torna o prazer que daí nos provém; e é certo ainda que tanto mais felizes nós nos julgamos, quanto mais intensos são os prazeres que nós sentimos; o que de tudo isso se segue é que a gente daquele tempo, vivendo por assim dizer só do amor, muito mais intenso eram os prazeres que daí lhes provinham e que, por consequência, muito maior era também a sua felicidade.

Ainda há pouco, viajando na estrada de ferro de Pedro II com uma pessoa do meu conhecimento, ao chegarmos às proximidades da Sapucaia, em um lugar em que o Paraíba muito se estreita, essa pessoa me disse — "Vês aquela fazenda que ali está? Pois eu já fui ali administrador no tempo de moço; e quase que não se passava uma só noite que de lá não saísse, e que duas vezes não atravessasse aqui o Paraíba a nado na ida e na volta". E o motivo que ele me dava para arriscar por esse modo todas as noites a sua vida era justamente aquele pelo qual Leandro, segundo nos diz a fábula, tantas vezes atravessava o Hellesponto a nado. Assim também, quando estive em Queluz, muitas vezes ouvi ali contar-se um caso que se me asseverou ser verdadeiro e que se havia dado para os lados de Congonhas do Campo ou de São Gonçalo da Ponte. Era o de um moço que todas as noites saindo, pelo mesmo motivo, da casa de seus pais e voltando antes que o dia amanhecesse, tinha forçosamente de atravessar uma ponte do rio Paraopeba ou de um dos seus afluentes; até que um dia lhe disseram que, na véspera, a ponte havia caído, o que o moço negou com todas as forças que pudesse ter acontecido, porque, depois dessa hora, ele sabia muito bem que por ali havia passado quando voltava do seu noturno passeio. Entretanto, era isso uma verdade; a ponte tinha, com efeito, caído, e, sem que aquele moço o percebesse, a sua besta o tinha conduzido por cima da única viga que ali existia e onde se descobria ainda o rastro das ferraduras, tal era o hábito que ela tinha de por ali passar.

Assim também quando, não se contando comigo por causa da minha idade muito tenra, eu ouvia os homens daquele tempo contar as grandes façanhas da sua mocidade, essas grandes façanhas outras não eram senão as do amor e da mesma natureza mais ou menos dessas de que acabo de falar. Ora, qual era o moço de hoje, que por um tal motivo julgasse que valia a pena, já não digo de arriscar todos os dias e nem mesmo uma só vez a vida, mas até simplesmente de se expor a alguma grande conspiração?! E isso por quê? Porque, sendo, como disse, a sensibilidade extremamente concentrada naquele tempo e tendo por objeto a mais forte de todas as nossas paixões — o amor —, ela tinha todo esse imenso poder, que é próprio de todas as forças concentradas; e tão grande, por consequência, era também o prazer que dessa concentração resultava, que, para obtê-lo, não havia obstáculos que não se vencessem e que até se expunha e de muito boa vontade a própria vida. Entretanto que hoje, apenas o menino começa a sair dos cueiros, são tantas as sensações diversas e ligeiras que sem cessar ferem-lhe o coração, que este vai pouco a pouco se embotando ou calejando, até que acaba bem depressa por quase que não sentir. E como sem sentir não há prazer, e sem prazer não pode haver felicidade, o resultado é que, se muito grande tem sido a mudança, e que se nós, com toda a razão, podemos nos ensoberbecer dos nossos grandes progressos, nós, entretanto, talvez em vez de nos rirmos, como é costume, da simpleza e do atraso dos nossos pais, devêssemos antes e com muito mais razão lhes invejar a felicidade. Pois, a verdade é esta — que parecendo terem adotado por divisa que Roma e Pávia não se fez em um dia, e, por consequência, nunca se apressando nem procurando de um salto chegar nos últimos desenganos da nossa vida neste mundo, eles tinham tempo para irem apreciando e saboreando todas as flores e frutos que iam encontrando pelo caminho. O resultado era, que, aos 25 anos, os homens daquele tempo eram ainda filhos-famílias e tinham em toda sua força a exuberância da mocidade. Entretanto que hoje, sendo imenso e variadíssimo o campo da nossa existência ou da nossa atividade, e para que o possamos devassar em todos os sentidos, tendo nós adotado por divisa a máxima inglesa de que o tempo é dinheiro, hoje o menino já quase nasce aprendendo, e em muito pouco tempo já sabe tanto, já tanto tem sentido, tanto visto e tanto experimentado, que se pode dizer que um moço de 21 anos já é um sábio e ao mesmo tempo um velho; e um sábio e um velho com todos os achaques da sabedoria e da velhice, inclusive essa grande desilusão de tudo, que é incontestavelmente a maior, a mais triste e a mais terrível de todas as nossas desgraças.

CAPÍTULO VIII

DE TODOS os fatos da minha meninice aquele que deixou na minha memória não só as mais numerosas impressões, porém ainda as impressões mais vivas e mais profundas, foi incontestavelmente a minha primeira viagem à Corte.

Esta viagem teve lugar em 1839; e eis aqui como verificou-se. Meu pai, pouco depois de casado, foi por alguns anos, como já disse, o coletor das rendas públicas na Campanha; mas, ou porque não gostasse do emprego ou o achasse pouco rendoso, assentou de se dedicar antes ao comércio, e tendo já o seu negócio aberto, resolveu-se afinal a ir pessoalmente à Corte, para lá fazer um avultado sortimento. Minha mãe, que tinha sentido sempre um fortíssimo desejo de lá ir também, não quis perder uma monção que tão propícia assim se lhe oferecia, e não só obteve de meu pai que a levaria, mas ainda, e com o mais geral contentamento, ficou igualmente resolvido que iria conosco minha tia d. Ana, que era íntima e inseparável amiga de minha mãe, e que pelo seu grande amor e a mais extremada dedicação por todos os seus, foi sempre até a sua morte o ídolo de todos. Tudo, pois, parecia correr às mil maravilhas, e a nossa ida à Corte tomava as proporções de um desses acontecimentos felizes que tão raras vezes se repetem em nossa existência, quando no meio dos mil e um castelos que já se formavam, aparece alguma coisa que muito se assemelhava a um como que estrondear de tiros, de sangue que corria, de mortes e destroços. Imediatamente o mais formoso e o mais agradável de todos os sonhos começa a se converter cada vez mais no mais incômodo e horrível de todos os pesadelos. E eis aqui qual era o motivo de assim se aguar um prazer tão grande. Em todos os tempos, a serra que separa a província de Minas da do Rio de Janeiro havia sido sempre considerada como um lugar extremamente apropriado para a habitação de ladrões; parece, com efeito, que mais de uma quadrilha ali se estabeleceu, ou mesmo na divisa ou nas suas imediações, onde a serra se entranha pela nossa província. Ainda hoje Mantiqueira é na linguagem vulgar sinônimo de um covil de salteadores ou mais propriamente de um lugar de grandes ladroeiras. Ora, em 1839 havia ou dizia-se que havia na serra do Picu uma dessas quadrilhas cujo chefe, segundo ainda se dizia, era um sujeito que se chamava Chico Paz e que residia nas imediações de Capivari.

Para dar ideia do medo, ou antes do imenso terror, que um semelhante homem inspirava, citarei um único fato; mas este é só por si bastante para o fim que acabei de indicar, embora só tenha certeza da sua substância e vacile um pouco sobre os seus acessórios. Em todo o caso, é mais ou menos isto: tendo esse Chico Paz de responder ao júri, ou de ser processado por um crime qualquer e provavelmente à sua revelia, José Alcibíades Carneiro, que era ou acabava de ser deputado à assembleia geral, interveio nesse negócio como advogado, como jurado, ou em outra qualquer qualidade de que nunca soube ou não me recordo; e nessa qualidade, fosse ela qual fosse, interessou-se, ou antes, muito se esforçou, para que ele fosse absolvido ou alcançasse o que desejava, o que, entretanto, não conseguiu. Paz foi informado de tudo quanto se havia passado, e escreveu a alguém, pedindo que o avisasse do dia em que Alcibíades tinha de partir para a Corte ou Ouro Preto para onde o chamavam negócios ou deveres. Alcibíades soube logo dessa carta, e tomado da ideia de que Paz suspeitara ter sido ele o causador do mau êxito do seu processo, e queria talvez assassiná-lo, encheu-se de medo: e misteriosamente, em vez de seguir o caminho que todos costumavam seguir, tomou outro muito diferente; e acredito que por esse modo tinha-se posto inteiramente a salvo. Paz, porém, tinha espiões por toda a parte; soube imediatamente o dia da sua partida; e tomando por atalhos e veredas, o foi esperar nesse outro caminho que ele havia seguido. Quando Alcibíades já se julgava na mais perfeita segurança, vê que sai do mato esse mesmo Chico Paz que ele evitava, que para ele resolutamente caminha, e que, em vez de matá-lo, dirige-lhe os mais fervorosos agradecimentos pelos bons serviços prestados; oferece-lhe qualquer quantia de dinheiro de que precise, e põe à sua disposição todos os seus préstimos e toda a sua dedicação.

O que Alcibíades respondeu, eu o ignoro; mas o que sei é que dali saiu como se houvesse sido assassinado: o medo o havia enlouquecido. Ora, se tal era o efeito que sobre um homem produzia o terror do Chico Paz, pode-se muito facilmente calcular qual não deveria ser esse terror sobre duas fracas mulheres. Felizmente elas descobriram um meio de cortar a dificuldade; meu pai prestou-se a tudo quanto elas quiseram, e sendo resolvido que se venceria um tão tremendo inimigo por meio de um bem combinado movimento de flanco, quando tudo estava disposto para a partida, em vez de sairmos pela estrada da Corte, nós saímos da Campanha pela estrada do Ouro Preto.

Se minha mãe e minha tia estavam que não cabiam em si de contentes ante essa ideia há tanto tempo acariciada, eu, nesse ponto do contentamento, em nada lhes ficava atrás; mas os meus motivos de satisfação eram muito diferentes, e eram dois: 1º porque montando no meu piquira, eu dele não desceria durante muitos dias; 2º porque, pela primeira vez na minha vida, eu calçava botas brancas de couro de veado, ou como então se chamavam botas mineiras; botas estas que me chegavam até acima dos joelhos e prendiam-se à cintura por meio de correias com fivelas; e por consequência, eu já podia me considerar mais ou menos como um homem. Entretanto, como neste mundo não há venturas completas, no brilhante céu da minha felicidade havia uma nuvem negra: as minhas botas eram ainda sem esporas. Felizmente, no primeiro dia de marcha, nós pousamos no arraial dos Três Corações de Rio Verde, em casa de um homem que se chamava Estevão Fecha; este homem, que era amigo de meu pai, presenteou-me com um par de esporinhas de prata, e desde então, durante muitos dias, não houve um ente mais feliz sobre a Terra.

No terceiro dia da nossa viagem passamos por São Thomé das Letras. Colocada em cima de uma alcantilada serra, a povoação, composta de muito poucas casas e quase toda elas desabitadas, podia muito bem ser comparada a um verdadeiro ninho de aves. Não obstante essa espécie de solidão, que tinha a meus olhos alguma coisa de triste, eu gostei não só de ver a igreja, donde a vista se espraia por um horizonte imenso, porém muito mais ainda de ver as letras que dão o nome ao lugar e que se acham ao lado da igreja em uma grande pedra cortada a pique. Embora muito fugitiva, ainda conservo uma ideia dessas letras, ou para falar com muito mais exatidão, desses sinais. Para todos, porém, passavam por serem letras de não sei que alfabeto e queriam significar "por aqui andou Thomé", pois se bem me recordo, esses sinais eram quatro. É muito provável que essas letras pertençam à mesma espécie de outras maravilhas naturais que por ali se encontram; pois que aquele lugar e toda a serra são bem conhecidos e notáveis pelas belas lajes soltas e que se prestando para passeios, para fornos de farinha e para outros misteres, entre elas algumas se descobrem em que estampadas ou incrustadas veem-se árvores e não sei se também animais ou outros objetos; e isso de um modo tão perfeito e às vezes tão acabado que encanta e admira mesmo àqueles que, privados como eu de bossa artística, não se deixam embasbacar por qualquer coisa.

Depois de São Thomé, a primeira povoação por que passamos foi a vila da Airuoca; e aí fomos pousar em casa de dois parentes nossos — os cônegos Antônio dos Reis Silva Rezende e Urbano dos Reis Silva Rezende. Eram dois irmãos que há pouco morreram já muito velhos e que toda a sua vida viveram juntos e na mais perfeita harmonia. Esse fato não é raro na minha família paterna; e tanto mais notável se torna que, sendo essa família dotada de qualidades não muito brilhantes, mas sólidas e muito estimáveis, essas suas qualidades, entretanto, são de alguma sorte mareadas por uma aspereza de gênio que a própria educação custa a conter, e muito mais ainda por uma obstinação, que útil e respeitável em alguns casos, em outros quase que toca a meta do absurdo. E eis aqui um exemplo que vou dar e que serve de prova a tudo quanto acabo de dizer. Dois dos meus tios paternos, tendo falecido minha avó, concordaram de porem os seus recursos em comum e de ficarem com toda a fazenda, comprando as partes dos outros herdeiros; e assim o fizeram. Naquela casa ninguém sabia qual dos dois era o dono, porque nunca se os via discutir e a ordem que um dava era imediatamente cumprida. Dessa sorte, ali viveram vinte e tantos anos em uma harmonia um pouco seca e muito silenciosa, é certo, mas tão perfeita que eu mesmo muitas vezes ficava admirado, como é que dois homens de um gênio tão imperioso e de modos tão ásperos, como eram aqueles, podiam ficar assim juntos, já não digo uma semana, mas meses e anos sem nunca brigarem. No fim, porém, de tantos anos, um deles casou-se; o outro segue-lhe o exemplo; e em pouco tempo desavieram-se, partiram todos os bens, e um fole, que ambos pretendiam e que nenhum queria ceder, foi serrado ao meio, para que cada um ficasse com a parte ou com o pedaço que por direito lhe pertencia.

De Airuoca até Rezende só me lembro de um rio que tivemos de passar já quase à noite, que suponho dever ser o rio Preto, e cuja lembrança principalmente conservo por ser esse o primeiro rio que tive de atravessar em barca, a qual era formada de um assoalho de tábuas sobre três canoas e o todo cercado de grades com duas porteiras.

Em Rezende estivemos com uma parenta nossa que ali residia e uma de suas filhas era, se não me engano, professora pública. Algum tempo depois soube que esta se havia casado com um filho natural de Pedro I, o que, na minha ingenuidade de criança, fez com que eu quase a considerasse como uma verdadeira princesa. E isso me desperta algumas ideias que desejaria e deveria talvez não divulgar aqui, quando mais não fosse, por esse sentimento de delicadeza ou caridade que tantas vezes nos prende a língua quando pode ofender a um inocente ou mesmo a um culpado sem muita necessidade.

Mas além de que estas *Minhas recordações* têm alguma coisa de históricas, e o que a história procura é a verdade por todos os modos, ainda acresce que é tão grande o ódio e ao mesmo tempo o horror que sinto pelo despotismo, seja qual for a forma com que se apresente, que não poderia me deixar prender por uma semelhante consideração. Sobretudo quando vejo que, depois dos tempos heroicos da independência e da menoridade, tendo nós caído nesse triste marasmo em que, entre os vagidos do comunismo e a mais chata cortesania, cada vez mais vai se esquecendo da verdadeira e bem entendida liberdade. É preciso que o povo nunca se esqueça do que já viu e já sentiu, para que possa constantemente lembrar-se de que todo o poder demasiado é sempre funesto e que para o seu bem-estar e liberdade não há salvação possível senão na lei e no dever. De mais, como sentir-se respeito, como sentir-se simpatia ou mesmo uma dose qualquer de compaixão por pessoas que nunca fizeram por onde merecê-las? Ora, quando se vê, senão a sabedoria infusa que se atribui ao atual imperador, pelo menos a sua incontestável e muito variada ilustração; quando ainda se vê essa tão esmerada educação que tiveram as nossas princesas; e, ao mesmo tempo, a virtude, a modéstia e essa bondade tão simples e um pouco campônia da nossa imperatriz; e quando, finalmente, se observa essa tão perfeita moralidade do paço imperial, muito dificilmente se compreende o que foi no Brasil a família de d. João VI. Privados todos os membros dessa família da mais vulgar educação, intelectual ou moral, não há quem não saiba, mais ou menos, o que foi Pedro I como um homem extravagante, ou como um homem que não tinha o mínimo sentimento da dignidade conjugal dentro e fora da sua casa. De sorte que se, por acaso, o seu reinado se prolongasse por mais tempo, era muito possível que no Brasil se tornasse tão vulgar o caído beiço austríaco, quanto é vulgar, segundo nos diz A. Dumas, o nariz "bourbônico" em uma das localidades de Nápoles.

D. Miguel, esse era um verdadeiro monstro, cuja única lembrança nos faz não digo simplesmente raiva, mas quase que horror; pois que, se Pedro I tem defeitos e grandes, estes nasciam principalmente da educação, ao passo que, no fundo da sua alma, se encontravam, senão grandes virtudes, algumas qualidades mais ou menos apreciáveis e os estímulos de um herói talvez. Entretanto que d. Miguel, profundamente ignorante, estúpido ou insano, mas sobretudo naturalmente mau, até nos seus próprios divertimentos, só achava prazer em fazer mal. Assim, ele tinha por costume passar algum tempo na fazenda de Santa Cruz, e o seu principal divertimento ali era aguardar os viajantes do interior que transitavam por aquela estrada, e ultrajosamente escarnecê-los a relho. Eu mesmo conheci na Campanha uma pessoa, e de família das mais importantes e respeitáveis dali, que foi uma das vítimas desses tão inocentes e tão agradáveis passatempos reais; mas o que não afirmo, porque sobre esse ponto a memória me falha, é se nesse desacato de um pacífico viandante também tomou parte o seu irmão mais velho.

Se os homens eram isso que acabo de dizer, parece que as mulheres não eram muito mais dignas de respeito, pois que a rainha Carlota, como todos sabem nada tinha de estimável. Embora muito mais reclusas, as próprias princesas, parece, não escapavam à murmuração. Eu, por exemplo, ainda conheci um homem que residia em São Gonçalo de Sapucaí e que por sua grande riqueza era ali pessoa das mais consideradas. Este homem, me disseram, era pobre e não sei se tropeiro; mas, o que me deram como certo, é que como tropeiro, como comerciante, ou como outra qualquer coisa, frequentava a cidade do Rio de Janeiro. Assim como todos os outros viajantes da Campanha, ele não deixava de passar pela fazenda de Santa Cruz e talvez mesmo de aí muitas vezes pousar; até que em uma das suas viagens ele voltou trazendo consigo, e sem disso dar uma bem satisfatória explicação, uma criança. Desde então a sua fortuna começou a avultar tão rapidamente, que parecia não ser o efeito simplesmente do esforço e do trabalho. A partir daí, ele não deixava de ir periodicamente à Corte; e, quando voltava, nunca deixava de trazer muitos objetos finos, delicados e muito pouco próprios daqueles lugares, dos quais o que sobretudo despertou a atenção geral foi uma espingarda marchetada de prata e de muito fino lavor com que alguns anos depois ele ali se apresentou dizendo que a havia comprado.

Essa criança cresceu e não sei se ainda vive, mas a explicação que de tudo isso se costumava dar vinha a ser esta — que o menino era filho de uma das princesas, que o entregou àquele sujeito para conservá-lo oculto; entretanto que dando-se repentinamente a partida da família real para a Europa, e não havendo tempo para nada se providenciar, o menino lá ficou, e em um estado inteiramente diferente daquele para o qual a sorte parecia destiná-lo, porque o seu aio nunca lhe confiou o segredo do seu nascimento e se apoderou de tudo quanto era dele. Eu não garanto a verdade do fato nem tampouco a de todas as suas circunstâncias; não só porque não mais faço do que repetir aquilo que em outros tempos ouvi, mas ainda porque este meu trabalho, como o próprio título o indica, é um ato simplesmente de memória e muitas vezes de memória de uma criança que mal saía da infância ou que muito poucos anos contava.

É possível mesmo que tudo isso não passe de uma refinada calúnia ou de um simples fruto apenas da maledicência ou da inveja. O fato, porém, de nascer e ser criada uma semelhante calúnia bastará, sem dúvida nenhuma, para mostrar qual a triste ideia que naquele tempo se formava da então família real.

A digressão não deixou de ser um pouco longa; mas, enfim, quem viaja precisa um pouco de conversar, quando mais não seja para distrair-se desse monótono caminhar de tantas horas sob os raios mais ou menos ardentes de um sol sem nuvens ou por entre as nuvens de uma poeira sempre incômoda, e, muitas vezes sufocante; e é esta a sua desculpa.

Eu, porém, poupando em compensação ao leitor a descrição do resto da minha viagem até à Corte, vou dá-la aqui por terminada. Sem falar na Barra Mansa, que então se chamava a vila da Posse, no Arrozal, em Itaguaí, em Santa Cruz e em outros lugares por onde passamos; nem mesmo na Pavuna, onde vi pela primeira vez a água do mar, e na Venda Grande, onde nos disseram que dali à cidade só havia duas léguas, eu me considero chegado a um rancho ou a uma estalagem na entrada de São Cristóvão, onde paramos a fim de fazer os devidos preparativos para o nosso ingresso nessa tão formosa e tão almejada capital do Brasil; mas onde, contudo, não quisemos entrar senão de noite, porque os nossos animais estavam tão magros é tão escalavrados, que nos pareceu uma falta de respeito e ao mesmo tempo de respeitabilidade nela fazer a nossa entrada à luz do sol ou *coram populum*.

CAPÍTULO IX

Ao tratar do regente Feijó, já tive ocasião de dizer que meu tio Gaspar estava estudando medicina na Corte; e agora acrescentarei que em 1839 ali também se achava meu tio Francisco, ou Iquinho, que para lá tinha ido a fim de estudar em uma aula do comércio, que já antes existia ou que nessa ocasião fora criada, e na qual também estudavam os meus primos Joaquim Bento Ferreira Lopes e Cândido Inácio Ferreira Lopes. Fomos, pois, morar com aqueles meus tios em uma casa que haviam alugado para esse fim no morro do Castelo.

A vista para o mar era magnífica, e, por esse lado, não se podia achar coisa melhor; mas, em compensação, desde o momento em que se abaixavam os olhos, nada mais se enxergava senão telhados. Minha mãe não gostou, portanto, da casa, e fomos então morar em uma assobradada e com sótão que ficava na rua do Hospício, fazendo esquina com o beco do Fisco. Pouco depois, porém, que para ali nos mudamos, adoeceu meu tio Francisco; e esta doença deu-me ocasião para conhecer um homem que tinha então uma fama como não há hoje um só dos filhos da faculdade de medicina que tenha nem sequer a décima parte, porque hoje não há médico que se tenha ou que alguns o tenham na conta de um verdadeiro gênio, que não seja para os outros um famoso charlatão. Entretanto que esse de quem falo, sem contestação nem rivais, era tido como o primeiro médico da Corte, e, por consequência, do Brasil inteiro. Esse homem era o dr. Joaquim Cândido Soares de Meireles e que foi deputado por Minas em diversas legislaturas. Este dr. Meireles era muito querido de todos os mineiros que o chegavam a conhecer; e em honra sua, o que lhe atraía todas essas simpatias não era nem o seu grande saber médico e menos ainda a sua importância política, mas uma qualidade que tanta gente hoje parece que até se esforça por perder, e que ele, até a sua morte, conservou em toda a sua pureza — o amor e o orgulho pela sua província natal. E como quem ama ao dono ama ao cão, ele, que assim tanto amava a essa terra em que havia nascido, não só fazia alarde de ser mineiro, porém ainda, o que não menos o honra, os seus braços estavam sempre abertos para todos os mineiros que o procuravam. A doença de meu tio eram bexigas, e, por conselho do médico, fomos morar em casa do então desembargador e depois conselheiro Agostinho Marques Perdigão Malheiros, que era casado com minha tia d. Urbana. Era este um homem não simplesmente sistemático, mas talvez o homem mais sistemático de quantos tenho conhecido; de sorte que tudo nas suas ações, tudo na sua casa tinha o seu tempo e seu lugar; e tempo e lugar nunca se alterava. Como tudo o mais, as suas diversas refeições tinham igualmente o seu lugar e a sua hora certa; e se por acaso essa hora era excedida por culpa da cozinheira, esta imediatamente vinha ao pé dele e, com a mesma impassibilidade com que ele abriria uns autos para despachar, sem se alterar, abria o relógio que trazia na algibeira, via o número de minutos que havia de excesso, e com um pequeno cacete, que tinha sempre sobre uma pequena mesa para esse fim, dava no alto da cabeça da infratora do sistema tantas cacetadas quanto era exatamente o número de minutos excedidos. Como, porém, naquela casa, tudo andava sempre a tempo e a hora, não só esse castigo era raríssimo e quase não excedia de quatro ou cinco cacetadas, mas ainda, ele as aplicava com tanto jeito ou com tão pouca força que nunca daí resultava outro mal que não fosse o de uma dor maior ou menor que a paciente sofria. O conhecimento que tive do conselheiro Perdigão nunca passou de um conhecimento puramente superficial. Ouvi, porém, dizer, que possuía algumas qualidades muito apreciáveis, e, ao mesmo tempo, dois defeitos. Destes, o primeiro, que nem mesmo se pode talvez considerar como um grande defeito, era que, não sendo rico e vivendo apenas dos seus ordenados, gastava em comprar quadros ou painéis de que era um grande amador uma boa parte dos seus rendimentos, que poderiam ter sido melhor empregados em benefício da família. Quanto ao outro defeito, esse era muitíssimo mais grave, porque, imbuído das ideias as mais atrasadas em relação à liberdade da família, o conselheiro Perdigão era, ainda quanto à honra e ao decoro desta, de uma tão extravagante suscetibilidade, que muito mais se parecia à de um turco do que à de um homem dos nossos dias e sobretudo de um homem ilustrado. Assim, tendo sido minha tia, segundo muitas vezes ouvi dizer, uma das moças mais belas que a Campanha possuiu, ele, segundo muitas vezes também ouvi dizer, nunca saía de casa para dar audiência ou para outro qualquer fim sem que levasse consigo a chave da casa; e, como se uma tão esquisita cautela não lhe bastasse, tinha a mais esquisita ainda de espalhar ou peneirar fubá ou farinha no corredor da entrada, para que tivesse certeza, pela ausência de rastros, de que ali ninguém havia penetrado. O que é certo é que, dominado dessas ideias tão antiquadas, ou antes tão ridiculamente extravagantes, o conselheiro Perdigão, em vez de dar à sua família esse desembaraço e essa experiência do mundo que tão útil nos é a todos nos primeiros passos da vida, o que fez, pelo contrário, foi criar os seus filhos como moças e a suas filhas, quase como freiras.

Em 1839 já eram moças as duas filhas que teve e que foram moças lindíssimas; mas na sua casa não entrava médico, mestre ou qualquer outra pessoa que pudesse ser suspeita de perigosa, o que quer dizer que, a não ser parentes ou pessoas a todos os respeitos garantidas, ali ninguém entrava que não fosse mais ou menos escuro, mais ou menos velho, e finalmente mais ou menos feio. Entretanto, o conselheiro Perdigão era geralmente estimado e respeitado por toda a família, embora essa estima não deixasse de ser talvez em parte um grande reflexo do amor e da veneração que todos consagravam à minha tia. Ainda que de uma amabilidade sempre séria e quase seca, e que de alguma sorte ela tinha herdado com o sangue, nunca até os últimos dias da sua vida deixou de ser para todos os seus parentes, sem a menor exceção, uma amiga sincera e desvelada, assim como era um verdadeiro tipo da mais profunda e singela virtude.

Sem falar nessa casa do conselheiro Perdigão, onde ficamos durante a moléstia de meu tio e que depois muito assiduamente frequentávamos, e na de meu tio, o marquês de Valença, aonde fomos algumas vezes, não tenho bastante lembrança de haver ido a outras casas, senão uma vez à do desembargador Bernardo Ribeiro Soares de Sousa, e creio que à do então doutor, e não sei se também desembargador, Paulino José Soares de Sousa, depois visconde de Uruguai. E dessa visita, aquilo de que apenas me recordo é que a dona da casa nos levou a um quarto espaçoso em que o silêncio perfeitamente se casava com a fraca luz que o esclarecia, para mostrar à minha mãe todos os seus filhos, que, por ser já um pouco tarde, ali já se achavam deitados nas suas camas ou berços. E se isso se passou, como é possível que se passasse, em casa do futuro visconde de Uruguai, um daqueles meninos era muito provavelmente o meu futuro colega Paulino de Sousa, atual senador do Império, e o dono mais ou menos reconhecido da província do Rio de Janeiro. E aqui cumpre-me dizer que, ao recordar um fato dessa ordem, o daquele quarto silencioso e meio obscurecido como um verdadeiro tabernáculo onde, ufana como a romana Cornélia, uma mãe mostrava à outra o melhor e o maior de todos os seus tesouros naquelas pequenas crianças, que ali contava com o maior gosto e desvanecimento que tinha um filho ou um neto com uma tal inclinação, para essa profissão, que, tendo começado a exercitar-se a fazer a operação de olhos em uma cidra, depois já tinha passado a fazê-la nas galinhas ou não sei em que outros animais.

E já que falei em dois ou três deputados daquele tempo, direi que não só muitos outros conheci, mas que mesmo não deixei de ir uma vez à Câmara. E, se eu tivesse à mão os anais desse ano de 1839, poderia até marcar o dia exato da sessão à qual assisti, pois que me lembro bem de que nesse dia estava sentado na mesa ao lado do presidente um homem gordo, baixo e já de alguma idade e vestido com uma farda bordada. Perguntando eu quem era aquele sujeito, me disseram que era o ministro da Fazenda, Manuel Alves Branco; entretanto que de frente, junto a uma porta e na extremidade de um banco, estava a falar um velhinho baixo e muito teso. Quando falava cuspia muito ou, como vulgarmente se diz, lançava muitos perdigotos; e perguntando eu quem era o tal velho, me responderam que era Antônio Carlos Ribeiro de Andrade Machado e Silva.

Entretanto, tendo até agora tratado nestas *Minhas recordações* de alguns homens ilustres e de tantos outros obscuros, ainda não me ocupei, senão muito de passagem, de um de quem terei daqui em diante muitas vezes de falar — o senador José Bento Leite Ferreira de Melo, vigário de Pouso Alegre. Nome hoje um pouco esquecido, e de alguns talvez inteiramente ignorado, o vigário José Bento foi o primeiro senador por Minas depois da primeira organização do senado, ao mesmo tempo foi um dos nossos políticos mais estimados e um talvez dos de maior influência durante toda a maioridade. Eu não lhe pude conhecer a ilustração nem creio mesmo que ela fosse muito vasta, mas sei que era ele um homem de incontestável e muito viva inteligência e que tinha o dom de fazer valer o muito ou pouco que sabia. Assim, pronunciando discursos que eram tidos como bons, e perguntando-lhe meu avô como, sem ter estudos regulares, os podia fazer, ele, com toda a franqueza, lhe declarou que o seu sistema era nunca ser dos primeiros a falar, ouvir primeiro os discursos dos outros, e, servindo-se do que achava de bom em todos eles, formar depois o seu ramalhete. Se, porém, José Bento não tinha uma instrução muito vasta; se não era um orador eloquente ou consumado; e se até mesmo se quiser admitir que ele não tinha nem a terça ou quarta parte da inteligência que realmente possuía; nada disso contrariaria aquilo que a seu respeito vou dizer ou em nada poderia diminuir o seu verdadeiro valor político. Porque se todas essas qualidades podem ser, e são, com efeito, muito úteis em política como em tudo o mais, entretanto, na política, como em quase tudo, o que dá o respeito, a força e quase sempre o triunfo, isto é, o essencial, é sempre o caráter; e o caráter de José Bento era feito para dominar e arrastar. Franco, generosamente liberal, amigo dedicado, de uma firmeza de opiniões à toda prova, de uma vontade de ferro, e ao mesmo tempo jeitoso e de modos brandos, quando queria José Bento tinha tudo quanto era preciso para exercer uma muito grande influência em torno de si, qualquer que fosse o círculo em que a sua atividade se desenvolvesse. E essa influência ele a teve, não só na sua freguesia, mas na província e até no meio da própria assembleia geral.

Para provar a grande influência de José Bento eu apenas citarei três fatos. O primeiro é essa tão célebre constituição de Pouso Alegre, que fez um tão grande barulho e quase produziu uma completa revolução nas nossas instituições, e que me parece (não afirmo) tira o seu nome da povoação ou da vila em que ele residia. O segundo é a parte importantíssima que ele teve na proclamação da maioridade; ainda me lembro, como se fosse hoje, de tê-lo visto contando a meu avô como se tinha operado essa conspiração imperial, e, além de outras coisas que já me passaram, de ouvi-lo dizer que a ele se devia o não ter falhado a conspiração, porque, tendo ido um pouco mais cedo para o Senado, viu sobre a mesa o decreto do adiamento das Câmaras assinado por Vasconcelos, e como sabia que a sessão não se abriria tão depressa, ele, sem perder tempo, correu para a Câmara dos Deputados a fim de ali combinar o que se devia fazer. Quando porém lá chegou, já o decreto de adiamento tinha sido lido e todos já se retiravam, murmurando sim mas resignados; arrebanhando todos os deputados maioristas que ali se achavam, sem mais demora com eles partiu para o Senado, onde se fez a revolução. Quanto ao terceiro fato, esse é ainda mais concludente e ao mesmo tempo mostra a sua grande perspicácia.

José Bento, assim como meu avô, eram amigos de Antônio Paulino Limpo de Abreu, depois visconde de Abaeté, e meu avô, além de amigo, era ainda, como liberal, um grande entusiasta dele; mas José Bento não negando, antes mesmo exaltando todas as grandes qualidades desse nosso grande estadista, dizia a meu avô — tudo isto é certo; mas o Limpo é um caráter fraco e que precisa de ter quem o segure. Enquanto eu for vivo, ele há de continuar sempre a ser liberal; no momento, porém, em que eu fechar os olhos, ele será arrastado e dominado pelo Honório. E com efeito, José Bento foi assassinado em 1844; pouco depois os liberais começavam a queixar-se da tibieza política do seu antigo paladino. Os queixumes começaram a converter-se em suspeitas cada vez maiores, e, em 1853, o visconde de Paraná organizava um ministério, e, para espanto geral, o ministro de Estrangeiros era o visconde de Abaeté.

Ora, José Bento era amigo íntimo do meu avô; e com o gênio que ele tinha, com as relações de que dispunha, nós não poderíamos achar um cicerone que estivesse tão a par dos nossos desejos ou, quem melhor do que ele, nos pudesse tudo mostrar e nos levar a toda parte. E, com efeito, não houve lugar ou coisa digna de ver-se e que quase sempre por ele acompanhado, nós não fôssemos ou não víssemos; inclusive até uma muito grande e bonita fragata americana, que havia pouco tinha chegado, e que estava ancorada na baía. E devo dizer que foi este um dos passeios que mais nos agradaram e que maior impressão me deixaram no espírito. Custou-me, é certo, um pouco o subir a estreita escada de corda, donde me parecia a cada passo que eu ia cair no mar, e muito mais ainda me custava o equilibrar-me ou dar um passo no navio sem que este me parecesse que ia virar ou que eu estava ficando meio bêbado. Mas tudo isso mesmo era para mim um novo divertimento, e tendo muito gostado de tudo, aquilo de que mais gostei e que eu não cessava de reparar, era a guarnição que se tinha formado dentro da fragata. Devo dizer que não tendo, como um genuíno mineiro que sou, o menor espírito militar, e sendo de uma natureza tão pacífica ou tão prudente que poderia talvez dizer que nunca briguei em toda a minha vida, entretanto, nada há que tanto me divirta como ver soldados e evoluções militares; assim como, sendo incapaz de ouvir uma ópera por gosto ou mesmo de apreciar uma peça de música mais ou menos complicada e que seja nova para mim, gosto das bandas militares e realmente as aprecio, o toque do clarim e até o próprio rufo das caixas.

Felizmente, tive pouco depois uma excelente ocasião de satisfazer a todos esses meus gostos, porque no dia 7 de setembro houve, segundo o costume, uma grande parada no largo do Paço; e fomos assisti-la de uma das janelas do próprio Paço. Foi esse para mim um dia inteiramente cheio, pois que dele eu nada perdi, desde os tiros de peça que se deram de madrugada até a representação que houve à noite e em que figuraram o João Caetano, a Estella e a Ludovina, embora sobre este ponto me reste uma dúvida, porque me parece que o teatro a que fomos era o de São Januário, e estes atores, se não me engano, não representavam senão no São Pedro. O que, porém, deveras me encheu as medidas foi mesmo ou foi só a parada, pois que vendo aí tanta coisa bonita e de que eu tanto gostava, posso dizer que a minha satisfação não podia ser mais completa. De tudo, entretanto, o que mais me impressionou foi o pequeno imperador, que eu via em uma janela não muito distante da minha e que dali estava como eu, e talvez com o mesmo gosto, a contemplar a parada. O que não deixava de me pôr no coração um pequenino grão de inveja é que ele tapava o sol, que nos feria pela frente com um pequenino chapéu armado que conservava pousado sobre o peitoril da sacada e por trás do qual ele parecia espiar; chapeuzinho este que me parecia dever caber justinho na minha cabeça e que todo coberto de arminho, como estava, me parecia naquele momento ser o objeto mais bonito de todo o mundo.

Eu, porém, disse que nós fomos a toda parte, mas, para ser exato é preciso que faça aqui uma pequena restrição. E que, assim como fui sem minha família a alguns lugares, como, por exemplo, uma vez à escola militar, onde estive a ver jogar florete a um moço que era muito amigo de meus tios, que então se chamava Inocêncio e que hoje se chama general Pederneiras; assim também minha família foi muitas vezes sem mim a uma sociedade de canto e música que se denominava Filarmônica; e, além de outros bailes a que foram diversas vezes, foi a um que muito dispendioso ficou para meu pai, e do qual durante toda a sua vida minha mãe e minha tia não falavam sem movimentos do mais vivo entusiasmo. Era um baile a que iam príncipes e diplomatas, uma espécie, se não me engano, do atual Cassino, e que se denominava o baile dos estrangeiros.

A nada disso eu fui, como disse, e a razão que se dava e que então me pareceu o mais iníquo de todos os absurdos, mas que, hoje, acho extremamente sensata, é que os estatutos proibiam ou que na Corte não era uso levar crianças a bailes.

Ficamos na Corte dois ou três meses; mas o homem não vive só de passeios e divertimentos, porém, sim e principalmente de trabalho e economia. A casa nos chamava; e como, desde que nasci, o padre José Bento era o meu destinado padrinho de crisma, este me levou, se não me engano, ao convento de Santo Antônio, onde morava o bispo da Anemuria, e este me crismou.

Por minha mãe e por minha tia nós nunca sairíamos da Corte; mas meu pai resistiu, os animais tinham chegado, e nós partimos, elas todas chorosas e suspirosas e eu todo ancho e todo contente, porque me via de novo de botas e de esporas em cima do meu pequeno Alazãozinho. Não cansarei ao leitor com a descrição da nossa volta, porque eu quase que não teria para dizer senão isto — que se na ida tivemos por único contratempo o sol e a poeira, a volta foi terrível. As chuvas tinham começado; as estradas estavam cheias de atoleiros; e, se fugia do caminho mais trilhado para procurar um desvio que parecia estar um pouco melhor, era logo um — Nossa Senhora! — e ventas na lama, e meu pai logo a dizer: Nunca fujas do trilho dos burros. Quanto às serras, isso então nem é bom falar. Nelas a estrada pode-se dizer que era rosário de caldeirões. E como hoje os leitores não sabem o que são caldeirões, eu direi que eram uns regos que atravessavam a estrada de lado a lado ou uma como que escada deitada ou feita no chão em que o animal devia pôr o pé no vão que era justamente o lugar em que ele ia até aos peitos. E ai do coitado que fosse em um animal que não soubesse contar! Ficava que nem pinto pelado que caiu no azeite. E tudo isso, note-se bem, quando muitas vezes não vinha pela frente uma tropa e pela retaguarda outra, e atrás da tropa uma porcada, uma carneirada e, sobretudo, uma boiada!

Quando eu me lembro de todas essas coisas, tenho um verdadeiro dó de toda essa gente que anda hoje por aí, e para a qual parece que os pés não foram feitos para andar, mas para serem sempre carregados; e digo que de todos eles tenho dó, porque (coitados!) andam em um dia e às vezes até em horas dezenas e dezenas de léguas, e não sentem uma só emoção, nem sequer conseguem avivar ou abrir o apetite. Quando voltam, o mais que podem contar é que o bonde foi de encontro a uma carroça ou então, e eis o *suprasummum* de todas as emoções, em tal ponto o trem desencarrilhou!

Entretanto, da Campanha à Corte tem apenas 64 léguas; fiz essa viagem em 10 ou 12 dias; não sabia onde iria comer; dormia em ranchos abertos ou mesmo ao relento; e, quantas e quantas emoções essa viagem não me deixou e que são outras tantas lembranças para me despertar as saudades do passado! Que hotel jamais me deu manjar mais saboroso do que os que eu comi nessa viagem, do pobre caldeirão?! E o rancho, e o tropeiro com o seu canto e os seus folgares?! Nem quero me lembrar dessas coisas, porque são capazes de aumentar ainda mais o meu *spleen*.

Eu, pois, direi ao leitor, que, ou porque as delícias da Corte nos fizessem perder o medo do Chico Paz; ou seja porque naquele tempo quem ia para a Corte levava dinheiro e quem de lá voltava vinha sempre com as algibeiras vazias, e, por consequência, não se podia ter medo de salteadores; ou seja lá pelo que for e de que agora já não me recordo, voltamos pelo Picu. E foi isso muito bom, porque, sem que nada de sinistro afinal nos acontecesse, nós tivemos assim alguns lugares novos para conhecer e a mais bela das perspectivas que até então eu tinha visto — a da serra do Picu. Divisa das duas províncias do lado do Rio de Janeiro a subida é muito curta e muito íngreme, pois que apenas tinha três quartos de légua; e quando se voltavam os olhos para trás se via o mais ameno e o mais risonho dos panoramas — era a província do Rio toda descampada e com os seus baixos e redondos morros todos cobertos de café. Apenas se chegava ao alto e se começava a entrar no território de Minas, o espetáculo tornava-se imediatamente, ou sem a menor transição, inteiramente outro, pois em vez de um descampado, eram três léguas de uma alterosa serra toda envolta em neblina e sempre a desdobrar-se, toda coberta de mato.

Finalmente, pelo muito adiantado que já ia o ano, nós não tivemos de sofrer e nem mesmo de recear um perigo que então, e não sei se ainda hoje, ali se corria, segundo mais de uma vez ouvi contar. E era o do frio, que em certos invernos tornava-se tão intenso que chegava a matar burros de carga e até mesmo algumas vezes entorpecia ou, como vulgarmente se diz, encarangava por um tal feitio ao próprio tocador, que esse tolhido de todos os membros, não podia caminhar ou caía.

Se ele fosse abandonado nesse estado, com certeza morreria; mas como a natureza ao lado do veneno põe sempre o antídoto, os tropeiros bem depressa descobriram para um semelhante mal o mais pronto e o mais eficaz de todos os remédios, e era este — o primeiro dos tocadores que encontrava um companheiro que parecia estar assim se dispondo para se converter em uma fria estátua, armava-se imediatamente do relho com que tocava o seu lote, e tangendo com ele ao companheiro como se fosse um verdadeiro burro, em muito pouco tempo o punha tão quente e tão lesto, que ele não só já andava e corria, mas ainda poderia, se fosse preciso, naquela mesma hora retribuir ao companheiro o grande serviço que este lhe acabava de prestar.

CAPÍTULO X

AINDA NO tempo em que fui à Corte, muito poucos eram os homens da Campanha que, a não serem tropeiros ou comerciantes, tivessem feito essa viagem; e se isso se dava com os homens, quanto mais com as mulheres ou com os meninos!

Eu, entretanto, que ainda não tinha 8 anos, já havia viajado 138 léguas de ida e volta; tinha visto muitos rios, muitas vilas; tinha ouvido o ribombar da artilharia; tinha andado sobre o mar; tinha entrado em um navio de guerra; e para tudo dizer em uma palavra, eu tinha ido à Corte. Eu, pois, não só não era um menino como qualquer outro, mas poderia mesmo ser considerado como um homem que, muito mais do que os outros, já bem sabia quanto este nosso mundo era grande.

Para quem, porém, este novo Fernão Mendes ou este novo e tão pequeno Marco Polo tomava proporções ainda mais gigantescas ou a quem ele deixava, digamos assim, completamente embasbacada com a narração maravilhosa da sua maravilhosa viagem, era uma preta escrava, que meu bisavô Gaspar havia dado à minha mãe quando eram ambas ainda pequenas. Foi por isso a primeira cara negra com que me acostumei; e de quem desde então eu quase nunca me desprendia, porque era ela de muito bom gênio. E esse gênio era ao mesmo tempo tão igual que, apesar de um pouco aperreada por minha mãe, nunca tinha, por assim dizer, um só momento de burros nem mesmo de um simples enfado, mas, contente sempre e tendo muito boa voz, sempre que podia, cantava, e, se não podia, conversava ou contava histórias. Essa preta, que era baixa e retinta e que trazia estampadas no rosto a alegria e a bondade que lhe iam pela alma, tinha sido batizada com o bonito nome de Margarida. Mas, ou porque o achasse feio, ou talvez antes, porque muito mais do que este achasse que valia o da mãe de Deus, foi crismada com o nome de Ana; e por isso ficou desde então se chamando Ana Margarida.

Nem se estranhe que assim me ocupe, e com uma tão grande e quase excessiva minuciosidade, de uma simples preta escrava; porque se aqui não omito os meus parentes mais ou menos nobres e se, de preferência, procuro falar de gente e de coisas grandes, contudo o que principalmente me dirige a pena, é a lembrança daqueles a quem mais devo ou que mais me amaram neste mundo; e esta pobre e alegre negra tanto me amou, tantas vezes me teve ao colo que, ainda mesmo que eu quisesse, não poderia jamais dela me esquecer. Outra circunstância, porém, existe ainda que faz com que eu não pudesse deixar de mencioná-la aqui. É que um dos pontos do meu programa é o deixar registrado neste escrito o nome de todos os meus mestres, e ainda que nunca professasse de cadeira, a Margarida sabia tanta coisa e tanta coisa me ensinou que ela não pode deixar de entrar na classe dos meus melhores professores. E isso digo porque, para bem conhecer-se a humanidade, não é bastante que se lhe conheça unicamente a casca ou que se tenham algumas noções de filosofia e alta história; é ainda preciso que igualmente se conheçam as opiniões do povo, os seus prejuízos e até mesmo as suas absurdas superstições. E em todas essas matérias, a Margarida não era uma simples curiosa ou uma simples amadora, mas era, pelo contrário, uma verdadeira professora ou como tal deve ser e, com toda justiça, considerada; pois que, para isso, não era absolutamente indispensável que tivesse título ou aula aberta. Assim como o divino Sócrates nunca teve a sua aula em lugar algum determinado, mas ensinava por toda parte ou onde e quando achava discípulos; e ele, como todos sabem, é o primeiro de todos os professores que a humanidade tem tido.

Com isso não quero dizer que uma tal aprendizagem, e que sendo sobretudo feita em uma idade tão tenra como era a minha, não deixasse de ter os seus inconvenientes; pois que, além de ser isso uma dessas coisas que a razão nos mostra, eu ainda sei, e o sei muito bem, que para mim os teve, com efeito, e de uma natureza quase que irremediável. Assim, eu duvido, que haja muita gente que tenha um espírito, não direi tão são, porque, se é minha opinião que não há ninguém que não tenha a sua veia de doido e que este mundo não passa de uma verdadeira casa de orates em ponto muito grande, às vezes quase que chego a crer que, pela parte que me toca, eu estou quase que a entrar para a classe dos loucos varridos ou daqueles cuja loucura não está coberta com o pó ou com as aparências de uma tal ou qual razão, mas eu direi, que tenha um espírito tão livre e tão completamente despreocupado como se acha atualmente o meu.

Pois bem, ainda hoje, não só extremamente me desagrada, por exemplo, a presença repentina de um beija-flor de rabo branco, que aprendi em menino ser um núncio de más novas, mas, sobretudo, quando ouço um cão uivar ou uma coruja piar, que também aprendi ser agouro infalível de alguma morte, por mais que me queira fazer de duro, eu não posso deixar de sentir imediatamente um estremecimento involuntário e que me deixa mais ou menos apreensivo por algum tempo. E, no entretanto, eu sei perfeitamente pela razão e muito mais ainda pela minha própria experiência que tudo isso não passa de uma verdadeira loucura.

Mas, enfim, se um tal ensino teve para mim inconvenientes maus, a intenção foi boa ou não foi má; e, em todo o caso, graças à minha boa Margarida, sei hoje tantas coisas que a maior parte dos doutores de borla e capelo não sabem nem sequer talvez a metade. E para que não se diga que exagero ou que procuro dar à minha mestra um mérito muito maior do que poderia ter, vou dar aqui alguns espécimes desses conhecimentos que ela possuía em tão alta escala e que, sem paga e até mesmo sem nem sequer se fazer muito de rogada, de tão boa vontade me transmitiu.

Todos sabem que o saci é uma entidade infernal ou diabólica; mas se por acaso se perguntasse a qualquer dos meus leitores qual é a verdadeira forma dessa entidade ou qual a sua missão neste mundo, eu duvido muito que um só houvesse que pudesse responder a uma semelhante interrogação. Pois, se não sabem, fiquem agora sabendo, que o saci que não sei bem por que, às vezes se costuma também chamar de saci-pererê, é um molecote de uma cor negra extremamente retinta e que nunca deixa de estar de carapuça vermelha. Muito alegre e zombeteiro, anda sempre com os dentes arreganhados; e, apesar de ter um pé só, como dizem alguns que já o tem visto, vive constantemente a dançar ou constantemente a pular. É, sem dúvida nenhuma, da família dos diabos, e é por isso também que não há quem dele não tenha medo, mas nunca me constou que levasse alguém para o inferno. E, na realidade, a sua missão e o seu prazer quase que não passa da de se divertir à nossa custa, embora, como diabo que é, os seus divertimentos nunca deixam de ser mais ou menos malignos. De todos os diabos é talvez o saci o que menos habita o inferno ou o que mais frequenta a Terra, pois que é o único que mais vezes se tem visto, e que, por isso, ao inverso dos outros, tem uma fisionomia própria e que é por todos muito bem conhecida. Se, porém, é um diabo e, se vive constantemente no mundo, já se sabe que por mais alegre e zombeteiro que seja, não havia de aí ficar para nos fazer bem. E com efeito, a sua vida outra não é senão a de nos andar sempre a pregar sustos e a nos fazer todas as espécies de amofinações. Sem falar, também, nos cercos e nos medos que nos prega de noite nas estradas, aquilo que parece estar fora de toda a dúvida é que o lugar que o saci de preferência procura para nos amofinar é sempre o nosso quarto de dormir, onde nos vem perturbar o sono, e sobretudo a nossa cozinha, onde ele quebra panelas, entorna ou espalha os objetos que ali estão guardados e vira quase todos os vasos de boca para baixo.

O saci, portanto, nada tem desse caráter feroz e essencialmente hórrido de quase todos os outros diabos. Por isso, talvez, nunca também tive muito grande medo dele; e devo mesmo dizer que um dos meus maiores desejos foi o de laçá-lo com um rosário, porque, em criança, parece que eu era muito mais ambicioso do que sou hoje. Eu sabia que, se conseguisse laçá-lo por esse modo, poderia contar como satisfeitos todos os meus desejos, visto ser coisa que nunca se pôs em dúvida, que, laçado assim o saci, ele não poderia por si mesmo se livrar, e, para ser solto, nada havia que se lhe pedisse que imediatamente não desse ou executasse. Ora, assim como o saci, muitos outros diabos ainda existem que andam a vagar pelo mundo, assim como muitas e de diversas qualidades são as almas perdidas, que, desde a meia-noite até o primeiro cantar do galo, vivem sempre a percorrê-lo. Mas tudo isso é por demais sabido para que valha a pena repisá-lo. Eu, pois, prefiro tratar de um gênero de seres desgraçados, de uma natureza mais ou menos híbrida, que são homens e sombrações ao mesmo tempo, ou cujo tormento é mesmo neste mundo ou nele já o principiam a sofrer ainda mesmo antes que tenham perdido a vida ou que as suas almas se tenham separado dos seus corpos. Desse gênero, a primeira espécie de que me ocuparei, por ser de todas a que tende cada vez mais a desaparecer é a da mula sem cabeça. E digo porque, havendo cessado de fato a proibição de lerem-se as escrituras santas, é tão grande a mudança que vai se operando nas ideias populares sobre alguns pontos da religião que hoje já quase que ninguém existe que não saiba que o celibato sacerdotal não é de instituição divina e que até mesmo de uma mulher já tenho ouvido repetir este conselho ou este princípio de São Paulo — que é melhor casar do que se abrasar. E isso não só faz que o celibato clerical não se considere como lá muito essencial à religião, mas, ainda e sobretudo, que vá de dia a dia diminuindo e quase que desaparecendo o horror que ao povo inspirava a violação desse mesmo celibato. Antigamente, porém, não era assim; o caráter do padre era aos olhos de todos de uma tal forma sagrado, e a mais casta pureza tornava-se uma qualidade tão essencial desse caráter que a menor falha ou a menor mancha nessa qualidade tornava-se igualmente um imenso sacrilégio ou um pecado verdadeiramente horrendo. O padre, no entanto, era um homem; e a humanidade, como todos sabemos, pode-se dizer que é um verdadeiro composto de fraquezas. Como, pois, conciliar esse caráter assim tão santo com as quedas da fraqueza? O meio que para isso se descobriu foi muito simples, e torna-se extremamente curioso, porque, mais uma vez nos confirmando quanto é inventiva e sábia a imaginação do povo, vem, da maneira mais evidente, nos mostrar que em um tempo, em que a metafísica política ainda se achava tão atrasada e em que por toda a parte e sem o menor contraste só reinava o mais ferrenho despotismo, já em relação aos padres tinha o povo descoberto e posto em prática essa tão célebre e hoje tão conhecida máxima dos governos constitucionais de que o rei não faz ou não deve fazer mal. Assim, segundo a opinião popular daquele tempo, se um padre pecava, o culpado não era ele, mas, sim, a causa ou a vítima da sua fraqueza, pois que, sendo ele santo, se por acaso havia pecado, era unicamente porque o diabo o havia tentado debaixo da figura de uma pessoa humana, que lhe havia servido de invólucro, e, por consequência, era sobre esse demônio encarnado que devia recair todo o pecado ou toda a responsabilidade. Para isso, porém, era preciso que se desse uma outra circunstância, e, por uma nova fraqueza, o padre não se condoesse da triste sorte da sua vítima; portanto, sobre ela, e sobre ela só, atirasse o peso de uma tão tremenda responsabilidade. E era isso justamente o que todos eles faziam e por meio de uma tão grande simplicidade que não havia nenhum que não quisesse ou não pudesse empregar. Esse meio era o seguinte — o padre escrevia em uma tira de papel o nome da pessoa que era preciso condenar; colocava esse papel no bico do sapato do pé direito, e, quando ia dizer missa, e que fazia as genuflexões do estilo, de nada mais precisava do que, ao levantar a hóstia e o cálice, apertar ou calcar com toda a força o papel que lá estava no sapato, pois, quanto mais o calcasse, tanto mais desceria para o inferno a pessoa cujo nome ali estava escrito. Ele também ficaria limpo de todo o pecado e puras as suas mãos para apresentar ao povo o santo dos santos.

Nem ficava só nisso o castigo de um tão grande crime, pois que, se empurrada por essa forma para o inferno, a alma da vítima tinha forçosamente de lá ir parar; essa mesma vítima, ou antes, a causa ou objeto desse tão grande pecado não esperava pela morte para lhe sofrer as consequências, mas, ré do mais infando de todos os crimes, devendo, portanto, principiar a sofrer a sua punição aqui mesmo neste mundo. Desde que o pecado havia sido cometido, era imediatamente condenada a vagar todas as noites pela Terra, ou em certas noites pelo menos; e aí, vagar não simplesmente em espírito ou debaixo da sua própria forma, mas, pelo contrário, debaixo da forma de um animal infecundo e inteiramente desnaturado ou de um animal híbrido e hórrido ao mesmo tempo. E, com efeito, a forma desse animal, segundo sempre ouvi dizer, era a de uma mula sem cabeça. Nem sobre esse ponto nunca me constou que houvesse qualquer discrepância ou que se desse qualquer desacordo de opiniões. Se, porém, à vista de um consenso tão unânime não se pode deixar de acreditar e de afirmar que a forma era, sem dúvida, a de mula, não se pode também deixar de reconhecer, e que pela minha parte eu afirmo com toda a certeza, é que o rastro nenhuma semelhança tinha com o das bestas, pois que eu mesmo muitas vezes o vi quando corria os pastos da nossa fazenda. Posso garantir que esse rastro, que tantas vezes me mostraram e me afirmaram ser o dela, era perfeitamente idêntico a umas covinhas redondas e rasas que ainda hoje com muita facilidade se encontram e que são feitas pelos lagartos ou pelos tatus.

A esse mesmo gênero, pertencem ainda duas outras espécies de que muito se fala, mas que são ao mesmo tempo muito pouco conhecidas: a das bruxas e a dos lobisomens. Eu não sei qual é a forma peculiar das bruxas; mas creio que essa forma nada tem de fixo; e que, assim como dizem que são as fadas, assim também as bruxas variam muito de forma e podem mesmo se tornar mais ou menos invisíveis. Em todo caso, o que parece certo, é que elas se alimentam de sangue das crianças, ou pelo menos têm por ele uma grande predileção. E tal é o motivo por que se veem muitas e muitas crianças que, sem apresentarem sintomas mórbidos bem pronunciados, de repente começam a emagrecer e a mostrar todos os característicos de uma anemia profunda; embora muitas vezes isso possa ser também o efeito de um simples quebranto ou mau olhado, cujo remédio, como todos sabem, é o de benzer-se a criança mediante certas fórmulas que são unicamente conhecidas de certas velhas, que disso fazem profissão, e em que à arruda cabe sem a menor dúvida um papel importantíssimo. Esse perigo, entretanto, de serem as crianças chupadas pelas bruxas, torna-se muito maior quando elas ainda se conservam pagãs; para evitar um tal risco há um remédio, que é único, é verdade, mas que é ao mesmo tempo fácil e infalível, e esse remédio é o de pôr na cabeceira dela uma tesoura, em pé e aberta, e quanto mais perto da criança tanto melhor.

Quanto aos lobisomens, esses eu os conheço muito melhor, e posso, por consequência, afirmar que é uma espécie de alma penada, que debaixo da forma de um cão preto, em certos dias do ano, sempre de noite e quase sempre em sexta-feira, são condenados a vagar pela Terra ou a correr o seu fadário. E não duvido afirmar todas essas coisas, porque, segundo me contou a Margarida, houve uma ocasião na Campanha em que ali apareceu um grande número deles, os quais incessantemente não faziam senão rolar uma grande porção de barris em um beco estreito, deserto e um pouco escuro que desce do largo da Matriz para os lados das Mercês, acrescentando ela ainda que não só houve diversas pessoas que os chegaram a ver, mas que até mesmo houve um sujeito tão ousado que se arriscou a atacar um deles. O que foi, com efeito, uma ação verdadeiramente de Hércules, porque, se alguém chega a ser mordido pelo lobisomem, imediatamente torna-se também lobisomem, entretanto que este é insensível e invulnerável às armas de fogo e não pode ser ferido ou vencido senão a ferro frio. Eu não sei bem se todos os lobisomens são homens, mas o que eu sei (e até já vi um que a Margarida me mostrou) é que há homens ainda vivos que já são lobisomens; sendo bem certo que, assim como se uma mulher tem sete filhas seguidas, a mais velha torna-se bruxa, assim também, se em vez de filhas, são sete filhos que ela os tem seguidos, o mais velho torna-se infalivelmente lobisomem. E já que vi, como disse, um lobisomem, vivo ou em carne e osso, quero dar ao leitor os seus principais genes; porque é de supor que, embora sem saber, mais de um também já tenha visto, e com esses sinais que lhe vou dar, há de encontrar daqui em diante um número muito maior. O lobisomem, desses pelo menos que andam entre nós e que, portanto, podem ser vistos de dia, é um homem mais ou menos macilento, de um caráter mais ou menos macambúzio, e que em certos dias do mês ou do ano, se encerram em casa e como que desaparecem. Esse encerramento que é mais ou menos periódico, dá-se justamente no tempo em que eles têm de correr o seu fadário, o que, de ordinário, tem lugar, como já disse, desde a meia-noite até o primeiro cantar do galo. Como, porém, o fadário de um lobisomem é o efeito de uma grande desgraça ou um castigo terrivelmente mortificante, no dia ou nos dias que se seguem à noite em que ele tem de correr, o pobre desgraçado não tem remédio senão se conservar encerrado e muitas vezes de cama, para poder descansar, reparar as forças e disfarçar os vestígios de uma tão grande atormentação. Em suma, o que de tudo isso se colige é que infinito deve ser o número dos lobisomens que andam a vagar por este mundo; pois que, mesmo sem falar em todos esses cuja multidão deve ser enorme, mas que nos são mais ou menos invisíveis, pode-se, sem o menor medo de errar, estabelecer como um princípio verdadeiramente inconcusso, que, se todos aqueles que sofrem de uma enfermidade chamada enxaqueca, não são outros tantos lobisomens, eles, pelo menos, com os lobisomens se parecem como um bicho a outro bicho ou como duas gotas d'água.

Se quisesse a esse respeito contar tudo quanto sei, seria, como se diz, um nunca acabar. Este artigo, porém, já vai se tornando longo demais, e eu vou terminá-lo contando uma lenda sobre a Campanha que a Margarida me contou: como é que os negros ou antes como é que a Margarida, que era uma negra, explicava a variedade de cor na espécie humana.

A lenda é a seguinte: junto do ribeirão de Santo Antônio, que atravessa a Campanha e divide a povoação em duas partes muito desiguais, existe, ou existia naquele tempo, em um lugar que não posso bem determinar mas que julgo ficava para os lados em que o ribeirão sai da cidade, uma pedra que as enxurradas vão cada vez mais cobrindo de terra e areia. Nos tempos primitivos da Campanha, dizia a Margarida, essa pedra ali não existia, mas, um dia, uma mulher, tendo tido um filho e querendo ocultar a sua vergonha, levou a criança para ali; atirou-a ao ribeirão, e imediatamente sobre a criança se ergueu uma alta e vasta pedra. O fato, como era de prever, surpreendeu e maravilhou a todos, mas ninguém achava para o caso uma explicação satisfatória, até que, aparecendo na Campanha um missionário, este, revelando ao povo o fato que até então se havia conservado inteiramente oculto, declarou que, se aquela pedra não existia, e, se agora ia cada vez mais se abaixando, é porque debaixo dela havia uma enorme serpente que a pedra cada vez mais esmagava ou calcava para o inferno. Assim havia de ir continuando sempre, até que, sete anos depois que a Campanha fosse cidade, a pedra desapareceria, e com ela se sumiria ou se subverteria a Campanha e sete léguas em roda, sendo tudo substituído por um imenso abismo ou por um mar talvez de enxofre, como esse que hoje ocupa o lugar em que outrora se sentou a criminosa Sodoma. Essa profecia causou em mim por muito tempo uma muito grande apreensão; mas, felizmente, se nunca cheguei a perder o grande pesar que me causava o desaparecimento daquela terra em que havia nascido e a que eu tanto queria, pelo lado do perigo cheguei a tranquilizar-me completamente; porque afinal lembrei-me de que, estando marcado o tempo do desastre, e, além disso, muito bem determinada a área a que esse desastre se deveria estender, não era nada difícil a mim, ou a todo aquele que o quisesse, de evitar o perigo, pondo-se com a devida antecedência bastante ao largo, ou até mesmo em algum lugar, donde, como Nero contemplando o incêndio de Roma, poderia contemplar esse incêndio ou esse espetáculo infinitamente mais grandioso e horrífico.

A profecia, contudo, parece que não se realizou, porque a Campanha foi elevada a cidade pela lei provincial nº 163 de 9 de março de 1839, e, se a pedra sumiu-se, do que não tenho notícia, com toda a certeza eu sei e afirmo que a Campanha ainda não se subverteu, mas, pelo contrário, lá se acha de pé e continua como dantes a viver a sua vida ordinária. Entretanto, é ainda possível que a profecia se realize, porque isso de profecias sempre são profecias: os seus termos nunca devem ser tomados muito ao pé da letra; e assim, pode muito bem ser que, em vez de sete anos, o frade quisesse falar de sete semanas de anos ou de sete séculos ou de sete semanas de séculos.

Quanto ao modo como a Margarida explicava a variedade de cor na espécie humana, eis aqui mais ou menos o que ela dizia: Quando Deus criou o mundo, criou o homem negro; mas, depois que o homem já se tinha reproduzido e que a espécie já se tinha tornado numerosa, ou porque Deus se tivesse arrependido do que havia feito (isso aqui agora é que eu não me lembro bem), ou porque os negros achassem que a cor branca era muito mais bonita do que a preta, o que é certo é que, entre Deus e os homens houve um pacto (a expressão é da Margarida), e Deus, lhes mostrando um rio que havia não sei onde, lhes disse que todos os que o atravessassem ficariam logo brancos, mas, ao mesmo tempo, os preveniu de que a água era muito fria e a passagem perigosíssima. Todos imediatamente correram para o rio e, apalpando a água com as palmas das mãos, verificaram que Deus não tinha mentido, e que ela era mais fria do que o próprio gelo. O desânimo foi geral. Mas alguns, que eram mais afoitos ou menos friorentos, atiraram-se à água; e todos imediatamente afundaram, até que, depois de mil esforços, e de uma luta horrível, alguns apareceram salvos na outra margem e todos eles mais claros do que um alemão ou do que o mais claro dos escandinavos. A vista daqueles homens assim tão claros fez inveja aos que não tinham querido passar, e tal foi a violência do desejo que todos, ao mesmo tempo, e sem hesitar, correram para o rio com o firme propósito de o atravessarem; mas, apenas tocaram a água com a sola dos pés e lhe chegaram a sentir o grande frio, de novo desanimaram, e renunciaram para sempre à pretensão de serem brancos. E tal é a razão, porque, tendo inteiramente preto todo o seu corpo, os negros, entretanto, têm as solas dos pés e as palmas das mãos mais ou menos brancas; pois que, de todo o seu corpo, foram, com efeito, as únicas partes que chegaram a tocar a tal água milagrosa, mas cujo frio eles não se animaram a arrostar. E eu creio que a Margarida não deixava de ter a esse respeito alguma razão: porque, naturalmente adormentado ou rotineiro, o negro é ainda o mais friorento de todos os animais, pois que, sempre a tremer e a bater o queixo, nunca acha sol ou fogo que o farte; e, quando ao sol ou ao fogo ele se aquece, ou dorme ou cochila.

CAPÍTULO XI

INTEIRAMENTE APAGADO em tudo quanto diz respeito à minha própria vida, o ano de 1840, debaixo desse ponto de vista, pode-se dizer que não me deixou senão uma única recordação; e eis aqui qual é. Na fazenda do Bom Jardim, que foi dos meus avós, havia uma lavra, que se dizia ser de uma riqueza muito grande. Ela, porém, não tinha água permanente, ou a que tinha era por tal forma reduzida que, sendo unicamente no tempo das chuvas que tomava um certo vulto, ainda assim era tão pouca que mal chegava para que ali pudessem trabalhar umas três ou quatro pessoas. Ora, como meu pai tinha desde o ano anterior um caixeiro de toda a sua confiança que lhe tomava conta do negócio, e que era o meu primo Joaquim Bento Ferreira Lopes, mais por divertimento ou por gosto pela mineração do que talvez por esperança de grande lucro, resolveu-se aproveitar o tempo das águas daquele ano, para ir ali com dois ou três escravos fazer uma tentativa, ou antes, um pequeno e rápido serviço de mineração; tanto mais quanto não precisava de lá ficar a pé quedo e que muito próxima estava a fazenda em que moravam os meus tios e onde, por consequência, podia encontrar tudo aquilo de que porventura precisasse. Já não me lembro do tempo que durou essa sua distração ou esse seu empreendimento. Sei, porém, que foi negócio de alguns meses apenas, se a tanto chegou, e que nas vésperas da apuração ali fui ficar alguns dias com meu pai.

Esta lavra tinha um nome e me parece que esse nome era Ouro Fino. Entretanto, aquilo que sei com toda a certeza e que posso, por consequência, afirmar, é que ela ficava junto à margem do rio Verde e que já havia sido em outros tempos explorada, pois que imenso era o barranco que ali se via cortado quase a pique. Este barranco era atravessado horizontalmente por uma bonita faixa de diversas cores, que devia ter dois ou mais palmos de largura, e que era de tudo aquilo o que mais me encantava os olhos; de sorte que, ouvindo muitas vezes falar-se com entusiasmo da rica cinta que a lavra possuía, sempre entendi que era aquela faixa o que constituía a tal cinta e que era ali que estava o ouro.

A cinta, porém, de que todos falavam e que era, se não me engano, uma camada de cascalho e areia, ficava muito mais abaixo ou mesmo bem rente com o chão; e era nisto justamente que estava o grande embaraço ou o grande contratempo, porque ela se entranhava e descia por baixo daquele barranco que já era tão grande; e não se podia desmontar tanta terra para acompanhá-la sem a água que ali faltava, e que, entretanto, por um contraste verdadeiramente desesperador, se via ali tão próxima e em tão grande abundância a rolar ruidosa e encachoeirada pelo leito do rio Verde.

Como, porém, o mal era absolutamente sem remédio, o que cumpria era se conformar com as circunstâncias; e era isso o que meu pai fazia. Aproveitava da tal cinta o que era possível aproveitar com tal aguinha que se despenhava do alto de um rego preparado para esse fim, e nesse rego se punha toda a terra que se tirava da cinta e que era ali mexida com a água; de sorte que, levando a água o que se chamava piçarra e piçarão ou tudo quanto era terra propriamente dita, e deixando por cima o pedregulho ou cascalho, este depois se carregava para se pôr fora em montes, em umas gamelas fundas e ao mesmo tempo um pouco afuniladas, que se chamavam carumbés.

Quanto mais se remexia o rego, tanto mais o que nele se conservava ia se limpando ou simplificando, ou tanto mais ia ficando no fundo somente a areia e com ela o ouro, que por mais pesado tendia sempre a descer. E aqui devo dizer que eu não podia achar um divertimento que tanto me agradasse, como esse que então ali tive; porque longe de me aborrecer um só momento, pelo contrário, sempre descalço e de pernas arregaçadas, não saía de dentro do rego, onde, umas vezes me entretinha em catar os seixos e tudo o mais que ali encontrava de interessante para mim, outras, me punha também a remexer o próprio riacho como faziam os escravos com uma enxadinha leve e de cabo muito curto que para esse fim me haviam dado.

Logo que se aproximou o tempo da apuração e que o ouro já começava a aparecer, meu pai mandou fazer ali um pequeno rancho de capim e, dentro dele, dois jiraus, cada um dos quais era formado por quatro paus de forquilha que se fincavam no chão; de sorte que postas quatro travessas sobre as forquilhas e sendo depois essas travessas estivadas com paus roliços e afinal também com ramos e capim, sobre estes catres assim improvisados se arranjavam as nossas camas. E, com efeito, ali dormimos duas ou três noites; tendo, porém, meu pai, antes de se terminar o serviço, a cautela de mandar tirar a água e de escrever no riacho diversas letras ou nele fazer diversos sinais, para que ninguém se lembrasse de lá ir bulir e furtar a terra que já então se achava mais ou menos limpa, e por consequência mais ou menos cheia de ouro. Finalmente chegou o dia da apuração e creio que não foram poucas as pessoas que a ela foram assistir. Ora, essa apuração consistiu no seguinte:

Independente do rego em que a terra tinha sido lavrada, mas muito próximo deste, fez-se um segundo, muito mais curto e ao mesmo tempo muito mais nivelado; para este se foi carregando a terra do outro, e, se depois de mais algum processo não sei, mas sei perfeitamente que ali, de novo remexida, aquela terra em breve começou a vir cada vez mais amarelecendo, até que por fim, na cabeceira da canoa (pois que tal era o nome desse segundo rego), quase que não se via senão o ouro, que ali brilhava no meio do esmeril. Chegado a esse ponto, começou-se então a apuração, ou a lavagem daquela areia aurífera, no que eles chamavam bateias, e que eram quase o mesmo que os carumbés, porém mais amplas, mais lisas, mais rosas e perfeitamente afuniladas. Como, porém, apesar do peso do ouro, aquele que era mais fino não deixava mais ou menos de correr com as areias que eram impelidas pelas águas, para obviar a esse inconveniente, e não se perder o ouro que fugiria para o rio ou para fora da canoa, na saída desta estenderam-se algumas baetas mais ou menos grossas, onde, na passagem, ia o ouro ficando, e donde depois se tirava, lavando-as. E que esse prejuízo podia ser muito grande, prova-o um fato de que ainda me lembro, e foi que, possuindo meu tio Domingos Ferreira Lopes uma grande lavra, ao pé da Campanha, que se chamava o Barro Alto, um ano em que ele teve de fazer ali uma grande apuração, comprou para esse fim todos os cobertores de papa que havia nos negócios da Campanha; o que não deixou de admirar a todos, porque naquele tempo cada um desses cobertores custava dez mil-réis, e dez mil-réis naquele tempo podiam bem equivaler a nada menos de vinte ou trinta hoje.

Eu já não me lembro qual foi a quantidade de ouro que meu pai tirou naquela ocasião, mas aquilo de que estou perfeitamente certo é que, além do ouro mais grosso e mais limpo que mandou em pó para a Corte, e que tenho uma ideia muito vaga de terem sido cento e tantas oitavas, ele ainda com o mais fino e o mais sujo fez por meio do azougue uma espécie de bola, que deveria regular mais ou menos com o tamanho de uma bala das espingardas daquele tempo, que se chamavam reúnas. Se, porém, como disse, o ano de 1810 foi inteiramente apagado no que se refere à minha própria vida, ele, entretanto, tornou-se notável por dois acontecimentos de grande importância política — a maioridade do imperador e as eleições que em seguida tiveram então lugar; e de ambos esses fatos conservo ainda uma bem clara recordação. Assim não só me recordo do grande interesse com que ouvia ler as discussões, que a propósito da maioridade ocorreram nas Câmaras, mas até mesmo me parece que eu próprio já não deixava, embora ainda um pouco gaguejadamente, de as ler ou repisar, quando achava o jornal desocupado. Todas essas discussões me pareciam, com efeito, extremamente interessantes, e de tudo quanto se passou nada havia que mais ou menos vivamente não me impressionasse; mas aquilo que de tudo quanto li ou ouvi contar mais me interessava ou mais me impressionou foi a parte que, nesses dias tão agitados, coube a um deputado por Mato Grosso, chamado Navarro, que depois ficou louco e morreu no hospício, segundo ouvi dizer. Naquele tempo ele se tornou muito célebre, porque, sendo um maiorista muito exaltado, estava constantemente a perturbar as discussões; até que um dia, tendo tido uma forte alteração com Honório Hermeto, e depois disso, estando atrás dele, ou para ele se dirigindo, mete de repente a mão no seio ou no bolso da sobrecasaca para tirar um lenço ou um outro objeto qualquer; todos acreditam que é um punhal que ele tinha tirado ou que ia tirar e daqui resultou um grande barulho, que felizmente não passou de barulho ou de uma simples trovoada seca.

    Assim como havia acontecido em toda a parte, a notícia da maioridade foi também recebida pelos liberais da Campanha com um entusiasmo extraordinário, e estes a festejaram do melhor modo que puderam. Eu, porém, não tenho nem bem assentada nem bem viva a lembrança dessas festas que então se fizeram; e apenas do que muito bem me recordo é que nelas muito se cantou um hino que se tinha feito para aquela ocasião, cuja primeira letra era assim:

Deus salve a Pedro
Nosso imperador,
E do Brasil
O faça amante;

e de que o estribilho era este:

Seja imortal
Pedro II;
Suas virtudes
Brilhem no mundo.

A Campanha era então, e nunca deixou de ser mais ou menos, um dos mais inexpugnáveis baluartes do partido conservador no sul de Minas; entretanto que, em Pouso Alegre, pode-se dizer que naquele tempo não havia um só conservador. Ora, sendo a natureza do homem em tudo imperfeita e, por tal forma, que ainda mesmo no fundo da sua maior benevolência talvez não fosse difícil de achar-se um grãozinho de maldade. Não só parece que nunca para o homem uma felicidade qualquer é inteiramente completa se não chega a causar alguma inveja aos outros, mas ainda parece que a celebração de um triunfo ou a grande alegria que para o homem resulta de uma grande vitória nunca deixa de ser mais ou menos aguada, se o vencido a não puder ver ou se dela não resultar para o vencido o espinho do abatimento e da mortificação.

José Bento, portanto, passando pela Campanha na sua volta da Corte, combinou com meu avô, que, em vez de celebrarem os liberais de Pouso Alegre naquela mesma vila a proclamação da maioridade, eles a viriam em um tempo que marcaram celebrá-la na Campanha. E, com efeito, algum tempo depois, parecia que a boa sociedade de Pouso Alegre se transplantava toda para a Campanha; pois que tudo quanto ali gozava de uma tal ou qual posição social, sem que de modo algum se embaraçassem com uma incômoda viagem de catorze léguas e de mais a mais de maus caminhos, puseram-se em caravana para aquela cidade, e como que de surpresa e com a mais completa admiração da parte dos conservadores, ali se foram apresentar com o maior brilhantismo. Nem eu preciso para prova disso que acabo de dizer mais do que acrescentar que um dos pontos do programa da festa era um solene Te-Deum cantado na matriz; e que, por essa ocasião, aquela vasta igreja ficou tão cheia de homens fardados que esse Te-Deum mais parecia uma solenidade militar do que mesmo um simples ato religioso. E o que mais ainda admira é que entre estes bem poucos eram talvez aqueles que não tivessem banda e espada, o que quer dizer que eram quase todos oficiais. Isso pode parecer talvez a muitos que não passa de uma grande exageração; e entretanto não é, nem com tal parecerá, desde que se saiba que, além de ali se acharem quase todos os oficiais do comando superior da Campanha, que se compunha de duas legiões com cinco batalhões de infantaria e dois esquadrões de cavalaria, ali também se achavam quase todos os oficiais do comando superior de Pouso Alegre e que este se compunha de três legiões com seis ou mais batalhões de infantaria.

Entretanto, o que muito mais ainda nos deve admirar é que havia entre aqueles oficiais alguns que eram padres, pois que um, pelo menos, o cônego João Dias de Quadros Aranha, me parece ter certeza de que era nessa ocasião tenente-coronel. Ora, esse fato de serem os padres oficiais da Guarda Nacional se nos afigura hoje tão esquisito ou tão de costa-acima que, junto ao fato ainda mais notório da parte tão importante que muitos deles pouco depois tomavam na revolução de 42, é capaz de fazer crer a muita gente que o clero daquele tempo era uma verdadeira imagem do clero da média idade ou que os padres da época não passavam de uns verdadeiros mata-mouros ignorantes e viciosos. Pois eu, que os cheguei a conhecer um pouco, posso dar testemunho do contrário; e posso, por consequência, afirmar que, se alguns havia que eram viciosos, como hoje os há, e sempre houve e há de haver em todos os tempos, a maioria era de homens mais ou menos virtuosos, havendo mesmo alguns cuja virtude muito se aproximava da santidade. Entretanto que, pelo lado da ignorância, se alguma havia, esta contudo nada tinha de profunda e muito menos ainda de tão geral como se poderia talvez supor; podendo-se, antes e com inteira justiça, talvez afirmar que não só os padres daquele tempo sabiam, em sua maioria pelo menos, muito bem o seu ofício e que em todo caso praticavam muito melhor do que os de hoje, porém que ainda entre eles alguns havia de uma ilustração incontestavelmente muito grande, ou pelo menos muito mais sólida e muito mais profunda do que a que hoje tem a maioria do clero. Assim, o primeiro vigário que eu conheci na Campanha, e que se chamava José de Sousa Lima, era um homem tão extremamente acanhado, que nunca o ouvi pregar nem falar em público; e, não obstante, sempre ouvi dizer que era um homem tão ilustrado que até sabia o grego. Eu, porém, morei em Queluz em uma casa da qual uma das maiores salas tinha as paredes do alto a baixo todas cobertas de prateleiras, e todas elas estavam inteiramente tapadas de livros, dos quais muitos eu nunca tinha visto e de alguns nem sequer eu havia jamais ouvido falar. Nem eram só os Calmets e uma imensidade de outros grandes in-fólios sobre a teologia e a moral cristã os únicos livros que enchiam aquelas vastas prateleiras; mas, entre eles, muitos outros ainda ali se encontravam de um grande valor profano, dos quais me bastará citar a Ilíada e a Odisseia, traduzidas em francês, e o que mais ainda admira, a *Jerusalém libertada*, na sua língua original. Pois bem, esta livraria, que é de supor já tivesse sido mais ou menos depauperada, e que, não obstante, ainda se mostrava assim tão rica, tinha sido a livraria de um padre, que já havia falecido muito há tempo mas que ainda alcançou os primeiros tempos da nossa independência. Esse padre, que se chamava Francisco Pereira de Santa Apolônia, foi ainda membro do segundo governo provisório desta província, e, como vice-presidente, por vezes governou até 1829.

Assim pois, se entre os padres daquele tempo e os de hoje diferenças existem, as principais e que na minha opinião são todas em favor daqueles, são as seguintes: 1ª como eram homens mais simples ou não conheciam ainda esta arte tão filha da civilização e que a todos ensina a envernizar ou ocultar seus vícios, os padres daquele tempo eram também menos hipócritas; 2ª como neles a fé não estava só nos lábios, mas se achava perfeitamente arraigada no fundo dos seus corações, a sua caridade, por isso mesmo, era muito mais espontânea, tornava-se para eles muito mais imperiosa e por consequência muito mais ardente; e 3ª finalmente, e é aqui que se acha o ponto capital da diferença, ao passo que então a fé do padre era muito mais firme, e, por consequência, muito mais sincera, ele era ao mesmo tempo muito mais amigo da liberdade e sobretudo mais patriota. Hoje, os padres e principalmente os bispos são os primeiros talvez a não acreditarem lá muito naquilo que ensinam, não só vão cada vez mais combatendo a liberdade debaixo de todas as suas formas, mas ainda vão trocando cada vez mais a própria pátria por uma de pura fantasia ou de simples convenção. Para os padres daquele tempo, assim como para toda a nação, o que estava sempre em primeira plana era a pátria e só depois é que aparecia o papa; entretanto que para os padres de hoje a pátria vai se afastando tanto para trás e o papa avançando tanto para adiante que, em breve, aquela desaparecerá inteiramente dos seus olhos, e eles não verão a pátria senão onde residir o papa, ou nada mais serão do que simples soldados do papa.

E o pior é que esta digressão sobre os padres me afastou tanto dos festejos da maioridade e alongou este artigo por uma tal forma que nele já não posso agora, como pretendia, me ocupar das eleições que à maioridade se seguiram. Pois trataremos dessas eleições no artigo seguinte; e não nos queixemos da digressão.

Pela minha parte, pelo menos, dela não me acuso nem me arrependo; e isso por uma razão muito simples e que vem a ser a seguinte — que, se não sou de modo algum infenso aos padres atuais, eu, contudo, sinto para com os antigos essa espécie de simpatia, ou antes, de veneração de que nunca pude jamais me eximir diante de um patriotismo verdadeiramente grande. E a esses padres antigos, assim como aos magistrados e a alguns poucos homens ilustrados que então existiam no Brasil, é que nós verdadeiramente devemos essa pátria boa ou má que hoje possuímos; e que espero em Deus, há de ainda se tornar tão grande, que há de vir a ser para os nossos filhos, não simplesmente um objeto de amor, mas ainda do maior orgulho.

CAPÍTULO XII

Um dos fatos mais característicos da nossa história é o seguinte: 1º, durante todo o primeiro reinado, não só nunca Pedro I conseguiu alcançar na Câmara dos Deputados uma maioria sua, mas que, vindo a Minas, e aí se empenhando com todas as suas forças pela reeleição de um dos seus ministros, nem isso sequer ele o pôde conseguir; 2º, durante a menoridade ou todo o período regencial, quem exclusivamente governou o país foi a Câmara dos Deputados, e, por tal forma, todos os governos desse tempo nada mais foram do que simples executores da sua vontade; e 3º, finalmente, durante todo o segundo reinado, ao passo que não houve um só governo que presidisse a uma eleição que não a ganhasse, por outro lado, a Câmara dos Deputados foi constantemente perdendo o seu prestígio e, por tal forma, ultimamente o seu poder, em vez de real e efetivo, como deveria ser, foi, pelo contrário, se tornando cada vez mais um simples poder de ficção.

A razão de tudo isso não há ninguém que o ignore, e é que, se Pedro I era muito tolo, ou antes, muito orgulhoso para empregar a corrupção ou mesmo a força, quando ele tinha consciência de que não precisava do povo nem dos seus votos para governar; e que, se a regência era muito fraca, ou antes e com muito mais acerto, era muito patriótica, para que se lembrasse de empregar qualquer desses dois meios, o segundo reinado, pelo contrário, não só empregou a corrupção ou mesmo a força, quando ele tinha consciência de que maquiavélicas, mas, quando percebia que não lhe bastavam os meios de corrupção ou todos esses outros de que está sempre cheio o arsenal de qualquer governo, nunca hesitou em empregar a violência e até mesmo a força armada. Daqui resultou esse fato igualmente característico — que por mais que se tenha reformado a nossa legislação eleitoral e por melhores que tenham sido as leis que a esse respeito temos com efeito tido, o mal que elas procuravam curar, em vez de desaparecer, se agravava sempre; entretanto que esse mal nunca existiu, quando a legislação absolutamente não prestava.

E, com efeito, não só era péssima a legislação eleitoral que tivemos nos primeiros tempos da nossa vida política, mas quase que se pode até dizer que sobre essa matéria nós não tínhamos legislação alguma; as instruções que a esse respeito regulavam eram por tal forma imperfeitas que nada, ou quase nada, providenciavam de um modo verdadeiramente eficaz. O que faziam apenas era deixarem quase tudo inteiramente entregue à decisão do juiz de paz e da assembleia paroquial, e facilmente se compreende que dificuldades, ou antes, que verdadeira balbúrdia não deveria resultar de um tal sistema. Assim, pois, se, debaixo do ponto de vista da liberdade do voto, as eleições de hoje em nada se parecem com as eleição daquele tempo; em relação à regularidade, as eleições daquele tempo em nada absolutamente se pareciam com essas que hoje nós temos, e nas quais algumas dezenas de cidadãos, com muita dificuldade qualificados, e todos de gravata e meias vão à casa da Câmara ou a um edifício público qualquer previamente designado; aí encontram o primeiro juiz de paz com os seus colegas e suplentes e muitas vezes também com os fiscais de todos os candidatos, e, depois de terem sido chamados, de terem dado o seu voto mostrando o seu diploma, e de terem assinado em um livro o seu próprio nome para que se saiba que foram eles mesmos e não outros que ali compareceram, em seguida, e sem mesmo sequer se interessarem pelo resultado da apuração, tratam logo de se retirarem e de irem cuidar dos seus negócios.

Naquele tempo uma eleição era justamente o contrário de tudo isso: muita gente, muita animação, muito pouca ordem; e a eleição era boa porque ali não se via senão um único representante da autoridade, que era o juiz de paz e este era um eleito do povo. De sorte que, se havia violência, e muitas vezes havia, quem vencia era sempre a maioria, isto é, quem tinha mais gente e por consequência, mais força. Por isso também um deputado sabia que era na realidade o representante da nação: em vez de curvar-se ao ministro, era o ministro que a ele se curvava; ou antes e com muito mais exatidão, nem um deles se curvava, mas, pelo contrário, se conservavam ambos sempre erguidos. E isso por um motivo muito simples, e era que, então, em vez de vir de cima, a pressão, pelo contrário, vinha de baixo; e como quem anda sempre erguido vê largo e ao longe, ministros e deputados, em vez de só cuidarem de si ou dos seus parentes e aderentes, quase que não tinham olhos senão para os interesses e para a liberdade do seu país. Ora, dessas eleições de que acabo de falar, as de 1840 foram incontestavelmente as últimas; porque, desde então, a pressão começou a vir exclusivamente de cima; e como esta esmaga e achata, desde então o espírito público começou a ser esmagado e achatado, e ao mesmo tempo as eleições foram se tornando cada vez menos livres, menos desinteressadas, e, por consequência também, muito menos nobres. Felizmente essas de 1840 eu ainda as alcancei; e, embora ainda muito criança, quase nada delas perdi; vou contar aqui o que foram ou vou delas referir tudo aquilo que vi ou me contaram.

No ano de 1840 a freguesia da Campanha era ainda muito grande, porque, além do seu atual território, ainda compreendia todo aquele em que hoje se estendem as novas freguesias das Águas Virtuosas, Lambari, Mutuca e Cambuquira. A grande força dos conservadores estava principalmente no distrito da cidade, onde a sua maioria era realmente imensa; mas, para contrabalançá-la, os liberais contavam com a maioria do Lambari e muito mais ainda com a quase unanimidade da Mutuca.

As eleições, portanto, foram extremamente disputadas; e durante um ou dois meses não houve esforço nem astúcia que não se empregasse para aliciar votante. Como, porém, as eleições naquele tempo tinham alguma coisa que muito parecia a uma verdadeira guerra, e como na guerra não basta arranjar soldados, mas é preciso também reuni-los e aquartelá-los, feito aquele primeiro serviço de aliciar votantes, tornava-se ainda necessário ver os modos de acomodá-los, e foi disso que se tratou com a devida antecedência, escolhendo-se os almoxarifes ou quartéis-mestres; prevenindo-se de casas apropriadas para esse fim; encomendando-se e conduzindo-se todos os mantimentos, inclusive os bois que deviam ser mortos; e providenciando-se, enfim, sobre a louça, sobre as camas, e sobre tudo o mais que as circunstâncias exigiam. Quando, pois, tudo isso já se achava pronto, chegou enfim a véspera da eleição; e foi esse um dia cheio e alentado ou quase tão repleto de emoções como o próprio dia da grande batalha, porque era na véspera que chegavam quase todas as tropas, e era o número destas que devia decidir da vitória.

Com efeito, nesse dia começaram a chegar de todos os lados os contingentes que cada um dos contendores esperava; e é desnecessário dizer a ansiedade, as esperanças e os receios que ia tudo isso produzindo. Até que o último dos contingentes que afinal chegou foi o da Mutuca, o qual vinha capitaneado pelo meu parente tenente-coronel Cirino Hortêncio Goulart Brum, homem este que, embora tivesse um excelente coração e nunca em sua vida tivesse praticado ato algum criminoso, era, entretanto, tão mal-encarado, falava tão grosso e tinha tanto os modos de um feroz sertanejo, que os conservadores o julgavam capaz de tudo, e tornava-se para eles uma espécie de duende. De todos os contingentes foi este incontestavelmente o mais numeroso, e, ao mesmo tempo, de todos o mais pitoresco; porque, sendo o contingente do distrito o mais distante e mais atrasado da freguesia, nele nada faltava que não pudesse fornecer um abundantíssimo assunto para um homem observador ou para o lápis de um hábil caricaturista. Quanto a mim, porém, o que principalmente me impressionou foi o número dos cavaleiros, mas, sobretudo, um pequeno e bonito poldrozinho que vinha também metido no meio daquela grande maloca, e que, embora algumas vezes saísse da forma, não deixava, entretanto, de ser o constante cerra-fila de uma feminina e pançuda cavalgadura em que se apresentava um daqueles cidadãos votantes. Eu não sei, nem mesmo nunca procurei saber, qual era o número daqueles cavaleiros; o que, porém, sei, por ter ouvido contar, e mesmo por ter, apesar de muito criança, desde logo percebido, é que, à vista daquela entrada, os conservadores ficaram completamente consternados e os liberais, não cabiam em si de contentes.

 A entrada dessa gente da Mutuca foi pelas Almas e rua Direita. Pode-se, entretanto, dizer que não houve rua alguma da cidade que não gozasse de um espetáculo semelhante; porque, vindo os votantes de todos os pontos, por todos os pontos também eles entravam. Fosse, porém, qual fosse o ponto donde vinham ou a rua por onde entravam, cada um dos diversos contingentes, à proporção que vinha chegando, ia imediatamente para o seu respectivo quartel.

 E desde que ali entravam, ficavam todos como se tivessem entrado para um verdadeiro quartel militar, ou antes, para uma verdadeira praça de guerra; pois, já ninguém, a não ser os chefes ou oficiais, podia em regra dali sair sem licença ou convenientemente acompanhado, para que não fosse sujeito a alguma tentação de desertar. Entretanto que, de dia e de noite, nunca deixava de haver sentinelas mais ou menos vigilantes, para que não entrassem inimigos ou espiões na praça, que pudessem avariar as munições ou subornar os soldados. Se, porém, a disciplina era assim tão rigorosa, por outro lado, todos os votantes, como verdadeiros soldados que eram, não só tinham direito à etapa que se lhes fornecia com toda a largueza, mas ainda, se não eram cadetes ou soldados particulares, que por sua nobreza e haveres dispensavam qualquer auxílio estranho, tinham igualmente direito a todo o fardamento ou pelo menos a uma certa porção dele; porque havendo então de fato o sufrágio universal, e nem todos podendo se apresentar em forma de um modo suficientemente decente, tornava-se necessário que da caixa saísse o preço de uma roupa mais ou menos apresentável, e muito mais ainda de um bom par de sapatos, que, para a gente da roça, ainda hoje não se tornou um objeto de primeira necessidade.

Chegado que foi o dia da eleição, e logo depois do almoço, quando, além de uma alimentação simples mas suculenta, não deixava de correr, e de correr com uma certa abundância, a aguardente e muitas vezes mesmo o vinho, cada um dos quartéis começou a despejar o povo que até então tinha encerrado, e todos, em forma e bem vigiados, dirigiram-se para a igreja. Como, porém, nem mesmo na igreja os partidos se confundiam, e cada um já sabia o lado da igreja que lhe pertencia, os conservadores foram ocupar o lado direito e os liberais se puseram do lado esquerdo. E só foi então que, estando todas as forças ali reunidas, puderam os adversários se mirar e medir; ou só foi então que se pôde, com um pouco mais de exatidão, calcular e saber qual o número real de votantes de que cada um dos partidos podia dispor. O número total, porém, era muito grande; os dois grupos formavam duas grandes massas compactas e ao mesmo tempo movediças, e elas pareciam quase iguais. Como, pois, se poderia saber quem seria o vencedor?

Os conservadores, portanto, que nunca tinham contado com a derrota, e que, de alguma sorte, estavam como que atordoados por aquela repentina e tão cruel decepção, começavam a perder o ânimo e a ir ficando cabisbaixos; entretanto que os liberais, que tinham feito bem as suas contas e que sabiam que a maioria era sua, exultavam de alegria e se ostentavam cada vez mais ufanos.

Estes, porém, não contavam com o hóspede; e o hóspede neste caso foi Bernardo Jacinto da Veiga, que, tendo sido demitido da presidência dessa província, tinha, não havia muito, chegado à Campanha. Dotado de uma memória prodigiosa, ou antes, da mais desenvolvida bossa do cálculo, Bernardo Jacinto da Veiga tinha uma tal facilidade para contas que, segundo mais de uma vez eu ouvi dizer, ele lançava os olhos para uma extensa coluna de algarismos, e só com os olhos a somava com mais rapidez e exatidão do que qualquer outra pessoa com tinta e pena. Bernardo Jacinto, portanto, apreciando bem o estado em que as coisas se achavam, e vendo que a perda da eleição na Campanha seria para o partido conservador, não simplesmente uma vergonha depois de tantas vitórias, mas ainda de um péssimo efeito moral para o resto da província; enquanto se tratava de formar a mesa e que se discutia uma questão de ordem que, de propósito ou por acaso, se havia levantado, ele sobe disfarçadamente a um dos púlpitos, consegue contar os votantes de um e do outro lado, verifica que os liberais dispunham da maioria, embora não muito grande, desce imediatamente e dirige-se a meu tio Domingos Ferreira Lopes, que era o juiz de paz que presidia a eleição. Diz-lhe ao ouvido rapidamente algumas palavras, e, sem mais demora, aquele meu tio, declarando à assembleia paroquial que a questão de que se tratava, sendo extremamente intrincada, ele ia a respeito consultar o presidente da província; e que, portanto, adiava a eleição para uma dia que ele marcou ou até que tivesse a solução que ia pedir. Mal proferiu essas palavras, suspendeu a assembleia eleitoral e retirou-se.

Naquele tempo ninguém sabia o que eram tricas eleitorais: ia-se para a igreja, não se olhava para fórmulas, o que se queria era votar. Feita a votação, estava acabada a história, quem venceu, venceu; quem não venceu, vencesse.

Os liberais, portanto, ficaram, como vulgarmente se diz, com cara de joão-tolo, porque, apanhados assim de supetão e ficando por assim dizer como que atordoados, eles não sabiam o que deviam fazer em uma tal emergência. Como viram que brigar naquela ocasião não lhes faria ganhar a eleição, que de direito estava adiada, e poderia talvez lhes diminuir as forças para as que iam seguir-se, embora rosnando e praguejando, retiraram-se da igreja tão humilhados e descontentes, quanto alegres e ufanos para lá tinham partido.

Ora, Bernardo Jacinto da Veiga, que foi assim quem introduziu na Campanha o reinado das tricas em eleições, não era mineiro, mas, tendo ido cedo para a Campanha, ali deixou filhos; e pode ser tido, por consequência, como um mineiro naturalizado.

Irmão de Evaristo Ferreira da Veiga, como quase todos os Veigas, era um homem muito inteligente; e, como todos eles, tinha uma tendência muito pronunciada para a imprensa. Assim, foi ele o fundador da primeira gazeta que teve a Campanha — *A Opinião Campanhense* —, que foi ao mesmo tempo uma das primeiras que teve a província. Nunca a li, mas parece-me que era bem escrita e que exerceu alguma influência. Eleito com meu avô deputado à assembleia provincial na primeira legislatura, ambos foram para Ouro Preto, e ali se ligaram com Bernardo de Vasconcelos, de quem se tornaram amigos; e este, que sabia conhecer os homens, parece que então teve ocasião de conhecer e de apreciar a grande capacidade política e administrativa de que era Bernardo Jacinto naturalmente dotado, pois que nunca tinha tido estudos regulares, e não passando na Campanha de um simples agente do correio e de negociante de fazendas em ponto não muito grande. Vasconcelos, não obstante, o nomeou presidente de Minas em 1838; e nessa presidência Bernardo Jacinto se conservou até que, em 1840, caindo o partido conservador, foi então demitido. Quando em 1842 receou-se o aparecimento da rebelião em Minas, o homem de quem o governo se lembrou para conjurar a tempestade foi ainda Bernardo Jacinto da Veiga, que aceitou o encargo e o desempenhou com muita coragem e muita energia. Por isso também, ele, até a sua morte, foi muito odiado pelos liberais, que nunca lhe davam outro nome senão o de Pato, porque, tendo a sua família uma conformação de pés que faz com que, abaixo dos tornozelos, aqueles pareçam mais cheios do que convém e como que fugindo para fora. Por esse, ou por outro qualquer motivo, o andar de Bernardo Jacinto muito se assemelhava ao de um pato.

CAPÍTULO XIII

Inteiramente ao invés do ano de 1840, em que, segundo já disse, a minha vida própria como que se apaga, eu me recordo, e muito perfeitamente, de quase tudo que se passou comigo durante o ano de 1841, porque nesse ano meu pai comprou, em Sant'Anna do Sapucaí, uma fazenda denominada Coroado. Nós para ela nos mudamos; e essas mudanças de vida sempre deixam em nosso espírito traços mais ou menos profundos.

Como, porém, aquela povoação era naquele tempo um lugar muito atrasado, e, de mais a mais, sem animação e sem vida, e como a fazenda para onde nos mudamos, além de privada de todos os cômodos, era muito mal avizinhada, pode-se dizer que a minha vida ali se reduziu a isto — ver todos os dias os mesmos objetos e fazer todos os dias as mesmas coisas. Por isso também a única recordação um pouco mais viva que eu conservo daquele lugar foi o de ter visto ali, pela primeira vez, uma festa do Espírito Santo, em que um homem, revestido de todas as insígnias da realeza e de coroa na cabeça, saiu da sua casa e com toda a gravidade, como se fosse um verdadeiro imperador, caminhou para a igreja, indo dentro de quatro varas e sendo acompanhado pelos seus caudatários e pelo povo; depois, à noite, houve um fogo de artifício ou um castelo, como então se costumava dizer, e que foi o primeiro e quase que o único a que tenho assistido.

Se, porém, a fazenda era isso que acabei de dizer, ela tinha, entretanto, uma bondade e, ao mesmo tempo, uma bonitez: a bondade era a grande uberdade de suas terras; e a bonitez era um altíssimo monte que lhe dava o nome, por ser todo coberto de mato e ter no cimo um pequeno campo que lhe servia como que de coroa e donde se avistava tão longe que, segundo ouvi dizer, dali se descobria a povoação ou a serra de São Thomé das Letras, que fica a uma distância talvez de quinze ou vinte léguas.

Não era, entretanto, esse morro e sua coroa o que mais me preocupava; porém, sim, o desejo de descobrir nas suas fraldas o lugar em que se dizia que havia caído, não sei em que tempo, um grande aerólito luminoso, ou, como dizia o povo — uma mãe d'ouro; porque, na opinião do povo, tais aerólitos são compostos de ouro e quem os encontra não acha simplesmente uma rica mina, mas, antes, um verdadeiro tesouro, visto que o único trabalho que então se tem muito pouco mais é do que ajuntar, limpar e carregar o ouro que ali se encontra. E eis aqui tudo quanto posso dizer ao leitor sobre a minha vida naquela fazenda, pois que eu não hei de pôr-me aqui a lhe contar que tocava os bois no engenho trepado na sua grande almanjarra; que me entretinha muitas vezes em apanhar sanguessugas que em abundância havia em um córrego ao pé da casa; que muito gostava de umas gabirobas de árvores que existiam até quase que dentro do terreiro; de outras que tais coisas *ejusdem furfuris*.

Se, porém, por esse lado, nada posso dizer que lhe inspire qualquer interesse, em compensação posso e vou, segundo o meu costume, tocar um pouco na tecla da política, e acredito que dessa vez a política nos há de dar uma bonita festa, e a mais bonita de quantas assisti na Campanha.

Eu já falei do entusiasmo que aos liberais daquele lugar havia causado a proclamação da maioridade do imperador, e bem assim das grandes festas que por essa ocasião ali se fizeram. Se, porém, grande foi o seu entusiasmo e o seu prazer, tudo isso muito pouco durou; porque, não se prestando o ministério da maioridade a demitir um general que lhe parecia bom, para substituí-lo por outro que lhe parecia e que de fato se mostrou inepto, o menino imperador, ou para condescender com os seus achegos, ou talvez para desde logo mostrar que era só ele quem governava, demitiu o ministério. E então o que aconteceu foi que, assim como os liberais haviam festejado e com um tão grande entusiasmo a elevação daquele que lhe havia dado o poder, assim também os conservadores, que se achavam agora no poder, não quiseram mais ficar atrás; e por seu turno procuravam festejar a coroação daquele que, dizendo apenas "eu não quero" os havia de novo e tão depressa a si chamado.

E eis aqui está como é que essas grandes tempestades lá do alto vieram-me tirar da insulsa monotonia do Coroado e, ao mesmo tempo, me vieram oferecer ocasião para assistir a essas festas conservadoras que tiveram então lugar na Campanha, e que foram realmente não só as mais bonitas que ali vi, mas que ainda foram as últimas verdadeiramente arrojadas que ali se fizeram.

E, com efeito, nada lhes faltou para que fossem inteiramente completas; pois que, não só tudo quanto nelas se fez foi feito com muito brilho e com muita grandeza, mas ainda porque, sendo, como todos sabem, a concorrência do povo o que principalmente faz as festas, enorme foi a que então houve, não se limitando esta unicamente às pessoas da cidade e nem mesmo aos habitantes apenas do município, mas vindo para elas gente de toda a parte e até de lugares um pouco distantes. Estas festas que, se não me engano, foram principalmente ou exclusivamente feitas por iniciativa e à custa de meu tio, o major Domingos Ferreira Lopes, que era então o presidente da Câmara municipal e chefe ao mesmo tempo do partido conservador da Campanha, duraram três dias, sem falar, entretanto, na lufa-lufa dos preparativos e na chegada de tanta gente, o que só por si já constituía uma grande festa e não talvez das piores.

Na véspera do dia em que as festas deviam ter o seu começo, houve o que então se costumava chamar os encamisados, que me parece ter sido uma coisa antigamente muito usada, mas que foram os únicos que eu vi e de que nunca mais nem sequer ouvi falar. Era, pois, este um dos antigos costumes de que deveria aqui me ocupar com um pouco mais de extensão, mas é isso justamente o que não posso fazer, porque eles saíram à noite e já um pouco tarde, e não os pude convenientemente observar.

Entretanto, vou dar uma ideia mais ou menos do que eram tais encamisados; e direi que era um grande bando de cavaleiros todos vestidos de branco desde a cabeça até os pés, e que, envolvidos em uns amplos mantos ou em alguma coisa que me parecia grandes lençóis, percorreram as ruas da cidade parando aqui e acolá para anunciarem o programa de todas as festas que iam ter lugar no dia seguinte e bem assim nos outros subsequentes.

E como eles faziam tudo isso com uma certa solenidade mais ou menos lúgubre ou com um certo ar de mistério que muito mais parecia intimidar do que alegrar, tudo isso combinado com aquele seu vestuário tão alvo e tão esquisito e com as trevas e o silêncio da noite, dava, na minha imaginação pelo menos, a cada um deles e ao bando todo um não sei quê de tão fantástico e ao mesmo tempo de tão desagradável, que a ideia que eles principalmente me despertaram era a de uns terríveis espantalhos ou de umas verdadeiras sombrações.

No dia seguinte tiveram, com efeito, começo as festas, conforme haviam sido anunciadas; e estas, que por assim dizer se acumulavam umas sobre as outras, consistiam, sem falar na fogueteria e na música que eram de todas as horas e de todos os lugares, no seguinte: de manhã, nos tiros e fogos com que todos os dias não se deixava de saudar o alvorecer; depois do almoço, nas solenidades religiosas que eram compatíveis com o caso; depois do jantar, em curro e cavalhada; e, à noite, finalmente, em alguma representação teatral. Deixando, entretanto, de parte as primeiras dessas festas por serem ainda muito comuns, vou unicamente ocupar-me da última e sobretudo das duas penúltimas; não só por serem das que vão cada vez mais desaparecendo, mas também por serem delas todas as que mais me impressionaram.

A palavra curro ou curros era antigamente muito popular e servia para indicar uma corrida de touros.

Procurando-a em alguns dicionários, em nenhum deles a encontrei; mas talvez signifique o círculo em que se corre. Seja como for, o curro e as cavalhadas tiveram lugar no vasto largo das Almas, onde se fez um imenso circo todo cercado de uma arquibancada em que todos podiam indistintamente se sentar, havendo, porém, por cima desta um ou dois andares de camarotes, dos quais cada família tomava um para si e o mandava enfeitar à sua custa e ao seu gosto. Este circo tinha diversas entradas e junto de uma delas estava um pequeno curral onde se conservavam os touros que deviam ser corridos e que foram todos com grande cuidado e muita antecedência procurados e escolhidos como os que tinham fama de mais investidores ou bravos; e ainda me lembro de que eram todos ou quase todos de raça nila, que então se estava introduzindo na província e que passava por ser tão forte para o serviço quanto era ao mesmo tempo indômita e feroz. À tarde, quando o circo e todos os seus arredores estavam repletos de povo, que parecia um verdadeiro formigueiro, de repente um daqueles touros se soltou; o silêncio se fez por toda a parte durante alguns instantes, e todos se puseram a esperar o resultado. Então, o toureador ou os toureadores, que pareciam ser homens destemidos, aguardaram o touro, tendo na mão esquerda uma pequena bandeira e na direita, uma garrocha.

Não tendo o touro se movido, aqueles para este se dirigiram acenando com a tal bandeirinha; enquanto assim procediam, não só uma grande porção de capinhas também com bandeiras e garrochas os procuravam imitar, mas sempre de longe, porém ainda um número muito maior de mascarados ou de palhaços não deixavam de ir dizendo as suas graças, de ir fazendo as manices e de ir assim entretendo o povo, sem que, entretanto, nunca se arredassem da cerca que separava o circo, a qual, ao menor movimento do touro, eles imediatamente saltavam para se porem a salvo. A ansiedade a princípio foi imensa. Mas pouco a pouco foi se vendo que o perigo não podia ser grande com o touro que estava em cena, porque, espantado e como que atordoado diante de todo aquele espetáculo e de todo aquele movimento tão estranho para ele, o touro, em vez de investir ou mesmo de simplesmente correr, retraía-se ou se mostrava quase que inteiramente apatetado. Soltou-se então um segundo touro, depois um terceiro, e depois muitos outros; mas o resultado continuou a ser sempre o mesmo, e a decepção não podia ser maior. Foi nessa circunstância e quando o desencantamento geral já tinha chegado ao seu auge, que um dos toureadores, que era também domador ou peão, lembrou-se de que, uma vez que os touros se mostravam assim tão tímidos e tão dóceis e que ele não podia mostrar as suas habilidades de toureador, nada impedia que ele mostrasse ao menos as que possuía como domador; e, sem mais demora, mandando vir o seu lombilho, em vez de tourear os bois, neles montou. Dessa sorte, a tragédia converteu-se em entremez, mas ao menos fez rir.

 Apesar de todas as providências que de um dia para o outro se tomaram, mandando-se vir muitos e novos touros a fim de que não se repetisse aquele fiasco tão completo que se havia dado, o segundo dia foi mais ou menos a fiel cópia ou repetição do primeiro. Então um fazendeiro lembrou que tinha um boi de carro, que não deixava de trabalhar, mas com o qual era preciso lidar com um certo jeito; e disse que, uma vez que os touros não investiam, ele mandaria vir o boi, para ver se ao menos não fugia. E, com efeito, o boi veio, e tais diabruras fez, que não só não havia capinha nem palhaço que se arredasse da cerca do circo, mas até mesmo os próprios toureadores não sabiam se haviam de atacar ou defender-se. E o certo é que um deles longe de espantar ou mesmo de ferir o boi, foi por ele, pelo contrário, por tal forma maltratado, que poucos meses depois tinha morrido.

As cavalhadas, embora não produzam as emoções que produz uma corrida de touros, não deixam, entretanto, de ser um espetáculo divertido; e o que mais é, não só há muita gente que muito as aprecia, mas ainda desses que delas gostam, alguns há que sentem por elas um entusiasmo, não direi simplesmente descomunal, mas quase tão ridículo ou talvez até muito mais ridículo do que o entusiasmo dos caçadores.

A cavalhada é um simulacro das cruzadas ou mais propriamente das guerras que se deram entre os mouros e cristãos na Península Ibérica ou no tempo de Carlos Magno. São dois bandos com seus chefes e bandeiras, e dos quais um representa os mouros e o outro, os cristãos. Assim como, porém, no curro, além dos toureadores havia os capinhas e os mascarados que divertiam o povo, assim também na cavalhada, além desses dois bandos, ainda havia aqueles mesmos mascarados que andavam a pé e divertiam o povo, e um número muito maior de mascarados a cavalo, que ali se apresentavam unicamente para ostentarem a beleza dos seus cavalos e a riqueza ou bom gosto das suas vestimentas.

Eu não acompanharei todas as evoluções que aqueles dois bandos faziam; até mesmo porque já não tenho de tudo isso uma lembrança lá muito perfeita. Eu, pois, apenas direi que os cristãos estavam fardados como oficiais da guarda nacional; os mouros ostentavam vestimentas de cores vivas e brilhantes; todos se achavam montados nos melhores e mais bem ensinados cavalos que havia em uma redondeza de muitas dezenas de léguas; entre os dois bandos havia continências, embaixadas e diversos combates, e, afinal, como era bem de prever, os mouros são derrotados, e, depois de aprisionados e de chorarem ou blasfemarem, acabam por se converterem.

Feita a paz e a conversão, os dois bandos misturavam-se; e começava, por assim dizer, um novo gênero de espetáculo, o qual, para os entusiastas, parece ser o mais apreciado, porque, na primeira parte, à exceção da embaixada, em que o cavalo do embaixador pode mostrar as suas habilidades, quase todas as evoluções são feitas por todos ou então por magotes; entretanto, nesta segunda parte, todos aparecem um por um ou dois a dois.

Tal é o jogo das cabeças, que assim se chama porque, em toda a circunferência do circo e de distância em distância, há espetadas em postes algumas cabeças de papelão; a grande habilidade do cavaleiro está em correr a toda desfilada em torno do circo, e com as pistolas, e depois com a lança e não sei se também com a espada, acertar em uma ou mais daquelas cabeças. Eu não sei se, além desse, houve ainda algum outro jogo; mas, de todos, o mais importante e que termina a festa, é o jogo da argolinha. E esse jogo é o seguinte: no meio do circo levantam-se dois postes aos quais se prende uma corda ou um arame um pouco frouxo; deste arame pende na ponta de um fio ou de uma fita uma pequena argola, mas, presa por tal feitio que sendo tocada ou antes enfiada por uma lança, imediatamente se desprende e fica na ponta da lança.

Feito isso, todos os cavaleiros se colocam em fila defronte e bem longe da argolinha; e cada um por sua vez, saindo da fila, firma-se na sela, enrista a lança e, fazendo o cavalo disparar, passa por entre os dois postes onde está a argolinha e tenta tirá-la.

Parece que a empresa não é entretanto das mais fáceis, porque, se alguns apenas chegam a tocá-la, muito menos são ainda aqueles que desfrutam o prazer de conseguir tirá-la.

Se, porém, algum a tira, a música toca, as palmas e os bravos ressoam por todo o imenso círculo, e o feliz vencedor, na festa de que tratamos, ia levá-la ao camarote onde se achava reunida a Câmara municipal, cujo presidente, tomando a argolinha que voltava para o seu lugar primitivo, em lugar dela, colocava uma pequena fita que o vencedor ia oferecer a uma senhora ou a uma pessoa de importância ou da sua predileção, a qual retribuía a fineza atando à lança, em lugar da pequena fita que recebia, uma ou mais peças de ricas e largas fitas ou outros quaisquer objetos de valor que o cavaleiro guardava ou depois atava ao braço. E tudo ia assim se repetindo até que todos tivessem corrido. Entretanto, se este era o ato final da cavalhada, era ele também aquele em que melhor se podia apreciar o garbo, a gentileza e todos os demais predicados tanto do cavalo como do cavaleiro; pois que, além do grande galope para tirar a argolinha, e das diversas marchas e contramarchas que a esse galope se seguiam, era ainda na entrega da argolinha e na da pequena fita que, principalmente, se oferecia a ocasião para que o cavalo mostrasse a mais apreciada e ao mesmo tempo a mais ridícula das suas habilidades — a de jogar ou dançar ou em que o cavalo, sem quase sair do lugar, caminha curvando as cadeiras e sem nunca ter as duas mãos no chão; mas apenas uma desce, já a outra se levanta, e quanto mais alto a levanta o cavalo, tanto melhor é ele. E o que é certo é que, para os entusiastas dessa espécie, é este, com efeito, o momento das verdadeiras palpitações ou das maiores e mais trêmulas emoções: e se os que apenas veem o cavalo, as sentem por essa forma, faça-se ideia dos altos e das tremuras que não deverão passar pelo pobre coração daquele que vai em cima.

À noite, finalmente, tinha lugar, conforme já declarei, a representação teatral; e como essa representação era mais ou menos como são todas as representações dessa ordem feitas por amadores de província, eu não me meterei a descrevê-la; até mesmo porque nem sequer me recordo qual foi a peça ou as peças que então se representaram, a não ser que, em uma dessas peças, havia um personagem chamado Florindo e que o seu assunto muito se parecia com o do filho pródigo de que fala o Evangelho.

Eu, pois, apenas direi que, não havendo então na Campanha um teatro permanente como o que hoje ali existe, teve-se, como ainda muito depois acontecia, de fazer um provisório no largo de São Francisco e que foi feito mais ou menos como o circo; isto é, como plateia para todos e duas ou três ordens de camarotes para as famílias, que os cobriam e os ornavam à sua custa e à sua vontade. Nesse teatro não deixou de aparecer um personagem que naqueles tempos parecia ser absolutamente indispensável, isto é, uma espécie de bobo, que, sempre que o pano estava fechado, vinha para a boca do teatro, e, fazendo comentários sobre a peça ou dizendo graças mais ou menos insulsas, se esforçava por entreter os espectadores, e que, em parte pelo menos, não deixava de conseguir o seu fim.

CAPÍTULO XIV

Que a revolução de 1842 foi um dos fatos mais calamitosos que tem recaído sobre a nossa província não é isso coisa que se possa pôr em dúvida, pois que basta dizer que foi uma guerra.

Das calamidades, porém, dessa guerra, a maior não foi nem os processos por que os rebeldes tiveram de passar, nem os sustos e as inquietações das famílias, nem mesmo o sangue que se derramou e que na realidade não foi muito, mas foi uma espécie de desmoronamento, ou antes, um decaimento triste e sem remédio que desde logo começou e que desde então continuou de um modo mais ou menos pronto ou mais ou menos visível a operar-se nas fortunas de quase todos. De sorte que, sem a menor exageração, se pode dizer que de quantos entraram na revolução, poucos, pouquíssimos mesmo talvez foram aqueles que, tendo uma fortuna sólida, não ficassem com ela mais ou menos abalada, ou que a tendo já mais ou menos abalada, não a vissem inteiramente arruinada. E disso pode ser dado como uma das melhores provas ou como a sua mais completa confirmação um fato que observei, e que, me parece ter sido muito geral; isto é, o de uma grande deslocação de população que teve lugar na província logo em seguida à revolução, ou uma espécie de doloroso êxodo de famílias e famílias, que sentindo-se sem os meios precisos para subsistirem nos lugares em que tinham nascido ou se haviam desde muito estabelecido, viam-se obrigadas a sujeitarem-se agora a todos os azares da sorte e a irem procurar ou tentar fortuna em outros lugares.

Entretanto, uma das questões mais difíceis de resolver, é a de saber até que ponto essa revolução de 1842 foi, com efeito, calamitosa para Minas; porque um fato há muito preexistente e que não pode sofrer contestação é que, desde que o ouro começou a escassear, ou antes, a se mostrar muito mais difícil de tirar, a partir daí a prosperidade da província não só estacou, mas ainda começou a ir-se convertendo em uma decadência mais ou menos pronunciada. E assim se tornou não só muito difícil, como disse, mas até quase que impossível, o discriminar qual a verdadeira parte que nos males da província continuou a caber àquela causa geral e já algum tanto antiga, e a que de fato coube a essa nova causa que àquela primeira veio agora se ajuntar. Como quer que seja, o fato que aparece e que é de todo incontestável vem a ser este — que, desde o ano de 1842, a província como que tem um verdadeiro desmaio; e que, durante 15 ou talvez 20 anos, a não ser pelo lado da instrução e do aumento da população, que foi sempre progredindo, ela quase que não deu um único passo para adiante, e a mais de um respeito talvez que se pudesse dizer que até retrogradou. Eu, pois, vou me ocupar aqui dessa notável revolução; e, como muitas são as minhas recordações que a ela se ligam, é provável que, por mais que me esforce por abreviar, tenha de ir nela encontrar assunto para mais talvez de um capítulo. Sendo a lei de 3 de dezembro a causa principal daquela revolução, não seria talvez fora de propósito que eu começasse por dela aqui tratar. Eu, porém, nem entrarei no exame dos méritos e deméritos de uma semelhante lei, nem tampouco procurarei discutir se os males que dela resultaram ou que dela poderiam resultar eram tais e tão irremediáveis que reclamassem aquele tão perigoso e quase sempre tão fatal recurso às armas. E não o farei porque me parece que não é bem tempo para isso, e que não pode ser um bom juiz daquela lei o filho de um homem que pegou em armas contra ela. Assim, também, não procurarei indagar quem foi o primeiro autor da ideia da revolução, nem tampouco nada afirmarei sobre o modo como foi resolvida esta tão grave e tão melindrosa questão; porque não sei com certeza o que é que se passou nos conselhos da oposição depois que a Câmara dos Deputados foi previamente dissolvida; e me faltam, por consequência, a esse respeito os suficientes dados. Entretanto, o que sempre ouvi dizer, e o que nunca deixou de passar como certo, foi que os homens mais prudentes do partido se pronunciaram pela moderação; e que a todos ou quase todos o recurso às armas pareceu não só perigoso, mas até mesmo funesto; sobretudo, quando a dissolução a todos tinha tomado de surpresa; nada estava preparado para uma revolução assim tão desesperada; e nem mesmo sequer se tinha uma bem firme certeza se o povo quereria ou não levantar-se. Os paulistas, porém, disseram e asseveraram, que eles sós tudo fariam; que apenas eles tomassem as armas, o ministério seria demitido e as nossas liberdades salvas. Para que eles sós pudessem alcançar um tão grande e tão desejado resultado, nada mais era preciso ou eles nada mais pediam senão que as outras províncias se agitassem mais ou menos ou, se pudessem, se levantassem um pouco, para que, por essa forma, sentindo o governo grandes receios por toda a parte, se visse embaraçado nos seus movimentos e não pudesse, por consequência, dispor de todas as suas forças e dirigi-las para São Paulo. Diante de uma tal confiança e ao mesmo tempo de uma tão grande abnegação, os deputados das outras províncias parece que se sentiram vexados de recusarem uma tão mínima parte de sacrifício a quem sobre si o tomava quase todo; eles cederam, e a presunção dos paulistas nos perdeu.

Ora, tendo-se feito esse acordo, e tendo, a 17 de maio, sido proclamada a revolução em Sorocaba, os chefes mineiros julgaram que tinha chegado a hora de cumprirem a sua promessa. A 10 de junho proclamaram em Barbacena, como presidente interino da província, a José Feliciano Pinto Coelho da Cunha; e sem um plano fixo, sem armas, sem munições e até sem oficiais militares, começaram a ajuntar forças ou a promover o levantamento da província.

Quando, porém, estando a sua obra já algum tanto adiantada, eles esperavam a todo momento a notícia tão desejada e sempre tão esperada dos triunfos de São Paulo e do levantamento das outras províncias. A notícia que lhes chega e que ao mesmo tempo como que os fulmina foi que nenhuma das outras províncias se tinha levantado nem dava disso o menor sinal; que São Paulo havia sido vencido, por assim dizer, sem combate; e que, estabelecida ali a mais completa paz, o barão de Caxias vinha sobre a nossa província com as suas forças vencedoras. E o que fazer em um semelhante caso? Parece que o melhor de todos os expedientes seria não lutar por mais tempo contra uma sorte que assim tão adversa se nos mostrava; depor as armas sem a menor demora, e, apelando para a clemência ou para a generosidade de um inimigo que não era ainda vencedor, entregar-se desde logo à discrição. E parece, com efeito, que mais de um assim pensou. Mas, sendo inimigos por natureza de barulho e de aventuras, e, além de pouco andejos, nunca tendo sido espalha-brasas, os filhos de Minas não só não gostam de sair das suas montanhas, mas, ainda contentes unicamente de viver livres e independentes, tendo por conchego a família e por distração o trabalho, eles nunca mostraram esses assomos de um valor muitas vezes descabido, e muito menos ainda jamais sentiram esse nobre, é certo, mas, ao mesmo tempo, tão perigoso entusiasmo pelas armas. E se, por tudo isso, são eles às vezes suspeitados de não serem destemidos ou de falta de coragem, o que não se diria se eles se dessem por vencidos sem nem ao menos combater?!

Além disso, para quem toma as armas contra as leis não há senão duas únicas saídas — ou há de acabar por ser um herói e um benemérito ou um dos maiores criminosos. Ora, o grande crime já estava cometido; todos os chefes viam-se sujeitos à pena de prisão perpétua com trabalho e, quanto mais não fosse, a de dez anos no mínimo, e quem poderia afiançar que inimigos encarniçados e odientos não se lembrassem de aplicá-las? Vencer era, com efeito, impossível, mas quem sabia se um combate ganho não poderia inspirar talvez receios, despertar mais sérias reflexões, e provocar, por consequência, uma promessa de perdão?

E foi isso o que de fato se venceu; porque sem mais demora o exército se põe em movimento, ataca a vila de Queluz, que estava defendida por infantaria e artilharia, derrota completamente o exército da legalidade e marcha para atacar a capital.

Quando, porém, ali chegam e que tudo se dispunha para o projetado assalto, eis que chega a notícia, e notícia certa, de que a marchas forçadas já Caxias se aproxima. Tinha falhado, pois, o plano, e, embora o desânimo cada vez mais se aumente, os rebeldes, entretanto, julgam ainda que não é tempo de depor as armas; que podem e que devem tentar um novo esforço, mas esforço último. Deixando atrás de si a capital, Caxias e todas as forças do governo, passam-se para a bacia do rio das Velhas e descem este rio com o propósito firme ou na esperança ao menos de irem ali achar senão a vitória, um melhor refúgio e em todo o caso um ponto de apoio em alguma dessas muitas freguesias que margeiam aquele rio ou dão-lhe as águas e que tão aptos e tão constantes sempre se haviam mostrado à causa da revolução. Entre eles, porém, e aquele seu propósito erguia-se um bem terrível embaraço: era Sabará que, armada desde começo em favor da legalidade, se lhes apresentava agora em frente e, ali recostada sobre o rio e a vigiar a estrada, lhes parecia dizer — Por aqui não há quem passe! E Sabará que era então uma das maiores cidades da província, e que se achava naquela ocasião muito bem guarnecida, podia, com efeito, oferecer aos rebeldes uma dessas resistências não simplesmente grandes, mas talvez mesmo insuperáveis; visto que, além das suas próprias forças, que eram numerosas e que em mais de um combate já tinham dado provas de valor, ainda na véspera tinha aquela cidade recebido em seu seio as duas fortes colunas do Serro e do Caeté.

Os rebeldes, porém, que se veem dessa sorte, por assim dizer, entre dois fogos — Sabará que lhes fecha o caminho e Caxias que lhes vem no encalço — não se acobardam nem hesitam, mas atirando-se ao inimigo que lhes fica em frente, investem aquela cidade. Em pouco tempo a tomam; marcham depois para Santa Luzia, que ficava algumas léguas apenas mais adiante; vendo-se tranquilos agora pela sua retaguarda, confiados ali acampam; e, dispostos a terminarem ali mesmo aquela sangrenta luta, com o coração bem cheio, é certo, mas ao mesmo tempo resignados, aguardam a chegada de Caxias, que sobre eles vinha com todas as suas forças e sem quase que perder tempo.

A 20 de agosto Caxias ataca; seus esforços são impotentes durante sete horas para tomar a povoação. Ele é repelido, ele recua; já os rebeldes o flanqueiam pela esquerda, já eles investem sobre as suas próprias peças; e ele estava enfim vencido. Mas, de repente e quando menos se esperava, seu irmão ataca os rebeldes pela retaguarda e em um ponto por onde ninguém o aguardava. Galvão, o melhor general da revolução, adoece; Caxias volta à carga; e os rebeldes, acreditando que ao menos tinham bem claramente salvado a honra da província, dão-se então por vencidos. Tudo isso quanto acabo de dizer é o que de ordinário se costuma chamar a revolução de Minas; mas, na realidade, nada mais é do que apenas a revolução do centro; porque, fato inteiramente inesperado e que se deu em uma província que pode em vastidão igualar a muitos reinos, a revolução de 1842 se apresentou em Minas como um verdadeiro incêndio repentino, que propagando-se rapidamente em torno de si, ao mesmo tempo atirava faíscas por toda a parte e tão ao longe, que, quando o incêndio principal já se extinguia no seu foco, novos incêndios se atiravam nas extremidades. De sorte que, já a revolução quase que mais não existia em Barbacena e São João d'El Rei, quando era então que, isolada e mais ou menos intensa, ela começava por tardio esforço a se manifestar no Paracatu, no Araxá e em outros pontos.

Assim, a revolução do sul de Minas, que foi a única à qual assisti ou aquela de que alguma coisa posso contar *de visu*, pudesse também dizer que nenhumas relações teve com a do centro e muito menos ainda com a dos outros pontos. Como, porém, é ela a única que me diz respeito, embora seja o primeiro a reconhecer que é de todas a que menos interesse oferece, quero e vou dela me ocupar um pouco mais detidamente.

Deixando, entretanto, essa história para o artigo seguinte, quero ainda fazer aqui uma observação geral; e é que, se os males que da revolução resultaram para Minas foram muitos e foram de tal natureza que puseram, por muito tempo, como disse, um terrível cravo na roda da nossa fortuna, esses males, entretanto, nem foram tantos nem foram tão grandes, como poderiam talvez ter sido, se, em vez de José Feliciano, outro tivesse sido o presidente nomeado.

Como, porém, durante o tempo que viveu a revolução, nunca se manifestou entre os chefes a menor desarmonia, a não ser talvez por ocasião do ataque à capital, e como a vitalidade que a revolução ostentou foi por tal forma acentuada que Abreu Lima não hesitou em dizer que, sem as prontas e eficazes medidas do governo, a rebelião teria criado profundas raízes, esta observação que acabei de fazer pode, e com alguma razão talvez, passar para muitas pessoas como uma simples suposição sem base. Para que não se acredite que assim é, quero e vou, ainda que o mais resumidamente que me for possível, dar aqui os motivos desse meu modo de pensar ou a explicação desse meu dito. Eu não conheci pessoalmente a José Feliciano, nem as informações que tenho a seu respeito são suficientes para que eu pudesse dar dele aqui uma biografia completa, nem sequer uma ideia mais ou menos perfeita.

Mas me parece poder afirmar que as causas que concorreram para a sua nomeação foram as seguintes: 1ª — a firmeza das suas convicções partidárias e o respeito que todos os rebeldes lhe consagravam; 2ª — a sua fortuna, que, se não era colossal nem talvez mesmo muito fora do comum, era entretanto mais ou menos avultada em relação às de quase todos os outros chefes rebeldes; e 3ª — sobretudo, ser ele o chefe, e muito prestigioso, de uma família muito importante e muito numerosa no centro e norte de Minas.

E não se pode deixar de reconhecer que, por esse lado, a escolha não podia ser melhor. Mas, se isso é verdade, por outro lado é preciso ainda acrescentar: 1º — que José Feliciano era um homem extremamente moderado; que foi um dos que reprovaram o alvitre de recorrer à resistência armada; que foi por condescendência apenas para com os seus amigos que entrou na revolução; e que, ainda assim, nela não entrou senão com o propósito bem determinado de não lhe dar um grande desenvolvimento ou com a esperança ao menos de que Minas nunca se afastaria da modesta missão que lhe havia sido assinada ou a de um simples espantalho, como os paulistas tinham pedido; 2º — que pertencendo a uma família que pretendia a foros de nobreza e sendo ele mesmo veador da casa imperial, José Feliciano era um desses monarquistas não simplesmente de cabeça, mas ainda do coração ou por hábito e por instinto; e 3º — finalmente, que era um homem a certos respeitos tão cheio de escrúpulos sobre a probidade, que, embora a sua fortuna se tivesse muito estragado com a revolução, ainda depois desta não deixava, segundo ouvi dizer, de pagar qualquer documento que se lhe apresentava de requisições que em seu nome tivessem sido feitas.

Ora, todas essas qualidades são, com efeito, muito apreciáveis, e são justamente aquelas que se deveriam procurar quando se trata de um governo regular; mas tais qualidades são sempre fatais quando se trata de um governo revolucionário, que só revolucionariamente é que pode viver, e que, por isso, não só exige qualidades quase que inteiramente opostas, mas, sobretudo, homens que, esquecendo-se nessas ocasiões de todos os outros princípios, nunca se esqueçam de que a primeira e quase que única lei nas revoluções, ou em todas as grandes crises sociais, é sempre o *salus populii*. Ou então homens como Teófilo Ottoni, por exemplo, que, assim como não hesitou em mandar queimar a ponte do Paraibuna, o que na realidade nada era em vista das vidas que se arriscavam e se tiravam a toda hora, assim também, sem a menor hesitação, não duvidaria de sancionar qualquer outra medida da mesma natureza que pudesse ser realmente necessária para a salvação da causa de cuja bondade ele estava convencido.

Daqui, pois, resultou, que, não sendo José Feliciano um homem revolucionário, mas que nada tanto receando como que em torno dele se levantasse o grito de república, não só não deu à revolução aquela força e energia que lhe poderia ter dado, mas que, apenas viu terminada a revolução de São Paulo, desde logo julgou terminada a de Minas. Embora sempre leal e sempre correto para com todos aqueles que tinham nele posto a sua confiança, ele não teve desde então senão um único e principal empenho — o de tirar a si e aos seus companheiros daquele terrível beco sem saída em que todos se haviam metido; e, caso não fosse ouvido ou não o quisessem acompanhar, ao menos retirar-se só. E, com efeito, assim o fez; pois que, tendo chegado a Santa Luzia e declarado aos outros chefes que daria ainda as ordens para aquele combate, mas que, fosse qual fosse o resultado, desde aquele dia se retiraria do exército, e que, para ele ao menos, ali seria o último dia da revolução. Antes mesmo de terminado o combate, tratou de retirar-se.

E tanto é verdade tudo isso que acabo de expender, e que o combate de Santa Luzia era, por assim dizer, como um último adeus que os rebeldes diziam à liberdade, que eles julgavam moribunda, ou às suas esperanças e ilusões perdidas, que, embora tivessem sido vencidos, mas de nenhum modo destroçados, os principais chefes, entretanto, ali se deixaram ficar quase todos; e ali se entregaram, sabendo perfeitamente que não estavam cercados, mas que, pelo contrário, tinham uma estrada franca e muito bem guardada, por onde poderiam com toda a segurança retirar-se, assim como por ela tantos outros, de fato, retiraram-se.

E, se esse fato de só ficarem prisioneiros quase que unicamente aqueles que o quiseram ser é uma prova sem réplica de que os rebeldes foram, como disse, ali vencidos, porém, não destroçados, e que, se a guerra não continuou, foi porque faltou para ela um chefe ou os seus a não quiseram continuar, prova muito mais convincente é ainda o fato de que, em vez de serem perseguidos, os batalhões dos rebeldes dali se retiraram na mais completa calma e todos ou quase todos formados e com as suas bandeiras alçadas.

E o que de fato se vê dos documentos oficiais é que não só o imortal Galvão no dia seguinte se apresentava ao subdelegado de Matozinhos à frente de setecentos homens armados para ali voluntariamente deporem as armas, porém, ainda, um dos mais valentes batalhões da revolução, o de Santa Bárbara, ia em número de trezentos guardas depor as suas na própria sede do seu município; e que uma coluna muito mais numerosa, composta na sua quase totalidade de guardas nacionais de Barbacena ou de São João e de São José d'El Rei, dirigindo-se pelos lados do Bonfim em busca dos seus municípios, incorporada sempre se conservou, até que parte por si mesma dispersou-se, e parte ainda em número de mais de trezentos depuseram as armas na atual vila de Entre Rios, que fica muitos dias de marcha separada de Santa Luzia.

Nesse quadro severo e, ao mesmo tempo, tão límpido da revolução de Minas, houve contudo uma nódoa; mas felizmente a única.

Na véspera do combate de Santa Luzia, um comandante de corpo, que eu nunca cheguei a saber se era com efeito mineiro, não se pejou de vender-se a troco de uma patente no exército imperial. No dia da batalha conservou-se inerte ou abandonou o posto que devia guardar; e foi esta talvez uma das principais causas da perda daquele combate. A paga, o traidor a recebeu logo; mas felizmente não a gozou, porque, transportado para a briosa província do Rio Grande do Sul, ele ali só encontrou o asco por toda a parte; e o desgraçado sucumbiu em pouco tempo ao desprezo e ao remorso.

Deixemos, porém, de parte todas essas coisas; e tratemos agora de ver e de apreciar o que é que durante todos esses sucessos se passava na Campanha ou no sul de Minas onde então me achava.

CAPÍTULO XV

Nos primeiros meses de 1842 começou-se a pôr em execução na Campanha a lei de 3 de outubro, ou, como então se dizia, a lei das reformas; e o delegado de polícia que para aquela cidade se nomeou foi um português naturalizado que se chamava Antônio Joaquim Gomes. Homem de alguma influência e alguma fortuna, era ele, entretanto, um energúmeno em política e, o que tornava esta sua qualidade muito mais perigosa, era de poucas luzes e de muita energia. Nem outro me parece que fosse o verdadeiro motivo de ter sido ele o nomeado, deixando-se de fora todos os chefes do partido conservador, que dispunham de um prestígio muito maior, e que até então tinham sempre ocupado os empregos principais da governança local.

Entretanto, se grandes tinham sido as apreensões que a todos os liberais havia causado a nomeação do novo delegado, os atos vieram bem depressa confirmar quanto elas eram bem fundadas; pois que uma das primeiras medidas que ele tomou foi a de chamar à polícia os principais membros do partido liberal, a fim de assinarem um termo, cujo nome ou objeto legal eu mesmo não saberia dizer qual era, porque os únicos termos que a lei reconhece são os de segurança e bem viver, e esse a que eu me refiro era de achar boa a lei da reforma ou outra qualquer coisa semelhante.

Ora, dos liberais da Campanha o mais orgulhoso e que parecia ser o mais enérgico era o major Salvador Machado de Oliveira, e, creio que, por isso mesmo, o delegado assentou de começar por ele. Machado foi, pois, chamado à polícia, para assinar esse termo de que acabo de falar. Como era de prever, ele recusou-se: o delegado dá-lhe 24 horas para refletir e, no dia seguinte, quando Machado declarou que tinha bastante refletido e que não assinava o termo, o delegado, com a maior frescura e com um tom que bem revelava que entre o dito e o feito não intermediaria mais do que alguns poucos minutos apenas, lhe disse que ele havia de assinar o termo, ou que naquele mesmo momento desceria para a enxovia. Machado assinou; outros foram chamados, e todos assinaram. Mas também ninguém hoje pode nem sequer fazer uma ligeira ideia do estupor, a princípio, e, logo em seguida, dos frêmitos de indignação e da cólera concentrada que se apoderaram daquelas almas enérgicas, independentes e livres, que educadas com todas as liberdades do código do processo, nunca um só momento haviam acreditado que um cidadão inocente pudesse ser lançado em uma daquelas hórridas prisões dos maiores celerados, e que agora, sem a menor exceção, poderiam ser ali atirados. E não por um juiz que eles mesmos houvessem eleito, nem julgados por seus pares, mas pelo primeiro estrangeiro que o governo se lembrasse de revestir de todo o poder naquela terra que os seus pais haviam criado e que, desde a independência, eles acreditavam dever ser daqueles que a haviam libertado; e unicamente deles.

O resultado, portanto, que o delegado tinha tido em vista e que havia considerado talvez como certo, falhou; ou antes, esse resultado foi inteiramente o contrário do que havia esperado, porque, em vez de intimidar, o seu procedimento apenas exasperou. Como nesse tempo o meu parente Gabriel Francisco Junqueira, depois barão de Alfenas, já tratava de ajuntar forças para a revolução em um lugar chamado Galinhas, e depois na fazenda do Ribeirão, que pertenciam ao município de Baependi, muitos foram os liberais da Campanha que, dali furtivamente se escapando, a elas se foram ajuntar; e desse número foi meu pai.

Ora, se era assim que o delegado procedia quando ainda a revolução não havia rebentado, pode-se julgar o que não seria quando esta apareceu e tomou um incremento tão rápido e tão grande. Então, com efeito, não se tratou mais de termos nem de ameaças, porém, sim, de prisões; e a primeira que se deu foi a de um Francisco de Paula Beltrão, homem de boa sociedade, mas sem nenhuma importância política, e cujo único crime pode-se dizer que era o de cutucar sem jamais ferir, pois era um desses homens levianos ou um desses parlapatões, que, sem ter uma grande dose de espírito, acreditam sempre que o tem muito; e, para o mostrarem, nunca refletem e muito menos ainda se lembram de segurar a língua. Eu fui vê-lo das grades da cadeia; e, apesar de ainda muito criança, não pude deixar de apiedar-me de vê-lo, a ele, um homem limpo e de uma certa posição, ali metido naquela enxovia tão imunda, cercado unicamente de assassinos e ladrões, e ele, sempre tão asseado e tão cheio de melindres, no meio de toda aquela gente cujo só contato parecia dever encher de repugnância e horror ainda mesmo àqueles que não fossem dos mais susceptíveis. Ele, entretanto, em uma das tarimbas da prisão, que ficava mais exposta ao ar e à luz, tinha feito com panos uma espécie de quiosque ou um pequeno camarote, onde de noite dormia e de dia se recostava; e como era um homem alegre, e os outros presos tinham para com ele uma certa consideração e mesmo respeito, eu não o achei tão acabrunhado, como me pareceu deveria estar. Só uma coisa havia de que muito se queixava porque, dizia, por mais que tivesse feito por escapar-se ou depois livrar-se, não tinha conseguido; e isso de que ele assim tanto se queixava, era uma espécie de piolhos, que são próprios de pessoas e de lugares imundos; piolhos estes que são brancos, andam pelo corpo e pela roupa em vez de andarem pela cabeça, e são conhecidos entre o povo com o nome de muquirana. De todas essas prisões, porém, a que mais me impressionou, assim como impressionou a todo o mundo, foi a de um padre já velho e que se chamava o padre Bravo. E o que mais é que até hoje nunca pude saber o pretexto da sua prisão; e digo pretexto, porque embora liberal e homem de alguma fortuna, nunca me constou que aquele padre fosse um político exaltado. Em todo o caso, assim como Beltrão, nunca poderia ser perigoso, visto que, longe de ser um desses homens, que, pelo seu caráter, ou pela sua influência pessoal ou política, se tornam capazes de arrastar ou de concorrer para arrastar o povo a qualquer movimento revoltoso, aquele padre, pelo contrário, sempre me pareceu um desses seres completamente apagados ou cuja existência em Terra quase que não se faz sentir senão unicamente pela sua presença corporal.

E, de fato, nunca me constou que em coisa alguma ele tivesse representado, na Campanha, um papel, já não digo importante, porém, nem mesmo mais ou menos saliente. Entretanto, foi também posto em uma daquelas lôbregas e tão repugnantes enxovias da cadeia; e o que fez dele, aos olhos de todos, uma vítima ainda muito mais digna de lástima é que, tendo para ali entrado quando já começava a sofrer mais ou menos da vista, quando de lá saiu, estava quase inteiramente cego.

Já então o movimento revolucionário estava em toda a sua força; e, como desde que se teve notícia na Campanha da revolução em São Paulo, imediatamente haviam começado a afluir para a sede do município alguns contingentes da Guarda Nacional; e apenas a revolução rebentou também em Minas, esses contingentes foram de dia em dia e cada vez mais aumentando; o que aconteceu foi que, em muito pouco tempo, muito grande já era a força ali reunida; até que, pela chegada do tenente-coronel Bezerra com força de linha e artilharia, aquela cidade veio a converter-se em uma verdadeira praça de guerra.

Eu não me cansarei em descrever o que então se passou durante o tempo em que ali me conservei. Apenas citarei como mais característicos três únicos fatos. Destes, o primeiro é que se receando muito que a qualquer hora a Campanha fosse assaltada pelos rebeldes que se achavam em Baependi, não havia uma só das entradas da cidade que não estivesse sempre muito bem guardada; não só para que não houvesse alguma surpresa por parte dos rebeldes, mas, ainda, para que não se pudesse estabelecer qualquer correspondência entre eles e os liberais que tinham ficado na cidade. De sorte que não podia sair nem entrar uma só carta fechada ou que não fosse aberta e lida pelos comandantes e revistado o portador. Entretanto, meu avô estava sempre em dia com os movimentos mais importantes dos rebeldes; e o meio que para isso se empregava era o mais simples possível. Ele possuía, a légua e tanto da cidade, uma fazenda, que ficava justamente para os lados donde os rebeldes deveriam vir; e para indicar o tempo marcado para a sua chegada, por exemplo, o administrador não precisava mais do que escrever a meu avô um bilhete como este que eu uma vez ouvi ler — que ele (o administrador) tinha querido mandar o feijão no dia tal mas que se tendo dado tais e tais inconvenientes, ainda não sabia ao certo quando o poderia mandar, mas que nunca poderia ser antes de um dia que ele indicou. O bilhete era lido pelo piquete que vigiava a entrada e por ali passava como um simples pedaço de papel inteiramente inofensivo ou como o mais inocente de todos os bilhetes.

Quanto ao segundo dos fatos de que acima falei, vem a ser este — que, se muito numerosas eram com efeito as forças da Campanha, elas, entretanto, continham em si um elemento de fraqueza não só grande, mas extremamente perigoso nos muitos liberais que, não tendo ido para o acampamento rebelde, delas faziam parte como Guarda Nacional.

E disso a melhor prova é a circunstância que se deu em uma ocasião de rebate, de achar-se em um dos quartéis um grande número de armas, e não sei mesmo se todas, completamente inutilizadas, por estarem os fundos dos canos entupidos com sebo.

O terceiro fato, finalmente, foi um grande ataque a que ali assisti, e que, mais do que um objeto de susto, foi antes para mim um verdadeiro objeto de riso, porque, contando-se como certo que os rebeldes já estavam muito perto da cidade, imediatamente começou não só a manifestar-se por toda a parte essa tão grande lufa-lufa que nunca deixa de existir em semelhantes ocasiões, mas ainda desde logo começou a pôr-se na rua não só tudo quanto era soldado, mas ainda tudo quanto era mais ou menos conservador. E pode-se fazer ideia do quanto não me deveria parecer estranho ou ridículo ver marchando para combater, ou antes, como membros componentes de um exército ativo, já não digo paisanos mais ou menos desajeitados, porém, ainda, certos homens que eu mais ou menos conhecia e cuja vida e profissão pareciam destiná-los para tudo quanto se quisesse, menos para a guerra. Como, por exemplo, um médico muito velho que ali havia e que se chamava Midões, o qual nem mesmo andar sabia com bastante firmeza, só saía de casa por algum motivo muito grave, ou muito solene, ou então para visitar os seus doentes; e nunca o fazia senão montado em um cavalo que andava a passo e ainda assim com o pajem bem perto de si. Pois até esse também saiu: e como o cavalo estava um pouco atordoado com aquela tão grande novidade para ele, é muito de supor que, apenas se disparasse o primeiro tiro, fosse aquele valente cavaleiro o primeiro corpo contundido que se tivesse de carregar. De todos esses guerreiros, porém, que iam antes servir de entulho do que mesmo de auxílio ou de força, nenhum me parece mais exótico ou mais digno de riso do que um vizinho do meu avô, chamado Antônio Luiz da Silva; homem já velho, e que nunca eu tinha visto sair de casa ou de trás do balcão. Nesse dia ele também saiu para o combate; e saiu armado, não de espingarda e nem mesmo de algum velho mosquete, porém de uma manguara de peroba, que, se não era das mais grossas, era pelo menos tão comprida que lhe passava um ou dois palmos acima da cabeça. Eu não sei o motivo por que ele se pôs assim em campo; a sua intenção, me pareceu, era a de guardar o mais que pudesse a retaguarda, porque, saindo de casa com um olhar e jeitos extremamente esquerdos, como os de quem ia pela primeira vez entrar em um baile e sem saber dançar, em vez de dirigir-se para a frente, parece que todo o seu esforço era o de disfarçar-se por trás de algum grupo mais espesso. Para sua desgraça, era essa justamente a ocasião em que o tenente-coronel Bezerra vinha descendo a rua com a sua gente formada; e, ao vê-lo assim, como que hesitante sobre qual a posição, ou antes, qual a direção que deveria tomar, com uma voz de Stentor e com toda a bruscaria militar, foi logo gritando para ele — Paisanos à frente! E o pobre homem, com a sua fraqueza e a sua manguara, foi marchando para a frente.

Entretanto, esse rebate e tantos outros que se haviam dado e que ainda depois se deram foram todos inteiramente falsos; e eu vou dizer por quê.

Já disse, ainda há pouco, como, apenas se divulgou na Campanha a notícia da revolução em São Paulo, os conservadores daquele lugar se puseram a reunir gente para combatê-la. Pois agora acrescentarei que os liberais do sul de Minas não foram em nada menos pressurosos; pois que, tendo rebentado a revolução em Barbacena a 10 de junho, já a 20 desse mesmo mês José Feliciano dirigia a Gabriel Francisco Junqueira um ofício em que, agradecendo a este e a outros cidadãos as felicitações que lhe haviam dirigido em seu nome e como representantes de novecentas pessoas reunidas no arraial de São Tomé das Letras para o fim de sustentarem a sua autoridade e de marcharem para qualquer ponto onde necessário fosse o emprego da força armada para fazer respeitá-la, mostrava a sua grande satisfação por ver o seu procedimento aprovado por uma parte tão considerável de mineiros recomendáveis por suas luzes, fortuna, empregos e tantas outras brilhantes qualidades; e terminava declarando que aceitava o oferecimento e que em tempo oportuno a ele recorreria.

Logo que essas forças se acharam reunidas e que se viram em estado de se pôr em campo, sem mais demora se dirigiram para Baependi; cercaram a vila, e, antes do fim de junho, dela se apoderaram em virtude de uma capitulação, em que os legalistas, rendendo-se e entregando as armas, se comprometiam a reconhecer a autoridade do novo presidente interino uma vez que estivesse apoiada na maioria da província. Concordavam na suspensão da lei das reformas e no restabelecimento dos códigos e mais leis por aquela prejudicados; e, finalmente, se estipulava que se entregariam de parte a parte os presos por motivos políticos, e que, se porventura, o armamento do município fosse requisitado para outro ponto, nunca deixaria de pertencer àquele mesmo município. Essa capitulação foi assinada pelos chefes dos dois lados, e que eram os seguintes: Joaquim Inácio de Melo, Joaquim Nogueira de Sá, José Ribeiro da Luz, Manuel Pereira de Barros, Honório Roiz de Faria e Castro (juiz de direito rebelado), Gabriel Francisco Junqueira, Domingos Teodoro de Azevedo e Paiva, Zeferino José dos Santos e Joaquim Fabiano Alves.

Ora, como ao mesmo tempo que isso acontecia, tinha o município de Airuoca igualmente aderido à insurreição, o primeiro e o maior desejo dos rebeldes foi o de marcharem para o sul a fim de tomarem a Campanha. Tudo, porém, nessa revolução caminhou tão rapidamente, que, apenas os rebeldes se apoderaram de Baependi, imediatamente souberam, que, além de se estarem reunindo forças mais ou menos numerosas na freguesia de Pouso Alegre, que foi sempre muito conservadora e que fica nos limites desta província com a do Rio de Janeiro, ainda da Corte ou desta última província marchavam outras forças para se reunirem àquelas e juntas recuperarem Baependi. Eles, pois, se conservaram nessa vila e escreveram a José Feliciano, não só comunicando a posição em que se achavam, mas ainda pedindo-lhe que a esse respeito lhes desse as suas ordens ou conselhos. Antes, porém, que estas ordens chegassem, eles foram atacados por forças da Campanha e, ao mesmo tempo, pelas do Pouso Alegre e do Rio, que já haviam chegado. Houve então entre os rebeldes e as forças que vinham da Campanha um combate na ponte do rio Baependi ou no sítio do Ribeirão; combate este que não teve grande importância, porque ambas as forças ficaram, por assim dizer, intactas, e ambas se consideraram ou diziam terem sido vencedoras.

Se, como disse, as forças rebeldes se achavam intactas, a situação tinha inteiramente mudado; porque, ao passo que Baependi era cercada pelas forcas da Campanha e pelas que vinham do lado do Rio de Janeiro, pelo lado de Barbacena, a legalidade igualmente avançava e a rebelião ia se retirando para o norte.

Nessas circunstâncias, os chefes entenderam que persistir por mais tempo, seria aumentar os sacrifícios já feitos e já tão grandes, sem a menor esperança de bom êxito; e, em consequência, depois de terem abandonado Baependi, acabaram por dispersarem-se.

CAPÍTULO XVI

Quando meu pai foi reunir-se às forças rebeldes que se estavam formando nas Galinhas, meus tios paternos, que eram conservadores, ficaram com isso extremamente incomodados e aborrecidos; e, como o chefe dessas forças era nosso parente, meu tio José dos Reis não hesitou em ir até lá a fim de ver se convencia meu pai a voltar e se o trazia consigo.

Ele, pois, partiu sem mais demora para o acampamento rebelde; mas, para que pudesse ali chegar sem muito grande perigo, quando foi se aproximando do acampamento, ele, que era legalista e de alguma importância, não teve remédio senão ornar-se e apresentar-se ali com as divisas de que os rebeldes se serviam e que eram duas tiras de baeta, uma verde e outra amarela, que se amarravam a um dos braços.

Já um pouco antes da revolução tinha-se introduzido o costume entre os liberais mais exaltados de trazerem no chapéu o tope nacional ou uma rodela de contas verdes com uma estrela de contas amarelas no centro. Os rebeldes, porém, não possuindo os meios de terem esses topes com facilidade e nem talvez mesmo chapéus bastante apropriados para pô-los, foram forçados a escolher algum outro meio que os distinguisse; e adotaram aquele costume das tiras no braço, que era muito mais simples e estava ao alcance de todos.

Por um desses felizes acasos, o piquete que vigiava o acampamento quando meu tio ali chegou era composto de meu pai, que era então major ajudante de ordens da guarda nacional da Campanha, do tenente Joaquim Xavier de Araújo Filho, que pouco depois foi nomeado pelo presidente rebelde comandante superior da mesma guarda, e de um terceiro, cujo nome agora não me ocorre, mas que era também um homem de mais ou menos importância.

Eu faço todas essas especificações para que se veja qual era a qualidade de gente de que se compunha o exército rebelde; o que não obstou que então o governo fizesse publicar que era ele composto unicamente de gente ordinária, que, longe de obedecer a verdadeiras convicções políticas, não tinha na realidade outro qualquer móvel senão a rapina. Meu tio demorou-se ali com meu pai dois ou três dias, mas não conseguiu convencê-lo; e voltou de novo para a Campanha, sem que tivesse podido, como contava, arrastá-lo do meio dos seus companheiros.

A partida de meu pai para as Galinhas foi, como a de todos os outros rebeldes da Campanha, uma espécie de fuga. Ele, pois, partiu tão rapidamente que nada providenciou sobre a família que deixava; e, uma vez que estávamos na Campanha, aí continuamos a ficar. Meu avô, porém, era vigiado como um homem suspeito; as paixões se exacerbavam cada vez mais; a todo o momento se esperava um ataque da Campanha pelos rebeldes; e ele entendeu que a nossa permanência naquela cidade era talvez inconveniente senão perigosa.

Ora, entre as influências do partido conservador figuravam meu tio Estevão Ribeiro de Rezende e esse meu tio José dos Reis Silva Rezende, de que acabei de falar; e meu avô achou que seria muito conveniente que minha mãe se retirasse comigo para a fazenda daqueles meus tios, à cuja sombra ficaríamos na mais completa segurança.

Minha mãe, portanto, tendo ajuntado em uma grande caixa tudo quanto possuíamos de objetos mais preciosos, enterrou a caixa em um quarto térreo que havia em nossa casa, para que esses objetos ao menos pudessem escapar ao sequestro ou confisco que um aviso do governo havia decretado contra os rebeldes. Meu tio José nos veio buscar, e nós partimos. Mas, em vez de irmos para a fazenda do Bom Jardim, onde moravam aqueles meus tios, nós ficamos para aquém meia légua, na fazenda da Estiva, pertencente ao alferes Tomé Inácio Valim, que era casado com minha tia, d. Justiniana de Rezende.

Isso, porém, não impedia que uma ou outra vez eu fosse passear àquela fazenda do Bom Jardim. E como a fazenda ficava quase à margem do rio Verde, que não tinha ponte, e eu sempre muito gostei do mar e dos rios, o meu maior divertimento era sempre aquele mesmo rio.

Assim, se alguém do outro lado gritava pedindo passagem, que, segundo o costume, imediatamente se lhe ia dar, eu nunca deixava de ir assistir a dá-la, unicamente para ter o gosto de ver a canoa ir e voltar, e muito mais ainda, para ver, puxados pelas rédeas e metidos por baixo da canoa, os cavalos atravessarem o rio sempre a nadar e sempre a bufar.

Ou então, como bem junto do rio havia uma árvore bastante copada, onde quase sempre se encontrava em bandos um grande número de pombas-trocais, era ali que eu ia passar quase todas as tardes com meu tio Chagas, que eu muito estimava e que por ser ainda muito moço ali morava com os dois mais velhos.

E para que ali tivéssemos uma excelente caçada, nada mais era preciso do que se arranjar debaixo da árvore uma espécie de tolda ou de esconderijo com ramos, porque, assim ocultos debaixo dela, ele ia atirando nas pombas que ali chegavam; e como pouco se esperava e o tiro era certo, quase que todo o trabalho se reduzia a servir-se da canoa, que ali se tinha à mão, para se tirarem do rio as pombas que nele as mais das vezes caíam.

Eu não estou bem certo sobre o tempo que ficamos na fazenda da Estiva; mas aquilo de que perfeitamente me recordo é que, durante todo o tempo que ali estivemos, eu sempre tive, como obrigação que me foi imposta por minha mãe, a tarefa de rezar todos os dias uma oração muito comprida que vinha nas Horas Marianas com o título, se não me engano, de Oração utilíssima e de prodigiosa eficácia; mas que era geralmente conhecida pelo simples nome de Oração prodigiosa. E devo dizer que não deixei um só dia de cumprir aquela minha obrigação, e que muito longe de me pesar, pelo contrário, não só a cumpria com gosto, mas ainda com muito grande devoção.

Para que, porém, não se me tome por melhor do que realmente sou, e passe talvez pelo mais dócil e obediente dos filhos, julgo do meu dever fazer aqui uma observação; e é que a ordem que minha mãe me havia dado e que muito me havia recomendado era que, no lugar próprio, que nas Horas vinha marcado, para se pedir aquilo que se desejava, eu pedisse para que a guerra se acabasse; entretanto que, em vez disso, o que eu pedia com todas as forças da mais ardente e mais sincera devoção, era que a rebelião saísse triunfante ou que meu pai vencesse.

Esse fato, que mostra qual era então a natureza do meu caráter político, serve, ao mesmo tempo, para explicar uma tal ou qual contradição que se pode descobrir e que eu mesmo não deixo de perceber no meu atual modo de pensar.

Ora, essa contradição vem a ser a seguinte — que, sendo desde muito desabusado, contudo, desde o momento em que sou estimulado por uma paixão realmente forte, desde logo muito bem percebo que o meu antigo natural volta a todo o galope; e, embora com um certo pesar, sou forçado a reconhecer que não só aquelas minhas boas qualidades estão muito longe de serem fatos permanentes ou positivos, mas que, sendo elas, pelo contrário, simples frutos apenas da mais completa apatia, por mais que eu queira ou por mais que eu faça, hei de ser sempre o que sempre fui. Ou, em outros termos, que um homem que, em menino, pensava e obrava por aquela maneira e que, depois de moço, entre os heróis da revolução francesa achava Saint Just como o mais digno do seu apreço até mesmo do seu maior entusiasmo, um tal homem poderá ser tudo quanto quiser, mas, por mais bem intencionado que se esforce, nunca deixará de ser um verdadeiro fanático metido apenas na pele de um cético.

Quando as forças rebeldes se dissolveram no município de Baependi, meu pai, fazendo uma pequena volta em direção ao município de Três Pontas, procurou a fazenda do Tacho, que ficava na freguesia da atual cidade da Varginha e que pertencia ao capitão Antônio José Teixeira, que era um dos chefes conservadores daquele município, casado com minha tia d. Maria Benedita.

Logo que meu pai ali chegou, eu fui com minha mãe encontrá-lo. Mas muito pouco tempo nos demoramos naquela fazenda, porque, tendo se assentado que o que havia de melhor a fazer era que meu pai se entregasse voluntariamente à prisão, nós viemos pouco depois para a fazenda do Bom Jardim.

Como, porém, não convinha que meu pai fosse preso sem que primeiro se dessem uns certos passos que se julgavam necessários, enquanto minha mãe e meus tios iam à Campanha para esse fim, estes mandaram fazer um pequeno rancho em um dos matos da fazenda, e eu fui ali ficar com meu pai durante alguns dias, não indo lá ninguém senão uma pessoa de toda a confiança, que era a que tinha feito o rancho e que ali nos levava a comida.

Pareceria que muito pesada e muito aborrecida me deveria ser uma semelhante vida; e, no entretanto, eu não tive um só momento de enfastiar-me, não só porque a companhia de meu pai me era sempre agradável, mas ainda porque, receando ele que aquela existência tão solitária e tão restrita acabasse por contrariar-me ou entristecer-me, procurava distrair-me por todos os modos ao seu alcance; e, apesar de todas as suas inquietações, durante quase todo o dia outra coisa mais não fazia do que arranjar brinquedos para mim, ou de estar armando laços e mundéus para que eu caçasse passarinhos.

Saímos enfim dali e meu pai foi recolher-se à cadeia da Campanha, onde lhe continuei a fazer companhia durante o dia e algumas vezes também dormia.

Aquela prisão, entretanto, nada tinha de mortificante e nem mesmo de desagradável, porque, tendo a vitória abrandado a fúria dos inimigos, em vez das imundas enxovias para as quais antes tinha descido tanta gente boa, os rebeldes tinham agora por prisão a sala livre e até mesmo a própria sala da câmara.

E, como muitos eram os presos e todos pertencentes às melhores famílias do município, não só a cadeia estava sempre cheia de visitas e distrações nunca faltavam, mas ainda gozavam todos de uma excelente mesa, visto que ia para cada preso a sua bandeja de comida, que cada uma das famílias se esmerava em que fosse boa, e fazendo-se de tudo uma só mesa, comiam todos em comum.

Ultimamente até se consentiu que as próprias mulheres dos presos lá fossem dormir; de sorte que, se não fosse a privação da liberdade e os receios do resultado final dos processos, bem se poderia dizer que, em vez de prisão, era antes aquilo uma verdadeira festa.

E, de fato, aqueles receios não deixavam de ter um tal ou qual fundamento, porque, sendo a pena muito grave, nenhum dos réus que ali se achavam tinha, entretanto, completa segurança ou uma perfeita certeza de que ela não lhe fosse imposta. Um deles, porém, era o tenente Antônio Ribeiro da Silva, tio do atual senador e conselheiro Joaquim Delfino Ribeiro da Luz, e aquele Ribeiro era amigo do tenente-coronel Lourenço Xavier da Veiga, pai do atual senador Evaristo Ferreira da Veiga.

Ora, embora aquele tenente-coronel fosse um dos conservadores mais exaltados e, por isso, mais ou menos odiado por quase todos os liberais, soube-se, com grande surpresa, que ele se interessava por aquele Ribeiro e que estava trabalhando para livrá-lo. E o que é certo é que, ou fosse levado por aquela amizade, ou pela esperança talvez de angariar para o partido conservador aquele rebelde, e com ele parte da família, que era toda muito liberal, ou, enfim, pelos dois motivos ao mesmo tempo, tratou de conseguir que fosse Ribeiro despronunciado e empregou para isso todos os meios.[3]

Ora, em 1842, o juiz de direito da comarca do Rio Verde era o doutor e depois desembargador Tristão Antônio de Alvarenga, e como este era casado na família dos Junqueiras, que havia toda se envolvido na revolução; e como, por outro lado, durante toda a sua vida foi sempre um homem muito moderado e um juiz extremamente benévolo, parece que o protetor do Ribeiro não encontrou grande dificuldade para livrá-lo, e Ribeiro foi, com efeito, despronunciado.

Aberto, pois, esse primeiro exemplo, estando todos os réus nas mesmas condições, e uma vez que o juiz era um homem realmente sério, a lógica era fatal: todos deviam ser despronunciados e todos o foram com efeito.

Entretanto, a essa regra quase que se deu uma exceção, e esta exceção seria constituída por meu pai.

E eis aqui como a coisa aconteceu. Antes de 1844 não me consta que jamais houvesse na Campanha um só advogado formado; e em 1842, além de alguns poucos solicitadores, ali só havia dois ou três rábulas, todos eles mais ou menos ignorantes. Um destes, que foi o advogado de meu pai, chamava-se Caetano Alves de

---

[3] O suposto exaltamento político da pessoa a quem se refere o ilustrado escritor, outra coisa não era senão sinceridade e franqueza de convicções. Sensível ao infortúnio dos próprios adversários, o finado tenente-coronel Lourenço Xavier da Veiga, nesse mesmo movimento revolucionário de 1842, pôde ser útil a diversos dos rebeldes de então, esquecendo generosamente o ódio político que eles com especialidade lhe votavam, quer pela firmeza de sua dedicação à causa da legalidade, quer pela circunstância de ser irmão do presidente da província, conselheiro Bernardo Jacinto da Veiga, contra quem — compreende-se bem — mais se desencadeavam as cóleras revolucionárias.
O único fato que lembra o ilustrado autor das *Recordações*, com referência ao finado tenente-coronel Lourenço Xavier da Veiga, longe de confirmar seu suposto exaltamento, é prova da magnanimidade de sua alma.
Assinalando isto por simples sentimento de justiça e não por mera homenagem de amor filial, apraz-nos crer que em nada contrariamos ao distinto sr. dr. Paula Rezende.
(Os redatores da Província)

Magalhães. Era um homem alto, membrudo, que tinha um ou ambos os olhos saltados para fora; que falava muito e que vivia sempre a dizer — que de fazer mal ainda ninguém havia se arrependido e que de se fazer bem se arrependia sempre — máxima esta que, embora menos absurda do que à primeira vista parece, ele, entretanto, muito pouco punha em prática.

Se, porém, Caetano Alves não era um mau homem, era, em compensação, um péssimo advogado; e, se durante toda a sua vida, que já não era breve, nunca tinha podido compreender o Pereira e Sousa, muito menos poderia em alguns meses compreender a lei da reforma, que só então se principiava a executar. O advogado de meu pai, portanto, deixou que se passasse o prazo que o regulamento marcava para a interposição do recurso do despacho do juiz municipal que o havia pronunciado, e meu pai estava irremediavelmente condenado a ficar na cadeia e a ter de ser julgado pelo júri, quando por um meio, que pouco importa saber, os autos subiram ao juiz de direito, e meu pai foi também despronunciado.

E como tudo isso se fez e tudo isso se alcançou sem que houvesse um só empregado talvez que não fosse conservador, eu quero assinalar aqui um fato que, muito honrando aos então conservadores de Minas, constitui, ao mesmo tempo, um dos mais brilhantes padrões de glória para o caráter mineiro.

Só quem viveu naquele tempo é que pode fazer uma verdadeira ideia dos ódios e da exaltação que dividia os partidos. Nem para mostrar é preciso mais do que o dizer — que um liberal, em regra, não comprava na loja de um conservador, e vice-versa; que cada um dos partidos tinha o seu médico, a sua botica e tudo o mais por esta forma; e que até na própria igreja era muito raro se confundirem.

Pois bem, apenas os rebeldes foram vencidos, o ódio por toda a parte e como que por encanto cedeu imediatamente o lugar à compaixão ou antes à generosidade, e aqueles que ainda na véspera não recuavam diante de medidas às vezes cruéis ou quase atrozes, de repente serenaram.

Não pretendo com isso dizer que os ressentimentos desapareceram, porque estes não poderiam ser tão cedo, já não digo esquecidos, mas nem sequer perdoados; porém, o que quero dizer e o que digo é que, à exceção ou a despeito de algumas dessas almas baixas ou mesquinhamente odientas que nunca deixam de existir em todos os tempos e em todos os lugares, os rebeldes não acharam em parte alguma de Minas aquilo que é tão comum em quase todas as guerras civis, isto é, as denunciações infames ou as perseguições puramente acintosas; porém que por toda a parte muito mais ainda lamentados do que mesmo odiados, nem um talvez houve que não achasse no meio das suas desgraças um ou muitos protetores no próprio seio do partido contrário.

O próprio Teófilo Ottoni, o incendiário, o republicano, o mais odiado de todos eles, e que por ordem do governo teve de ser julgado em um júri em que a sua condenação parecia inteiramente certa, nem esse foi condenado; mas, pelo contrário, como se a província quisesse protestar contra esse espírito de perseguição que se levantava contra ele, Teófilo Ottoni achava no próprio tribunal que o devia condenar um simples teatro apenas para a maior de todas as suas glórias; pois que aqueles que se haviam escolhido para seus algozes, nem seus juízes querem ser — convertem-se em admiradores. E ele, o réprobo, ele, que por toda a parte se mandava apregoar como digno não só de pena, mas ainda da mais tremenda e eterna maldição, quando, infamado sim, mas altivo e nobre, quando é nobre e altiva a liberdade, penetra no tribunal. Este (coisa surpreendente e nunca vista talvez!), como se fosse movido por uma única e irresistível mola, em peso se levanta para receber o réu.

Ora, quando os juízes se levantam diante daqueles que têm de julgar, uma condenação é moralmente impossível.

Teófilo Ottoni foi, com efeito, absolvido, e a sua absolvição foi recebida por toda a província como um motivo de regozijo público.

CAPÍTULO XVII

Nos últimos tempos da prisão de meu pai, eu fui, como mais de uma vez já havia acontecido, atacado de uma forte febre. O meu estado agravou-se e pouco depois tornou-se mais ou menos melindroso; e meu pai, que me queria com um desses afetos que são mais próprios de mãe do que de pai, que entretanto ali tão perto não me podia ver, passou pelos transes da mais aflitiva agonia, até que o carcereiro, que o conhecia e bem sabia que tudo poderia fazer menos de faltar à honra, condoeu-se da sua dor e abriu-lhe as portas da prisão. Ele, pois, uma vez veio ver-me; e, antes que o dia clareasse, voltou de novo para a cadeia. Felizmente a minha doença foi rápida; e poucos dias depois daquela visita, meu pai estava absolvido e se recolhia definitivamente ao seu lar doméstico.

O grande perigo estava, pois, superado. Se, porém, para os grandes sofrimentos por que havia passado o cidadão parecia achar uma espécie de consolação nesse orgulho ou nesse íntimo contentamento que para uma alma nobre sempre resulta do cumprimento, doce é certo, mas às vezes tão custoso, de um dever patriótico, o homem particular ou o pai de família começava a sentir-se inquieto e cada vez mais apreensivo por dificuldades de outra ordem. E, com efeito, nós íamos começar a lutar agora com os embaraços financeiros, ou íamos ter diante de nós, senão calamidades e nem mesmo um verdadeiro mal-estar, essa contrariedade, pelo menos, de uma fortuna que já não era boa e que se havia tornado agora infinitamente pior.

Como, porém, esses transtornos de meu pai de alguma sorte se entrelaçam com os de meu avô, vou me ocupar aqui de meu avô e dos seus negócios, e depois me ocuparei dos de meu pai.

Meu avô foi um dos homens mais abastados da Campanha; porque tendo, assim como todos os seus irmãos, muito cedo se dedicado à mineração, dela tirou desde logo muito grandes resultados; e, quando viu que as lavras começavam a falhar, longe de insistir e persistir, como a maior parte daqueles o fizeram, e que todos acabaram pobres, ele, pelo contrário, as abandonou e estabeleceu na Campanha, em ponto grande, uma loja de fazendas secas. Ora meu avô tinha um irmão, Alfredo João Pedro Ferreira Lopes, que nunca se casou e nunca saiu da Campanha. Sendo mais velho do que meu avô, parecia sentir por este uma espécie de fascinação; pois que nunca o deixou, a ele dedicou toda a sua vida até o seu último suspiro; e ninguém poderia bem determinar qual a natureza da sua afeição para com aquele seu irmão mais moço, já que nessa afeição como que havia tudo — de pai, de irmão, de filho, e até de um discípulo ou de um empregado respeitoso e tímido.

Homem de uma simplicidade espartana, sem nenhuma instrução a não ser a de ler, escrever e contar, esse meu tio, entretanto, tinha nascido com a bossa do comércio, e ninguém negociava melhor do que ele. Sem nunca sair da loja onde dormia, senão para ir uma ou outra noite muito raras vezes visitar a minha mãe, ele, como se fora do comércio fosse ou se considerasse um ser inútil, em nada se envolvia do que se passava na terra, nada sabia ou procurava saber do que ia pelo mundo; e, pode-se dizer, que viveu e morreu dentro da loja. Foi ele, pois, quem tomou conta desse negócio de meu avô; e esse negócio tornou-se para este, desde logo e durante muito tempo, a melhor de todas as minas ou uma fonte constante e muito abundante de dinheiro. Graças, portanto, a todas essas circunstâncias, meu avô, que não tinha nascido para ser pobre e muito pouco jeito parecia ter para ajuntar fortuna, pôde muito cedo tornar-se um dos homens mais felizes que tenho conhecido; porque, graças a ela, ele pôde muito cedo folgadamente entregar-se a todos os seus gostos favoritos.

Eu conheci uma senhora de idade já muito avançada, que, tendo amado a meu avô em moço e desejado com ele casar-se, não falava daquele seu antigo e tão querido namorado, senão com um entusiasmo que bem mostrava quantos encantos ele não deveria ter tido.

E de feito, não só conheci alguns outros fatos que pareciam dar a mais completa razão ao entusiasmo daquela mulher, mas, ainda, sempre ouvi dizer que meu avô tinha sido realmente um moço muito bonito. Quando o conheci, ele já tinha mais de quarenta anos. Embora tivesse uns olhos grandes e expressivos, uma testa espaçosa e com grandes entradas, um sorriso entre benévolo e altivo, e, sobretudo, uns belíssimos dentes, que chegou a conservar por assim dizer até a sua morte, ele, que era de baixa estatura, já então estava gordo, tinha todas as suas feições mais ou menos cheias. O seu nariz, ainda que não se pudesse dizer malfeito, ia-se tornando cada vez mais carnudo; os seus cabelos, que já estavam branqueando e que ele tingia, avermelhavam-se e endureciam-se; de sorte que já era antes um homem respeitável do que mesmo belo.

E respeitável ele o era, com efeito, não só pela sua figura, não só pela sua posição social na Campanha, mas, ainda e sobretudo, por um certo conjunto de qualidades morais tão bem combinado que, impondo a estima, não lhe alheavam as simpatias. Da mais imaculada probidade em todos os seus negócios, de uma perfeita cortesia no seu trato, havia no fundo do seu coração uma dose tão real de benevolência, que se pode com razão dizer que nunca a ninguém fez mal por ódio, e que o bem, espontânea ou refletidamente, ele o fez a muitos.

Como político, o que principalmente o caracterizou foi uma inabalável firmeza de convicções aliada a uma moderação muito maior ainda. No meio do mais aceso furor das paixões partidárias, nunca deixou de pagar aos seus adversários todos os deveres da mais correta civilidade; a nenhum jamais perseguiu ou ofendeu, e a alguns protegeu e serviu.

Essa sua moderação era tal que, às vezes, quase chegava a parecer fraqueza. E disso foi ele muitas vezes acusado por alguns dos seus correligionários mais exaltados. Entretanto, um fato muito natural e muito comum, e que ao mesmo tempo o honra, é que, desses que o acusavam de tibieza política, todos ou quase todos mudaram de partido ou mais ou menos transigiram; entretanto que ele viveu quase um século, principiou a sua vida política muito moço, como um monarquista liberal moderado, e, quando a terminou, ele era ainda aquilo que durante toda a sua vida nunca um só momento tinha deixado de ser, isto é, um monarquista liberal moderado.

A instrução que teve foi a que de ordinário tinham os moços do seu tempo, e que era na realidade extremamente limitada. Como, porém, era um homem bastante inteligente, como nunca deixou de ler jornais, e gostava de ler também alguns livros, ele acabou por ter uma instrução muito maior do que a maior parte dos seus antigos conterrâneos.

Entusiasta de todas as grandezas, e não tendo bastante profundeza de vista para, através do brilho, descobrir o que havia de fraco e de disforme no âmago do grande colosso, meu avô não poderia deixar de ser um grande entusiasta de Napoleão I. Foi com efeito, e lhe sabia a história, por assim dizer, de cor e salteada.

Dotado de um temperamento sanguíneo, ele, como de ordinário acontece às pessoas assim, era extremamente irascível; mas, em compensação, as suas cóleras muito pouco duravam e quase nunca passavam do que geralmente se costuma chamar uma grande trovoada seca.

Duas das suas principais paixões eram — a música e o belo sexo —; e sendo bom juiz em qualquer destas matérias, não só era um bom músico e até mesmo um perfeito rabequista; mas ainda durante toda a sua vida nunca deixou de ser um assíduo galanteador de todas as moças bonitas que encontrava.

É verdade que uma das regras que professava ou vivia constantemente a repetir era a seguinte — que não havia moça que se pudesse dizer verdadeiramente bela ou bonita, se, por maiores que fossem os dotes que possuísse, não reunisse as três seguintes qualidades — destripada, olhos campeiros e bafo de bezerro —; ou em outros termos: que tendo um hálito suave e puro como o do bezerro, e que, a partir dos seios, tendo unicamente depressões e nada de promontórios, não tivesse ainda um olhar capaz de abalar e comover, ou que, em vez desses olhos que nada dizem e que mais parecem olhos de peixe morto, não tivesse, pelo contrário, uns desses olhos que, pela sua cintilação constante, parecem estar constantemente a nos titilar o sentimento ou sempre a tocar campainha cujos sons vêm repercutir nos nossos pobres corações e que aí tão fortemente repercutem que os fazem dançar sem querer.

Isso é o que ele dizia. Mas na prática era um frei Tomás, como qualquer outro, pois aquilo que nunca deixei de observar é que só havia uma coisa que lhe fazia tirar os olhos de uma mulher, e era que fosse velha ou inteiramente feia.

Já ele tinha muito mais de 80 anos quando veio a Leopoldina, unicamente para me ver, pois que sempre fui, como já disse, o seu neto de predileção, ou, como ele dizia, o seu orgulho. Nessa ocasião lhe perguntei se ainda gostava da música e das moças; e a sua resposta foi esta — que não só ainda gostava, que não só lhe parecia impossível que deixasse jamais de gostar, mas que até piamente acreditava que, se estando já com a vela na mão para morrer, pudesse ter diante dos seus olhos uma bonita moça e ao mesmo tempo ouvindo uma boa peça de música, morreria sem dor e sem pesar, porque, inteiramente alegre e consolado, suporia que já estava entrando no paraíso.

E eu acredito que o que dizia era uma pura verdade; porque não é de hoje que eu tenho observado que não há ocasião mais propícia para bem se conhecer a paixão predominante de qualquer pessoa como é o momento em que esta se acha possuída de um pesar, de uma alegria ou de outra qualquer paixão que a ponha um pouco fora das suas guardas. Um dos primeiros fatos que me sugeriu essa observação foi meu avô quem me forneceu em uma viagem que fizemos juntos à atual cidade de Alfenas.

Tendo-se feito ali em 1856 uma festa, nós, a convite de alguns parentes que tínhamos lá, fomos também a ela assistir.

A viagem fez-se em três dias: porque dizia meu avô que uma viagem para ser agradável é preciso que se a faça sem pressa e sem estômago vazio; e, por consequência, embora as marchas fossem muito curtas e não se saísse senão depois do almoço, ele nunca deixou de parar no caminho para descansar à sombra de alguma copada árvore ou para junto de algum límpido córrego fazer as honras à matalotagem. Na volta, porém, não sei por que circunstância, perdeu-se ou esgotou-se a matalotagem no segundo dia; de sorte que meu avô, com frequência, se queixava e tornava-se cada vez mais de mau humor.

Eu procurava consolá-lo, fazendo-lhe ver que o nosso pouso não deveria estar muito longe, e que deveria até, pelo contrário, já estar muito perto; pois que, devendo ser a nossa marcha quando muito de cinco léguas, nós com certeza já tínhamos andado mais de quatro.

Mas essa quinta légua é que nunca se preenchia; até que o pajem nos disse que se havia equivocado em uma encruzilhada que tínhamos deixado lá muito para trás e estávamos seguindo um caminho errado.

O furor de meu avô ao ouvir uma semelhante notícia foi tal, que as suas feições se alteraram, e ele parecia um homem ameaçado de iminente congestão, e, se pudesse, teria ali mesmo comido o pajem vivo. Quando, porém, no cúmulo da cólera e todo roxo de raiva, ele mais esbravejava, de repente, se apresenta à nossa vista, em um cercado que ficava à beira da estrada, uma mocinha, que, apesar de descansada e mal trajada, tinha traços muito lindos; e, como se em uma caldeira de água fervendo se despejasse um ribeirão de água fria, meu avô volta-se para mim, e com uma voz completamente plácida, ou antes, toda cheia da mais admirativa satisfação me diz: — E que tal! Não é que é realmente muito bonita! E imediatamente esqueceu-se do pajem, do cansaço e até do próprio estômago, que tão altamente lhe pedia alimento, para só se lembrar da bonita caipirinha que ele acabava de ver.

Meu avô, porém, além dessas duas paixões pela música e pela beleza feminil, ainda tinha uma terceira, que lhe foi muito mais prejudicial; e essa terceira paixão eu chamarei a paixão da grandeza, pois que ele sentia uma espécie de fascinação por tudo quanto era grande; e ele mesmo nada fazia senão com a condição de que fosse grande. Assim, se quer fazer uma casa, ele a faz como essa que eu acima já descrevi; quer dar um baile, ou ele não o fará, ou para esse baile há de ser convidada a gente toda da cidade; um capitão general ou um alto personagem que de São Paulo se dirige para Minas lhe pede que arranje pouso para ele e sua escolta, meu avô não só o arranja na Campanha, mas ainda o vai também arranjar no Rio Verde, e o que faz para uma escolta, chegaria para um exército. E tudo o mais era assim por esse jeito.

Ora, se meu tio João Pedro era o melhor dos negociantes, não era nenhum mágico nem tinha descoberto a pedra filosofal, para que pudesse encher de dinheiro a um tonel sem fundo. Assim, pois, quando chegou o ano de 1843, meu avô, além de ter formado um filho e educado o outro, ainda tinha casado e dotado um grande número de filhas; ao passo que fazia estas e tantas outras despesas mais ou menos úteis, ao mesmo tempo tinha gasto e esbanjado tantos e tantos mil cruzados em despesas dispensáveis e, por assim dizer, insensatas, acabou por conhecer que a sua fortuna estava estragada; e, para cúmulo de seu caiporismo, em abril desse mesmo ano faleceu meu tio João Pedro, que tinha sido para ele o seu melhor e mais seguro esteio.

Ora, meu avô devia a meu pai alguns contos de réis; este não queria mais voltar para a fazenda que tinha em Sant'Ana de Sapucaí, porque dela se havia desgostado e não esperava tirar grandes vantagens. Como, por outro lado, meu avô nunca tinha nascido para ser fazendeiro e possuía uma fazenda denominada Saco e que ficava légua e meia da Campanha, na estrada que dela seguia para as Águas

Virtuosas, concordou-se que meu pai ficaria com essa fazenda. Meu avô dela lhe fez venda com toda a escravatura, e meu pai para ali se mudou com toda a família, a fim de começar de novo uma terceira ou quarta vida!

CAPÍTULO XVIII

A FALTA de memória foi sempre um mal dos velhos; e eu, que desde moço já vivia a queixar-me da minha, hoje a tenho por um tal feitio, que não só esqueço e baralho fatos ainda mesmo de datas recentíssimas, mas que algumas vezes chego mesmo ao ponto de me não ocorrer de repente o nome dos meus próprios filhos. Entretanto, de quanto até aqui já tenho escrito, o que parece ficar fora de dúvida é que fui um menino, ou nos meus primeiros tempos, de uma memória muito feliz para os fatos. Ainda hoje me recordo, e mais ou menos claramente, de circunstâncias que se passaram quando eu mal teria seis, quatro e até três anos.

Direi mesmo que fui em menino bastante vivo; e, como os meninos vivos devem começar a aprender cedo, muito cedo me puseram na escola. Esta, porém, era pública, os meninos, muitos, e os mestres, ruins; e, se dessa minha ida para a escola por acaso algum proveito resultou, foi apenas o de não estar em casa a fazer travessuras, porque eu nada estudava e nem também coisa alguma me ensinavam. De sorte que, tendo ido à Corte, como já contei, ali me puseram em um colégio que ficava, se não me engano, na rua do Rosário ou dos Ourives e cujo diretor se chamava Estrela; e nos dois meses mais ou menos que ali estive, aprendi muito mais do que teria aprendido na Campanha em um ou dois anos. Devo mesmo dizer que os progressos que então fiz pareceram não só agradar, porém, ainda, surpreender um pouco aos meus mestres, menos entretanto na escrita, porque em toda a aula só havia um menino, muito menor do que eu, com quem eu me animava a apostar sobre escrita, como era o costume da aula em certos dias. Ainda assim, apenas uma vez consegui empatar, perdendo dessa sorte um grande número de prêmios que se chamavam isenções e que havia alcançado pelas lições e comportamento.

Felizmente não me fizeram falta, nem de tais isenções jamais precisei, pois que, durante esses poucos meses que eu ali estive, nunca recebi castigo algum.

Nem há nessa minha inaptidão para a escrita coisa alguma que admire, porque, sendo neto de um homem (o meu avô paterno) que a todos surpreendia pela sua grande habilidade em mecânica e em quase todos os artefatos que tentava, e tendo parentes de uma delicadeza de mãos a toda prova, eu, entretanto, sou incapaz de bem fazer um palito; ou de fazer qualquer coisa, ainda mesmo muito simples, sem um descaso qualquer, ou sem ofender-me, sem entornar, ou sem quebrar.

Por isso também, ainda hoje, por maior que seja o meu esforço ou meu cuidado, não consigo jamais fazer uma letra igual nem uma escrita limpa.

Quando voltei da Corte, é muito provável que sem grande demora eu entrasse de novo para a escola pública; pois que nunca fui interno de colégio algum, nem mesmo externamente frequentei outro qualquer a não ser esse de que há pouco falei. Todos os meus estudos, pode-se dizer que só foram feitos ou comigo mesmo ou em aulas públicas.

Eu, porém, já disse, quase não me lembro do que comigo se passou no ano de 1840; enquanto estive em Sant'Ana nada absolutamente estudei, e assim não podendo bem coordenar as minhas ideias sobre a minha estada na escola pública da Campanha, vou dela me ocupar de um modo muito geral ou vou dar a seu respeito algumas ideias muito vagas.

A frequência era muito grande, pois que a matrícula era de cento e muitos meninos. O ensino se fazia por classes, e como o mestre não tinha tempo para pessoalmente se ocupar de tantos meninos, as classes inferiores eram mais ou menos desprezadas e bem pouco se adiantavam.

Quanto à matéria do ensino e ao modo como este se dava, era mais ou menos o que ainda hoje se vê; e, por isso, sem demorar-me sobre este ponto, só quero aqui registrar uma novidade que na aula apareceu e que julgo bem pouco durou.

Essa novidade foi umas espécies de pequenas mesas cercadas de umas tabuletas as quais, cheias de uma areia bem lisa, serviam para nela se escrever ou se fazerem letras, em lugar de lousas ou papel.

Os alunos eram obrigados a levar os livros e tudo o mais que era necessário para o ensino; se, porém, eram pobres, tudo tinham da província.

Durante o tempo que frequentei a escola, foi esta algumas vezes regida por alguns professores que ali muito pouco tempo duravam; e destes, aqueles de que neste momento me lembro foram — um meu parente, José Brandão, que era irmão daquela minha prima da cidade de Rezende de que já falei; um fulano Coutinho, que os meninos chamavam de Biscoitinho; um João Joaquim Lopes de Figueiredo (que pertencia a uma família de gente inteligente e toda metida a advogados), que tendo uma noite levado uma grande coça na rua, no dia seguinte fez uns versos em que se gabava de ter levado a coça, mas de não ter largado uns peixes que então trazia; e, finalmente, o meu futuro colega, e creio que hoje juiz municipal de Caldas, Bernardo Jacinto da Veiga. Todos estes, porém, e não sei se ainda mais alguns, creio que não passaram de simples professores interinos ou talvez mesmo nada mais eram do que simples ajudantes do professor efetivo, que, se não me engano, tinha alguma coisa também de solicitador ou de advogado e que se chamava José Antônio Mendes.

Este, que se mudou e que não sei se ainda é vivo, era um homem que tinha uma das pernas cortadas muito acima do joelho e que andava de muletas; mas com tanta agilidade, que, sem o menor embaraço, mas antes com a maior presteza e agilidade, subia aquela escada de pedra da cadeia velha da Campanha, de que já tive ocasião de falar, e que, pelo seu comprimento e um pouco também pela sua ingrimidade, não era das mais fáceis de subir, ainda mesmo para aqueles que podiam dispor das suas duas pernas. Entretanto que ele sabia, quando lhe convinha, caminhar com uma tal sutileza, que mal se podia ouvir o andar ou o batido das muletas. E ai do menino que se fiava nesse batido traidor! Porque, quando menos esperava, do corredor que vinha do interior da casa, o mestre fazia na porta uma meia-volta à esquerda, e, com um simples lanço de olhos pilhava com a boca na botija a todos aqueles que, fiados na sua ausência, tinham-se posto a conversar ou a brincar. Então, dirigindo-se para a mesa em que escrevia ou para a poltrona em que se sentava, tomava a Santa Luzia, que assim se chama a palmatória, segundo penso, por ser aquela santa a protetora dos olhos e ter a palmatória nada menos de cinco, e começava o que se poderia chamar um verdadeiro *vai de roda*; visto que sem pronunciar o nome, mas apenas indicando com os olhos ou com a mão a vítima que devia caminhar para o sacrifício, ele nada mais fazia do que dizer — Venha cá, senhor mestre! Ou — Venha cá, senhor mandrião! E assim como o sapo, que atraído pela cobra, embora hesite e gema, vai indo sempre para adiante, até que se lhe enfia pela boca a dentro; assim também o pobre menino, ou antes, o pobre rapagão, que era assim designado para o sacrifício, ia para ele sem remédio caminhando; e por mais que chorasse, por mais que gemesse e por mais que exclamasse — Pelo amor de Deus, senhor professor! Perdoe-me por esta vez! etc. etc. —, era tudo tempo perdido, porque os bolos, estes ele os tinha de levar forçosamente. E que bolos, santo Deus! Estalavam que ainda mesmo de muito longe se ouviam; e eram às vezes tantos, que quase se lhes perdia a conta. E se por acaso o supliciado fugia com o corpo ou com a mão, o carrasco largava a muleta, atirava-se sobre ele, e com ele voltava pelos cabelos para junto da poltrona.

Nem essa sua impassibilidade e esse seu grande rigor eram coisas momentâneas ou mesmo simplesmente intermitentes; mas, muito pelo contrário, era nele um fato tão normal e tão constante, que, tendo por hábito estar sempre a mastigar gengibre, diziam os meninos que aquele hábito ele o tinha contraído não por gosto ou por prazer, mas apenas como um meio unicamente de encobrir ou disfarçar o cheiro do muito álcool de que vivia a saturar-se. Creio, porém, que não havia nisso verdade nem sequer a menor sombra de fundamento, porque, embora ele desse a lição muito de perto, nunca, entretanto, lhe senti o menor cheiro de aguardente. Por outro lado, inteiramente correto no seu vestuário, sempre limpo e muito bem barbeado, nem ele tinha a fisionomia de um ébrio, nem tampouco jamais proferiu na aula uma só frase ou mesmo uma simples palavra que não pudesse ser proferida por um professor grave.

Eu, entretanto, embora, como todos os mais, o temesse, como quem teme a um animal feroz, não só dele não conservo uma lembrança odienta, mas, pelo contrário, sinto para com ele uma espécie de gratidão, pois que naquela aula de mais de cem alunos e dos quais nenhum talvez tinha menos de dez ou doze anos e alguns estavam já barbando, só eu e o meu colega e constante companheiro, o atual senador Evaristo Ferreira da Veiga, éramos os únicos que tinham menos de nove e aquele homem tão colérico e que nos assomos da sua cólera se nos afigurava como um animal ou um verdadeiro monstro, esse homem era suscetível de compaixão, e se condoia daquelas duas pobres crianças. Nunca, é certo, ele nos amimou e nem sequer um só momento nos abriu a sempre fechada cara; mas compreendendo, e compreendendo muito bem, que seria uma verdadeira crueldade conservar-nos durante cinco ou seis horas sentados e presos àqueles tão duros bancos de madeira, a uma certa hora do dia, ou quando ele julgava oportuno, mandava-nos entrar para o interior da sua casa; e ali, não só tínhamos a mais completa liberdade de brincar no pátio e na horta, mas, sua mulher, que era ainda bem moça (assim como ele mesmo não era velho) nunca deixava de nos dar alguma dessas lambiscarias que andam sempre pelos armários, como o doce, o queijo, os biscoitos etc., as quais nos pudessem entreter o estômago até a hora de nos recolhermos para a casa.

Essa senhora, que tão boa se mostrou assim para conosco, e de cuja figura meiga (e que então se me representava como a de uma vítima resignada) eu ainda conservo uma tão perfeita lembrança, creio que se chamava d. Clara.

Ora, tratando-me o mestre por essa forma, facilmente se compreende quanto deveria ser, senão benigno, pelo menos pouco severo para comigo; sobretudo quando eu disser que nunca lhe dei o menor motivo para que deixasse de ser mais ou menos indulgente para comigo. Pois bem, para que se julgue da sua severidade, eu direi que ele me deu dois bolos, únicos que me lembre de me haver dado; e vou dizer qual o motivo desse meu castigo

Eu já estava estudando gramática; e um dia julgava ter a lição tão sabida que não acreditava houvesse na classe quem a desse tão bem como eu. Nesse meu entusiasmo, fui desasadamente colocar-me na ponta do banco, para ser o primeiro a dar a lição quando chegasse a hora. A presunção, porém, ou a soberba, é, como ninguém há que o ignore, a coisa que mais se paga neste mundo; e aquela minha soberba ou aquela minha presunção eu a tive de pagar naquele mesmo dia, porque eu sabia, e sabia muito bem, como disse, a minha lição; mas, muito criança ainda, e convivendo com gente mais ou menos ignorante, eu algumas coisas pronunciava como via essa gente pronunciar, e assim, tendo de repetir um dos exemplos da gramática, disse — duas águias "avoaram," uma do oriente e outra do ocidente. O mestre perguntou simplesmente — como? E eu, que estava bem certo do exemplo, e não podia ter a menor consciência de o haver errado, repeti pelo mesmo modo com que antes havia feito e tomei os bolos. Só depois pude com grande admiração descobrir onde era que se escondia o gato; assim como só depois deles é que fiquei sabendo de duas grandes verdades que até então absolutamente ignorava. 1º, que se há na gramática uma figura chamada prótese, tal figura não existe, entretanto, para os meninos que dão lição da mesma gramática; e 2º, que, para abater os soberbos e exaltar os humildes, nada mais é necessário do que um simples "a" posto ou tirado no começo de uma palavra; porque os meus companheiros pronunciavam o verbo voar exatamente como eu o pronunciava, mas, por presunção ou soberba, quis ser o primeiro a dar a lição, e a dei com o acréscimo daquele maldito "a" e fui humilhado; entretanto que eles, à custa dos meus bolos, o suprimiram, não os levaram e foram exaltados.

  Uma das coisas com que mais o mestre embirrava era com os cabelos grandes: eu os tinha grandes, e pode-se fazer ideia do susto e aflição que este fato me causava, sobretudo quando o vi um dia chamar um dos alunos, meter-lhe a tesoura nos cabelos, e deixar-lhe a cabeça no mais desgraçado e risível estado. Minha mãe, porém, não quis por modo algum ceder aos meus rogos para que os cortasse; e eu assim os conservei até sair da escola. As mães são sempre assim; e ela foi ainda causa de que eu levasse um grande pito do mestre no dia do meu último exame e em que deixei a escola. Havia hora marcada para o exame; e, se muitas vezes, por medo do mestre eu quase que não queria esperar o almoço só para não chegar tarde à aula, quanto mais em um dia de exame! Mas minha mãe queria por força que eu fosse nesse dia muito bonito, e tanto tempo levou a embonecar-me, que cheguei muito tarde. Quando virei a esquina da casa que ficava defronte da escola e vi a cara do mestre, que parecia estar na porta à minha espera, quase me caiu o coração aos pés. Ele, porém, apenas se contentou com o dizer-me — sempre se espera pela pior figura — e tratou de dar começo ao exame. Os aprovados ou dados por habilitados nesse exame, creio que fomos sete. Quando terminaram todos os outros exames, fomos chamados à mesa onde se achava o delegado literário, e este, que era o tenente-coronel Antônio José de Melo Trant (oficial reformado que tinha vindo muito cedo para a Campanha com diversas irmãs, onde todas ou quase todas se casaram e formaram família), pôs a tiracolo em cada um dos sete uma fita verde ou azul; e foi assim, revestido dessa insígnia do saber e do mérito, que, todo ancho e orgulhoso, voltei para a casa.

Os meus seis companheiros de aprovação foram estes: — Evaristo Ferreira da Veiga, Joaquim Nicolau Roiz Gama, Inácio Cândido Xavier de Araújo e três irmãos que eram conhecidos por Florianos.

De Evaristo terei de falar mais tarde, porque nascemos quase no mesmo dia; juntos estudamos desde as primeiras letras; juntos moramos em São Paulo; e juntos nos formamos. Nada, pois, direi sobre ele aqui. Como, porém, depois do estudo do latim, o destino dos outros se separou inteiramente do meu, quero, como simples lembrança, dizer deles o muito pouco que sei. Inácio Cândido casou-se para os lados da Cristina, tornou-se negociante ou fazendeiro e nunca mais nos vimos. Joaquim Nicolau fez o mesmo; e muito cedo se casou e retirou-se para os lados de São Paulo, donde, há pouco, li que, sendo subdelegado de polícia, sofreu uma dessas afrontas que para um homem de brio são mais dolorosas do que a própria morte; pois que, por vingança ou não sei bem por que motivo, o atraíram a uma casa ou a uma emboscada e aí cruelmente lhe aplicaram todos aqueles castigos que se tem por costume aplicar aos escravos.

Quanto aos Florianos, ainda os vi uma vez muito tempo depois. Eu estava em Ouro Preto, como juiz de direito interino, quando, um dia, indo à cadeia naquela qualidade ou em companhia do chefe de polícia, ali, e sem que de todo o esperasse, encontrei entre os presos aqueles meus três colegas. Ora, naquele tempo, eu estava no começo da vida, ainda não tinha chegado a essa idade em que bem poucas são as coisas que nos surpreendem ou que muito vivamente nos afetam, e assim, pode-se muito bem fazer ideia do que se passaria no meu espírito e no meu coração, quando ali vi naquela escura prisão, úmida e tão fria, aqueles três moços, que não havia ainda dez ou doze anos comigo se sentavam nos mesmos bancos, como iguais, todos alegres e felizes. Agora, naquele lugar tão soturno e triste de novo nos encontrávamos, eu, todo comovido, mas como um juiz em frente deles; e eles como réus pronunciados de um crime infamante, e que, com as faces cobertas de pejo menos talvez pelo crime do que por uma tão cruel e tão triste humilhação, quase não sabiam o que deveriam fazer, se me cumprimentarem ou se esconderem. Algum tempo depois passaram acorrentados pela vila de Queluz, quando seguiam para responder ao júri no foro do crime; e ali pararam. Fazendo por eles o que me era possível fazer sem faltar aos meus deveres oficiais, eu, que era ali juiz municipal, e ao mesmo tempo delegado de polícia, procurei que se lhes desse um melhor cômodo na cadeia; mandei-lhes camas e comida; e lá fui vê-los e, de alguma sorte, consolá-los.

A história desses moços é a seguinte: Seu pai, que se chamava José Floriano dos Santos, era um filho natural ou um simples enjeitado. Tendo vindo muito cedo para a Campanha, ali se casou em uma das melhores famílias do lugar; e ali por muito tempo continuou a viver como um pequeno negociante. Extremamente pacífico e inteiramente inofensivo, passava uma existência muito recolhida no seio da sua família, e, embora de pouca fortuna, parecia ser um homem feliz. De repente, espalhou-se que a mãe o havia reconhecido e que ele tinha se tornado ou ia se tornar o senhor de uma fortuna imensa.

Essa fortuna, porém, para nada mais lhe veio servir, senão para se tornar para ele e para todos os seus a causa dos maiores infortúnios. Sempre e cada vez mais atraído por ela, sem que nunca a pudesse alcançar, ele acabou afinal por deixar a família, que se compunha de um grande número de filhas, todas moças e todas honestíssimas, reduzidas a um tal estado de penúria, que fazia a todos compaixão. Entretanto que os seus três filhos foram acusados do crime de roubo; e foram parar, como já disse, na cadeia de Ouro Preto. Eu nunca conheci muito bem a história ou enredo de todo esse negócio. Creio, porém, ser mais ou menos isto: a mãe de José Floriano era uma senhora muito rica do município do Rio Preto; tinha filhos legítimos, que se opuseram ao reconhecimento do natural, ou consumindo o testamento ou empregando outros quaisquer vícios; e, durante toda a sua vida, Joaquim Floriano nada conseguiu jamais alcançar.

Morto Joaquim Floriano, os seus três filhos, que já tinham chegado à idade de homens, dirigiram-se para o Rio Preto; e no fim de algum tempo tornaram-se senhores de algumas letras, de cujo valor não me recordo, mas que era grande, e que lhes eram passadas pelo irmão ou por um dos irmãos do seu pai. Ao passo, porém, que eles diziam que aquelas letras eram o resultado de uma transação que haviam feito com o tio, este, pelo seu lado, logo depois de as ter passado, começou a alegar que as mesmas lhe haviam sido extorquidas por meio de ameaças ou de violência. Não só tratou de dar logo as mais prontas providências para que não fossem pagas, mas ainda conseguiu que, perseguidos e bem depressa alcançados, os sobrinhos fossem presos com as letras que levavam. O que depois se seguiu foi o que sempre acontece em todos os casos como o destes moços: e assim é quase desnecessário dizer que eles tiveram contra si todo o poder e todo o vigor da autoridade pública; porque, ao passo que seu tio dispunha de tudo quanto dá força na sociedade, isto é, uma grande fortuna, família importante e sobretudo uma grande influência política com o seu partido de cima, aqueles sobrinhos, pelo contrário, eram tão pobres e estavam por tal forma abandonados, que talvez não tivessem outro alimento na cadeia, senão esse, que, tão mal preparado e sempre tão magro se ministra ao presos pobres. Se, porém, os acusadores eram, com efeito, muito ricos e muito poderosos, não deixavam de ter também os seus inimigos, e inimigos de alta estofa: a causa dos moços tomou logo um caráter mais ou menos político; eles tiveram defensores pagos a contos de réis ou que, podendo ganhar essas quantias, os vieram defender de graça; e o resultado de tudo isso foi que ou eles foram absolvidos pelo júri ou fugiram da cadeia e não os acharam mais.

Tais foram os meus condiscípulos de primeiras letras, que as terminaram ao mesmo tempo que eu, e que ainda continuaram a ser no estudo de latim, para o qual com alguma diferença de tempo todos entramos no ano seguinte. Eu, porém, não posso deixar de com eles mencionar um, que pouco antes havia saído da escola, e que foi ainda o primeiro amigo que tive, e que felizmente ainda conservo. Naturalmente feito para o bem e para a paz, não havia na escola um só menino que o não estimasse e não lhe quisesse muito; e, como não era inimigo de ninguém, ele não queria também que os seus amigos fossem inimigos uns dos outros. Por isso, apenas aparecia uma dessas brigas ou uma dessas inimizades, tão comuns entre os meninos, já se sabia que ele aí vinha e se haviam de fazer as pazes. Para essas pazes, entretanto, se oferecia quase sempre um formidável obstáculo, e este vinha a ser o seguinte: que, assim como antigamente não se declarava uma guerra sem umas certas e determinadas formalidades, assim também, naquele tempo, nunca se declarava uma inimizade sem que fosse por meio desta fórmula sacramental — estamos mal: diabo leve quem procurar. Ora, isso era um juramento, e um juramento de tal ordem, que a sua sanção nada mais era do que um passeio, ou antes, do que uma reclusão para sempre, no inferno. E assim, como fazer as pazes sem incorrer em tão grande perigo? Pois aquele meu colega e amigo descobriu um meio, facílimo de cortar uma tão grande dificuldade; e esse meio, que era dotado de uma tão grande eficácia, consistia nisto: os dois inimigos davam as mãos, e dizendo — desdigo do que disse, diabo leve quem procurar; o diabo nada mais tinha a ver com o negócio; e as pazes estavam feitas. Verdade é que uma tal casuística parece tão fácil e tão acomodatícia que bem se poderia dizer que, se seu autor havia nascido para ser um grande jesuíta, pois que, para alcançar o fim que tinha em vista e que ele julgava bom, não hesitava em aconselhar um perjúrio, ou que se tirasse ao juramento aquela santa importância que este sempre deveria ter, o autor, porém, tinha tanta fé, tanta bondade, tanta franqueza e sobretudo uma tão grande falta de cálculo naquilo que praticava, que, ainda mesmo que ele o quisesse, não poderia ser em tempo algum um bom jesuíta. Ora, esse amigo de quem falo chamava-se Francisco de Paula Vitor e é hoje vigário colado da cidade de Três Pontas. Crioulo retinto e em quase tudo um perfeito tipo da raça, ele nunca foi bonito; mas, verdadeiro coração de ouro, ele tem e sempre teve a sua alma tão branca quanto é negra a cor da sua pele. Filho natural de uma mulher que nada possuía, teve a felicidade de achar uma madrinha, que ainda tomava um pouco a sério esse parentesco espiritual; e que, por isso, embora não fosse rica, o levou para sua casa e lhe deu toda a educação que na Campanha se podia dar a um menino que não se destinava aos ofícios mecânicos. Ele pôde, dessa sorte, aprender as primeiras letras, o latim, e, finalmente, a música, da qual, se não chegou a saber muito, soube pelo menos quanto era bastante para que pudesse cantar nas igrejas com a sua voz de baixo profundo. O maior de todos os seus desejos era o de ser padre. Mas, como realizá-lo, se ele nada absolutamente tinha e se a sua madrinha, que nunca fora rica, se tornava cada vez mais pobre? Ele, entretanto, esperava e esperava sempre. E com razão esperava, porque, justamente no momento em que acabava o seu latim, apareceu na Campanha esse anjo de caridade e de humildade que na Terra se chamou d. Antônio Ferreira Viçoso, depois conde da Conceição. Alguém lhe falou na pretensão do pobre crioulo, e tudo imediatamente se arranjou. Fez-se uma pequena subscrição para que o novo ordenando pudesse partir para Mariana. Onde entrou para o seminário como fâmulo do bispo, e hoje é vigário de Três Pontas, na qual muito cristãmente desempenha os seus deveres paroquiais, e ainda ali lhe sobra tempo para educar a mocidade em um colégio que fundou e em que também ensina.

Ora, tendo tratado desses meus condiscípulos de primeiras letras, quero ainda aqui falar de mais um; não tanto como condiscípulo, porque na escola foi sempre muito mais atrasado do que eu, mas porque, sendo da minha idade mais ou menos, era um dos poucos meninos que tinham entrada na minha casa para brincar consigo.

Chamava-se João Amado Damasceno, e, além de muito espigado, era muito claro ou de uma cor um pouco látea e extremamente sardento. Naquele tempo o número de enjeitados era muito maior do que é hoje, e João Amado tinha sido um enjeitado. Nunca se lhe conheceu a mãe; mas suspeitou-se, ou antes, soube-se que ele tinha vindo de São Gonçalo de Sapucaí, que fica a quatro léguas distante da Campanha. Ou porque entre os pobres há muito mais caridade do que a que se encontra entre os ricos, ou por outro qualquer motivo, esse menino foi enjeitado em uma casinha muito pequena que havia defronte da cadeia velha, e onde moravam duas irmãs pretas que eram geralmente conhecidas pelo apelido de Tigres.

Essas duas negras deveriam ter naquela ocasião muito mais de quarenta anos, e talvez até de cinquenta; pois o certo é que, quando as conheci, já eram ambas velhas e tinham filhas, das quais uma pelo menos parecia ser mais velha do que minha mãe. Quando aquelas pobres pretas acharam o menino na porta ou no corredor da sua casa, ficaram extremamente embaraçadas e sem saber o que fariam daquela desgraçada criancinha; porque eram, com efeito, muito pobres, e, naquele tempo, sendo quase que inteiramente desconhecida a alimentação artificial, não tinham meios nem talvez as precisas facilidades para arranjarem-lhe uma ama. Podiam, é certo, entregar o menino à Câmara, que o mandaria criar; mas até lá, quanto não sofreria aquele pobre coitadinho!

Além disso, a caridade, ou a simples vista daquela criança tão branca e tão magrinha tinha feito nascer no coração daquelas pobres mulheres um amor que nove meses de permanência no seio da sua própria mãe não lhe haviam conseguido inspirar. As duas resolveram-se, portanto, a ficar com a criança, custasse o que custasse; e, como a caridade é sempre inventiva, uma delas mandou buscar uma erva chamada caruru de porco, ou não sei qual, que se dizia ter a propriedade de chamar o leite aos peitos. Com ela foi repetidas vezes banhando os seios, e tanto fez e tanto insistiu, que o menino achou o leite que desejava no quase ressequido seio daquela nova Sara. Depois disso, elas o criaram sempre com muito carinho, puseram-no na escola, traziam-no sempre bem trajado, quanto lhes permitiam os seus poucos meios. E ele, pelo seu lado, não se mostrou indigno de um tão grande amor e de tanta dedicação, porque, enquanto elas viveram, sempre lhes fez companhia; e, tendo por último se mudado para a cidade de Alfenas, ali acaba de morrer, depois de ter-se feito gente por si mesmo, e gozando, segundo fui informado, da mais completa estima e da mais constante e geral simpatia.

CAPÍTULO XIX

O ANO de 1842 foi, como já tive ocasião de dizer, extremamente crítico para a província de Minas e sobretudo para a Campanha; e como desde então os costumes foram mudando cada vez mais, eu, antes de prosseguir cronologicamente nestas minhas recordações, quero fazer aqui uma espécie de parada, para me ocupar de certos fatos que não têm uma data certa ou para fazer algumas considerações que são o resultado de observações múltiplas ou mais ou menos reiteradas. Começarei por uma espécie de vista geral sobre o estado social daquele tempo, ou antes, pela distinção muito acentuada que então se observava entre as diferentes classes da sociedade. Sem falar nos pequenos contingentes de outras raças que, sobretudo nesses últimos tempos, têm entrado para o Brasil, pode-se dizer que a nossa população se compõe exclusivamente das três seguintes raças — da branca ou portuguesa, da vermelha ou indígena e da preta ou africana. A não ser em alguns dos nossos sertões, onde a raça indígena se refugia e vai de dia em dia cada vez mais diminuindo, pode-se ainda dizer que essa raça primitiva do nosso país já quase que não existe; pois que, não tendo bastante força para resistir à raça conquistadora, ela foi desde princípio sendo por esta completamente absorvida. Das outras duas é a preta a que mais pura se tem conservado; embora não sejam muito poucos talvez os tipos mais ou menos puros que ainda existem da raça branca. Dessas três raças, porém, originou-se uma quarta, que é formada pelo cruzamento daquelas três; e esta, que em prejuízo das que a formam tende cada vez mais a multiplicar-se e a estender-se, tem tomado um tão grande desenvolvimento que já não é de hoje que se costuma dizer que não há um só brasileiro que não atire seta ou toque urucungo. O que quer dizer que não há talvez um só brasileiro que não tenha em suas veias uma quantidade maior ou menor de sangue indígena ou de sangue africano. Esta proposição, sobretudo assim tomada em um sentido tão amplo, ainda está um pouco longe de ser de uma perfeita exatidão; ela, porém, tende, como eu já disse, a se tornar cada vez mais verdadeira; e é muito de supor que, no fim, e mais alguns séculos a população toda do Brasil não se componha senão dessa raça única, com as pequenas exceções apenas dos novos estrangeiros que forem continuando a entrar ou dos seus imediatos descendentes. O que essa quarta raça terá de fazer, ou o que ela dará, só o futuro é que o pode dizer; mas o que desde já se pode profetizar é que há de ser uma raça extremamente inteligente. E se não, corram-se os olhos por toda a nossa sociedade, desde nosso parlamentar até qualquer banda de música, e observe-se qual é o papel que por toda parte representa o homem pardo ou esse elemento misturado.

Tornando-se cada vez mais numerosa e com ela crescendo, ao mesmo tempo e como que *pari passu*, as ideias da mais completa democracia, hoje quase não se distingue essa raça misturada da raça superior, isto é, da raça branca: sobretudo, se se trata de pessoas dinheirosas ou que se acham nas altas cumeadas do poder. Quando, porém, eu me conheci por gente, ou nos primeiros tempos da nossa vida independente, as coisas não se passavam por um semelhante modo. Sendo inteiramente aristocrático o sentimento que então dominava, longe de haver essa igualdade que vai hoje cada vez mais se estabelecendo, o que se via, então, era que não só as diversas raças nunca se confundiam, mas, muito pelo contrário, cada raça e cada uma das suas classes nunca deixavam de mais ou menos manter e de conhecer o seu lugar, porque em todas havia gradações e os limites que as estabeleciam não podiam ser passados sem a violação da mais poderosa de todas as leis — a que se funda sobre um prejuízo antigo e mais ou menos universal. Para dar disso uma ideia, eu vou contar a vida dessas diferentes classes tal qual eu ainda pude alcançar e conhecer. E, onde a desigualdade mais depressa desaparece ou menos se observa é na religião e no prazer, é sobre estes dois pontos que principalmente insistirei. Assim, não direi simplesmente que não havia naquele tempo uma verdadeira igualdade perante a religião, porque esta foi coisa que nunca existiu e que ainda hoje não se observa; mas direi que naquele tempo a desigualdade ou a distinção das classes era de tal natureza que não só cada uma das classes procurava ter sempre a sua igreja própria, mas que ainda os próprios santos dos céus pareciam não pertencer a todos, pois, ao passo que os brancos podiam pertencer a todas as irmandades sem a menor exceção, e tinham algumas que exclusivamente lhes pertenciam, como a do Santíssimo, a dos Passos e a do Carmo, por exemplo; por outro lado, os pardos parece que não tinham licença senão de serem irmãos das Mercês e da Boa Morte, caso não quisessem ser também irmãos do Rosário e São Benedito, que, com Santa Efigênia e Santo Elesbão, parece que eram os únicos santos que os pobres pretos tinham o direito de adorarem ou pelo menos de tomarem por patronos. Os pardos, porém, quase nunca se utilizavam deste último privilégio; porque, se os brancos não se dignavam de descer até eles, muito menos ainda se prestavam a descer até os pretos. Assim, sem falar na igreja de São Francisco, que eu ainda alcancei, mas que pouco depois foi demolida, das cinco igrejas que existiam na Campanha e que eram a matriz, que tinha por orago a Santo Antônio, a das Dores, a de São Sebastião, a das Mercês e a do Rosário, as três primeiras pertenciam aos brancos, a quarta aos pardos e a última aos pretos. A igreja das Dores era um templo pequeno, mas, de todas, a única que era de pedra e que tinha torres, ou antes, uma só torre que depois foi demolida; era ainda a única que tinha o seu forro pintado e com uma pintura tão próxima da perfeição, que mal se compreendia como pudesse ser obra de tempos tão atrasados. Muito próxima da casa que foi de meu avô, a das Dores era por assim dizer a igreja da nossa devoção; e não só foi aí que meu pai se casou, mas foi ainda aí que se enterrou seu corpo. Estando o altar do Senhor dos Passos na matriz, era para a igreja das Dores que na véspera da sua procissão se fazia o depósito da imagem; e era dali que saía a procissão, a qual, descendo pela rua Direita e subindo pela do Hospício, depois de feito o encontro na esquina da do Comércio, seguia por esta, pela da Misericórdia e do Fogo e recolhia-se à matriz.

Essa procissão na Campanha se fazia como se faz em toda a parte; e, por isso, só consignarei aqui duas únicas circunstâncias. A primeira, que só menciono por não me lembrar de a ter observado em outros lugares mais distantes por onde andei, era o aparecimento de uns certos personagens que era o que para os meninos e mesmo para muita gente grande fazia o melhor da festa: os farricuncos, ou como mais vulgarmente se diz, os farricocos, sujeitos vestidos como os dominós no carnaval, mas uns dominós descalços e em tudo muito grosseiros, e dos quais uns tocavam matraca e os outros, armados de uns chicotes muito compridos, faziam o papel de enxota-cães e escaramuçavam os moleques e meninos.

Quanto à outra circunstância, tem um pouco mais de importância, porque é mais uma prova desse espírito aristocrático que então reinava e de que acima falei. Nessa procissão, como todos sabem, sai um grande pendão em que estão inscritas as letras S. P. Q. R., como todos ainda sabem, a abreviatura de *senatus populus que romanus,* que por graça se costumavam então traduzir por esta forma — salada, pão, queijo e rapadura. Ora, como esse pendão é muito alto e pesado, quem o conduz não o poderia convenientemente equilibrar, sobretudo se houvesse vento ou uma pisadura em falso; e, então, para auxiliar ao seu condutor, da travessa superior do pendão partem quatro cordões de algodão ou seda com borlas nas pontas e que são levados por quatro homens, colocados em uma distância conveniente nas duas alas da procissão. Pois bem, não sei por que o segurar aqueles cordões era considerado uma grande honraria; e, por consequência, não só para esse mister se escolhiam as pessoas havidas como as mais importantes da terra, mas era isso ainda uma ocasião para a manifestação de muitos amores próprios ofendidos; assim como também era, e muito mais ainda talvez, o não ser convidado para segurar nas varas do pálio, que parecia ser um privilégio exclusivo dessas mesmas pessoas reputadas como mais nobres ou mais graduadas.

A outra festa, que havia todos os anos na igreja das Dores, era a do Menino Jesus. Começava à meia-noite de 24 de dezembro pela missa do galo; seguiam-se as trezenas, que duravam até o dia de Reis; nesse dia terminava-se a festa por uma missa cantada. E como essa festa era feita por esmolas, havia de ordinário durante as trezenas o leilão dos objetos que os devotos ofereciam e que principalmente consistiam em frangos, leitões, doces, frutas etc. Era uma festa muito simples e no entretanto muito agradável, porque, não havendo naqueles tempos abundância de divertimentos ou distrações, oferecia treze noites de uma grande reunião de povo e de reunião mais ou menos interessante. Além dessas duas festas quase nenhuma outra se costumava fazer naquela igreja; mas lembro-me de ter ali visto se rezarem algumas missas novas por moços da Campanha, que tendo acabado de se ordenar, ali vinham cantar a sua primeira celebração.

E como naqueles tempos, uma das maiores ambições de quase todas as famílias era a de ter um filho padre, já se vê que uma missa nova não podia deixar de ser um dia de grande festa.

Na igreja de São Sebastião nunca vi outros festejos ou solenidades que não fosse a festa do próprio santo, e que era uma festa como outra qualquer. Eu, entretanto, a apreciava muito, e isso por duas razões: 1º, porque, independentemente do interesse de conservar sempre propício um santo que é o nosso advogado contra a peste, fome e guerra, eu por muitos outros motivos, mas sobretudo por uma muito particular simpatia, fui sempre um dos maiores devotos de São Sebastião; e 2º, porque, além dessa natural e tão funda simpatia que por ele sempre senti, ainda o achava bonito quando o via na procissão com a banda da Guarda Nacional à cinta e de hábito de Aviz ao pescoço, não sei se por ter sido tribuno legionário em Roma ou por ser oficial honorário do nosso exército como tantos outros santos. Havia, porém, mais um motivo ainda para que eu gostasse e muito daquela procissão; e vinha a ser que nela o outro andor que saía, e que era carregado por mocinhos ou por meninos, era o andor de São Roque; e ninguém faz ideia da graça que eu achava naquele andor tão pequeno quanto pequeno era o santo; em uma espécie de cabacinha de mel que este levava, se bem me recordo, suspensa a um cajado ou a bordão curvado na ponta; mas sobretudo em um pequeno cãozinho que se conservava a seus pés.

A festa das Mercês era feita pelos pardos; e como desde seus começos existiram na Campanha algumas famílias de pardos que dispunham de alguma fortuna, parece que era então celebrada com bastante pompa. No meu tempo, nem ela sempre se fazia, ou, se por acaso se fazia, nada tinha de notável. Em compensação, porém, na igreja matriz havia um bonito altar da Senhora Boa Morte, cuja irmandade pertencia aos pardos; e esta festa era uma das mais bonitas, havendo, além das novenas, a procissão do enterro de Nossa Senhora no dia 14 de agosto e a da sua Assunção no dia seguinte.

Muitos e de diversas naturezas eram os festejos que se faziam na matriz; pois que era ali que, além de um grande número de festas exclusivamente religiosas, ainda se celebravam as grandes exéquias por defuntos notáveis e todos os atos religiosos que se celebravam por motivos políticos. Mas, de todas essas festas que ali tinham lugar, nenhuma havia de que eu tanto gostasse como eram as da Semana Santa; porque, sendo a religiosidade em mim um desses sentimentos que não há nada que os possa inteiramente arrancar do fundo dos nossos corações, eu sempre fui extremamente sensível a essa espécie de respeito ou de um como que terror santo, que ainda mesmo nas almas pouco religiosas, nunca deixa de mais ou menos inspirar a sublime grandeza ou a solene majestade do culto católico.

Ora, debaixo desse ponto de vista, e ainda mesmo sem falar nessa série de atos ou de cenas quase todos tão comoventes que se encadeiam e que constituem o que se costuma chamar endoenças, de todas as festas católicas ou pelo menos de todas aquelas que eu tenho visto, nenhuma há que se possa comparar em majestade a uma Semana Santa. Das solenidades, porém, que a constituem, duas eram as que mais me impressionavam ou de que ainda conservo as mais profundas recordações.

Dessas solenidades, a primeira, se não há de minha parte algum equívoco, creio que se chamava textos. Mas, tendo-a visto uma única vez e sendo nessa ocasião ainda muito pequeno, não sei se poderei dar do que vi uma verdadeira descrição. Combinando entretanto as minhas recordações com os conhecimentos que hoje tenho da religião, creio poder dizer que aquela solenidade que, ou por ser na realidade comovente ou pela sua execução vivamente dramática ou teatral, tanto me impressionou, se resumia mais ou menos nisto: Junto de um altar e com a frente um pouco voltada para o corpo da igreja, ficava um padre vestido de alva e com uma estola a tiracolo, e este representava a Cristo. Em um dos púlpitos da matriz achava-se outro padre, de cujo vestuário já não me recordo, e este representava um dos quatro evangelistas; no púlpito fronteiro, um terceiro representava Pilatos; e finalmente no coro, os músicos faziam o papel de judeus. Tratava-se, pois, do julgamento de Jesus Cristo perante Pilatos. O padre que estava em um dos púlpitos começava a narração desse julgamento, segundo o descreve o Evangelho; mas, apenas chegava a qualquer ponto em que algum daqueles três interlocutores dizia alguma coisa, o evangelista calava-se, e um dos padres ou a música tocava a palavra e repetia as frases que Jesus, Pilatos ou os judeus haviam proferido. Assim, chegando ao ponto em que Pilatos pergunta a Jesus se ele era com efeito rei de Israel, era o padre que representava Pilatos quem fazia a pergunta; entretanto que era o padre que representava o Cristo quem, em uma melopeia grave e triste, como se nos afigura que deveria ser a linguagem de Jesus, dava a resposta. Ou então, se Pilatos perguntava aos judeus o que devia fazer de Jesus, era a música que, rompendo em sons estridentes e um pouco descompassados, respondia — "crucifique! crucifique!" E assim por diante. Se, porém, essa solenidade nos enchia a alma de dor, essa dor, entretanto, tinha alguma coisa de uma doce melancolia, porque a ilusão quase nos fazia ver naquele padre que representava o Cristo, o próprio Cristo que ali estava presente e que nos parecia falar. A outra solenidade a que me referi, e que tinha lugar na Sexta-Feira da Paixão, ferindo-nos os sentidos com objetos unicamente tristes e mais ou menos lúgubres, enchia-nos a alma de uma dor pungente que de alguma sorte a acabrunhava e ao mesmo tempo a enchia de remorsos. E, com efeito, como era solene e triste, naquela imensa igreja que se chama a Matriz da Campanha, meio obscurecida e atulhada de povo, o ver sair, não se sabe donde, alguns padres, todos cobertos de branco até a cabeça; e, em silêncio, com o passo vagaroso e de um modo em que tudo respirava o mistério, dirigem-se ao calvário. Ali chegando e depois de contemplarem por algum tempo o Cristo que ali se achava suspenso entre os dois ladrões, e com a cabeça pendida e os braços abertos parecia chamar a si a humanidade inteira; em seguida, colocarem escadas ao madeiro em que ele estava pregado; com o martelo tirarem-lhe os cravos; com o auxílio de toalha descerem-no da cruz; colocarem-no em um esquife; e, tomando a este sobre os ombros, o conduzirem em procissão, até que vinham afinal na volta colocarem-no no sepulcro que para ele já se tinha preparado! E que procissão!

Calados sinos que nunca se calam e que nesse dia ficam mudos, a procissão sai da matriz, não simplesmente calada, mas em um como que furtivo segredo. E mostrando em tudo quanto a forma um ar verdadeiramente misterioso e santo, essa tão solene procissão caminha vagarosa por entre as trevas que envolvem a natureza inteira, e, sempre silenciosa, percorre as ruas da cidade, sem que outra voz se ouça senão a voz de Verônica, que, trepada sobre um tamborete de espaço em espaço, a todos pergunta se há uma dor que se possa comparar à sua e que então lacrimosa a todos mostra a sangrenta imagem do Divino Salvador; ou então a voz da música, que, nos mais melancólicos acordes, chora em surdina a morte de um Deus e a imensa grandeza do pecado do homem. E como se no meio de toda essa imensa tristeza nada devesse faltar que nos recordasse todos os pontos dessa tão triste história, nessa procissão nada falta que de perto ou de longe se entrelace com o grande mistério da redenção. Aqui é Izac, por exemplo, que leva às costas o seu pequeno feixe de lenha; ali é Madalena, arrependida e toda desgrenhada, que chora os seus pecados e a saudade d'Aquele que a perdoou; mais adiante são ainda as três Behús ou o discípulo bem-amado que, em um livro que leva aberto, vai escrevendo o seu evangelho; até que a procissão entra na igreja, o corpo é deposto no sepulcro; um centurião o guarda e o vigia com os seus soldados; e no, meio do sermão que a tudo isso se segue, abre-se de repente a cortina da capela-mor, e o calvário de novo aparece, mas agora já todo iluminado e coberto de anjos.

Tudo isto, assim contado e não presenciado, e contado a espíritos frios ou a corações em que a fé é morta ou sem força, parecerá com certeza uma coisa bem descabida e quiçá mesmo profundamente ridícula. Eu próprio não sei o que hoje talvez sentisse; mas o que digo e afirmo com todas as veras de uma convicção inabalável é que bem aventurados e mil vezes felizes são aqueles que ainda podem ver tais coisas e com elas se comoverem, porque para eles a natureza vive e fala e toda a criação nada mais é do que uma harmonia constante e festiva que virá proclamar a glória do divino redentor. Pois que, se é para dele nos falar que o maracujá nos mostra dentro da sua admirável corola o símbolo mais completo da Paixão; e se é ainda para nos chamar ao sentimento da sua morte que as flores da Quaresma são todas mais ou menos roxas; assim também, quando o galo, ao aproximar da aurora, bate as suas asas com um tão grande estridor e então esse seu canto tão ressonante e prolongado, é unicamente para despertar a todos os outros animais e anunciar-lhes que o Cristo nasceu; entretanto que o boi mugindo pergunta — aonde? E balando a ovelha prestes responde — Em Belém. Para todos esses que nunca tiveram essa fé tão cheia de encantos, e, ao mesmo tempo, tão vivificadora, ou para aqueles que, muito mais desgraçados ainda, já a tiveram e hoje não a tem, o que vem a ser um mundo? Para uns um verdadeiro deserto árido e sem fim que parece tornar a morte um bem; e para outros uma enganadora floresta apenas, cujas árvores tão belas de ver e tão profusamente carregadas lhes desafiam o apetite e lhes prometem satisfazer a gula; mas cujos frutos, entretanto, são exatamente como aqueles de que Milton nos faz uma tão bela descrição, e que sendo de uma aparência belíssima por fora, dentro, pelo contrário, só nos apresentam os nojos da podridão ou as mais amargas e nauseabundas cinzas.

Em contraposição a todas essas tristezas da Semana Santa, a mais alegre de todas as festas da Campanha era a festa dos negros, isto é, a de Nossa Senhora do Rosário ou como mais vulgarmente se dizia — a subida do Rosário.

Nem há nesse fato de ser tão grande a alegria dos negros coisa que nos deva admirar, porque para mim é fora de toda a dúvida que a primeira condição de felicidade é a fé; e eu estou igualmente convencido de que a segunda é o trabalho, e quanto mais material melhor.

Ora, sendo o negro completamente ignorante, e sendo a ignorância a principal base da fé, esta, ou boa ou má, eles a tem em uma dose elevadíssima. E como, por outro lado, eles são, ou eram, obrigados a um trabalho forçado e constante, eles reuniam em si as condições essenciais para serem completamente felizes e, por consequência, para serem alegres; pois que a felicidade é puramente subjetiva, e feliz não é quem o parece ser, mas sim quem se julga ser; ou muito melhor ainda, quem não tem tempo para poder ver quanto é desgraçado.

Tudo isso parece à primeira vista o mais desbragado dos paradoxos, porque, se há um ente que se considera essencialmente desgraçado, é o escravo; e, não obstante, eu, que sempre os tive e que os conheço muito a fundo, estou intimamente persuadido de que não há seres mais do que eles realmente felizes; salvo, se pela sua natureza já nasceram tão alegres, que os males da escravidão não são bastantes para torná-los tristes.

Não se pense, entretanto, que eu quero com isso dizer que os negros não preferem a liberdade à escravidão. Pelo contrário, nada há tanto que desejem como a liberdade. Mas o que eu afirmo e julgo ser certo é que, por paciência resultante da fé ou por falta de tempo para pensarem, eles são, com disse, seres essencialmente felizes. E isso eu o digo, porque sempre vi que o menor prazer que se lhes concedia era sempre para eles um motivo de grande contentamento. Não havia fadigas nem desgostos que os impedissem de cantar e dançar; de sorte que muitas vezes, após um dia de aturado trabalho, se eu lhes consentia que fizessem algum folguedo, eles passavam a noite inteira a cantar, tocar e dançar na mais completa e descuidada alegria. Ao passo que, atormentado pelos pensamentos e por tantos cuidados, uns reais e a maior parte imaginários, passava grande parte da noite a revolver-me no leito e, debalde, procurando conciliar o sono. A festa do Rosário, portanto, era, senão a mais luxuosa da Campanha, pelo menos a mais alegre e divertida porque, se os festeiros eram, como já disse, os seres os mais felizes, ou se quiserem, os mais alegres deste mundo, tudo ainda nessa festa se ajuntava e concorria para torná-la realmente alegre e divertida.

A igreja do Rosário está colocada acima da matriz no ponto mais alto da colina em que a povoação se assenta, e justamente no lugar em que naquele tempo acabavam as casas e começava o campo. Sem nenhuma arquitetura e sem torres, o seu sino ficava do lado de fora, junto a uma grande figueira ou gameleira, que ali cresceu e se desenvolveu quase que pegada à igreja. Essa festa era, pois, uma festa de cidade e campestre ao mesmo tempo. E se, por essa última circunstância, deveria se tornar alegre em vista da muito grande concorrência de povo que ela provocava e que folgadamente se espalhava pelo campo; mais alegre ainda se tornava, não só pela algazarra que os pretinhos faziam dentro da igreja ao afagar as respectivas joias e armas, e, fora da igreja, com os seus dançares e cantares; porém, ainda também pelo vestuário mais ou menos grotesco de alguns e pelas lantejoulas e ornamentos de cores vivas que todos mais ou menos ostentavam.

Quanto ao programa principal da festa, ou o que propriamente constituía a subida do Rosário, era a condução do rei e da rainha da sua casa para a igreja; os quais de coroa na cabeça e com um grande acompanhamento iam ali como os outros levar as suas joias e não sei se também assistir à eleição dos seus sucessores. As negras iam vestidas com o que elas tinham de melhor ou que podiam arranjar emprestado; e como, de ordinário, aquilo que mais se aprecia é justamente aquilo de que menos precisamos: muito raro era a negra, que, embora não houvesse sol nem chuva, não subisse de chapéu de sol aberto. Os pretos faziam também o que podiam para bem aparecer naquele dia; e muitos havia que tudo quanto ajuntavam durante o ano, nessa festa o consumiam.

O que era propriamente festa de igreja durava pouco e acabava cedo; mas a da rua prolongava-se pela noite adiante até a madrugada, e esta consistia em andarem eles toda a noite a percorrerem as ruas e as casas e nelas a dançarem e cantarem. Eram dois os bandos; e entre eles não deixava de haver uma tal ou qual rivalidade, porque, se entre pessoas inteiramente iguais essa rivalidade nunca deixa de aparecer, e às vezes de degenerar em ódio e até em ferozes inimizades, nesse caso, para essa rivalidade, dava-se uma circunstância ainda. Um dos bandos se compunha exclusivamente de crioulos ou de pretos da cidade; entretanto que o outro se compunha dos escravos da fazenda do Barro Alto, aos quais se agregavam alguns de outras fazendas e mesmo alguns da cidade, que não podiam ou não queriam fazer parte do primeiro. Os desse segundo bando vestiam-se todos de branco e tinham um capacete feito com arcos de taquara cobertos também de branco; e tudo isso, capacete, calças e vestido, enfeitado de fitas de diferentes cores. Dançavam com pandeiros e cantavam versos que eles mesmos faziam e dos quais se pode fazer uma perfeita ideia por este de que ainda me recordo:

Marcha, marcha, marcha,
Marcha general;
Na subida do Rosário
Temos muito que marchar.

Os do segundo bando eram todos e a todos os respeitos muito mais civilizados, e não só se vestiam com mais variedade e até alguns, ou todos, de calções e manto; mas, além de cantarem e dançarem, ainda entre si dialogavam e faziam uma como que representação cômica ou dramática da sua própria invenção.

Além das igrejas e das festas de que acabo de falar, ainda havia na Campanha uma dessas festas campestres que existem mais ou menos por toda a parte e que são sempre tão aprazíveis, a qual tinha lugar no dia 3 de maio em uma localidade próxima e que se chamava Árvores Bonitas.

Esse lugar fica meia légua distante da cidade, e o seu nome vem de um grande número de árvores que ali cresceram no meio do campo, e que, pela sua altura, imensa copada, e, ao mesmo tempo, pelo modo com que estão dispostas e reunidas, merecem com a mais inteira justiça o nome que lhes deram; pois que são realmente muito bonitas e tornam muito aprazível o lugar em que se acham.

Junto dessas árvores, ou um pouco mais para o alto, construíram ali uma pequena ermida com a invocação de Santa Cruz; e a missa que ali se dizia no dia 3 de maio era o pretexto para que a cidade quase inteira para lá se transportasse, indo alguns a cavalo e a maior parte a pé. A festa, pode-se dizer que não passava daquela imensa reunião de povo, e desses divertimentos que são próprios dessas mesmas reuniões.

Independentemente, porém, da lufa-lufa ou da imensa concorrência desse dia, era aquele lugar tão aprazível que não era raro que algumas famílias, aproveitando-se de uma estação para isso favorável, em bandos mais ou menos numerosos, ali fossem por simples passeio ou para lá irem fazer o que hoje se costuma chamar um *pick-nick*.

Eu mesmo a um deles assisti que me pareceu muito agradável, mas do qual o que houve de melhor, por ser um divertimento que não tinha entrado no programa, foi uma fortíssima pancada de chuva que na volta, nos tomando de supetão ao descer o grande morro da cidade, aí muito nos fez patinar sem querer e acabou por deixar-nos a todos ainda mais que enlameados, escorridos "que nem" pintos.

CAPÍTULO XX

Tendo tratado no artigo precedente das igrejas e das festas religiosas da Campanha, neste vou me ocupar dos seus divertimentos profanos, e começarei pela dança. Para proceder, porém, com um pouco mais de método, me ocuparei primeiro das danças da cidade e tratarei depois das que eram próprias do campo.

Naquele tempo a população da cidade se dividia nas três seguintes classes — a dos brancos e sobretudo daqueles que por sua posição constituíam o que se costuma chamar a boa sociedade; a do povo mais ou menos miúdo; e finalmente a dos escravos. A dança da classe superior constituía o que propriamente se chama um baile. Aqui, porém, é preciso ponderar que, em todo o sul de Minas, só havia bailes em duas únicas povoações, que eram a Campanha e a então vila de Pouso Alegre. E, com efeito, era o baile naquele tempo um progresso de tal natureza ou ia de encontro por uma tal forma às ideias até então dominantes, que ambas aquelas povoações começaram desde logo a gozar por isso de uma tal ou qual fama de imoralidade; pois que, segundo se dizia, a sua desenvoltura chegava a um tal ponto que as próprias senhoras já nem sequer se vexavam de dançar com os homens. Nas outras povoações, portanto, a classe superior não dançava; e tudo que vou dizer só se aplica à Campanha, e com muito mais razão se pode também aplicar a Pouso Alegre, porque, embora muito mais nova do que a Campanha, aquela povoação de repente entrou e com um tal furor em todas as ideias do progresso, que ali até havia sociedades políticas de senhoras em que estas procuravam macaquear as dos homens, fazendo discursos, não sei se improvisados ou levados de casa, mas que eram sempre acompanhados dos indefectíveis apoiados, muito bem, muito bem etc.

As primeiras danças que naqueles tempos constituíam um baile eram, segundo ouvi dizer, o ril, o miudinho, e outras de cujos nomes não me recordo agora. Eu, porém, já não as alcancei; e, por isso, não posso dar a sua descrição, embora me pareça que eram danças de três, de cinco e de nove pessoas e, como todas as danças daquele tempo, muito cheias de movimento. Os primeiros bailes a que assisti, e que já tinham um caráter muito mais moderno, esses começavam de ordinário pela gavota, a qual era dançada por um ou dois pares; principiando esta pelo minueto, seguindo-se depois diversos passos e corridas, e tudo isso servindo a todos aqueles que a dançavam de uma excelente ocasião para mostrarem a sua ciência na postura e a sua agilidade nos movimentos. Depois da gavota seguia-se uma contradança inglesa, na qual podiam tomar parte todos os pares que quisessem, os quais, colocados no meio da sala, formavam duas filas, ficando os cavalheiros de um lado e as damas do outro, em frente cada um do seu respectivo par. De sorte que, descendo e subindo pelo meio daquelas duas filas, cada um dos pares dançava com todos os outros por meio de marcas que se repetiam e que variavam, mas cuja descrição eu deixo de fazer, com o receio de que se tornasse mais ou menos fastidiosa.

 Esta era a contradança que mais vezes se repetia. Entretanto, para variar, dançava-se também mais de uma vez a contradança espanhola, que era a inglesa tal qual; mas com esta diferença — que na inglesa se fazia nas diversas marcas uma simples roda com o próprio par e com todos os outros, à proporção que chegava a vez de cada um; entretanto que na espanhola, essa roda era substituída por um passo de valsa. Nos intervalos dessas duas contradanças, tinham lugar as valsas; mas estas eram só de duas qualidades — a inglesa, que era uma valsa mais ou menos pulada; e a espanhola, que era uma valsa arrastada e vagarosa e a mesma que se dançava na contradança deste nome.

 Nos bailes de meu avô tocava-se também piano e creio que se cantavam modas e árias; mas isso só se dava em casa dele, porque, tendo hoje a Campanha dezenas de pianos, naquele tempo só havia esse de meu avô que era um piano de cauda e de uma cauda tão comprida que ocupava uma boa parte da sala. E pode-se fazer ideia da dificuldade que não deveria haver para se conduzir uma peça dessas por meio de animais e de uma tão grande distância e por tão maus caminhos como os que então existiam entre a Campanha e a Corte. Eu não sei se, em vez do piano, era mais ou menos geral o uso do cravo. Creio que não, porque nunca vi em parte alguma senão um único na Campanha, e cuja forma externa era exatamente a de um piano um pouco menor. No mais havia esta grande diferença —

o som e as cordas eram mais ou menos como da viola, sendo, por isso, as cordas não batidas pelos martelos como nos pianos, mas picadas por umas pequeninas penas que nos martelos se achavam seguras ou embutidas em forma ou em lugar de unhas.

Tais eram os bailes ou a dança dos brancos ou a dança da classe superior. Quanto à dos negros, reduzia-se ao jongo, que era feito em algum subúrbio da cidade, e que, segundo o costume dos africanos, era sempre ao ar livre. Era essa, ou antes, é essa uma dança em que ninguém fica parado, porque nela todos se conservam de pé e em círculo a cantar e a sapatear, enquanto no centro há sempre um dançador que faz mil momices e requebrados até que vai tirar outro ou outra para vir para o centro repetir a mesma coisa; e isso, por assim dizer, sem cessar, e muitas vezes durante um dia e uma noite inteira. Para essa dança, eles quase não se servem de outro instrumento músico, além do caxambu, de que em algumas partes a dança tomou o nome, e que é uma espécie de barril afunilado que tem a boca coberta com um couro onde eles batem com as duas mãos.

Nem admira que eles se sirvam desse único instrumento, porque sobre esse ponto os africanos são de uma pobreza inventiva extraordinária. Parece que, além do caxambu, eles nenhum outro instrumento possuem a não ser a marimba, que é uma espécie de pequena tartaruga com dentes de ferro sobre a parte chata e que eles tocam com os dois dedos polegares, e o urucungo, que é um arco cuja corda é de arame e tem em uma das pontas uma cabaça, sendo a corda ferida com uma varinha.

Se, porém, a classe superior tem o seu baile e se os negros têm o seu jongo ou caxambu, a classe inferior da cidade, pode-se dizer, naquele tempo não dançava, ou pelo menos, não tinha uma dança que lhe fosse própria.

Felizmente para os que eram assim privados de um prazer que é tão comum a quase toda a humanidade, havia então uma dança que, sendo própria e quase que exclusiva da gente baixa ou ordinária, era entretanto um campo francamente aberto para todos que nela quisessem entrar, inclusive até às vezes alguns desses padres relaxados, que não recuam diante de nada, nem mesmo do maior escândalo; pois que eu mesmo cheguei a conhecer um, que, segundo geralmente se dizia, não só era um acérrimo devoto dessa dança, mas ainda nela se portava com uma tal indecência e um descomedimento de tal natureza, que eu mesmo me vexaria de aqui dizê-lo. Ora, essa dança de que acabo de falar e que servia de chamariz para muita gente boa era o batuque, que, essencialmente lúbrico e indecente, era, por isso, uma dança proibida e na qual nem mesmo os pobres, que eram dotados de um certo sentimento de dignidade ou de bons costumes, jamais se animavam a entrar.

Eu nunca cheguei a ver um verdadeiro batuque, mas ouvi muitas vezes fazer-se a sua descrição, e sei também que é dele uma decente imagem ou uma inocente miniatura, uma dança que se costuma chamar o batuquinho; e que uma vez em uma festa da roça que teve lugar, se não me engano, por ocasião da formatura do atual desembargador João Bráulio Moinhos de Vilhena, não só vi dançar mas até nela tomei parte. E eis aqui o que era o batuquinho: Tocada a música, que, seja dito de passagem, é de tal natureza que desperta desejo de dançar ainda mesmo àqueles que não sentem como eu o menor prazer em um semelhante divertimento, e que parece pôr fogo nas veias dos que são a ele inclinados; uma pessoa vai para o meio da sala, e puxando a fieira e fazendo todos os requebrados e desembaraçados ademanes que a decência lhe permita, vai afinal curvar-se ou ajoelhar-se diante de uma pessoa do outro sexo, que é obrigada então a sair e a ir por sua vez fazer a mesma coisa.

Ora, o batuque, em última análise, vem a ser justamente isso, mas com esta grande diferença — que tudo nele é imensa e lubricamente exagerado; entretanto que a pessoa que é tirada sai para dançar com a que a tirou e acabam afinal, ou como por despedida ou paga do favor que mutuamente se fizeram, por uma umbigada que é dada de um certo jeito que estala com uma grande força; e quanto maior é o estalo, tanto melhor ou tanto mais apreciada é também a umbigada; no que não deixa de haver algum perigo, porque, para dá-la, não basta querer, é preciso saber, e o que não sabe ou que despreza as regras muitas vezes fica rendido.

Sendo o batuque proibido, e com a civilização e a liberdade tendo muito se ampliado o círculo das nossas ideias, e ao mesmo tempo das nossas distrações e dos nossos divertimentos, o batuque tem ido pouco a pouco se acabando, e há muito que já não ouço falar nele. Entretanto, ainda em 1860, ele não tinha desaparecido dos arredores da própria capital, pois que, segundo ouvi dizer a mais de uma pessoa, houve ali, por esse tempo mais ou menos, um delegado de polícia que tomou a peito pôr termo a um semelhante divertimento, que, além de imoral, era proibido com alguma severidade pelas posturas municipais. Esse delegado, porém, que, segundo ainda me disseram, era um farmacêutico muito conhecido no Ouro Preto, parece que se perdeu por excesso de zelo; porque, tendo uma noite notícia ou denúncia de um batuque que se achava formado em um dos bairros da capital chamado As Cabeças, em vez de mandar dispersar por seus agentes aquela reunião ilícita, assentou de fazer a diligência em pessoa; e para lá partiu com o propósito bem firme de não deixar escapar a um só dos dançadores e de trazê-los todos, fossem quem fossem, para a cadeia.

Ele, portanto, não querendo errar o seu bote, antes de dar sinal da sua presença, quis explorar o terreno em que devia manobrar; e deixando, segundo creio, um pouco atrás a força que levava, seguiu só, para por si mesmo observar o que se passava. Quando ali chegou, pôs-se a expiar a dança, que, naquela ocasião, se achava no seu maior auge; e assim ficou por algum tempo, até que, ao ver que ela chegava a um daqueles seus momentos mais frenéticos e delirantes, ele esquece-se da força que havia consigo levado, bate imprudentemente na porta, e, em vez de prender aos dançadores, é ele quem também se mete na dança, e quem dançando, como o mais furioso dos dançadores, ali passou todo o resto da noite.

Antes de começar a tratar das danças que existiam nas povoações, eu dividi, como o leitor deve estar lembrado, toda a população em três classes; isto é, na da gente que constituía a boa sociedade, na do povo mais ou menos miúdo, e na dos negros, finalmente, ou dos escravos. Entretanto, essa classificação não é perfeitamente exata, porque naquele tempo havia no seio da população uma espécie de elemento híbrido, que, entrando na primeira e na segunda classe, não obstante, a nenhuma delas perfeitamente pertencia. E esse elemento era essa quarta raça da qual já me ocupei quando principiei a tratar desta matéria, raça esta que, tendo cada vez mais a absorver todas as outras, era formada pelos indivíduos de sangue misturado, ou antes, pelos pardos.

Assim, sendo todos os indivíduos dessa raça extremamente orgulhosos, ou, para falar talvez com muito mais exatidão, querendo todos, como todos os homens, sempre subir e nunca descer, aqueles que pertenciam à segunda classe não se dignavam de descer até os negros, de quem tinham uma parte maior ou menor do seu sangue, e dos quais, em compensação, não deixavam de ser não simplesmente mal vistos, mas talvez mesmo até sinceramente odiados. No entanto, que aqueles que por direito deveriam pertencer à primeira classe, e cujo maior desejo era o de poderem ser nela recebidos no mais completo pé de igualdade, ali apenas apareciam como a gralha entre os pavões, pois que, embora os brancos não os repelissem inteiramente da sua convivência, nunca, entretanto, os acolhiam senão como seres de uma qualidade muito inferior; e ainda que todos por dentro se remordendo, eles não tinham remédio a não ser se conformar com essa sua inferioridade, que lhes era imposta, como já disse, pela mais forte de todas as leis — a de um prejuízo inveterado e, por assim dizer, universal. Assim eu conheci na Campanha algumas famílias de pardos, muito honestos, muito respeitáveis, e que, pela sua posição e fortuna, reuniam todas as condições para pertencerem à classe superior. E, com efeito, essas famílias eram muitas vezes convidadas para os bailes dos brancos. Mas, se eram convidadas e se quase nunca deixavam de aceitar o convite, isso não quer de modo algum dizer que lá fossem para dançar ou tomar parte no baile; porque, na realidade, o que se dava é que elas apareciam nesses bailes unicamente para ali figurarem como simples espectadoras, ou para lá irem, como vulgarmente se diz, fazer o papel de simples placas apagadas. E isso era ainda assim entre o ano de 1841 e o de 1845; pois que, embora mais ou menos esquecido do ano, lembro-me, entretanto, e muito perfeitamente, da noite em que esse prejuízo começou a ser derrocado. E eis aqui como o fato se passou.

  Meu avô havia dado um baile; e, como era seu costume, segundo já tive ocasião de dizer, de convidar para eles toda a gente mais ou menos limpa da povoação. Convidou para esse todas essas famílias de pardos de que há pouco falei; e, em uma das quais, havia duas moças que, além de muito bem educadas para aquele tempo, e de muito prendadas, eram ainda dotadas de uma grande formosura. Os homens que estavam no baile e que não podiam deixar de admirá-las começaram a lamentar o prejuízo que as impedia de dançar; e, filosofando sobre o absurdo de um tal prejuízo, concluíram afinal e concordaram que se devia acabar com ele. Mas deu-se aqui o mesmo que aconteceu no concílio dos ratos, em que se resolveu que se pusesse o guizo ao gato: todos concordavam que se as devia tirar para dançar, mas nenhum havia que se animasse a fazê-lo; até que meu pai, ou por mais desabusado ou por não se recear que se fizesse mau juízo do seu procedimento, foi tirar a uma delas; e, dado o exemplo, nunca mais se sentaram. Um tal resultado, entretanto, me parece ter sido antes devido à beleza daquelas duas moças do que talvez mesmo a um sentimento de justiça e de igualdade democrática. E isso digo porque até o tempo em que saí da Campanha, nunca vi que ali se tirasse para dançar a qualquer parda velha ou feia, e muito menos que os pardos se animassem a tirar uma branca ou até mesmo a se pôr na sala para dançar ainda que fosse com uma senhora da sua cor, porque teria de ser o *vis-à-vis* de uma branca; e isso para esta parecia ser um osso um pouco duro de roer.

    Passando agora a tratar das danças do campo, eu direi que, se no campo, como em toda a parte, o negro dança sempre, e que se a sua dança é sempre o jongo; em vez do que acontecia na cidade, no campo, a gente da primeira classe absolutamente não dançava, e a da segunda dançava muito. E isso se explica pelo modo do viver de cada uma delas; pois que, ao passo que a vida da família do fazendeiro era uma vida de isolamento e de reclusão mais ou menos completa, a classe inferior dos habitantes do campo, e que se compunha de pequenos sitiantes ou de camaradas e de agregados dos fazendeiros, vivia, por assim dizer, com as suas famílias não só ao ar e à chuva, porém, ainda em uma como que completa promiscuidade. Não só toda a família, homens e mulheres, juntos, se ocupavam da maior parte dos serviços, e estavam com os vizinhos em relações muito contínuas, porém ainda ocasiões havia, em que, sob o nome de mutirões, todos esses vizinhos se reuniam para ajudar a algum deles que se via com o seu serviço mais ou menos atrasado ou que tinha urgência de concluir um serviço qualquer. Auxílio este que, embora muitas vezes reiterado, eles entretanto nunca o deixavam de prestar, e de prestá-lo da melhor vontade, porque, além da certeza que todos tinham da retribuição, quando dela precisassem, esses mutirões, cujo resultado era às vezes de importância imensa para aqueles que os faziam, convertiam-se ao mesmo tempo para todos em um dia de verdadeira festa. Embora se trabalhasse, e se trabalhasse muito, o trabalho, entretanto, tinha mais ares de brinquedo do que mesmo de fadiga; e o resultado final, depois de todos os comes e bebes, era muito canto e muita dança.

Ora, dessa vida assim um pouco em comum e que era, ao mesmo tempo de um trabalho constante e mais ou menos variado, resultava este fato — que não só a mulher do campo era muitas vezes mais forte do que qualquer homem da cidade, porém que, sendo ela capaz de grandes virtudes, mas sem esse pudor afetado ou mais ou menos sincero da gente da cidade, não só se mostrava entre os seus iguais de um desembaraço completo, mesmo em público não se acanhava por qualquer coisa. E assim, a mulher do campo, que, de ordinário, andava a pé ainda quando era acompanhada pelo seu marido ou por algum dos seus filhos, que ia às vezes a cavalo, se era preciso ou se a ocasião para isso se oferecia, sem a menor cerimônia nem o menor embaraço, ou sentava-se na garupa de qualquer deles com ambas as pernas para um dos lados, ou então, fazendo do seu vestido ou da sua saia uma espécie de calças que muito mal lhe cobriam as pernas, montava como um homem nos primeiros arreios que encontrava; e ia pela estrada afora com dois ou três filhos, uns adiante e outros atrás e ainda por cima alguma trouxa.

Ora, eu já disse quanto os negros são alegres, quanto eles gostam de dançar e divertir-se; e atribuí um semelhante fato à fé a que se entregam. Pois bem, a classe inferior do campo reúne em um grau maior ou menor todas essas qualidades; e o resultado que se observa é ainda o mesmo, pois que a verdade é esta — que o camponês pobre é, como o escravo, o mais alegre, o mais feliz, o mais prestativo e, ao mesmo tempo, o mais hospitaleiro de todos os homens. E como o canto e a dança são os companheiros mais ou menos inseparáveis da alegria ou de um espírito descuidado, ninguém também talvez haja que mais dance e que mais cante do que esses mesmos camponeses. Ao invés, porém, dos negros, cujos cantos são quase sempre os mesmos e mais ou menos monótonos, os cantos dos camponeses são feitos em todos os tons, as suas letras variam com as toadas, e essas letras, que são umas vezes alegres, outras cômicas, e outras finalmente tristes ou pelo menos repassadas de uma doce melancolia, são eles mesmos quem as compõem. Seria realmente digno de muito apreço um trabalho que tratasse dessa matéria debaixo dos diversos pontos de vista pelos quais pode ela ser encarada; isso, porém, não cabe em um trabalho tão ligeiro ou de simples memória como este que vou aqui fazendo. E assim, sem estender-me mais sobre esse ponto, apenas acrescentarei que a dança por excelência da gente do campo ou aquela para a qual nunca se deixa de aproveitar qualquer ocasião, é a que se chama cateretê; dança esta, que é extremamente alegre e muito animada, porque, sendo os dançadores por natureza alegres, ela é ainda acompanhada do canto, de palmas e de sapateados; e dançadas ao som da viola, que é tocada por um dos quatro dançadores que a formam e que em um movimento geral e contínuo, umas vezes se cruzam, outras se cumprimentam, e outras finalmente voltam-se em torno uns dos outros.

Quanto à vida de uma fazenda, era, como acima já disse, uma vida de reclusão e de isolamento para a família. Então, uma fazenda, longe de ser, como é hoje, uma como que prolongação da vida da cidade, tinha alguma coisa de um castelo medieval e ao mesmo tempo da casa de um turco. O fazendeiro, esse era livre; tudo lhe era permitido; e, se ele não usava e não abusava do seu poder e da sua liberdade, era unicamente porque, em geral, os seus costumes eram mais ou menos puros, e todos eles mais ou menos observadores desse sentimento do próprio respeito ou da própria dignidade, ou por outra, do próprio decoro.

A família, porém, do fazendeiro, esta tinha alguma coisa de uma escrava, e, ao mesmo tempo, de uma santa, que se enche de todos os respeitos, mas que se conserva com todo o cuidado em um oratório, para que não se quebre ou não se cubra de cisco; e, como o seu destino era de viver sempre guardada, muito bem se poderia também compará-la com essas pedras preciosas ou com esses diamantes da coroa, que apenas aparecem nos dias de maior gala.

E, com efeito, à exceção de certos cuidados que exigia o governo doméstico, pode-se dizer que a família do fazendeiro passava todo o dia em um vasto salão, onde a dona da casa, sentada sobre um estrado como uma rainha sobre o seu trono, via-se cercada de toda a sua corte, que eram as filhas a coser e a bordar junto dela, e em roda do salão e um pouco mais longe, uma grande fila de escravas que se empregavam em diversos misteres, mas a maior parte em coser, em fiar e em fazer renda. Naquele recatado interior nenhum estranho penetrava que vestisse calças, a não ser algum parente muito próximo e as mais das vezes era ainda preciso que ou fossem muito velhos ou muito crianças; sobretudo se se tratava de primos, pois que a máxima que então predominava era que nada se devia tanto vigiar como três — P.P.P. —; isto é, os primos, os patos e os padres, porque, diziam eles, os primos, os patos e os padres são sempre os que borram a casa.

A mesa dos hóspedes era sempre em uma sala exterior; e, se a importância do hóspede era tal que exigisse a presença do dono da casa, nesse dia a família comia sem ele. Isso não quer dizer que a família não visse os hóspedes, porque toda mulher é essencialmente curiosa, e nenhuma há que não encontre um meio qualquer de espiar. O hóspede, porém, nunca via essas curiosas espiadoras, e, quando muito, as lobrigava. Havia, entretanto, certos deveres de civilidade que não se podiam deixar de cumprir; e à família não lhe faltava fazer certas visitas a certas parentas e comadres, nem ir assistir no arraial ou na respectiva freguesia às quatro festas do ano, que eram, se não me engano, o Natal, que se emendava com o ano-bom, a Páscoa ou Semana Santa e o Espírito Santo, assim como a qualquer outra festa religiosa que ali se celebrasse. Ainda assim, se, nessas ocasiões, as mulheres podiam tudo ver ou pelo menos ver muitas coisas, elas, pelo contrário, quase que não eram vistas, porque nunca se mostravam em público, senão inteiramente veladas. Em casa, em vez de vidraças, o que se observavam nas janelas eram umas como que venezianas, que se chamavam rótulas, porque eram formadas de umas tabuinhas movediças que se podiam rodar para baixo ou para cima, e que ficavam sempre arranjadas de modo que de dentro tudo se podendo ver, de fora nada se via.

Só uma coisa havia em que se dava uma grande inconsequência nesse sistema do mais completo recato, e era no modo como as senhoras cavalgavam. Ao passo que hoje, em que as modas parecem apostadas a destruir todo o sentimento do pudor, uma senhora que cavalga, ou como se costuma dizer, uma amazona, fica perfeitamente coberta e montada de banda, naquele tempo as senhoras cavalgavam em umas selas chamadas cavaleiras, e que hoje nem mesmo um homem poderia suportar, e por isso as saias de montar, que eram sempre de pano azul, não só eram curtas e nunca passavam dos tornozelos, mas, ainda, eram partidas adiante e atrás. De sorte que, embora cobertas por umas calças largas e compridas que pelos babados que caíam sobre os pés pareciam fazer de quem as levava uma espécie de pombo calçudo, as suas pernas não deixavam de ficar mais ou menos em exposição, o que não deixava de ser também, para aquele tempo, uma espécie de ofensa ao pudor.

Eu quero crer que os pais de família desses tempos já tão estranhos para nós tinham uma perfeita consciência daquela inconsequência, e que, se não procuravam remediá-la, era unicamente por não serem dotados de um gênio bastante inventivo.

Se, porém, eles não descobriam um meio de fazer a mulher cavalgar sem aquele inconveniente, elas, entretanto, descobriram um que lhes tirava todo o perigo, ainda que tivessem de cavalgar sem calças. E esse meio era o chapéu de que então as cavaleiras usavam e que, muito semelhante às primeiras barretinas que teve a nossa Guarda Nacional, parecia mais ou menos a um barril de oito medidas; com a diferença apenas de que, sendo justo na cabeça, ia sempre se alargando para cima, obra mais ou menos de dois palmos. Ora, com um tal chapéu, parece que não há mulher, moça ou formosa, que pudesse servir de tentação a ninguém.

Eis aqui, pois, qual era a vida da classe superior dos habitantes do campo. E se tal era a sua reclusão e o seu resguardo, está bem visto que a dança, e que sobretudo a dança de homens com mulheres, seria a última coisa que pudesse vir ao espírito de semelhante gente. E, com efeito, como eu já disse, a classe superior dos habitantes do campo não dançava; ainda que não deixasse de fazer algumas festas mais ou menos familiares, como as que, de ordinário, tinham lugar por ocasião de alguns casamentos. Essas festas, contudo, não só nunca passavam de um grande banquete, que se tornava notável pela profusão que havia de tudo, mas muito principalmente dos doces que eram feitos com uma grande perfeição e em cujo número os que mais brilhavam eram os do gênero alfenim. Longe de haver nessas ocasiões qualquer confusão maior ou menor das pessoas dos dois sexos, pelo contrário, o que mandava a pragmática era que, ou houvesse duas mesas, uma para os homens e outra para as mulheres, ou então quase todos comessem simultaneamente na mesma mesa, os homens de um lado e as senhoras do outro. Eu mesmo ainda alcancei uma dessas festas de casamento; e devo dizer que nessa houve dança, mas não foi de homens e mulheres, nem mesmo da gente da classe superior que ali se achava. Essa dança foi executada por três ou quatro moças que tinham vindo não sei donde; e de cujos movimentos já bem pouco me recordo, lembrando-me apenas de que uma das piruetas que essas moças faziam terminava sempre por uma barraca, isto é, por uma volta mais ou menos prolongada que elas faziam sobre si mesmas e que de repente interrompiam baixando-se; donde resultava formarem as saias do vestido uma espécie de balão. E como essa barraca era um como que ato de honraria ou de cumprimento à pessoa junto da qual se fazia, lembro-me ainda de que cada qual ou que os mais desembaraçados não cessavam de pedir uma para si; e quanto maior era a tal barraca, tanto mais se a aplaudia.

CAPÍTULO XXI

Já o leitor conhece quais eram os divertimentos com que antigamente a nossa população se entretinha, tanto no campo como na cidade; e esses divertimentos pode-se dizer que eram os seguintes: as festas nacionais, de que em outro lugar já tive ocasião de falar; as festas religiosas, que eram aquelas de que principalmente então se preocupava; e, finalmente, o canto e a dança, que, para algumas das classes pelo menos em que a sociedade então se dividia, constituíam um dos maiores mananciais de prazer. Nem eu creio que fora desses divertimentos e de alguns outros que são muito comuns, como a caçada, por exemplo, outros então houvesse; porque o teatro, que é hoje uma das distrações mais vulgares da população das cidades, não existia então em parte alguma a não ser apenas na capital da província. Até as próprias companhias de funâmbulos, de cavalinhos e outras que hoje vivem a se cruzar por toda a parte, naquele tempo era coisa que nem sequer se conhecia. O primeiro acrobata que se fez ver na Campanha foi um certo Chiarini; e tão grande foi a admiração que ali causou, que, assim como por muito tempo e não sei se ainda hoje o nome de Candiani se costumava tomar por sinônimo de uma cantora insigne, por ser essa a primeira das cantoras italianas que apareceu no Brasil e que a todos encheu de uma tão grande admiração cantando a Norma, assim também o nome de Chiarini foi por muito tempo empregado em Minas como um verdadeiro sinônimo de um homem extremamente ágil ou de um perfeito dançador de corda.

Quanto aos cavalinhos, esses já são do meu tempo; e a primeira companhia que deles apareceu na Campanha foi a de um russo chamado Alexandre não sei se Loanda; e, em seguida, a de um americano chamado Stuart.

Se, porém, os homens de hoje parece que gozam de um número muito maior de divertimentos do que os daquele tempo, em compensação, parece que os meninos ou que os moços de então os tinham não só em muito maior número, mas ainda de uma natureza muito mais sã e muito mais ativa do que os de hoje. Assim, além de que os meninos daquele tempo tinham todos ou quase todos os brinquedos que se observam entre os meninos de agora; aqueles tinham muitos outros que já desapareceram ou que, na parte quente pelo menos da província, vão cada vez mais desaparecendo, como o soltar papagaios, por exemplo, o jogo do pião, e, sobretudo, o ferrolho ou o tempo-será, que era de todos o mais comum e o mais constante. Além desses que eram mais ou menos gerais, havia ainda no sul da província um que lhe era mais ou menos exclusivo e que muito entretinha a todos os meninos durante o tempo em que havia pinhões. Esse brinquedo era o jogo do pinhão, e, embora fosse realmente um jogo, era, entretanto, o jogo mais inocente de quantos se tem inventado, porque, não tendo ali os pinhões quase que nenhum valor, esse jogo conservava os meninos ocupados e entretidos e em constante movimento. Tudo isso sem o menor prejuízo nem perigo, pois consistia no seguinte: feito um pequeno buraco no chão e de preferência junto de alguma parede ou de algum barranco, dois ou mais meninos colocavam-se em uma certa distância e com um certo número de pinhões e os atiravam de um em um em direção àquele buraco. Todos os pinhões que dentro deste iam por acaso cair, estavam ganhos ou já fora de combate.

Então, tratava-se de encovar por meio de piparotes, que se davam com o dedo polegar ou com outro qualquer dos dedos da mão, os restantes pinhões que tinham ficado por fora; de sorte que, regulada a precedência pelo maior número de pinhões que ao princípio atirados tinham caído no buraco, ou, no caso contrário, pela maior proximidade em que do mesmo buraco haviam caído, aquele dos jogadores a quem cabia a preferência ia sempre jogando enquanto os ia encovando; e quantos encovava tantos ganhava, até que, falhando uma vez, seguia o companheiro imediato, e assim por diante.

Esses eram os divertimentos ordinários dos meninos. Como, porém, o homem é por natureza um verdadeiro macaco, que tende sempre a imitar tudo quanto enxerga, e como os meninos são ainda muito mais macacos do que os homens, já se vê quantos não seriam os brinquedos que eles não inventariam por meio da imitação. Eu, pois, sem me alongar sobre esse ponto, apenas direi, que, desde que chegava à Campanha uma dessas companhias de que acima falei, logo não se via por toda a cidade senão meninos, e mesmo às vezes alguns rapagões, que nada mais faziam do que andarem a rodar pratos em um pau, a dançarem em uma corda bamba ou tesa ou a se equilibrarem em cima de um cavalo em pelo. Assim também, logo depois da revolução de 1842, não se viam pelas ruas da cidade senão meninos em bandos, que, armados de espadinhas de pau ou de taquara, e tendo na cabeça um chapéu armado de papel, viviam constantemente a se desafiarem e a fingirem que se combatiam. Até que, em vez de meninos, tendo-se formado um desses bandos com moleques ou meninos já taludos, um rapaz já quase homem, que se chamava Faustino e que era irmão daquele João Joaquim de quem falei por ocasião da escola, se lembrou de pôr-se à frente dos meninos pequenos, e quase que só, por assim dizer, mas armado de uma verdadeira espada, foi desafiar aquele bando de moleques. Tendo se seguido ao desafio uma briga real, ou um combate em que houve um ou mais feridos, a polícia ou as famílias intervieram e pôs-se termo a uma semelhante brincadeira.

Deixemos, porém, de parte todos esses brinquedos, e tratemos agora de algumas outras coisas.

Desde muito cedo me parece que a Campanha teve uma escola pública de meninos. Mas, a tivesse ou não, o certo é que raríssimo era o menino de dentro da povoação que não tivesse mais ou menos uma tintura qualquer de ler, de escrever e até mesmo de contar. E como, segundo eu já disse, a minha escola era frequentada por mais de cem alunos, já se vê que, se alguma coisa ali faltava, não era com certeza o desejo de aprender. Quando me conheci por gente, já na Campanha existia uma aula pública de meninas, que tinha uma frequência talvez de cinquenta alunas; e ainda me recordo de ter ali alcançado uma velha muito velha que tinha sido professora delas, mas sem que eu saiba se tinha sido pública ou particular. Sei unicamente que, sem nunca ter tido as habilitações do meu mestre, essa velha tinha sido, entretanto, tão maligna como ele; com esta diferença, porém, que, se ele, como homem, dava bolos e puxava os meninos pelos cabelos, ela, como mulher, quase que gangrenava os braços das meninas a poder de beliscões; o que de nenhum modo excluía a vara de marmelo e muitos outros castigos.

Feliz ou infelizmente, bem poucas, segundo creio, eram as vítimas de uma semelhante megera, porque, naquele tempo, longe de considerar-se uma verdadeira prenda o saber uma menina escrever, era isso, pelo contrário, considerado um mal. Segundo se pensava e se dizia, um tal conhecimento apenas servia para que a moça pudesse escrever bilhetes amatórios, sem que, entretanto, ninguém então se lembrasse que, assim como não há cadeia nem sentinela que prive a um preso de comunicar-se com o exterior, e que, assim como não há quem mais se queime do que aquele que nunca lidou com o fogo, assim, também, não há uma só mulher que se consiga isolar de todo, nem moça que mais fraca se mostre do que aquela que, pela sua própria inocência ou ignorância, ao primeiro contato do homem se põe logo a tremer e a abraçar-se.

Como naqueles tempos não havia modas nem modistas, e, se aparecesse uma dessas máquinas de costura que hoje por aí se encontram a cada canto, seria tomada como uma invenção diabólica, a primeira coisa que uma menina tratava logo de aprender era o coser, porque tudo se cortava e tudo se fazia em casa. A verdade, porém, manda que se diga que esse tudo era bem pouco, porque, ao passo que o ferro de engomar (que se compunha de duas línguas de ferro que se aqueciam ao fogo e que revezadamente se punha dentro de uma capa de metal amarelo) quase não saía do seu esconderijo senão nas vésperas de algum dia santo, e só verdadeiramente trabalhava em ocasião de grandes festas; por outro lado, isso de muitos babados e de muitas saias, que só servem para disfarçar as formas, era ainda então um grande pecado. Naquele tempo ninguém sabia o que era uma roupa acabar-se sem ser por velha, mas unicamente por estar fora da moda; e muito menos ainda, o mudá-la quando estava limpa.

Demais, como a luva era um traste exclusivamente militar, e as meias ainda não passavam de objeto de luxo ou apenas dos dias dúplices, o resto do vestuário não podia deixar de se harmonizar mais ou menos com as ideias que então assim reinavam. E, com efeito, o que apenas fazia o luxo ou constituía a maior vaidade das mulheres daquele tempo, pode-se dizer, que não passava da alvura a mais completa da roupa, dos crivos e rendas com que ornavam até mesmo aquelas peças do seu vestuário que nunca apareciam; e, finalmente e mais que tudo, das joias e adereços com que procuravam sempre se ornar e dos quais os mais comuns e ao mesmo tempo os mais apreciados eram os cordões e relicários de ouro com que não havia pescoço que mais ou menos não se ornasse.

Em casa, os vestidos de que se usava eram todos muito corridos e quase que sem nenhum enfeite; e, em vez de colchetes, eram fechados na cintura por duas pontas ou cordões, um dos quais passava por um furo que se fazia no cadarço do cós e ia se atar com o outro na frente. Os vestidos eram geralmente de chita e quase sempre de uma chita azul de florzinhas amarelas, porque muito poucas eram as qualidades de chitas que então havia e os padrões destas nunca variavam. Se tinha de receber uma visita de alguma cerimônia, de ordinário, trocava-se o vestido de casa por outro de chita ou cassa; e, para isso, nunca faltava o tempo, porque a não se tratar de parentes ou de pessoas de muita intimidade, nunca se fazia uma visita sem que primeiro se mandasse saber se a pessoa visitada estava em casa e se dava licença para que se lhe fosse fazer aquela visita.

Para os grandes dias ou para os atos de maior solenidade é que então saíam os ricos vestidos de seda ou de veludo e era nessas ocasiões que se ostentavam o cetim, as rendas e as fitas. Entretanto, como a decência exigia que, sobretudo na igreja, uma mulher não se apresentasse senão o mais velada possível, não havia em geral para as mulheres nada que lhe fosse tão necessário como um lenço que lhe cobrisse a cabeça ou um xale para se envolver, e que, segundo as posses de cada um, ia do algodão o mais barato até a mais rica e mais fina caxemira.

Em vez, porém, do xale, aquilo de que a maior parte das mulheres usava em casa era de um timão de baeta, que umas vezes chegava apenas até a cintura e outras descia abotoado até os pés. Para sair, de uma capa como essa de que se cobre Nossa Senhora e que era sempre de baeta azul, com essa única diferença de ser, segundo as posses, a baeta mais fina ou mais grossa, e de ser as capas das senhoras ricas sempre bandadas de cetim azul, mas de uma cor um pouco mais clara do que a da capa.

Quanto ao vestuário dos homens, esse não era menos simples, e era talvez ainda mais fora de modas do que o das mulheres. Assim, um fazendeiro andava regularmente em casa com uma camisa de algodão muito fino e muito alvo, sem gravata; com calça e jaqueta ou vestia, como então se chamava, de algodão ou de lã, tudo fiado e tecido em casa; chinelos de couro branco sem meias; chapéu de palha de abas mais ou menos largas; e uma manguara na mão, de que se tinha sempre um grande sortimento encostado a um canto da sala de entrada. Manguara essa que servia a quem a levava, além do mais, primeiro para matar cobras, segundo para ajudá-lo a caminhar ou a dar algum pulo, e terceiro, finalmente, para defendê-lo contra tudo e contra todos.

Assim como a mulher do campo andava sempre descalça e quase que não se vestia senão de uma camisa e saia de algodão e às vezes de um timão de baeta contra a chuva e contra o frio; assim também, o homem do campo andava sempre descalço e só vestia uma camisa e uma calça de algodão, presa na cintura por uma correia que se apertava com uma fivela, e nesta correia nunca deixava de estar enfiada uma faca com bainha.

Tanto o fazendeiro como todos os habitantes do campo tinham a sua roupa especial de ir às festas, a que eles chamavam a sua roupa de ver a Deus. Essa roupa, que mais ou menos se parecia com a da gente da cidade das suas respectivas condições, era quase sempre a mesma e constituía para eles uma espécie de uniforme. O fazendeiro viajava como os homens ricos da cidade, do que me ocuparei daqui a pouco.

Os outros homens do campo viajavam como andavam em casa, salvo se não eram inteiramente pobres, porque nesse caso se preparavam para a viagem com uma jaqueta ou roupa um pouco melhor. Aquilo, porém, de que nenhum deles prescindia era de uma ou duas esporas de ferro mais ou menos velhas e enferrujadas, e os metidos a peões de umas muito grandes, que se chamavam chilenas cujas imensas rosetas eles faziam garbo de arrastar quando andavam. E sobretudo do poncho, que era uma peça de pano azul forrado as mais das vezes de baeta e cortado quase que redondo, com uma abertura no meio por onde se enfiava o pescoço; poncho este que o abrigando sempre contra o frio, e, ao mesmo tempo, a ele e a alguma trouxa que levava na garupa, contra a chuva, lhe servia igualmente de cobertor durante a noite. Quase todos os homens do campo montavam em um selote, que se chamava lombilho, e que, compondo-se apenas de algumas tábuas cobertas de couro, não tem suadouro, mas se assenta sobre um pequeno colchãozinho de palha ou capim que anda solto e que, por isso, sendo de todos os arreios o mais simples, o mais seguro, e, ao mesmo tempo, o mais barato, quase não há ninguém que o não possa possuir. Aqueles, porém, que eram mais abastados ou mais luxuosos, em vez de lombilho, faziam uso do basto, que, sendo mais ou menos um lombilho em ponto maior, mas sem as duas saliências que o lombilho tem adiante e atrás, sem nenhuma das suas asperezas, e em tudo trabalhado com muito mais perfeição e até às vezes chapeado de prata nas suas duas cabeças, além do suadouro que tem e que se põe sobre uma ou mais mantas, ainda leva por cima um ou mais forros, sobre os forros um coxonilho e sobre este um pelego ou uma pele de carneiro corrida; o que, tudo concorrendo para tornar o assento muito macio, pode ainda em caso de necessidade fornecer ao cavaleiro uma bem sofrível cama.

Os homens da cidade andavam em casa de camisa de morim ou de riscadinho; de jaqueta de brim ou de outro qualquer pano de lã ou de algodão, de calças das mesmas fazendas, mas, principalmente de um algodão trançado de cor azul ou mesclado que era então muito comum e que se chamava tré. As jaquetas eram mais ou menos como os atuais paletós, porém, sem abas ou chegando só até a cintura e com algibeiras dos dois lados para o lenço, a boceta de tabaco, ou qualquer outro objeto que ali se quisesse guardar. As calças, que aos ombros se prendiam por suspensórios de algodão, sem nenhum dos excessos de largura ou de estreiteza em que vivem as de hoje eram sempre invariáveis, e, em vez da abertura que as de hoje têm na frente, tendo as daquele tempo uma peça que, presa em cima por botões, se podia descer quando era preciso e que se chamava alçapão, pela sua semelhança com essa pequena gaiola em que se caçam passarinhos.

Para os atos menos solenes, os homens, que em casa andavam de sapatos de cordavão ou de couro branco, saíam de botins de cordavão de lustre ou cego e com altos canos que ficavam por baixo das calças; com colete ou jaleco, como então o chamava, e que era de fustão, de pano ou de seda ou veludo; com uma calça de brim ou de pano azul, preto ou cor de vinho; e com uma sobrecasaca comprida também de pano ou, como então se dizia, com um robe.

Como, porém, nem todos podiam ter a sua roupa de pano, para substituí-lo fazia-se uso da sarja, mas sobretudo de uma fazenda que então era muito comum e que se chamava lila.

Para os grandes dias ou para os atos solenes ou de cerimônia, o uniforme era este — os botins de que acima falei; calças de pano preto; colete da mesma cor; casaca de pano preto com a gola muito alta; camisa muito fina e toda bordada nos punhos, no peito e até às vezes no próprio colarinho; gravata de papelão coberta de seda preta e mais alta talvez ainda do que a gola da casaca; e, finalmente, chapéu preto de copa alta, desses que hoje se chamam cartolas, mas que então tinham as abas mais estreitas e a copa mais alta. Desde que os homens chegavam a uma certa idade, andavam em regra de bastão de diversas qualidades e dos quais os mais ricos eram os de unicórnio, que chegavam a custar muitas dezenas de mil-réis; e bem assim de relógios, que, pela sua forma e tamanho, às vezes se chamavam cebolas; pois que, além de serem muito grandes, ainda estavam encerrados em uma grande porção de capas de prata, que, no abrir ou tirar, muito se pareciam a uma cebola que se descasca; tendo esses relógios, além da fita ou do cordão de ouro que os segurava, um grande número de penderucalhos, alguns dos quais se compunham de pedras mais ou menos preciosas.

 Fosse, porém, qual fosse o vestuário com que se achasse o homem de certa posição ou o lugar em que ele estivesse, dois eram os objetos de que ele nunca se desprendia, e que, a não serem os óculos para aqueles que deles faziam uso, eram sempre considerados como dois objetos da maior necessidade. Esses dois objetos eram o lenço e a boceta de tabaco. E isso muito naturalmente se explica pelo grande uso que então se fazia do tabaco em pó; pois que é preciso dizer que, se o uso que então se fazia do fumo era o mesmo que se faz hoje, e que, assim como hoje, já era cheirado, pitado, fumado, mascado e também usado em mechas, houve, entretanto, entre as duas épocas uma diferença muito notável. E é a que se dá entre a quantidade do fumo que então se cheirava e fumava e a que hoje se cheira e fuma. Assim, da mesma sorte que hoje, a mecha e a masca se encontrava em qualquer das classes da população, mas em escala extremamente diminuta, o cigarro, que se achava um pouco por toda a parte era o vício comum das classes baixas, tanto de um como de outro sexo; e o cachimbo que um pouco por exceção era encontrado aqui e acolá era o verdadeiro vício dos escravos e sobretudo dos escravo velhos, havendo ainda alguns africanos que, em vez do fumo, usavam o pango, que é uma erva que existe em nossos matos, e que, parece, eles fumavam sem ser em cachimbo. Pelo menos um que eu vi fumar o enrolou em uma folha, a que ele deu a forma de um funil, pôs-lhe fogo, e, segurando ou amparando com a mão aquele cachimbo de nova espécie, ele ia tirando baforadas muito maiores talvez do que aquelas que se tiram no pito.

A grande diferença, portanto, que entre as duas épocas realmente existe, vem a ser a seguinte — que, naquele tempo, o fumar ou o cigarrar passava como um vício pouco decente e que praticado por moços e sobretudo meninos, era não só uma falta de respeito mas até mesmo uma quase que prova de maior ou menor imoralidade. Daqui vinha que das pessoas de certa ordem bem rara era aquela que não tomasse tabaco, isto é, que o não cheirasse.

Como, porém, naquele tempo ainda não havia aparecido nenhuma dessas diferentes espécies de rapé que hoje existem, o tabaco que então se tomava era unicamente o de fumo torrado e moído, as mais das vezes mesmo em casa; e que, se era grosso e mais torrado, se chamava esturro; e, se era fino e preparado com mais cuidado, se chamava amostrinha. Além desses, porém, havia um terceiro que só a poucos cabia — era o ilhéu, que tinha um cheiro muito mais agradável do que os dois outros e que era feito de um fumo especial e que só dá em um dos municípios do litoral de São Paulo — o de São Sebastião — se, não me engano, e que aí dá, segundo ouvi dizer, não na ilha donde lhe veio o nome, mas na parte continental do seu município.

Era isso o que então se observava; mas, tendo depois aparecido o rapé e quase em seguida o charuto, não só o rapé foi pouco a pouco desbancando todos aqueles tabacos, mas ainda o charuto, tornando-se um vício aristocrático, ao passo que foi excluindo mais ou menos o rapé por toda a parte, foi, ao mesmo tempo, tirando ao cigarro todas as máculas de que ele até então tinha andado tão inquinado; e o resultado, todos aí o estão vendo, e é que, mais alto até o mais baixo ponto da nossa sociedade, bem poucos são aqueles que não fumam muito ou pouco.

Ora, isso que hoje se observa com o fumar, era o que mais ou menos se dava antigamente com o cheirar; e, se as classes inferiores podiam prescindir da boceta, porque para isso lhes servia qualquer pedaço de papel ou qualquer canudinho de taquara com uma tampa de cuia, e, se podiam prescindir do lenço, porque se assoavam como fazem ainda hoje os brâmanes na Índia, o mesmo não podiam fazer os homens das classes mais elevadas ou que se tinham na conta de bem-educados. Daí essa tão grande importância que tinha para todos, não só a boceta, que muitas vezes era de prata ou de ouro, de muito valor, mas ainda o lenço, que era geralmente de alcobaça, dobrado com ferro em forma de livro, cujas folhas iam se enchendo com todo o cuidado e método, e que para certas pessoas costumavam ser de seda da Índia, e daquela como há muito tempo já ninguém mais vê — fina, pesada e forte.

A vestimenta de que então se servia para luto era, para os pobres de roupa, tinta de baraúna, campeche ou outras espécies vegetais que possuímos e cuja cor se consolidava ou fixava por meio do tijuco; e, para os ricos, das diferentes fazendas de lã que então existiam. De todas essas fazendas, porém, a que parecia gozar de um certo privilégio para esse fim era uma baeta congeste.

E já que falo nessa matéria, eu não quero deixar, ainda que muito de passagem, de fazer aqui uma observação; e é que, se muito grande tem sido a mudança que se tem operado em todos os nossos costumes, em nada essa mudança tem sido tão grande como no que se refere a esse sentimento, não sei se diga das conveniências ou se do respeito ao que é ou nos parece dever ser respeitado, e que se poderia talvez chamar o sentimento do decoro. E isso digo, porque, assim como hoje o luto não passa de uma coisa inteiramente banal, e não é para as mulheres mais do que um novo pretexto para novas modas, assim também nada há por mais sério e grave que não se trate mais ou menos em ar de resto ou de pouco caso. De sorte que mesmo na própria Câmara dos Deputados que é um dos ramos, e o mais importante talvez, da soberania nacional, se alguém por acaso ali entra, em vez de ali achar o que muito naturalmente lhe parecia dever achar, isto é, alguma coisa de solene e majestoso ou o recinto augusto dos digníssimos representantes da nação, o que de fato ali encontra ou aquilo pelo menos que lhe parece ver, é apenas um simples clube, já não digo de homens sérios, mas de estudantes mais ou menos malcriados, que, vestidos muito à ligeira, e fazendo grande algazarra, quase que só falta que se deitem ou que ponham as pernas sobre a mesa do próprio presidente. Antigamente, não só o luto era extremamente rigoroso e havia casos em que não durava menos de um ano, mas não havia um só homem que se prezasse, que se animasse a fazer uma visita de cerimônia ou apresentar-se em certos atos graves sem que fosse com aquele seu uniforme solene de que acima falei; dando-se ainda mais esta circunstância — que isso não se restringia unicamente às classes ricas, mas que, pelo contrário, até o próprio artista, desde que podia ter uma pequena reserva, nunca deixava de prover-se logo de uma casaca melhor ou pior, mas que lhe deveria servir para com inteira decência se apresentar em todas as ocasiões de uma solenidade qualquer.

Deixemos, porém, de parte essa observação que aqui se veio meter como um pingo de tinta que da pena por descuido nos cai às vezes no papel; e digamos que, assim como não havia uma só mulher que não tivesse o seu xale ou a sua capa; assim também não havia talvez um só homem que não tivesse o seu tapa-frio e tapa-chuva, ou em outros termos, o seu capote. A única diferença a esse respeito é que, segundo as posses de cada um, esse capote ou era de baeta, e, as mais das vezes, de baeta cor de vinho; ou de escócia e barregana, que eram umas fazendas de lã todas listadas e de cor verde ou cor-de-rosa; ou, finalmente, de pano azul forrado de batista ou de alguma outra fazenda ainda mais leve. Alguns, além da gola de veludo de couro de lontra e dos botões e alamares, que eram algumas vezes de prata, ainda tinham um ou dois cabeções por onde se enfiavam os braços, que podiam dessa sorte ficar livres ou cobertos.

Antigamente parece que todos os homens da cidade não andavam senão em umas selas fundas, que se chamavam cavaleiras, e que eram aquelas mesmas em que as mulheres também andavam, como já disse há pouco, e nas quais bem raros seriam aqueles que não fizessem boa figura, pois, quem nelas se metia, quer quisesse quer não quisesse, ficava logo teso e como se estivesse em pé sobre os estribos, cujo fundo, abaixo do pé, tinha a forma de um pequeno sino ou de uma campainha toda rendada.

Quando, porém, eu comecei a perceber as coisas, já ninguém andava senão em selim; mas, em vez de serem esses selins, como os ingleses de hoje, que mal se enxergam sobre o lombo do animal, eram, pelo contrário, como costumavam ser todas as obras portuguesas, uns selins pesados e ao mesmo tempo sólidos, com dois coldres adiante, onde, de ordinário, se traziam as pistolas e que de mais a mais davam um excelente cômodo para se carregarem as crianças que ainda não podiam ser levadas na garupa.

Quando um homem de alguma importância tinha de viajar, nunca saía sem que levasse seu pajem, que lhe conduzia as malas e o seu capote; porque, naquele tempo, em vez do poncho branco que depois se usou para nos abrigar dos raios do sol, do que então se procurava abrigar era do frio e da chuva, para o que este de nada serviria. Eu conheci a um advogado de Baependi, chamado Olímpio Carvalho Viriato Catão, e que foi presidente do Espírito Santo, o qual na maior força do sol, se embrulhava sempre no seu capote; porque, dizia ele, era esse o melhor preservativo contra os efeitos dos raios solares. E o que mais é, estranhando eu o absurdo de uma tal proposição, achei alguém que asseverou-me ser ela, pelo contrário, muito verdadeira. Como, porém, nunca tive ocasião de por mim mesmo experimentá-lo, nada afirmo nem nego.

Quando a viagem era de alguns dias, em vez de mala, levava-se um cargueiro de canastrinhas e um ou mais cavalos à destra; e se era uma viagem prolongada ou com família, como a que se fazia à Corte, nesse caso, era necessário levar ainda cargueiros de cangalha com as canastras e às vezes com a cozinha, porque, não havendo na província do Rio de Janeiro a proverbial hospitalidade mineira, e faltando pelo caminho estalagens, ou hotéis como se diz hoje, o recurso único eram os ranchos abertos onde dormiam os tropeiros, e onde, com as canastras e com os couros que serviam de coberta aos cargueiros, se arranjava uma espécie de cubículo e aí a cama. Ao mesmo tempo que se cuidava na comida, pondo-se, apenas se chegava, o feijão a cozinhar em um pequeno caldeirão que, por uma forquilha de pau ou de ferro atada a uma correia, se suspendia a uma espécie de tripeça que se fazia com três paus e que se abria sobre o fogo.

Desde que um homem montava a cavalo e que não ia dar um simples passeio pela povoação e seus arredores, um traste, por assim dizer, tão indispensável como o próprio selim, eram umas botas de couro de veado que lhe subiam até acima dos joelhos, e cujo uso se tornou tão comum entre os mineiros, que, por elas, eram eles conhecidos na Corte, e ainda nas ocasiões do mais forte recrutamento que ali se fizesse, quem nelas se achava metido estava completamente imune, ou ainda, muito mais isento de ser preso do que os próprios estudantes, que, para não serem recrutados, nunca deixavam de trazer no bolso uma espécie de papeleta que para esse fim lhes era fornecida por quem de direito.

Assim como, em vez do poncho branco que hoje se usa, era do capote que então se usava para viajar; assim também, em vez da coberta de linho que hoje se põe nos chapéus, naquele tempo, pelo contrário, era de oleado preto a coberta que se lhe punha.

Por onde, porém, melhor se poderia conhecer o valor social ou a riqueza do viajante era pelo fardamento do pajem, com o seu chapéu alto de couro envernizado, e um pouco também pelos objetos de prata que ele ostentava, como eram de ordinário as esporas, o freio e a caldeirinha que levava sempre a tiracolo, para nela se beber água em caminho; pois é preciso dizer que, naquele tempo havia tanta prata em Minas, que muito rara era a casa de uma certa posição que, além dos talheres, não tivesse um grande número de outros objetos desse metal, como salvas, paliteiros, castiçais etc.

E eis aqui um fato que é bastante característico e que prova o que eu acabo de dizer. O segundo sogro de meu avô foi o coronel Matias Antônio Moinhos de Vilhena. Eu ainda o conheci, mas já muito velho, e nessa ocasião inteiramente pobre. Tinha sido entretanto um homem muito rico e, ou por ostentação da sua riqueza ou para fazer alarde da sua magnanimidade, um dos seus costumes, pelo qual se tornou célebre, era, segundo mais de uma vez ouvi dizer, de mandar ferrar o seu cavalo com ferraduras de prata, presas por alguns cravos mal seguros. Quando, em um dia de festa, passava por algum lugar em que o povo estivesse reunido ou defronte de alguma casa em que as janelas estivessem cheias de moças, ele esporeava o cavalo e o fazia saltar ou ginetear, de modo que a ferradura caía, e continuava o seu caminho, sem que nem sequer olhasse para trás ou fizesse o menor gesto para que se apanhasse a ferradura.

Sendo muito moderno o uso do espermacete e de todas as suas composições ou imitações, e muitíssimo mais moderno ainda o querosene, antigamente só havia quatro espécies apenas de luz para a iluminação das casas, e eram — as velas de cera do reino, que só serviam nos dias de maior cerimônia; a vela de sebo, que nas casas ricas eram mais ou menos empregadas; as diversas candeias ou candeeiros de azeite; e, finalmente, o rolo de cera da terra, que era uma torcida de algodão envolvida nessa cera, e que, enrolada em forma de rodilha, servia aos pobres em lugar das velas de sebo, pois que, além da facilidade de as fazer, ainda o rolo ou essas velas de cera tinham a grande vantagem de dispensar mesas e castiçais e de se poder pregá-las nos portais ou em qualquer outro objeto de madeira. De todas essas luzes, entretanto, a mais geral ou aquela que, pode-se dizer, se encontrava desde a sala até a cozinha era sempre a do azeite, pois que, sendo a mamona uma vez plantada, uma dessas plantas que por si mesma se conserva e cada vez mais se estende, o seu azeite era então muito comum e muito barato. Para se ter luz nada mais era preciso do que um capucho de algodão e um caco de xícara ou de panela; entretanto que, para empregá-lo mais decente ou mais asseadamente, não só havia um grande número de candeias de ferro mais ou menos baratas e que se espetavam pelos portais ou mesmo pelas paredes, mas ainda havia o grande e luxuoso candeeiro de latão, que se punha sobre a mesa e que ali se ostentava muito areado e muito alto, com os seus quatro bicos, que nem todos se acendiam ao mesmo tempo, e com um grande número de penderucalhos, dos quais, uns serviam para espevitá-lo, outros para cortar a torcida, outros para apagá-lo etc.

 Tendo esgotado tudo quanto me veio ao pensamento sobre esta matéria e que me parece valer a pena de aqui mencionar, vou agora continuar cronologicamente a série das minhas recordações.

CAPÍTULO XXII

Tendo feito o meu exame de primeiras letras em dezembro de 1842, eu me retirei para a nossa fazenda e aí me conservei até meados de 1843, quando, depois das férias do Espírito Santo, vim de novo para a cidade, a fim de ali começar com o meu estudo de latim. Desde então me conservei sempre na Campanha, ora em casa do meu avô, ora em casa do meu tio Martiniano; porém a quase totalidade do tempo em nossa própria casa, onde, a princípio, fiquei sozinho com uma escrava que tinha vindo da fazenda para me servir; depois com uma parda velha e muito gorda, que havia sido atriz no Ouro Preto no tempo dos capitães generais e que por isso muito me divertia contando histórias daqueles tempos. E finalmente com meu tio dr. Gaspar, que ali veio residir em companhia de minha tia d. Ana. Antes, porém, de falar da minha estreia como estudante, julgo dever dizer algumas palavras sobre a aula e sobre o professor de latim na Campanha.

Ainda alguns anos depois da nossa independência, a instrução pública em Minas era extremamente limitada; pois que, além de algumas escolas de primeiras letras, que aqui e ali se encontravam, e de dois colégios dirigidos por padres e dos quais, um se achava estabelecido em Congonhas do Campo e o outro no Caraça, quase que em toda a província não existia outro qualquer estabelecimento de instrução secundária, que não fosse o seminário de Mariana, em que se preparavam os padres, e uma simples cadeira de latim em algumas das principais vilas da província. A Campanha era uma dessas vilas privilegiadas, e, como era a única que no sul de Minas gozava dessa vantagem, para ali vinham estudantes de todos os pontos, não só mais vizinhos, como Pouso Alegre, Baependi, Três Pontas etc., mas até mesmo de alguns muito mais distantes, como Jacuí, por exemplo, donde era um estudante que eu cheguei a conhecer e que se chamava Carvalhais. Este, tendo ido jogar estrudo em casa de uma família e vendo-se de repente sem limões e atacado por todos os lados pelas moças que o perseguiam, corre afinal para a cozinha; apodera-se de um barril cheio d'água e faz dele um verdadeiro canhão Krupp; mas com tal entusiasmo ou com tal infelicidade o maneja que o arco do barril, ferindo-lhe a mão sem que ele o percebesse, quase que lhe decepou dois dedos; o que o obrigou por muito tempo a trazer esses dois dedos envolvidos em alguma coisa que me parecia, ou que era com efeito, dois grandes dedos de couro.

Desses moços, porém, que não sendo de dentro da cidade ali vieram se preparar em latim, o primeiro talvez que cheguei a conhecer foi o conselheiro Joaquim Delfino, que morava com o seu irmão, o dr. Antônio Máximo, em casa de sua avó ou de uma sua parenta que ficava em frente à casa do meu avô.

Embora fosse ainda muito criança quando ambos partiram para São Paulo, conservo de ambos algumas lembranças, como, por exemplo, de vê-los uma tarde expondo da janela do quarto em que moravam um espelho ao sol, e malignamente se divertindo em perseguir com os reflexos do espelho as pessoas que ficavam defronte ou que iam passando pela rua. De todas essas lembranças, porém, a que mais viva me ficou, e que ainda hoje me parece ter sido uma coisa passada ontem, foi a de ter visto aquele conselheiro representando em um teatro que se havia armado no largo da Matriz. A peça era "Pedro, o Grande"; e, embora quem representasse o papel de Catarina fosse o tenente Francisco Ferrão de Almeida Trant, que, há pouco, faleceu maior de setenta anos, o papel que coube ao conselheiro Joaquim Delfino foi o de um general russo, ou como então se dizia, e ele mesmo parecia acreditar, o de comandante superior.

E o que é certo é que, tártaro ou moscovita, aquele general russo se apresentou em cena exatamente como se fosse um simples oficial da nossa Guarda Nacional. Naquele tempo o conselheiro Joaquim Delfino devia ter de 14 para 16 anos, e, se o seu rosto nunca foi dos mais cabeludos, naquele tempo muito mais parecia o de uma menina do que mesmo o de um rapaz.

Para que, portanto, pudesse parecer um general, tornou-se preciso que se lhe fizesse com uma cortiça queimada um bom par de bigodes, e não sei se também suíças. Hoje eu estou tão indiferente a tudo, que, se o conselheiro Joaquim Delfino me quisesse dar a sua pasta da guerra em troca desta minha tão completa e tão inerte quietação, com toda a certeza a rejeitaria; mas, naquela ocasião, imensa foi a inveja que ele me causou, pois que estava realmente um soldadinho muito bonito e muito simpático: e nem outro defeito eu lhe achava no uniforme e na figura senão este — parecia-me que a espada era algum tanto grande demais para ele. De sorte que, apesar de a estar sempre arrastando, para que a conservasse em um certo equilíbrio, era preciso que ele nunca tirasse a mão esquerda do punho, e, para o fazer, via-se de alguma sorte obrigado a conservar o braço um pouco levantado, o que, além de não ser muito airoso, devia afinal acabar por cansar.

Naquele tempo o conselheiro Joaquim Delfino gozava na Campanha e seus arredores da fama de um talento verdadeiramente extraordinário ou era tido por todos como uma aguiazinha que se emplumava para se arrojar aos mais altos voos. Eu nunca dei muita importância a essas patentes de gênio que se obtêm com tanta facilidade nas terras pequenas, porque, de ordinário, esses gênios de aldeia muito se assemelham às bolhas de sabão que se sopram e das quais raras são as que sobem e ainda assim para logo arrebentarem. Entretanto que a maior parte delas nada mais faz do que descer ou então arrebentar sem descer nem subir. O conselheiro Joaquim Delfino, porém, não desmentiu inteiramente o juízo que dele se fazia; porque, se não foi um Paraná ou um Vasconcelos, galgou as maiores posições do estado, e as galgou, e é aqui que está o elogio, sem que ninguém achasse que havia nisso simples favor da sorte ou alguma muito grande injustiça. Ora, se o subir assim tão alto é já um bom atestado de capacidade, muito melhor se torna ainda esse atestado quando se sabe que a subida foi tão rápida, que, na província pelo menos, não há exemplo de outra igual, a não ser a do conselheiro Afonso Celso, que antes dos trinta anos era ministro, e mal tinha os quarenta, já era senador e, pouco depois, conselheiro de Estado.

Nem é essa a única semelhança que se encontra no destino desses dois homens; mas, pelo contrário, muitos outros pontos de contato são os que se podem notar na vida de ambos. O ponto de partida foi mais ou menos o mesmo; os meios, os mesmos; e o mesmo foi também o resultado. Um fato, porém, que se torna inteiramente digno de nota é o seguinte — que sendo o conselheiro Afonso Celso um gênio extremamente fogoso e susceptível, ou, como vulgarmente se diz, um verdadeiro pimenta; e o outro, na aparência pelo menos, extremamente paciente e pacato; tais foram as afinidades que entre ambos havia, pode-se dizer, apenas se viram logo se amaram. De sorte que, tendo desde os seus princípios se tornado amigos, amigos ainda hoje se conservam, a despeito de todas as vicissitudes e de todas as lutas encarniçadas da nossa política. E, com efeito, tão extraordinário esse fato sempre pareceu e ainda hoje parece, que os partidos, que são por sua natureza extremamente suspeitosos e que nunca olham com muito bons olhos para adversários que vivem a se abraçar e a se beijar, nunca deixaram de mais ou menos dizer, que uma tal amizade, longe de ser filha do coração, nada mais era na realidade do que o resultado de um pacto, pelo qual aqueles dois amigos se comprometeram a mutuamente se auxiliar ou a se sustentar, quando o partido de um subisse e o do outro descesse. Eu não duvido que, por simples simpatia ou mútua estima, esses dois homens, que tão notáveis se têm tornado, mutuamente se poupem, e que até mesmo sendo possível se prestem alguns serviços. Mas que o pacto houvesse é o que eu não creio.

Entretanto quero aqui fazer uma observação; e é que parece ser fado do conselheiro Joaquim Delfino o ser acusado de semelhantes pactos. Assim, sendo ou tendo sido a família desse conselheiro toda ela muito liberal, os dois irmãos, quando partiram para São Paulo, eram igualmente liberais. Quando de lá voltaram, no entanto, o conselheiro voltava conservador, e o irmão continuando a ser liberal. Ora, em Minas, é muito raro o homem que muda de partido e o filho que não segue o partido do seu pai. E como em São Paulo os moços passam as mais das vezes a republicanos, e é raríssimo que de liberais se tornem conservadores, aquela mudança causou uma tal estranheza que a única explicação que para ela achavam, e que foi por muita gente acreditada, foi que era o efeito de um cálculo ou pacto, pelo qual, ficando cada um dos irmãos em um partido diverso, poderiam assim melhor se sustentar e se ajudar na sua vida e pretensões.

Se, porém, eu nunca pude crer naquele primeiro pacto, muito menos poderia crer neste segundo; quando, sem falar no caráter modesto e tampouco ambicioso de que o dr. Antônio Máximo sempre deu provas, nada mais era preciso para explicar aquela mudança do que a simples ambição do conselheiro. Sobretudo se ainda atendermos que foi justamente no ano de 1848 em que ele se formou, que teve lugar a queda do partido liberal, e que foi desde então uma convicção muito profunda e muito geral que não seria tão cedo que este alcançaria de novo o poder.

E o que é certo é que, nomeado juiz municipal de Itajubá, pouco depois foi chamado à capital; e ali começou a subir e a subir foi sempre continuando, e, com uma tal rapidez, que pouco mais tinha de quarenta anos, quando já era senador do Império.

Se, porém, o conselheiro Joaquim Delfino é ou foi nessa ocasião um ambicioso; e se mesmo pode ter muitos outros defeitos que eu não conheço, uma virtude e das mais apreciáveis ele possui e da qual eu posso dar testemunho — ele não é daqueles que sujam os pratos em que comeram ou que metem os pés nos que lhes deram a mão, pois que, tendo sido meu sogro, o conselheiro Luiz Antonio Barbosa, quem lhe abriu o caminho para a sua atual grandeza, o conselheiro Joaquim Delfino, entretanto, nunca deixou de honrar e de ser útil à sua família.

Voltando, porém, ao assunto, de que esta digressão um pouco me desviou, eu direi que naquele tempo o professor de latim na Campanha era o padre João Damasceno Teixeira; e, embora não saiba se foi ele o primeiro professor dessa matéria naquele lugar, aquilo que sei e posso afirmar, é que não só foi ele o primeiro que ali conheci, mas que ainda desde os primeiros moços da Campanha que se formaram, e que foram, em Direito, os desembargadores Tristão Antônio de Alvarenga e José Cristiano Garção Stockler e, em Medicina, meu primo Joaquim Bueno Goulart Brum e o meu tio Gaspar José Ferreira Lopes, até tantos outros que ainda muito depois de mim alcançaram um pergaminho, todos foram seus discípulos.

Homem muito reservado, de modos um pouco misteriosos, e muito econômico, o padre Manuel João Damasceno passava por ser um latinista de primeira força, como sói acontecer a quase todos os mestres na opinião dos seus discípulos. Eu, porém, que sabia de latim um pouco mais talvez do que a maior parte dos que hoje fazem exame dessa matéria e nela são aprovados plenamente, nunca tive, entretanto, dessa língua aquele conhecimento que era preciso para que eu pudesse apreciar ou bem julgar aquele meu mestre. Em todo o caso, me parece, que, além dos estudos que eram então necessários para a ordenação e de algumas tinturazinhas muito ligeiras de botânica, o padre-mestre João Damasceno muito pouco mais sabia do que algumas noções de história e essas mesmas muito incompletas e muito superficiais. Todavia, por causa daquela sua reserva e daqueles seus modos mais ou menos misteriosos, ele passava para muita gente como um verdadeiro oráculo, embora, quanto a mim, essa opinião não tivesse o menor fundamento. Aquilo, porém, que não se pode negar, é que era dotado de um gênio mais ou menos progressista, pois que não só foi ele quem introduziu na Campanha a cultura das abelhas, e parece mesmo que tentou a do bicho-da-seda e a da cochonilha, mas foi ele ainda quem primeiro ali teve livros e botica homeopática. Foi, portanto, sem falar em um certo Benjamim Tanner, que por algum tempo ali residiu, o verdadeiro introdutor naquela cidade dessa nova medicina.

Como professor, o padre-mestre João Damasceno formava um perfeito contraste com o meu antigo professor de primeiras letras; pois, se este era colérico, impetuoso e maligno, o padre-mestre, pelo contrário, era brando em tudo, até mesmo no falar, pois era muito raro que alteasse a voz ou que se mostrasse arrebatado em qualquer coisa. O que não quer dizer que fosse uma dessas almas cândidas que tudo relevam e que de nada suspeitam. O padre-mestre, pelo contrário, era extremamente desconfiado, e se nunca ou quase nunca se manifestava iroso, nem por isso, quem o conhecia, deixava de logo perceber a violência da raiva e da cólera que lhe ia pela alma, unicamente pelos olhos, que, sendo naturalmente gázeos, muitíssimo mais brancos ainda se tornavam em semelhantes ocasiões. Como em todas as aulas daquele tempo, na de latim também havia a palmatória; mas não me lembro de tê-la jamais visto funcionar, embora não deixasse de haver uma ou outra vez alguns bolos. Estes, porém, eram antes dados para vexar do que mesmo para doer, visto que eram dados as mais das vezes com o livro do próprio estudante e em número de um a dois; e, outras vezes, até simplesmente com a boceta de rapé, ou antes, de ilhéu, que era o tabaco que o padre-mestre usava.

Durante a aula ou pelo menos em certos dias ou quando as lições terminavam mais cedo, o padre-mestre, por gosto ou unicamente para preencher o tempo, tinha por costume contar-nos algumas anedotas ou referir-nos alguns fatos cujo fim principal era a nossa instrução moral, ou então de dar-nos alguns conhecimentos sobre muitas outras coisas que não era propriamente latim; lembrando-me ainda de se haver proposto uma ocasião a nos dar algumas lições de ortografia, para o que, durante algum tempo, nos mandava a todos escrever o que ele ia lendo em um livro, cujo título e matéria ignoro, mas de que o primeiro trecho que tivemos de escrever começava por esta forma: — O homem nasceu para o trabalho como a ave para o voo.

A aula durava das 10 horas à uma; mas, de ordinário, ia-se para ela um pouco mais cedo, porque em casa o estudo sendo quase nulo, aproveitava-se o tempo da reunião na rua ou junto da casa para se conferenciar e estudar com os outros colegas, até que o padre-mestre abria a porta e todos entravam. Eis, pois, qual era o homem que deveria ser meu mestre durante cinco anos, e que, assim como todos os outros e mais talvez ainda do que todos os outros, me mostrou sempre uma grande estima e afeição.

Quando no primeiro dia eu fui para a aula de latim, minha mãe, como era sempre o seu costume, não deixou de me preparar com todo o cuidado, e o melhor de todo o meu vestuário era uma bonita camisa de vira, que se tornava na realidade digna de ver, não só pelo fino do pano, como pela delicadeza do bordado; e facilmente se concebe quanto eu não iria inchado, indo pela primeira vez para o estudo e não para a escola, e indo assim tão preparado e tão bonito. Mas... Oh! Vaidade cruel e sempre tão tremenda de todas as coisas humanas! Eu, que na escola quase que nunca tinha passado de pequeno pinto no meio de frangos já bem empenados, no estudo de latim, bem me poderia comparar agora a um pequeno garnisé no meio de grandes perus, porque muito raro era ali o estudante que tivesse muito menos de 14 a 16 anos, alguns havia que já podiam figurar de pais de família. Por isso, também, todos aqueles estudantes já se tinham mais ou menos na conta de verdadeiros homens; vestiam-se sempre com uma certa decência, e nunca deixavam de olhar para os outros rapazes um pouco por cima dos ombros. E como é que, além de tão pequeno, eu ainda me atrevia a ir enxovalhar a aula, ali me apresentando com aquele distintivo das crianças, uma camisa de vira!... Imenso foi, pois, o trote que por esse motivo ali me deram; e tão grande foi ele, que, apesar do medo que tinha de minha mãe e do desejo que tinha de estudar, positivamente lhe declarei que não voltaria mais para o estudo, se eu não tivesse para lá ir uma camisa de colarinho em pé. Felizmente, minha mãe fez-me a vontade; e, no dia seguinte, para lá voltando com o meu colarinho bem em pé, gravata preta e todos os distintivos de um homem como os outros, fui ali muito bem recebido e até muito acariciado, pois que, dessa vez eu não ia só, porém, sim, acompanhado de duas grandes bandejas de doces, como patente pela minha entrada, e às quais, depois da aula, os meus novos colegas fizeram as devidas honras, ainda que sem barulho nem desordem, por causa do padre-mestre que se conservava em uma sala próxima.

Feita assim a minha instalação e não havendo antigamente estudo de latim que não começasse sempre pelo Novo Método, ou antes, pela bem conhecida artinha do padre Pereira de Figueiredo, que era toda mais ou menos decorada, eu também tive de começar por ela; e, no fim mais ou menos de três meses, estava com essa artinha decorada. Isso que hoje poderia fazer qualquer menino ainda mesmo de uma inteligência muito medíocre, foi então considerado como uma verdadeira lança que eu tivesse metido em África; porque o tempo ordinário dessa empreitada costumava ser sempre de oito meses mais ou menos e, quando se levava dez meses ou mesmo alguma coisinha mais, não era isso razão para que se desse a qualquer estudante a nota de estúpido. E assim, só por esse único fato, pode-se muito bem avaliar quanto era pouco o que então se estudava; e qual a razão porque naquele tempo nunca se aprendia o latim em menos de cinco anos, e estudantes havia que no estudo se conservavam oito e mais anos e dele muitas vezes saíam sem muito bem saber daquilo que haviam aprendido.

Logo que acabei a artinha, o padre-mestre me passou para uma decúria que já estava traduzindo Eutrópio; e ainda me lembro de que a minha primeira lição foi apenas a seguinte frase — *jam romani potentes esse coperavit*.

Eu, porém, não me demorarei em contar a marcha ou os progressos que fui fazendo nesse meu estudo, porque realmente nada aí se encontra que seja muito digno de nota; e assim, me bastará dizer que tanto eu, como os meus três companheiros de classe, e que eram Paulo Vitor, Evaristo da Veiga e Bernardo dos Santos, não só nunca deixamos de dar de nós muito boas contas no estudo, mas que até mesmo em relação aos outros fizemos muito mais do que se costumava fazer, pois que a muitos chegamos a passar que tinham entrado para o estudo dois ou três anos antes de nós.

Quando eu já estava mais ou menos adiantado em latim, não havia na Campanha nenhuma outra cadeira de instrução secundária que eu pudesse frequentar; porque, embora ali tivesse havido uma cadeira de filosofia, para a qual tinha concorrido o cônego Marinho, mas que tinha sido dada ao seu concorrente Joaquim Lobo Leite Pereira, que no concurso o havia vencido, essa cadeira muito pouco tempo durou sem que eu saiba o verdadeiro motivo da sua extinção. Depois disso ou talvez na mesma ocasião ali também houve uma cadeira de francês, que era regida por um suíço naturalizado e que se chamava Boaventura Bardy, cuja frequência me parece que não era pequena. Entretanto, assim como a outra, esta aula também se fechou, sem que eu nunca chegasse a saber se foi porque o professor se havia mudado, ou se o professor mudou-se porque a aula havia sido extinta.

Eu, porém, tinha um primo que havia sido discípulo do Bardy e se ofereceu para me ensinar o francês; eu aceitei o oferecimento, e em 1844 ou 1845 comecei com esse novo estudo. O meu primo é de supor que não fosse lá muito forte na matéria que me ensinava, porque o seu próprio mestre talvez não fosse muito profundo. Ele, porém, parecia saber bem o que Bardy lhe havia ensinado; e o certo é que nunca tive senão esse único mestre. Verdade é que eu nunca soube falar o francês e menos ainda escrevê-lo, e que até muito pouco ou nada entendo quando o ouço falar, sobretudo se quem o fala é mesmo um francês. Mas a culpa não é do meu mestre; porém, sim, da minha inabilidade para tudo quanto é língua, pois que, nunca outra tendo eu falado que não fosse a portuguesa, e a estando sempre a falar há mais de meio século e de ordinário com gente que mais ou menos a conhece, eu, entretanto, ainda até hoje não a posso escrever mais ou menos corretamente, sem que tenha ao pé de mim um dicionário e algumas vezes mesmo alguma gramática. Eu, pois, o que aprendi de francês sem ser nos livros, unicamente o devo a esse meu primo e meu amigo, o major Francisco de Paula Ferreira Lopes Sobrinho, que já desde muito está residindo na cidade de Alfenas, onde exerce diversos empregos públicos e onde se aplica à indústria da cera da qual, dizem, tem tirado não pequeno resultado.

Nos fins dos meus estudos na Campanha, o dr. Cândido Bueno da Costa, que ali por acaso esteve algum tempo, ofereceu-se para me ensinar a aritmética, que ele dizia saber com toda a profundeza; e, com efeito, recebi dele algumas lições, mas esse meu novo mestre muito pouco depois se retirou; e eu quase que não passei das primeiras páginas do Besout.

 Eis aqui tudo quanto aprendi na Campanha; nas aulas, bem entendido, porque, tendo tido sempre para a leitura um gosto muito pronunciado, e por tal forma, que, sendo ainda muito criança e quase que mal sabendo soletrar, eu não podia ver as gravuras do Museu Universal sem que, embora com muito custo, não tratasse de ler a explicação que dava o texto. Desde que principiei a ler um pouco mais corretamente, nunca perdia a ocasião de ler qualquer coisa que me agradava ou que me ficava ao alcance. Infelizmente, quase não me lembro das obras que então li; e, sem falar no Bertholdo, no Carlos Magno ou nos doze pares de França e em outras deste jaez, daquelas que realmente mereciam ser lidas quase que só me lembro das três seguintes — Orlando Furioso, Nova Heloísa e Corinna ou a Itália.

CAPÍTULO XXIII

Eu já disse que a revolução de 1842 havia sido para a província de Minas uma grande calamidade; e o que é certo é que, desde 1843 até o princípio de 1849, em que parti para São Paulo, a vida da Campanha não passou de uma vida mais ou menos marasmática. Muito pouco tenho, pois, para contar durante quase todo esse período. E se isso se dá com a vida da Campanha, muito mais ainda se dá com aquilo que propriamente a mim se refere, porque nunca tendo sido um rapaz da moda e não tendo sido jamais amigo de prazeres ruidosos ou muito variados, a minha vida tem sido quase sempre calma e mais ou menos concentrada; e quase tudo quanto teria, portanto, para dizer de mim nada mais seria do que aquilo que fiz como estudante e de que já tive ocasião de falar. Verdade é que foi essa para mim a época justamente em que para todo o menino começa a despontar e a cada vez mais embelezar-se essa vida e sempre tão encantadora região dos nossos mais doces e mais inapagáveis sonhos; e que é essa, por consequência, não só a época que mais nos aformoseia o passado, mas é ainda aquela, que, quando se sabe contar, mais agrada a quase todos os leitores. Infelizmente, porém, para mim, no meio dessas tantas e tantas coisas que me faltam ou que a natureza me negou, uma delas foi o jeito para poeta e muito mais talvez ainda para romancista. Quando, porém, ainda eu o tivesse e o tivesse na mais alta escala, seria neste caso quase o mesmo que o não ter, porque tendo sido sempre um dos homens mais reservados talvez sobre todas aquelas coisas que merecem ou que exigem reserva, sobre esse ponto, então, essa minha reserva nunca teve a menor falha; pois que sempre tive como uma das máximas que jamais a quebrantei, este conceito de Garrett:

Que os segredos da ventura.
Não são para se dizer.

Seja, porém, pouco ou seja muito o que tenho para contar até a minha partida para São Paulo, tratemos de atirá-lo para fora ou de ver no que consiste.

Quando tratei da queda dos liberais, em 1841, não deixei de assinalar que a causa dessa mudança tão rápida havia sido apenas uma questão de nomeação ou de demissão de um empregado público. Em 1844, uma questão de nomeação ou de demissão de um empregado público deu igualmente com os conservadores em terra. Dessa vez, porém, o chefe do ministério era um homem naturalmente carrancudo e insofrido por índole, e não era, por consequência, um homem que suportasse resignado, e muito menos de cara alegre, o arbítrio ou o capricho de alguém, quem quer que fosse, ainda mesmo que esse alguém trouxesse cetro e coroa. Dizem, pois, que ao sair da conferência imperial em que o chefe do poder executivo havia recusado ao ministério essa medida que este julgava útil e que por isso a havia reclamado, Honório Hermeto, em voz um tanto alta, que podia ser ouvida e que de fato foi ouvida por aquele que se julgava com direito de mudar situações, havia proferido a seguinte frase: Só o diabo queira governar com crianças! E tanto a anedota foi tida como verdadeira ou foi geralmente acreditada, que não só muitas vezes ouvi a alguns liberais afirmarem que Honório era um republicano encoberto, e que estava apenas à espera de uma ocasião propícia para proclamar a república, mas que ainda sendo Honório o mais prestigioso chefe talvez do partido conservador, e depois da ascensão deste partido em 1848, tendo ficado por muito tempo fora das organizações ministeriais, a explicação que geralmente se dava para um semelhante fato era a lembrança constante daquele dito ou o — *tanta in animis ira deum!*

Honório, entretanto, foi chamado em 1853 para organizar um dos nossos mais célebres ministérios — o que levantou a bandeira da conciliação. E como essa ideia da conciliação tem sido considerada como de pura iniciativa ou de exclusiva invenção do imperador, uma conclusão muito natural que de tudo isso se poderia tirar é que Honório, como tantos outros, vergou-se também por sua vez, e que, indo prostrar-se aos pés daquele que tudo podia, e que lhe dizendo, como consta que alguém o disse — para um grande crime só um grande perdão! — desde então deixou de ser o Honório de todos os tempos, para nada mais ser do que um simples homem do rei ou um simples instrumento da sua vontade. Uma tal conclusão, porém, só a poderia tirar quem nunca conheceu a Honório Hermeto. Eu, porém, posso ainda afirmar que essa conclusão é falsa, porque muito antes de ser Honório o organizador daquele ministério, e quando nem sequer se suspeitava que ele o pudesse organizar, já Honório, não só tinha aquela ideia, mas até mesmo já se preparava para pô-la por si só em prática. E eis aqui o motivo que tenho para assim me enunciar:

No ano de 1852, se não me engano, e em todo o caso, em um tempo em que Honório ainda não era ministro, como disse, nem se suspeitava que o pudesse ser, ele foi à Campanha. Estando hospedado em casa do cônego Antônio Felipe de Araújo, meu avô foi com o padre-mestre João Damasceno visitá-lo, e foram ambos por ele tão bem recebidos e tratados com uma tal distinção, que, segundo dizia meu avô, o fato não deixou de causar um certo sentimento de ciúme ou de despeito da parte dos conservadores que ali se achavam em um muito grande número; pois que, tendo Honório Hermeto os levado para o sofá em que se achava sentado e tendo ali se colocado entre os dois, e só com eles, durante todo o tempo da visita, que não foi breve, quase que não conversou senão com eles. Ora, o tema dessa conversação assim tão longa e tão amável foi o seguinte: que as nossas coisas estavam indo muito mal e que era isso devido à exaltação política ou ao excesso do espírito partidário; que, sendo conhecida a causa, o remédio estava em combatê-la, mas que, sendo muito difícil alcançar um tal resultado com os elementos de que se compunham e com os hábitos e prejuízos de que se achavam eivados os dois antigos partidos, o que cumpria era formar um novo que se compusesse do que em ambos houvesse de melhor, que era isso o que ele pretendia e estava tratando de realizar, e que, sendo aqueles seus dois interlocutores homens que na sua opinião se achavam perfeitamente no caso de concorrer para a realização dessa ideia, que julgava útil e patriótica, desde já contava com eles. E o que é certo é que, tendo Honório organizado o Ministério da Conciliação, logo a 2 de dezembro houve uma concessão em ponto muito grande de títulos e condecorações, que foram dadas sem nenhuma consideração para as crenças políticas dos agraciados, e que entre estes apareceu meu avô, com a Comenda da Rosa, o que naquele tempo era ainda uma distinção muito elevada. A ideia que Honório advogava era, com efeito, uma ideia simpática e tão simpática é sempre, que ela nunca deixa de surgir mais ou menos em toda parte, como uma espécie de panaceia para todos os males públicos que se sentem, como, ainda há bem pouco, nós tivemos ocasião de ver no Estado Oriental.

Essa ideia, porém, da conciliação dos partidos foi e há de ser sempre uma grande utopia, porque, desde que existe um governo parlamentar, é absolutamente indispensável que existam partidos; e ainda mesmo que fosse possível acabar com os existentes, não só outros os viriam substituir, mas ainda e quase a todos os respeitos, desde logo ou muito em breve, os novos em nada absolutamente difeririam dos antigos. Os males de que mais de ordinário nos queixamos estão quase sempre nos homens e nos costumes, e os novos partidos terão sempre de se formar com os homens e com os costumes dos velhos. Assim também, outra utopia que não é menor, e que talvez mesmo seja ainda maior, é o de pretender-se formar um partido unicamente composto de gente boa, ou um partido que, assim composto, pudesse dar um grande resultado, não só porque os hipócritas e intrigantes são tantos que, afinal de contas, quase não se sabe quais são os bons ou quais são os maus, mas ainda porque nos partidos, como em muitas outras cousas, é preciso que haja de tudo — de bons, de maus e até de malucos. E isso digo porque, na realidade, o que se chama um homem de bem quase nada mais é do que um simples paralítico bem intencionado; ou um homem, que se não faz mal e deseja todos os bens, é, entretanto, muito pouco o bem que faz, visto que, sendo naturalmente inerte e mais inerte ainda se tornando pela falta de ambição ou pelo receio de passar por mau, não só lhe falta quase sempre a energia necessária para atacar e defender-se, mas até memo, para fazer o próprio bem. Por isso, também, não só hoje acredito que os próprios ladrões não deixam de ser mais ou menos úteis; porém, vou muito mais além, e digo que, muitas vezes, são eles até mais úteis do que os próprios homens de bem; porque esses ladrões de que aqui falo, e que são os que vivem de furtar, em grosso, para que possam furtar é preciso que inventem obras e que nelas se metam e por mais que furtem afinal o benefício fica.

Assim, pois, repousando sobre esses dois fatos, a ideia de Honório, embora simpática à primeira vista, não passava de uma rematada utopia; ela foi, ao mesmo tempo, um grande erro político, porque inteiramente desvirtuada por quem nisso tinha o maior interesse, ela apenas serviu para que, dela se apoderando e dando-lhe o maior impulso no sentido que lhe convinha, o imperador conseguisse afinal amolgar a quase todos os últimos caracteres mais ou menos altivos que ainda existiam; e o resultado que Honório tinha talvez querido evitar e que não fez mais do que apressar, foi, como todos sabem, que, desde então ou que muito pouco tempo depois, não existiu mais no Brasil senão uma única força e uma única vontade, e que essa única força e única vontade era o imperador.

A queda dos conservadores deu lugar a que, em 1844, houvesse, como em 1840, além da eleição municipal, uma eleição geral. Ambas foram muito disputadas na Campanha; e tão disputadas foram elas, que houve grande risco de mais de um conflito, mas, não obstante, eu nada delas perdi. Meu pai foi quem presidiu a essas eleições, mas, embora naquele tempo fosse o juiz de paz quem de fato presidia à eleição, ele, entretanto, tinha como adjunto o vigário da freguesia, que se sentava a seu lado e com quem ele devia proceder sempre de acordo, sobretudo na formação da mesa. Se ambos eram do mesmo partido, não havia nenhuma dificuldade porque se fazia uma mesa unânime e tudo corria às mil maravilhas. Se, porém, dava-se a hipótese contrária, quase nada se podia fazer. Assim, nessa eleição, o primeiro barulho que apareceu foi por ocasião da formação da mesa, chegando-se, porém, afinal a um acordo, em virtude do qual meu pai nomeou dois mesários liberais e o vigário, os outros dois, conservadores. Acordo este que os conservadores aceitaram de boa vontade, porque acreditavam que, não havendo maioria de nenhum dos lados, ou nada se faria ou então se faria por meio de transação. Infelizmente, porém, para eles, apenas se suscitou a primeira questão e que eles alegaram o empate que se havia dado, meu pai, que havia levado uma coleção de leis para esse fim, leu um aviso em que se declarava que, em caso de empate, o juiz de paz gozava do voto de qualidade. Imenso, como era de prever, foi o desapontamento dos conservadores; e desde então, tendo os liberais a maioria da mesa, foram vencendo todas as questões que iam sendo suscitadas. Era, porém, tão sólida ou tão avultada a maioria que os conservadores possuíam no distrito da cidade que o mais que os liberais conseguiram foi apenas fazerem os suplentes sem uma muito grande diferença de votos. Deu-se, entretanto, uma circunstância, que eu ainda quero aqui mencionar como um simples fato característico das tricas e espertezas que já então iam-se introduzindo nas eleições.

Hoje e desde 1846 quem preside sempre a todas as nossas eleições é o primeiro juiz de paz; e isso pela razão muito plausível de que é ele o verdadeiro representante da maioria. Naquele tempo, porém, o presidente era, pelo contrário, o juiz de paz do ano; e como as eleições sempre se tinham feito de quatro em quatro anos, o presidente era sempre o último dos juízes de paz ou o do quarto ano, que, as mais das vezes, era um dos suplentes que por morte ou por outro qualquer motivo havia substituído a algum dos efetivos. E assim, facilmente se compreende qual não deveria ser para os partidos a importância do primeiro suplente. Ora, os dois primeiros suplentes tinham saído empatados; e destes, um, que era o meu tio Antônio Quirino Lopes, era um liberal decidido; mas o outro era aquele Antônio Luiz de Sousa, de que falei quando me ocupei de um dos rebates que houve na Campanha em 1842. Sendo um homem de caráter fraco e não tendo propriamente partido algum, os liberais haviam metido na sua chapa, unicamente como um meio de ver se poderiam por esse modo obter mais alguns votos. Aos liberais, portanto, não convinha de modo algum que fosse esse o primeiro suplente; e, como, apesar de já ter os meus doze anos, sempre representei ter menos idade do que a que realmente tinha, e era o único menino que ali se achava na igreja, fui escolhido para tirar a sorte de desempate, e os liberais puseram nas minhas mãos a melindrosa missão de tirá-los daquela dificuldade. Eu fui, pois, assistir ao escrever e enrolar os papéis da sorte; reparei que um deles tinha ficado um poucochinho menos enrolado do que o outro, e como se tivesse olhos nos dedos, fui direitinho ao que continha o nome de meu tio, o qual ficou sendo o primeiro suplente.

Quanto à segunda eleição, a geral, esta ainda foi muito mais tumultuosa, até que os conservadores, depois de começado o recebimento de algumas listas, no segundo dia se retiraram ou não compareceram; e os liberais, tendo tempo para organizarem uma segunda chapinha, não só fizeram todos os eleitores, mas também todos os suplentes. Se, porém, eles venceram na freguesia da cidade, tinham perdido a eleição em todo o município; e, assim, receando que a maioria do colégio lhes anulasse os diplomas ou que pelo menos lhes tomasse os votos em separado, nas vésperas da eleição secundária, foram todos os eleitores, em número de 19, para Baependi, cujo colégio era quase que unanimemente liberal; e ali prestaram os seus votos.

CAPÍTULO XXIV

Dos irmãos do meu avô, aquele cuja casa eu mais frequentava, e que, por isso, melhor conheci, foi o tenente Manuel Corsino. Esse meu tio, que era coxo, e que por esse motivo, comparando-se ao primeiro visconde de Caravelas, a si mesmo se chamava de Manuel Alves Branco, era um desses homens que julgam que a fé e que as orações podem tudo suprir. Era, além disso, mais ou menos supersticioso, e também, um grande contador de casos.

Das histórias, porém, que aquele meu tio vivia sempre a contar, aquela que nunca perdia para mim do seu interesse, mas que, pelo contrário, como que parecia cada vez mais interessar-me, era a de Januário Garcia, ou como também muitas vezes se o costuma chamar, o sete orelhas. História esta que era naqueles tempos muito geralmente conhecida, mas que, embora tenha até já sido posta em drama, bem poucos hoje serão talvez aqueles que mais ou menos a conheçam.

Essa história, entretanto, muito longe de ser, como se poderia talvez supor, um simples conto imaginário, era, pelo contrário, a história muito real de um sujeito, cujo pai havia sido morto e esfolado por seus inimigos, e cujo filho, que era aquele mesmo Januário, tendo feito o juramento de tirar do fato a mais completa vingança, pôs-se desde logo no encalço dos autores do atentado. E nunca mais sossegou durante muitos anos, senão depois de ter a todos matado, ter tirado de cada um deles uma orelha, e ter com elas feito um rosário de que nunca se desprendia.

Este Januário, entretanto, ou porque o temessem, ou porque se reconhecia que, embora atroz, a sua vingança era justa, creio que não só nunca foi perseguido, mas até se converteu em uma espécie de protetor dos injustamente perseguidos. E isso digo, porque, embora um pouco vaga, eu ainda tenho uma ideia de ter ouvido a meu avô ou àquele meu tio Manuel Corsino, mais de uma vez contar, que havendo meu bisavô sofrido uma ofensa mais ou menos grave de uma pessoa de importância na Campanha, meu tio Antônio Quirino imediatamente tratou de vingar o pai e publicamente espancou o ofensor no meio da rua. E como fosse perseguido, retirou-se da povoação sem se saber para onde, até que, passado algum tempo, voltou acompanhado por aquele Januário Garcia e nada teve que sofrer. Entretanto, eu não possa me recordar o que foi que então se passou nem se a coação que houve, foi sobre o juiz, sobre a parte ou sobre o escrivão; e se, por consequência, o que houve foi despronúncia, desistência ou simples sumiço do processo.

Se, porém, aquele meu tio Manuel Corsino era um grande contador de casos, aquilo, em que mais saliente se tornava, era pela sua supersticiosa credulidade. Era ele, portanto, na Campanha, o mais acérrimo talvez de todos os panegiristas do Bandarra e uma das profecias daquele célebre sapateiro, que ele vivia sempre a repetir, vinha a ser esta — que o ano de 1845 havia de ser um brinco. E, com efeito, parece que esta profecia realizou-se; porque não me consta que durante todo aquele ano se desse qualquer desgraça muito digna de nota; foi no entanto no seu começo que cessou uma das maiores calamidades que tem pesado sobre o Brasil — o da guerra civil no Rio Grande do Sul, guerra esta que, junta a outras que tínhamos tido no Rio da Prata, havia por tal forma impressionado ao povo, que, tendo se demolido na Campanha a igreja de São Francisco por ameaçar iminente ruína, a explicação que a alguns eu ouvi para aquele fato foi a seguinte — que uma igreja não podia olhar ou ter à frente, como aquela tinha para o sul, por causa do muito sangue que sem cessar ali se derramava. Nem foi somente o estado quem dessa sorte sentiu os benéficos efeitos desse influxo que devia do ano de 1845 fazer um brinco. Comigo parece que a mesma coisa aconteceu; porque, se é certo que a maior, ou pelo menos a mais pura das nossas felicidades é a tranquilidade da nossa vida, e por isso se diz que os povos verdadeiramente felizes são justamente aqueles que não têm história, a minha vida durante o ano de 1845 parece que não teve história, pois que, por mais que excogite, de nada com precisão me recordo, que de qualquer maneira me diga respeito e que a esse ano se refira.

Entretanto, me parece, ou antes, quase que tenho como certo, que foi justamente nesse ano de 1845 que minha mãe foi priora do Carmo. E como homem que se afoga a tudo se agarra, aproveitando-me dessa simples circunstância, vou reparar uma omissão que cometi quando tratei das igrejas e irmandades da Campanha; e vou aqui, por consequência, ocupar-me dessa irmandade ou dessa Ordem Terceira do Carmo, que, assim como em toda a parte, era também na Campanha uma das mais apreciadas, das mais concorridas, e, ao mesmo tempo, das mais aristocráticas. E, com efeito, não só muito poucos eram os homens de uma certa ordem que não se achassem alistados naquela confraria, mas, pode-se ainda dizer, que raríssima era a senhora de uma certa posição e de uma certa idade para cima que dela não fizesse parte. De todos os membros, porém, dessa nobre e tão respeitável confraria, nenhum havia que mais devoto fosse ou que maior impressão me deixasse do que dois irmãos chamados Baguns, para os quais o vestuário do Carmo era como que a farda para o soldado ou a batina para os padres. Sendo pobres e não indo a outras festas que não fossem as da igreja, quase que não se viam na rua senão vestidos sempre com aquele seu uniforme. Também, pode-se dizer, que não havia ato algum que se referisse ao culto daquela santa, a que os dois irmãos não fossem assistir, inclusive à missa que todos os sábados era dita pelo capelão da irmandade em um dos mais bonitos altares da matriz, onde se achava a imagem de Nossa Senhora a quem ele pertencia. Missa esta que, embora tivesse lugar em um dia de semana, nunca entretanto deixava de ser bastante concorrida, porque, de todas as Nossas Senhoras era sem a menor dúvida a do Carmo a que para o seus devotos pelo menos parecia ser ou dispor de um valimento mais poderoso e mais seguro junto do seu divino filho. Sem, porém, falar nessas missas, e sem mesmo falar na festa que se poderia dizer propriamente de Nossa Senhora, e que de ordinário se compunha de novenas, missa cantada e procissão; aquilo que de alguma sorte se poderia considerar como sendo especial a esta Ordem Terceira, era o modo como ela fazia a posse da sua mesa; ou para falar talvez com mais acerto, era a solenidade que todos os anos tinha lugar por ocasião da posse ou da instalação da priora. Havia, é certo, nessa solenidade, alguma coisa que muito se parecia com o que se praticava na subida do Rosário, de que em outro lugar já tratei; mas, se essa semelhança existia no fundo, ela, na aparência, não existia ou desaparecia de todo, porque, ao passo que aquela festa dos pretos era uma festa, alegre sim, mas muito barulhenta, um pouco anárquica e extremamente ridícula; esta, dos brancos, pelo contrário, era extremamente séria, ou era feita com a maior ordem e com toda a regularidade.

Muito simples, entretanto, ela quase se reduzia ao seguinte: no dia do costume, as irmãs do Carmo com o seu vestido preto, escapulário ao peito e um véu branco na cabeça, dirigiam-se para a casa da priora; feita ali a reunião ou chegada que era a hora, todas aquelas irmãs incorporadas conduziam a priora para a igreja; e quando a esta chegavam, já na porta se achava o capelão da irmandade, que ali a esperava e que à frente de todos os irmãos que ali também se achavam com tochas acesas e revestidos com os seus hábitos pretos, capa branca, escapulário ao pescoço e a correia na cintura, a conduzia para a capela-mor; e dava-se então começo aos ofícios religiosos. Quando estes terminavam, a priora era conduzida a uma cadeira de espaldar ou a uma espécie de trono, que se fazia junto ao arco-cruzeiro; e ali todos os irmãos e mais pessoas presentes iam lhe beijar a mão; e estava terminada a festa.

Como a vaidade humana em nada absolutamente depende da vastidão dos horizontes ou é sempre a mesma desde o mais alto dos tronos até o ponto mais baixo da escala social, este lugar de priora era, para as senhoras que o exerciam, um motivo de verdadeiro regozijo; e nunca posso me esquecer que uma das maiores vaidades de minha mãe e que ela conservou, por assim dizer, até os seus últimos momentos, era a de contar com o mais completo desvanecimento a história desse grande dia de glória que ela teve, e em que todas as principais pessoas da Campanha lhe foram beijar a mão, como se fosse ela realmente uma rainha.

Pouco antes desse priorado de minha mãe, havia sido também priora uma minha parenta, a mulher do major Salvador Machado de Oliveira; e esta, querendo estender um pouco mais os regozijos do seu priorado, depois das festas religiosas que tiveram lugar durante o dia, deu, à noite, em sua casa, um grande baile.

Isso de misturar-se o profano com o religioso é hoje uma coisa tão comum que, sobretudo na Corte, até os próprios anúncios das festas religiosas são exatamente feitos como se se tratasse de uma ópera ou de outro qualquer espetáculo de idêntica natureza. Antigamente, porém, e sobretudo em Minas, o sentimento religioso ainda estava muito apurado demais, para que assim tão comodamente se amenizassem as penitências, ou para que, de um ato de sincera devoção, se pudesse fazer um simples ato de prazer. Aquela inovação, pois, não deixou de causar um certo reparo, e a muitos pareceu mesmo que não só era uma coisa um pouco de costa-acima, mas até quase que um sacrilégio, aquela mistura do sagrado e profano, ou de um baile completando um Te-Deum. No dia seguinte, portanto, corria pela cidade esta quadrinha ou esta pequena sátira:

Priminhas, priminhas,
Vamos primar;
Que a nossa priora
Nos há de perdoar.

E acrescentava-se que, enquanto dançavam, era assim que os dançadores cantavam. Ora, tendo dito quanto era grande o prestígio de que gozava o patrocínio de Nossa Senhora do Carmo, e quanto, por isso, era também grande a devoção que muitos para com ela tinham, eu vou aqui referir um fato que se deu, e cuja verdade quase que posso garantir, com aquele meu tio Manuel Corsino, de que tanto me tenho ocupado neste artigo. E tanto mais desejo referi-lo quanto para os devotos será isso mais um argumento do grande auxílio ou da eficácia da devoção que se pode esperar daquela santíssima Senhora; entretanto que para os incrédulos pode servir e ser dado como um dos melhores exemplos do imenso poder que sobre nós exerce a imaginação e até que ponto esse poder é capaz de chegar.

Nem esse poder da imaginação é nenhuma novidade ou uma dessas coisas que se possa hoje pôr em dúvida, pois que é esse um fato que já por vezes tem-se verificado, e não há quem não conheça o caso daquele condenado à morte, cujas veias os médicos fingiram picar, e que, estando com os olhos vendados e supondo que era sangue a água um pouco tépida que lhe iam entornando sobre os braços, expirou no momento em que os médicos, com um certo ar de mistério, anunciaram que estavam saindo as últimas gotas de sangue, e que aquele condenado a morrer esvaído não tinha mais do que um ou dois segundos de vida.

Ora, o caso daquele meu tio, se não foi, com efeito, um milagre, foi com toda a certeza um fato da mesma natureza desse do condenado de que acabo de falar. E eis aqui como a coisa se passou. Como tantos outros, era aquele meu tio um devoto acérrimo de Nossa Senhora do Carmo; e a sua fé a esse respeito era de tal natureza, que ele sempre dizia, com os acentos da mais profunda convicção, que não havia de morrer em pecado mortal, mas que tinha, pelo contrário, quase como certa a sua própria salvação, porque, dizia ele, havia uma oração, que, sendo rezada com fé e todos os dias à Nossa Senhora, esta não deixaria de vir anunciar a quem assim a rezava, o dia e a hora da sua morte, para que essa pessoa ou esse seu devoto tivesse o tempo de se pôr bem com Deus e de evitar a condenação eterna. E como, segundo ele afirmava, nunca tinha deixado de rezar aquela oração, ele continuava certo que um tal aviso não lhe havia de faltar. Por isso, embora tivesse tido algumas doenças, nunca se incomodava ou se afligia, mas, pelo contrário, se a família ou algum amigo se inquietava, a sua resposta era sempre — Qual! O aviso ainda não veio. E punha-se a gracejar sobre a doença. Até que afinal teve uma última enfermidade, e, indo o incômodo cada vez mais a se agravar, em uma quarta ou quinta-feira, ele disse à família: "Hoje, Nossa Senhora me apareceu e me avisou que a partida é no sábado, que é o meu dia, e que há de ser a tais horas. Agora sim, não tenho mais dúvida de que a minha vez chegou e que é preciso que eu cuide da viagem; tratem, portanto, de mandar chamar o padre".

O padre veio, com efeito; com ele se confessou; recebeu depois todos os outros sacramentos; e, desde então, não cuidando mais senão dessa sua partida para o outro mundo, despediu-se da família, e de todas as pessoas a quem tinha afeição; e, no dia e hora marcada, ele expirou.

CAPÍTULO XXV

É TÃO POUCO o que tenho para dizer dos anos de 1846, de 1847 e de 1848 que, apesar de os englobar a todos três neste único artigo, ainda assim, terá este de ser talvez um dos mais magros. Todo de luto e tão cheio de lágrimas para mim e para os meus, o ano de 1846 não poderia oferecer-me para aqui contar, senão tristezas. As grandes tristezas, porém, são silenciosas; e a dor que não é dramática, quase sempre desagrada.

Quase tão inteiramente apagado como alguns outros de que já tenho tratado, o ano de 1847 só se tornou notável para mim por uma única circunstância — uma viagem que por simples passeio fiz à Corte, em companhia de meu tio Francisco de Paula Ferreira Lopes Júnior, ou Iquinho, como em família e quase que geralmente todos o tratavam.

Se, porém, aquela primeira viagem que fiz à Corte e quando apenas contava pouco mais de sete anos, foi para mim um manancial de tantas e de tão vivas recordações que pode, como se viu, fornecer-me assunto para dois bem longos capítulos, esta segunda, pelo contrário, não me deixou talvez uma única impressão que valesse a pena de ser aqui registrada. E isso por duas razões: primeira, porque apenas me demorei ali oito ou dez dias; e, segunda, porque, por falta talvez de um bom cicerone, quase que nada vi, e muito menos ainda observei. De sorte que, a não ser o fato de ter visto João Caetano representando o Kean e de ter ficado um pouco surpreendido, quando, sem esperar e um pouco sem compreender, vi um homem erguer-se em um dos camarotes e com gestos e modos descompassados gritar que o Kean estava doido, eu quase que poderia dizer que, assim como fui, assim vim; pois que, de fato, se muito pouco vi, muito menos ainda me ficou.

Quanto ao ano de 1848, esse foi o ano de uma mudança de situação política, de eleições agitadíssimas, da revolução praieira, e, finalmente, dos últimos esforços da antiga hombridade nacional contra o suave e doce absolutismo que nos ia dominar; mas que, enquanto não se firmava, violento às vezes se mostrava. Imensa seria, pois, a messe, que eu poderia ter aqui para ceifar. Mas a grande província de Minas Gerais dos outros tempos já quase que não existia; o seu papel se apagava cada vez mais; e eu não quero falar das violências que, de um governo nacional e até mesmo de seu próprio filho, teve de sofrer uma província, que o próprio despotismo da metrópole respeitava e temia. Por tal forma que, ao passo que não cessava de recomendar aos seus agentes que a tratassem com todos os resguardos de diplomacia, quando mandava construir o palácio dos seu governadores, ordenava que se o fizesse como um castelo ou fortaleza, para que lhes pudesse garantir a segurança.

Não querendo, pois, enveredar por esse rumo, eu vou apenas ocupar-me do único fato de alguma importância que teve então lugar na Campanha, e que foi a primeira visita que fez àquela cidade o bispo de Mariana, d. Antônio Ferreira Viçoso. Visita esta, cuja data precisa não posso agora de momento determinar, mas que me parece quase certo ter tido lugar pelos meados mais ou menos do ano de 1848.

Depois das grandes e tão pomposas festas que em outros tempos se faziam e de algumas das quais já tenho aqui tratado, a única que depois da revolução ainda houve na Campanha e que teve o poder não só de comover toda a cidade, mas, por assim dizer, de literalmente enchê-la, foi a que teve lugar por ocasião dessa primeira e tão desejada visita do bispo. Pois que, havendo muitíssimos anos já que na Campanha não se via um bispo, e sendo até mesmo possível que nenhum ali tivesse jamais aparecido, agora, a fim de ver-se aquele que ali se vinha apresentar ou então para se crismar, bem poucos foram aqueles que de perto ou de longe não concorressem para aquela festa.

Esta, entretanto, se tão brilhante se mostrou e se muito mais ainda a todos tão geralmente agradou, não foi, contudo, pela sua variedade; porque, aquilo que se via um dia, era, por assim dizer, o mesmo que se fazia sempre. A essa regra, porém, houve uma bonita exceção e foi o dia em que o bispo chegou; porque, nesse dia, sendo ele encontrado a uma distância maior ou menor da povoação por um número muito avultado de cavaleiros, a sua entrada ali se fez pela rua do Fogo, vindo ele acompanhado por uma multidão enorme de povo, sendo ao mesmo tempo precedido pelo esquadrão de cavalaria da Guarda Nacional, que, para esse fim, espontaneamente se havia reunido.

Eu não me recordo muito bem se o bispo entrou na cidade na liteira em que tinha por costume viajar, ou, se tendo apeado na igreja de São Sebastião ou das Mercês, dali seguiu debaixo do pálio. O que, porém, me parece lembrar, é de que, depois de ter passado debaixo de um ou mais arcos que se haviam levantado, ele fez a sua oração na igreja das Dores. Dali se dirigiu para a casa do vigário, onde se achava preparado o seu aposento e nele uma cama ainda muito mais luxuosamente preparada, mas, na qual, segundo ouvi dizer, nunca se deitou, suspeitando-se ou dizendo-se que ele dormia no chão sobre um tapete. E digo — suspeitando-se — porque, longe de ostentar as santas austeridades a que, segundo se dizia, tinha por costume entregar-se, o bispo Viçoso, pelo contrário, sempre e quanto podia as procurava ocultar.

Parece-me que, no próprio dia em que chegou, e que, a despeito do cansaço da viagem, já de tarde ele foi à igreja desempenhar as suas funções episcopais, o que é certo é que, durante todo o tempo que na Campanha se conservou, nunca deixou de ir todos os dias duas vezes para a matriz, indo sempre revestido de uma espécie de capa muito comprida, cuja cauda era conduzida por uma das principais pessoas da cidade; e que não só crismava e celebrava outros atos religiosos, mas ainda nunca deixava cada dia de ali pregar uma vez pelo menos. Os seus sermões nada tinham de pomposos e até nem mesmo de peças mais ou menos literárias, mas, na realidade, quase não passavam de uma simples prática ou de uma espécie de conversação com os seus ouvintes. Essa conversação era feita em uma linguagem tão chã que não havia ninguém que a não compreendesse; ao mesmo tempo, havia na sua voz, no seu ar e em toda a sua pessoa uma tal unção, e, ao mesmo tempo, um não sei quê de ingenuidade, que ninguém havia que não se deixasse convencer ou comover-se, ou que, em todo caso, não o ouvisse com um verdadeiro encanto. Já então d. Antônio Viçoso gozava de uma grande fama de virtudes, mas só quando essas virtudes foram de alguma sorte confirmadas por tantos anos de episcopado, que ele se tornou para todos não simplesmente um homem respeitado e mesmo venerado, porém alguma coisa como um verdadeiro santo. Eu ainda o vi algum tempo depois em Queluz e em Ouro Preto; cheguei mesmo a ter com ele algumas relações; e ainda conservo uma carta sua em que me recomendava a causa de um pobre. O que posso asseverar é que, quanto mais o via ou com ele conversava, tanto mais aumentava a minha estima e a minha mais profunda admiração.

Um dos benefícios e, ao mesmo tempo, uma das glórias daquele santo bispo foi alguns dos discípulos que ele deixou, e dos quais os mais dignos, como todos sabem, ou pelo menos os mais célebres, são o venerando bispo de Diamantina e o não menos virtuoso arcebispo da Bahia. Quando, porém, d. Antônio Viçoso esteve em Queluz, no ano de 1858, eu cheguei ali a conhecer um terceiro, que em nada absolutamente cedia àqueles em virtude; mas que, tendo se conservado sempre em uma posição muito menos elevada, muito menos também apareceu. Este terceiro era o cônego João Gonçalves de Oliveira Ribeiro, a quem o bispo muito estimava e que a este muitas vezes acompanhava nas suas viagens; acabou por ser vigário de Barbacena e monsenhor ou não sei quê nomeado pelo papa. Na ocasião em que o conheci, ele acompanhava o bispo, e era quem, na falta deste, quase sempre pregava. À noite, porém, enquanto os outros cônegos, que não gozavam de uma muito grande reputação de santidade, passeavam pela povoação, e, enquanto o bispo rezava ou trabalhava em um quarto próximo, o cônego João Gonçalves conservava-se na sala, que estava sempre cheia de visitas e sobretudo de senhoras, e aí cantava ao piano. E o que é muito mais para admirar é que aquilo que ele ali cantava não eram rezas, nem mesmo alguns desses cânticos que as irmãs de caridade têm por costume ensinar às suas discípulas, ou alguns dos outros que o próprio bispo também cantava. Pois é preciso dizer que o bispo d. Antônio muito gostava de música; e que não só nas suas horas vagas tocava piano, mas que ainda neste muitas vezes cantava algumas pequenas composições de uma natureza puramente religiosa.

Ainda em 1864, estando ele em Sabará, ali acompanhou ou ouviu cantar a minha mulher e a duas irmãs, quando eram todas ainda solteiras.

Quando acabou o canto, que era um hino religioso, tão enternecido ele sentiu-se que abençoou as cantoras e pediu a Deus que as fizesse felizes. Menos de um mês depois, aquelas cantoras eram pedidas em casamento por três deputados provinciais; e minha sogra sempre atribuiu o fato à súplica do bispo.

O que o padre João Gonçalves cantava em nada absolutamente se parecia com essas cantatas do bispo, porque, ao passo que ele sentia uma tendência muito pronunciada para as modinhas mais ou menos ternas, por outro lado, ou ao mesmo tempo, aquilo de que mais gostava era de alegres e engraçadíssimos lundus, de que tinha uma grande e variadíssima coleção. O mais bonito e, ao mesmo tempo, o mais bem cantado era justamente um dos mais livres ou aquele em que, abrasada em amor por um sujeito que se chamava Juca, uma pobre e desconsolada moça se queixava a Santo Antônio, de que este a não auxiliasse no seu amor ou a não livrasse de uma semelhante tentação.

Eu não conservo a letra desse lundu, mas me recordo bem do assunto, e até me lembro de que um dos versos começava por esta forma:

Santo Antônio, meu santinho,
Já não vale nada não;

e que o estribilho era assim que terminava:

Senhor Juca, oh! senhor Juca!
Que tentação do demônio!

Pois esse padre, ou antes, esse cantador de modinhas e de lundus assim tão livres, e que, por ser de uma família dotada de uma habilidade extraordinária para a música, os cantava perfeitamente, era, ao mesmo tempo, um dos melhores padres que tenho conhecido.

Tendo, em 1864, de ir tomar assento na assembleia provincial, eu, em vez de seguir diretamente de Leopoldina para Ouro Preto, dei, por motivos de negócio, uma volta por Barbacena, onde era então vigário o cônego João Gonçalves. Embora já fosse noite quando ali cheguei, fui procurá-lo em sua casa; e, sabendo que estava na igreja, para ali me dirigi. Sendo dia de semana e não me constando que houvesse festa alguma, eu acreditava que o iria ali encontrar só ou praticando algum desses atos mais ou menos insignificantes que se dão quase todos os dias na igreja. Qual, porém, não foi a minha surpresa diante do espetáculo que aos meus olhos então se apresentou! A igreja, que era um templo bastante vasto, estava literalmente cheia até a porta, e tão cheia que eu mal pude chegar ao tapa-vento. Sobre aquela imensa multidão de cabeças que todas imóveis se conservavam, reinava um silêncio tão profundo que se poderia, como se diz, ouvir voar uma mosca. E esse silêncio tão profundo só era quebrado pelo salmodiar do vigário no altar ou por um cântico melancólico e, ao mesmo tempo, suave e doce, que era entoado por vozes tão límpidas e maviosas que parecia estar-se ouvindo um verdadeiro canto de anjos.

Eu não sei se todos são como eu susceptíveis desse encanto misterioso que, sempre grave e tão solene, me infunde n'alma tudo quanto a parece elevar para as alturas do infinito; mas, o que posso asseverar, é que aquele templo vasto e tão cheio, aquele silêncio tão profundo, aquele grave salmodiar do padre e aquelas vozes tão suaves que eu ouvia produziram em mim uma emoção tão súbita e profunda que nunca talvez na minha vida eu tive um desses arrebatamentos místicos, de que há pouco falei, tão penetrante e forte, como esse que naquele momento eu senti; e tanto que ainda hoje, depois de vinte e muitos anos, a sua lembrança se conserva sempre, e é provável que nunca mais se apague.

Algum tempo depois é que vim a saber que não só aquelas cantoras eram moças das primeiras famílias de Barbacena, que, instruídas ou dirigidas pelo padre João Gonçalves, tinham por costume ir cantar na igreja, mas que, entre elas, algumas havia que ali estavam apenas de passeio, como, por exemplo, uma neta do marquês de Olinda e filha do visconde de Piraçununga, a qual depois se casou com um meu parente, o barão do Rio Preto. Ainda outra, amiga daquela, sem que então nem sequer por sombra eu o suspeitasse, ia muito em breve se tornar minha cunhada, casando-se, ao mesmo tempo que eu, com o meu antigo colega e então novo amigo, dr. Washington Rodrigues Pereira.

E tanto mais esse arrebatamento religioso que ali fui receber me impressionou, quanto eu sempre tinha ouvido dizer que Barbacena era um lugar de muito pouca religião ou pelo menos de costumes mais ou menos dissolutos ou libertinos. Eu não podia, por consequência, supor ou esperar ali encontrar uma reunião por tal forma edificante como aquela que ali havia presenciado. E então, a conclusão que tirei foi que, se aquela opinião que eu fazia de Barbacena era, com efeito, verdadeira, aquilo que ali vi e senti seria a prova a mais evidente de quanto é grande o poder da virtude, sobretudo, quando esta não toma os ares da hipocrisia, ou quando, despindo-se de uma austeridade muitas vezes descabida, se mostra sem aspereza e mais ou menos sorridente.

CAPÍTULO XXVI

Em fins de 1842, ou no começo de 1843, meu pai, como já disse, havia comprado a meu avô a fazenda do Saco, e tinha sem mais demora ido ali se estabelecer. Colocada a pouca distância da serra das Águas Virtuosas e ocupando a vertente oriental do serrote do Joaquim Inácio, esta fazenda, que possuía uma boa aguada e que era cortada por um ribeirão que julgo denominar-se São Bento compunha-se de campo e mato. O campo era excelente, as terras magníficas, e além de muitos cômodos, e de todos os edifícios necessários, ainda meu avô, que nada fazia a meio ou sem grandeza, tinha nela estabelecido todos os maquinismos, os mais aperfeiçoados que existiam naquele tempo, para o preparo da cana. Nem para prova disso que acabo de dizer é preciso mais do que acrescentar que até aquele tempo não se conheciam, pelo menos em Minas, outros engenhos que não fossem todos de madeira e todos em pé; entretanto meu avô foi um dos primeiros, senão o primeiro fazendeiro daqueles lados, que não só fez naquela fazenda um engenho deitado, mas que ainda o fez de ferro. E como naquele tempo os ingleses e americanos ainda não se tinham lembrado de vir atulhar os nossos mercados com todos esses seus hoje tão variados artefatos de ferro; para que realizasse um semelhante melhoramento teve meu avô de mandar fundir na fábrica de ferro de Ipanema, em Sorocaba, três cilindros ocos, que, depois de terem vindo em burros e com alguma dificuldade, foram ajustados sobre moendas de pau, o que deu em resultado ficar aquele seu engenho exatamente como são os de hoje, mas com essa diferença contudo, que os cilindros eram inteiramente lisos e que as moendas eram de um tamanho muito maior do que as de hoje.

Era, pois, aquela fazenda do Saco um lugar que se poderia dizer perfeito, e se a isto acrescentar-se, que filho de fazendeiros e tendo na lavoura se criado, meu pai reunia, em muito alto grau, as duas principais condições que se tornam necessárias para bem se administrar uma fazenda, a capacidade e o gosto. Parece que ele não poderia deixar de fazer ali grande interesse, e até mesmo de muito em breve realizar talvez grande fortuna. Havia, porém, uma tradição na Campanha segundo a qual corria como certo, que, na aquisição primitiva, ou em uma das transmissões daquela fazenda, havia se praticado não sei bem se uma grande violência ou se uma grande fraude, mas, em todo caso, um desses atos que por sua própria iniquidade bradam ao céu, e que por isso, na opinião popular, não só o seu castigo é sempre certo, mas ainda se converte em uma espécie de verdadeira lepra que se agarra ao objeto do pecado, e que contaminando, por assim dizer, a todos que nele pegam, vai a todos indefinidamente ferindo, ainda mesmo aos mais justos e inocentes. Daqui resultou esta opinião popular, que por melhor que fosse aquela fazenda, nunca quem dela fosse senhor, jamais prosperaria. E com efeito, se para a prova de um absurdo qualquer nada mais fosse preciso do que a simples existência de alguns fatos isolados ou até mesmo do que uma sucessão maior ou menor de certos fatos da mesma natureza; parece que seria este justamente um dos casos, em que apoiando-se sobre alguns fatos averiguados e contínuos, poderia, todo cheio de si e com ares do mais completo triunfo, esse mesmo absurdo a todos se apresentar como a mais perfeita expressão da verdade, pois que a realidade neste caso vinha a ser esta — que nenhum dos antecessores de meu pai ali prosperou; que seus sucessores menos ainda ali prosperaram, segundo parece; e que assim como aqueles e que assim como estes, ele ali também nada absolutamente conseguiu fazer, pois que tendo até aquela época a lavoura se mantido sempre em um certo pé de mais ou menos constante estabilidade, desde que meu pai para ali se mudou entrou ela em oscilações tão rápidas e tão desacostumadas que os pobres fazendeiros já quase que não sabiam para onde se virar.

Assim, até então, o preço, por assim dizer, corrente e constante de um barril de aguardente ou de uma arroba de açúcar era o de dois mil-réis e tanto a três mil-réis. Mas, apenas meu pai entrou para a fazenda, esse preço baixou imediatamente a mil-réis e até mesmo a oitocentos réis e a duas patacas. Tendo em consequência disto meu pai se resolvido a passar para a cultura do fumo em rolo, deu-se com este uma baixa quase igual. Tendo depois tentado mandar o fumo em folha para a Bahia, o resultado não foi melhor, e teve afinal de voltar de novo para a cana, cujo cultivo tendo sido geralmente abandonado, de repente começou a recuperar a alta perdida.

Ao cabo, porém, de pouco mais de três anos, e quando ainda lutava com estas contrariedades, e com muitos outros contratempos, meu pai que desde uma constipação que apanhara na Corte nunca mais tinha tido uma saúde perfeita, repentinamente enfermou do fígado; esteve algum tempo na Campanha se tratando; e quando parecia melhor e já se dispunha a voltar para a fazenda, foi de repente acometido de um ataque de convulsões, e no dia seguinte, 6 de agosto de 1846, faleceu na idade mais ou menos de 36 anos. Pouco mais tendo de 14 anos, eu era ainda muito criança para que pudesse bem avaliar a grande perda que acabara de sofrer; mas o coração, que era todo dele, adivinhou, sentiu, e bem largo e fundo recebeu o golpe. Muitas, portanto, e muito amargas foram as lágrimas que então derramei. Nem outras me recordo de haver depois disto realmente derramado, senão quando já velho e julgando-me assaz curtido para poder impassível contemplar o mundo e todas as suas misérias; eu ainda tive o dissabor de ver falecer, a 23 de dezembro de 1883, aquela que mais do que mãe, havia sido para mim um pai; e que embora nunca tivesse sido extremamente carinhosa, mas antes severa, nunca deixou, entretanto, de ser sempre amorosa e dedicada; e pôde, por isso mesmo, tornar-se aquilo que realmente foi — uma verdadeira mãe de filhos na orfandade. Tudo quanto sou a ela o devo, e ninguém mais do que eu conhece quanto lhe custei de privações e sacrifícios.

Meu pai deixou muitos bens; as suas dívidas, porém, também eram muitas para que uma mulher que tinha nascido e se havia criado em uma povoação as pudesse saldar por meio da lavoura. Minha mãe, portanto, que era dotada de um grande tino para o negócio, ou de um certo senso da vida prática, tomou o partido, que, único, nos poderia salvar alguma coisa. Vendeu a fazenda, os escravos e tudo quanto pertencia à fazenda, ou de que ela não podia precisar. Com o pequeno saldo que apurou e com três ou quatro escravos que reservou, veio estabelecer-se conosco na Campanha, a fim de que debaixo da sua vigilância eu pudesse continuar com os meus estudos e começasse meu irmão com as suas primeiras letras.

A sua resolução estava firmemente tomada: desde muito pequeno se havia dito que eu havia de me formar; era preciso que eu me formasse; e eu havia de me formar. Uma formatura, porém, não é das coisas mais fáceis para os pobres; o pequeno capital que minha mãe havia reunido era extremamente diminuto; os lucros das suas quitandas e de outros pequenos negócios mal davam para as nossas despesas ordinárias; como, pois, cuidar na minha formatura?! Havia um único meio; era o de sujeitar-nos todos a uma economia extremamente severa; e esse meio foi imediatamente adotado. Ela que tinha sempre passado com uma certa largueza e até mesmo com algum luxo, reduziu-se ao mais estrito necessário, não desperdiçou um só vintém; e eu, que até um certo tempo havia sido um dos meninos mais casquilhos da cidade e que já um pouco antes da morte de meu pai, tinha começado a não aparecer senão simplesmente como todos os outros, desde então quase que não vesti-me senão com os restos aproveitados das roupas já velhas ou servidas; e ainda me lembro que, durante dois anos talvez, eu não tive para frequentar o estudo senão um paletozinho feito mesmo por minha mãe ou apenas cortado pelo alfaiate e por ela cosido, e cuja fazenda era uma lã que tinha sido fiada e tecida em casa e que por ela mesma havia sido depois tinta de preta ou azul-ferrete. Nem é sem uma certa complacência que assim insisto sobre tais minúcias, pois que se é certo que há sempre um verdadeiro prazer em contemplar depois de salvo os perigos e dificuldades pelos quais havemos passado, eu ainda tinha para isso, neste caso, as três seguintes razões: primeira recordar os benefícios que recebi da minha boa mãe, que viúva na flor da idade, nunca se esqueceu dos filhos e a tudo por eles sujeitou-se; segundo porque há em tudo isto alguma coisa que nos revela um lado dos mais apreciáveis do caráter mineiro; e terceiro, finalmente, porque se às grandes é lícito comparar pequenas coisas, debaixo deste ponto de vista a minha sorte muito se assemelha à de um homem que representou um grande papel na nossa vida política — o visconde de Jaguari pois que sendo sua mãe também muito pobre, e não dispondo de outros recursos que não fossem as suas quitandas que ela mesma fazia e que ela mesma vendia em Baependi, conseguiu, entretanto, formar a todos os seus filhos, os quais também, assim como eu, sabiam compreender o benefício que recebiam e o grande sacrifício que custavam; e por isso, em vez de esbanjarem, como alguns outros, o suor e as lágrimas daquelas que lhes dão o ser, sabiam, pelo contrário, quanto neles estava auxiliá-las pela sua própria prudência e pela sua não menor economia, da qual a melhor das provas é a seguinte exageração que a respeito do visconde de Jaguari tinha curso entre o povo e que muito mais de uma vez eu ouvi referir, isto é, que ele havia conseguido fazer todo o seu curso em São Paulo com a mesma sobrecasaquinha de lila que de Baependi para lá tinha levado.

A intenção de meu pai era que eu me formasse em medicina. Eu preferi, ou minha mãe achou mais fácil, a minha formatura em São Paulo. E assim foi bom, porque não tendo gosto nem a menor habilidade para as ciências físicas ou naturais, e por consequência para nenhuma das ciências ou matérias que constituem o estudo da medicina, e faltando-me, por outro lado, o que se chama o tino médico, se por acaso em tal matéria eu me formasse, ou seria para viver às moscas, ou então, e o que muito pior seria, para encher os cemitérios. Estando, pois, desde começo de 1848 pronto em latim, parecendo estar também pronto em francês, e tendo já entrado no meu 17° ano, minha mãe entendeu que era tempo que eu partisse para São Paulo; e efetivamente para ali parti no primeiro dia de fevereiro de 1849, tendo sido acompanhado até fora da cidade por um grande número de parentes e de pessoas da minha amizade, e sendo ainda muito gratamente surpreendido no campo do Rosário pelo encontro dos meus ex-colegas, os alunos de aula de latim, que por pedido seu ou por espontânea iniciativa do padre-mestre, haviam deixado a aula e haviam ali ido me esperar para ainda uma vez me verem e me dizerem o seu último adeus.

Desde então, começa para mim uma vida inteiramente nova; e é justo que aqui termine a primeira parte deste meu trabalho.

PARTE SEGUNDA

CAPÍTULO XXVII

MINAS É de alguma sorte uma filha de São Paulo, porque além de ter sido descoberta pelos paulistas, foi em grande parte povoada por eles. Hoje dá-se o contrário: a província de São Paulo está sendo colonizada pelos mineiros; e, até na própria capital, pequeno já hoje não é o número dos nossos que, atraídos pelas letras ou pela indústria, lá se acham estabelecidos. No ano, porém, de 1849, e desde muito mais de meio século antes, talvez, ao espírito de aventuras tendo sucedido uma espécie de quietismo ou de concentração geral, as relações entre a Campanha e São Paulo tinham até aquela época se tornado quase nulas. Eu, pois, quando deixei a Campanha e parti para São Paulo, ia, ou supunha ir, para uma cidade onde não tinha o menor conhecimento. Antes, porém, que eu partisse, havia se procedido a algumas averiguações; e o resultado que de todas aquelas averiguações por fim se veio a recolher foi que em São Paulo havia então um homem que era filho de Pouso Alegre, afilhado de meu avô, e que se chamava Francisco de Paula Bressane. Este Bressane tinha, segundo se dizia, um colégio. E foi para a casa dele que então me dirigi, levando uma carta de meu avô. O tal colégio não passava de uma simples casa de pensão. E quando lá cheguei, a mesma se achava na rua do Rosário.

Entretanto nada poderia vir para mim mais a propósito, porque tão inexperiente como ainda era, não só tive algum tempo para me ir sem perigo habituando a viver sobre mim, porém, ainda, e muito principalmente, porque sendo o Bressane casado com uma senhora que se chamava d. Carolina e tendo uma cunhada que se chamava d. Brandina, e sendo todos eles pessoas muito amáveis ou aquilo a que se costuma chamar uma boa gente, sempre da parte de todos ali encontrei o melhor carinho.

Tendo chegado a São Paulo no tempo justamente em que se faziam os exames de preparatórios, e tendo levado já prontos da Campanha o meu latim e o meu francês, desde logo tratei de querer o exame dessas duas matérias. A banca de latim compunha-se do dr. Manuel Joaquim do Amaral Gurgel, que era o diretor da academia, como presidente; do dr. Emílio Paulo, que era o lente da cadeira; e do padre Mamede, que era o substituto de latim e retórica.

O dr. Manuel Joaquim era um homenzarrão muito alto e muito grosso, e por esse motivo tinha o apelido de caiena; mas que era, não obstante, um homem muito estimável e geralmente estimado. O padre Mamede era ainda moço, bastante inteligente, e era ao mesmo tempo estudante da academia; quanto ao dr. Emílio Paulo, era um homem muito alegre, muito amável, mas que não deixava de prestar-se um pouco ao ridículo. A seu respeito corria uma anedota que muito melhor talvez do que tudo quanto eu pudesse dizer, pode, quanto a mim, dar ao leitor, senão uma ideia perfeita, uma ideia pelo menos muito aproximada do que era, com efeito, o homem. E essa anedota que à primeira vista pode muito naturalmente ser tomada como um simples debique ou como uma ironia muito fina, porém que a realidade ou segundo todos unanimemente o asseveram, se havia dado como uma coisa séria; eis aqui qual foi: Estando o dr. Emílio Paulo a examinar um dia, ou a lecionar a um estudante, que inda cheguei a conhecer em São Paulo e que se chamava Whitaker, este lembrou-se de apresentar àquele doutor uma daquelas objeções muito corriqueiras, que não havia um só estudante que as não conhecesse e que as não empregasse. E o dr. Emílio Paulo, depois de o ter ouvido com o seu ar constantemente risonho e prazenteiro, quando chegou a sua vez de o refutar, ornou, segundo o seu costume, uma posição toda retesada e uma entonação de voz inteiramente declamatória; e a resposta que lhe deu, foi a seguinte: "A objeção do sr. João Guilherme Whitaker é na qualidade absolutamente irrespondível. Jerônimo Soares Barbosa, porém, no seu livro tal, capítulo tantos, a resolve da maneira a mais cabal e a mais evidente". E começou então a desenvolver os seus argumentos.

Uma vez tendo por acaso entrado na sua aula de latim, ainda conservo uma ideia extremamente vaga de o haver visto ali a lecionar; e que em vez de estar como todos os outros sentado na cadeira, lecionava passeando pela aula ou pelo meio dos seus discípulos. Como todos os outros professores, nunca deixava de ir à aula de casaca; mas em casa e pelas imediações apresentava-se vestido mais ou menos como um estudante. E isto digo; porque morando na freguesia de Santa Efigênia e até mesmo morando muito nas imediações da nossa rua dos Bambus, não só o dr. Emílio Paulo veio por esse motivo a ser por algum tempo nosso vizinho; porém, por esse mesmo motivo, veio ainda a ter a muito insigne honra de entrar em uma daquelas poesias de Bernardo Guimarães que só eram ou que só poderiam ser lidas pelos estudantes; poesia essa, da qual, para dizer a verdade, já quase que nada me recordo e que ainda mesmo que me chegasse a recordar, não poderia aqui transcrever.

Entretanto, como há pessoas muito curiosas e que sentem prazer em adivinhar charadas, aí vai um pequeno espécime para que vejam se são capazes de adivinhar:

Nesta rua tudo f...
O gato, o cachorro, a Luiza,
F... a cabra, f... o bode,
F... o nosso Emílio Paulo.

Tal foi a minha banca de latim. Quanto à de francês, já quase que não me recordo como foi que se compôs. Em todo o caso creio que foi presidida pelo dr. Manuel Joaquim.

Eu não sei se naquele tempo sabia-se menos os preparatórios do que se sabe hoje. Sei, porém, que já naquele tempo muito raro era o estudante que fizesse o exame sem estudar os pontos, e que alguns já iam para o exame sem nem sequer sabê-los todos. Indo para São Paulo, sem quase que nem ao menos saber o que era propriamente um exame, disseram-me que requeresse os que eu queria fazer; eu os requeri; fui para a banca inteiramente a Deus e à ventura. Felizmente, se não sabia, como ainda hoje não sei, o francês com perfeição, eu pelo menos o lia sofrivelmente e o traduzia não muito mal. E quanto ao latim, que naquele tempo já quase que ninguém o sabia, senão os mineiros, eu podia me considerar como um *totum quebas* naquela língua, pois, quando os outros unicamente sabiam os pontos e ainda sabe Deus como, eu era um estudante que havia traduzido o Horácio todo, todo o Vergílio, à exceção das Geórgicas, e ainda por cima o Ovídio quase inteiro. Hoje quase que nem das declinações já me lembro. Mas naquele tempo a memória estava ainda muito fresca. Eu, pois, sem que disso muito me admirasse, fui aprovado plenamente.

Muito pouco tempo depois que eu havia feito estes meus dois exames, o Bressane, sem que eu já me recorde muito bem o porquê, teve de deixar a rua do Rosário. Então mudou-se conosco para um grande sobrado que, tendo em frente o cemitério e pelos fundos o Tamanduateí, se denominava a Chácara ou a Casa dos Ingleses. Isolada, por assim dizer, no meio do campo, e, se bem me recordo, estando quase sempre desabitada, aquela chácara, ou aquela casa dos ingleses, gozava, entretanto, de uma certa celebridade; porque, segundo a mais de uma pessoa, eu então ouvi dizer, fora ali que Pedro I havia se aposentado quando fora a São Paulo, fora ali que travaram as suas relações com uma pessoa-sujeito. Na academia, porém, não havia para ele senão dois únicos sentimentos — o terror da parte daqueles que ainda não haviam feito o exame e o desprezo daqueles que do mesmo já se achavam livres. De todos, entretanto, que chegaram a sentir esse tão grande terror do cônego, ninguém tão grande o chegou talvez a sentir como eu. E o que há de encher de admiração a todos é que, não havendo para esse meu terror o mínimo motivo pessoal, ele unicamente procedia da incapacidade com que me sentia para dar conta de um exame que um menino um pouco vivo e que fosse dotado de uma boa memória poderia fazer talvez em menos de um mês.

E com efeito, todo aquele estudo, que aqui seja dito de passagem, não era explicado e muito menos ainda discutido, de fato quase que a outra cousa mais não se reduzia do que a decorar uma simples caderneta, que, manuscrita como era, parecia algum tanto volumosa, mas que não poderia dar para muito mais do que um pequeno volume impresso. Para quem, portanto, tivesse uma memória mais ou menos sofrível, já se vê que nada poderia haver de mais fácil. Eu, porém, que, sobretudo até certa idade, possuía uma memória felicíssima para os fatos, nunca, nem mesmo nos primeiros tempos quando a natureza mais nos favorece sobre este ponto, consegui ser um bom decorador de palavras.

A isto, porém, acrescia uma circunstância ainda; e vinha a ser, que, ao passo que naquele tempo a minha inteligência ainda se achava muito pouco desenvolvida, a caderneta era, por outro lado, de uma tal indigestão, segundo todos diziam, e em todo caso de uma tão grande obscuridade para mim, que ninguém poderia fazer uma ideia mais ou menos exata de quais e de quantos foram os esforços que tive de empregar para que chegasse por fim a decorá-la. Decorando-a, porém, isto não fez que de qualquer modo eu tivesse ficado sabendo a matéria que estudava; porque, neste caso, o que era para mim (e creio que para a maior parte de todos os outros) a pura verdade é que sendo o estudo da retórica um estudo de palavras e unicamente de palavras, eu nunca havia chegado jamais a muito bem compreender o que no fim de todas as contas vinha a ser aquele para mim tão incompreensível e para todos tão encafifante imbróglio a que se dava o nome de caderneta do Fidélis. E se há poucos meses eu não tivesse encontrado, por acaso, uma retórica entre os livros de um dos meus filhos e por pura curiosidade não me tivesse lembrado de a ler, eu muito bem poderia ter ido para o túmulo sem que na realidade eu tivesse jamais chegado a saber muito bem o que era retórica. Felizmente creio que não perderia muito com isso, porque a eloquência nasce e não se faz, e mais vale convencer e persuadir sem regra do que aborrecer com arte.

Fosse, porém, muito embora inútil aquele estudo, ou fosse, como era de fato com aquele tão estapafúrdio professor, uma simples é bem cruel amofinação para todos os que o tinham de fazer, não havia quem se pudesse formar sem que o fizesse. E eu tive de me sujeitar à regra. Que tédio, porém, e que de enormes esforços eu não tive de fazer para decorar a caderneta, ou para que pudesse levar para a aula alguma cousa que de qualquer modo se assemelhasse à uma lição bem sabida!

Tudo isso, porém, pode-se dizer, nunca havia passado de uma pura vontade sem braços. E de duas ou três vezes, tendo tomado do maior sobressalto, sido pelo cônego chamado à lição, muito longe de espichar-me como uma verdadeira vaca espanhola, tive a ventura para mim completamente inesperada, ou para melhor dizer, a imensa glória de salvar a honra da bandeira. Isso unicamente eu o vim a dever a um fato puramente estranho, ou a uma dessas muitas e sempre tão conhecidas espertezas de estudantes, que o gordalhudo do cônego nunca chegou a perceber, e vinha a ser que, sendo eu o nº 19 da aula e o meu colega o nº 20, hoje dr. Antero José Lage Barbosa, desde que o cônego me chamava, Antero chegando-se o mais que podia para perto de mim, punha sobre os joelhos a caderneta aberta e encostada ao banco da frente, e não contente com isso, ia ainda com o dedo acompanhando e apontando para as linhas e para as palavras que eu deveria repetir.

Quando tive de fazer o exame, era tal o susto de que me achava apoderado que, apenas repetidas as primeiras linhas do ponto, comecei a ficar como um cavalo passarinheiro, que em dia de sol claro avista caído à beira da estrada a algum devoto de Baco, o que quer dizer que principiei a gaguejar ou talvez mesmo a dar sinais de grande atrapalhação.

Ora, o padre Mamede, que na sua qualidade de professor substituto de latim e de retórica, era um dos examinadores; e que por outro lado, não deixava de ser um dos primeiros que fazia a mais completa justiça da caderneta do cônego, de ordinário tinha por costume, quando percebia que um examinando se achava embaraçado, de não consentir que o mesmo se calasse; e, para esse fim, de sair-lhe pela frente com uma objeção, cujo fim principal era o de avivar-lhe de alguma sorte a memória ou de obrigá-lo a falar. E se o estudante era inteligente e sabia alguma cousa de retórica, tomava logo fogo; punha-se com maior ou menor habilidade a espichar, o mais que podia, a discussão; e naquele dize tu direi eu ia o tempo se passando, até que o presidente do exame virava a fatídica ampulheta, e o exame estava feito. O Mamede, portanto, desde que chegou a perceber que minha memória estava se tornando pouco fiel ou que dava sinais mais ou menos visíveis de alguma perturbação, dispôsse desde logo a vir em meu auxilio; e eu percebi, perfeitamente, que não só a objeção já estava engatilhada, mas que ele até já começava a ir abrindo a boca para dispará-la.

Para os estudantes que sabiam alguma cousa de retórica, este intrometimento do Mamede era de um auxilio imenso: nem para os que estudavam fora, havia cousa que eles tanto desejavam.

Eu, porém, já tive ocasião de dizer que não podendo compreender bem a caderneta do Fidélis, eu nada absolutamente sabia de retórica. E assim, se o Mamede me tivesse atarracado à objeção, muito pelo invés do que ele esperava, ou do auxílio que ele supunha dar-me, ele de fato teria sido a causa da minha perdição, porque na impossibilidade em que me acharia de responder, ou eu teria de levantar-me, ou teria de ser reprovado. Felizmente, tão grande foi o susto que veio em mim produzir esse novo e tão inesperado contratempo, que esse último susto operando, por assim dizer, hanemanianicamente sobre a minha natureza, e que, por consequência, como muito maior do que de fato era, tendo acabado por dissipar o antigo do qual até então eu me tinha achado possuído, veio como que servir de aguilhão à minha tardia ou tão atordoada memória; e o que é certo, e o que pode bem ser, o leitor não acredite, é que tendo de novo e desde logo encarrilhado o negócio, desde então e quase que de um só fôlego, levei o ponto até o fim. Eu, pois, tinha feito um exame brilhantíssimo, e o grande, o imenso barranco, eu o havia transposto com a maior galhardia.

Se, porém, o grande barranco eu o havia transporto, outro ainda se me oferecia contudo, e que não era lá muito baixo ou muito estreito para que eu pudesse com muita facilidade saltar. E este era o exame prático que eu tinha de fazer com o Fidélis, ou como então mais geralmente se dizia, era a análise na qual o estudante tinha de mostrar nas Orações de Cícero todas as belezas oratórias que ali se encontram. Deste exame, porém, era que eu tinha medo, porque a regra invariável era de recair o exame sobre o princípio da oração que havia saído por sorte; e havia um grande número de Císceros em que, no começo de cada ponto, com letra muito miudinha por baixo das linhas, estavam indicados todos os ornamentos oratórios que ali existiam. E eu que possuía um desses Císceros, estava por esse lado um pouco desassombrado. O sistema que o cônego seguia, eis aqui qual era: verificado qual o ponto, ele mandava que o estudante o lesse; e quando este havia lido algumas linhas, o Fidélis mandava que ele se interrompesse, servindo-se desta frase sacramental — paremos aqui. E então, indicando uma palavra ou uma frase, servia-se desta outra frase também sacramental — que brilhantes temos aqui? E isto queria dizer qual era o ornamento oratório que ali se encontrava. O Fidélis mandou-me, pois, que eu lesse a oração que me tinha saído por sorte; e eu comecei a ler, não só sem cometer a mais insignificante silabada, porém, ainda com aquela entonação de quem perfeitamente sabia o que estava lendo. Ora, o Fidélis parece que era latinista, e ao ver um rapaz que lia tão bem o latim, parece que achou nisso prazer, e deixou-me que fosse lendo. Quando a leitura passou da página ou da parte da página que achava-se marcada, eu não deixei de ter um certo sobressalto; mas, vendo que lendo, ia o tempo se passando, e que era muito natural que o Fidélis voltasse ao princípio para fazer a análise, fui sempre continuando a ler, e devo mesmo dizer que ia com isso sentindo um certo orgulho. Mas, ó decepção, e de todas as decepções! Quando eu já havia lido três páginas ou talvez mais, o Fidélis diz-me: Paremos aqui. E em vez de voltar para o princípio, lê uma das frases do período que eu havia acabado de ler, e me diz: Que brilhantes temos aqui? O meu coração como que parou; as minhas mãos esfriaram-se; e em vez de enxergar as letras do livro, ou mesmo o rubro carão do cônego Fidélis, unicamente o que eu enxergava eram estrelas ao meio-dia; porque, se mesmo os tendo nas mãos eu não conhecia os tais brilhantes, como poderia o coitado de mim ir agora procurá-los ou descobri-los no fundo de uma escura mina! Eu, porém, lembrei-me que nas tais marcas que vinham no começo dos pontos, quase todos esses brilhantes tinham o nome de metáfora, de metonímia, e de mais duas ou três figuras, e entregando-me a Deus é à ventura, a cada pergunta que o Fidélis me fazia, eu lhe atirava inteiramente ao acaso um daqueles tão corriqueiros brilhantes; e tal foi a minha felicidade que, tendo ele me feito uma meia dúzia de perguntas, eu apenas cheguei a errar uma ou quando muito duas. Ele deu-se logo por satisfeito. Eu tinha feito um exame tão esplêndido que, se naquele tempo houvesse na academia a aprovação com distinção ou *optimo cum laude*, eu com certeza a teria obtido.

Como, porém, não havia, tive de contentar-me apenas com o meu plenamente.

CAPITULO XXVIII

Depois de termos nos conservado na Chácara dos Ingleses durante alguns meses, em outubro de 1849 mudamo-nos para a casa nº 16 da rua de São Bento, que era um sobrado que ficava logo acima dos Quatro Cantos.

Em fevereiro de 1850 fiz os meus dois exames de retórica e de história. E como eu tinha vindo da Campanha já sabendo alguma cousa de aritmética, e como, por outro lado, a banca de geometria estava marcada ou só teria de funcionar em fins de março, eu assentei de ver se, graças a um muito grande esforço da minha parte, eu poderia me livrar ainda de mais este exame. Tomei, por consequência, para professor a um pardo que se chamava Gil, e que era um dos tais engenheiros da província que por aqueles tempos se haviam feito em São Paulo. E tive a satisfação de pôr fora mais aquele exame.

Os únicos preparatórios, portanto, pelos quais agora eu ainda me achava preso, vinham a ser o de inglês e o de filosofia. Ora, a aula de inglês era de todas as da academia a que passava naquele tempo, não só por ser aquela em que menos se aprendia, porém, o que muito pior talvez ainda era, por ser de todas a mais relaxada. Tomei então o propósito de estudar inglês comigo mesmo, em casa, e matriculei-me na aula de filosofia, da qual o professor era o dr. Manuel José Chaves e o substituto o cônego Joaquim do Monte Carmelo.

Aquele dr. Chaves era um homem pequeno que andava quase sempre muito encolhidinho e que nunca se via sem que estivesse todo vestidinho de preto, isto é, de chapéu, de gravata, de casaca, de colete, de calças e de sapatos pretos, de sorte que nele nada havia que fosse branco senão a camisa, e, ainda assim, muito pouco aparecia. Se, porém, naquele doutor nada havia que não fosse mais ou menos miudinho, uma cousa, contudo, ele possuía que poderia dar para três pessoas. Eram os seus beiços, que ele vivia constantemente a lamber. Quanto ao que ele era como professor, os dados de que disponho são inteiramente insuficientes para que eu o possa julgar. Apenas o que sei, e ainda assim sem que o possa dizer com uma muito grande certeza, é que a sua filosofia, ou aquela pelo menos que ele ensinava na aula, não vinha a ser, segundo me parecia, mais do que uma espécie de ecletismo *sui generis*, ou, para falar talvez com uma exatidão ainda maior, mais do que uma verdadeira mistura de grelos, porque, ao passo que o autor que servia de compêndio na aula era Edm. Powell, quando se tratava de psicologia o sistema ensinado era o de Laroniguere, e creio que a respeito de outras matérias, outros não eram ainda os autores ou os sistemas que serviam para o ensino.

Quanto ao substituto que também durante alguns dias nos lecionou, e que por ser talvez um pouco gago nos pareceu que muito pouco sabia, creio, entretanto, que era não só um homem de bastante inteligência, porém até mesmo de muita ilustração, eclesiástica, pelo menos. E isto eu o digo, porque na ocasião da prisão dos bispos, ou da questão religiosa que tão acesa andou entre nós, foi aquele cônego um dos que mais escreveram. E cousa que torna-se muito digna de nota, escrevia contra os bispos. Isso, porém, de nenhum modo me admirou, porque muitíssimos anos antes, e que se a minha memória não me é infiel, acredito ter sido no ano de 1854, aquele mesmo cônego de parceria com alguns da catedral de São Paulo já ali se haviam posto em luta contra o seu próprio bispo, d. Antonio de Melo, o qual, tendo sido militar, e sem que um só momento se lembrasse de quanto era grande o relaxamento do cabido de São Paulo, e que em tais casos deve se ir um pouco mais devagar, ou quando muito mais talvez do que a força pode o jeito, tratou pelo contrário de levar tudo ao excesso e à valentona. E o resultado foi que, muito longe de conseguir uma parte qualquer do seu programa, ele teve de deixar a catedral e de andar sempre a viajar por fora, unicamente para não se achar em contato com aquele cabido, a quem o bispo tanto queria quanto aquele ao bispo.

Ainda hoje muito perfeitamente me recordo da noite em que teve lugar a grande estralada do cabido com o bispo. E conquanto já muito pouco me recorde do verdadeiro motivo do barulho e do modo como o mesmo se passou, sei, entretanto, que foi em uma noite de Natal em que a igreja estava cheia por um tal feitio, que só com muita dificuldade é que lá cheguei por fim a penetrar. Entretanto que tendo o bispo chegado e se sentando no sólio pontifício e dito ou exigido não sei o quê, um dos cônegos, o mais moço, e que, segundo creio, fora aquele Monte Carmelo, tomou a palavra e então começou o tal dize tu direi eu, que foi a primeira manifestação da grande insubordinação do cabido contra o bispo.

Tive no fim do ano a felicidade de fazer aqueles meus dois exames. E desta sorte, em meados de novembro, não só achei-me por fim calouro, porém ainda pude ver diante de mim umas verdadeiras férias de corista. Tão grande, porém, ainda em mim se conservava a má ou a tão terrível impressão que me havia ficado da minha primeira viagem da Campanha para São Paulo, que muito longe de procurar aproveitar-me daquela tão magnífica monção de umas férias assim tão longas para ir depois de tanto tempo de novo repastar o ânimo e os olhos na casa e na terra natal, preferi, pelo contrário e sem a menor hesitação, me conservar naquela para mim tão insípida Pauliceia. Só em meados daquele ano de 1850 é que deixei a companhia do Bressane. E como nos começos desse mesmo ano tinham também vindo para São Paulo os meus colegas e conterrâneos Evaristo Ferreira da Veiga, Antônio Simplício de Salles e Bernardo Jacinto da Veiga, eu, com eles, fui então morar em uma pequena casa que ficava no começo da rua da Palha, logo adiante da ladeira do Piques.

Naquele tempo a rua da Palha, não só ainda não se achava, nem sequer a metade, bem cheia de casas, mas destas, uma só talvez não se encontrasse que não passasse de uma casa mais ou menos ordinária ou até mesmo de algum simples casebre. Por isso, também, pode-se dizer que a rua da Palha na realidade não passava naquele tempo de uma dessas ruas em que, além de meretrizes ou de gente mais ou menos pobre, quase que não se encontravam senão estudantes. Muitos eram, com efeito, os que então ali moravam e um dos que entravam neste número era José de Alencar, a quem todos os dias eu via passar para a aula, quase sempre só e sempre muito sério. Pois, conquanto nunca o chegasse a conhecer senão de vista, aquilo, que a julgar unicamente pelas aparências eu dele posso aqui dizer, é que não só parecia ser um moço extremamente estudioso, porém que era ainda um moço que jamais se via metido em partidas de prazer e que até nas próprias rodas ou reuniões acadêmicas muito pouco aparecia. Por agora, porém, deixando inteiramente de parte a José de Alencar e a todos esses outros estudantes que então por ali moravam, eu vou exclusivamente me ocupar de um deles, que, tendo na Academia representado um papel muito mais brilhante do que o de José de Alencar, veio naquele tempo a se tornar em São Paulo muito notório. Filho de Minas e irmão do atual senador Lima Duarte, aquele estudante morava na outra extremidade da rua, quase que ao sair no campo dos curros.

Estudante do 5º ano, Feliciano Coelho Duarte (pois que tal era o seu nome) era ainda, ou de mais a mais, um desses homens que unicamente pela sua figura nunca deixavam de atrair a atenção. Alto, barbado, bonito, eloquente, ele havia sempre passado por uma das melhores inteligências da Academia. E ainda na última festa de 11 de agosto, da qual perfeitamente me recordo e na qual manifestou-se um muito grande entusiasmo, fora Feliciano quem havia merecido a honra de ter sido eleito para orador da festa. Entretanto, quando ainda na véspera Feliciano havia se mostrado aos olhos de todos em todo o esplendor da mocidade e da saúde, veio uma manhã a se saber, com a maior surpresa e no meio por assim dizer de um geral espanto, que ele havia falecido.

Hoje em São Paulo a morte de um estudante tem se tornado um dos fatos mais normais, pois que anos há em que por muitos são contados os falecimentos desta ordem. Até o ano, porém, de 1850 não era assim. Ou porque o número dos estudantes era menor; ou porque, segundo presumo, e creio que na realidade o era, fosse naquele tempo muito maior a salubridade daquela cidade; o que é certo é que, se antes daquele dito ano de 1850, que foi, por assim dizer, o ano fatídico em que veio a se quebrar aquele tão inapreciável condão que parecia tornar o estudante de alguma sorte imune contra a morte, algum estudante efetivamente houve que ali tivesse falecido, ou havia sido a vítima algum pobre e desconhecido zero daqueles que somem-se, ou que de ordinário se confundem naquela tão imensa turbamulta que constitui a bicharia; ou então um semelhante fato já se havia tornado tão antigo que, pode-se dizer, já dele não existia tradição.

A morte de Feliciano, portanto, foi um raio que caiu sobre a cidade. E se a impressão que sobre esta produziu foi realmente grande, enorme e quase que indescritível, pode-se dizer, foi a que veio produzir no seio da Academia. Nem para demonstrá-lo eu preciso mais do que unicamente dizer que o seu enterro foi um desses acontecimentos que por muito tempo e por diferentes motivos nunca deixam de se conservar na memória daqueles que a ele assistiram. De quantos ali cheguei a presenciar, a nenhum, com toda a certeza, cheguei a ver que fosse como aquele tão solene, que além de solene fosse tão triste, fosse por fim e por uma tal forma concorrido; pois, que ficando a casa do morto, como ainda há pouco acabei de dizer, quase que mesmo a sair no campo dos curros, o préstito fúnebre, no entretanto, pode-se dizer que ocupava toda ou quase toda aquela tão extensa rua.

Vistos de longe ou ouvidos com ânimo inteiramente frio, os fatos tornam-se quase todos indiferentes, porque é o meio em que eles se realizam ou é o estado de ânimo com que são vistos, o que unicamente lhes dá todo o seu relevo.

Só quem viu, portanto, o que eu acabo de contar é que pode fazer ideia da impressão que um tal fato produziu. E, no entretanto, se por tantos e por tão diferentes motivos, a comoção que de todos desde o princípio se havia apoderado tinha tomado, como disse, proporções tão elevadas que muito bem se poderia imaginar que em um semelhante acontecimento não deixava de entrar alguma cousa de sonho ou de puramente fantástico. Para que muito maior viesse ainda a se tornar essa mesma comoção, uma nova e muita estranha circunstância veio então, e no meio de todas as tristuras daquele já tão consternado enterro, fatídica, e como que de súbito a todos se oferecer; a qual tendo naquele momento unicamente servido para aumentar o estado melancólico de todas as almas, veio depois e por muito tempo ainda a servir de tema para os maiores e os mais disparatados comentários. E essa circunstância de que falo, e que naquela ocasião produziu no ânimo de todos um efeito que hoje muito mal se poderia avaliar, foi o súbito aparecimento de um carneiro todo negro que ninguém sabia donde realmente havia saído; e que desde a casa até a igreja, nunca deixou de acompanhar o enterro, sempre próximo do caixão e sempre balando do modo o mais triste.

A mocidade de Feliciano, o ano em que se achava, as suas qualidades pessoais, o repentino do acontecimento, e todas estas cousas combinadas com o fato tão excepcional da morte de um estudante, explicam da maneira a mais perfeita o grande abalo que um tal fato produziu.

Deu-se, porém, uma outra circunstância e muito especial; e foi ela, sem a menor dúvida, a verdadeira ou a principal causa daquele tão grande e tão profundo abalo. Quando cheguei a São Paulo, já ali encontrei uma dessas moças que, habituadas a serem sempre levadas ao galarim da fama, parece de ordinário não terem vindo ao mundo senão para serem o tormento ou a desgraça de muitos. O seu nome era Laura; e passava, na opinião geral, por ser a única ou a maior de todas as belezas de São Paulo. Não sei se seria tanto assim. Era em todo caso uma mulher formosa. E sendo, como era, francesa ou filha de franceses, quantos não seriam os pobres corações que ela não saberia prender?! Muitos foram os que a amaram; e destes um dos mais notáveis foi o atual conselheiro João da Silveira de Sousa. Poeta, que então era, e que muito mais ainda prometia ser, Silveira de Sousa a amou com todo o ardor de um poeta. E de todas as suas poesias, aquela que mais célebre se havia tornado, e que ainda muito tempo depois que de São Paulo ele havia se retirado, não havia um só estudante que a não recitasse ou que a não cantasse, era justamente uma em que ele tratava de descrever todas as perfeições daquela que havia se tornado a exclusiva senhora do seu coração. Pouco, poderia mesmo dizer quase nada, é o que hoje me recordo ainda daquela tão bela poesia. Mas se a memória de todo não me falha, creio que era por este modo que começava:

> Tens nas faces de neve a cor do pejo,
> Nos langues olhos a do céu pintada,

e que era mais ou menos assim que depois prosseguia:

> É nuvem d'ouro a trança desatada
> Por sobre o colo seu toda espargida.

Passado algum tempo, as ilusões do desgraçado poeta tiveram, assim como a tantos outros antes dele já tivesse talvez acontecido, de ser varridas pelo mais impetuoso dos tufões — o da ingratidão e da perfídia. Em vez, porém, de chorar, do que havia aquele tão indignado poeta de lembrar-se? De esquecer? Não. No fundo do seu coração é muito de supor que ele talvez ainda a amasse. E então, correndo o risco de cometer talvez uma das maiores indignidades e servindo-se sem a menor piedade daquela sua poesia que do santuário ou que do mais íntimo do seu peito outrora havia soltado, como o mais ferino ou como o mais apropriado instrumento da sua vingança, faz dela aquele tão indignado poeta uma indecente e tremendíssima paródia;

e como se esta fosse um verdadeiro gancho com o qual o desenganado amante se livrasse de um objeto fétido e imundo, que mais do que nunca parecia importuná-lo, com ele arrasta aquela que, havia tão pouco, tinha sido para ele a deusa ou o objeto o mais sagrado de todos seus pensamentos, não direi para o báratro, porém para cousa infinitamente pior — para um esgoto de imundícies.

O leitor compreende bem que eu não poderia, ainda quando dela me lembrasse, vir aqui transcrever uma semelhante paródia. Para que dela se faça uma ligeira ideia, eu vou, servindo-me das convenientes reticências, unicamente transcrever o seu começo, o qual, graças a todas essas mesmas reticências, só poderá ser compreendido ou adivinhado por aqueles que sem o menor inconveniente poderiam ler a poesia inteira. Eis aqui qual foi a paródia daqueles dois primeiros versos; e por esses o leitor poderá do mesmo modo, o mais perfeito, avaliar o que seriam os outros:

Tens nas faces de m...da a cor do p...do,
Nos laxos olhos a do c... pintado.

E por este teor prosseguiu sempre até que chegou ao fim. Ora, Feliciano foi um dos muitos amantes de Laura; e como todos os outros, ele a amou com paixão. Devorado daquele amor que formava para ele o lúcido e quase que único alvo de toda a sua felicidade no futuro, Feliciano quis com ela casar-se. A sua família se opôs. Os seus esforços, porém, foram tais, e tão insistentes por último se haviam tornado, que aquele tão desejado consentimento foi por ele afinal alcançado.

Ora, Laura era pura de corpo e mais do que ninguém era formosa. Se grande, porém, era com efeito aquela sua tão proclamada formosura, a sua alma parece que não correspondia nem sequer de longe a um tão belo invólucro; na opinião de quase todos não passava de uma simples loureira; ou o que é pior, ou muitíssimo pior talvez ainda o fosse, Laura era uma formosura que, em vez de sentir, ainda quando tremia e chorava apenas calculava. Assim, pois, quando depois de tantos e de tão grandes obstáculos, com uma tão grande perseverança sobrepujados, tudo parecia caminhar agora e do modo o mais desembaraçado para o seu desfecho; ou quando, segundo geralmente se dizia, nada mais faltava para que o casamento se verificasse do que a insignificante, e mais do que certa, já tão aproximada circunstância da formatura de Feliciano; aconteceu que, então, apresentou-se em São Paulo ou que de Laura se aproximou um moço, que poderia se dizer, formava com Feliciano o mais completo contraste. Baixo, gordo, sem grande espírito talvez, aquele moço era um estudante sem nome.

O rapaz, porém, dizia-se, era possuidor, ou era o herdeiro, de uma grande fortuna. Este moço tem entrada na casa de Laura; Feliciano inquieta-se, queixa-se, até que em um baile todas as atenções de Laura são para aquele, e para este só reserva os desdéns que se cobrem com o sarcasmo de uma meiguice à flor dos lábios.

No dia seguinte, ou dois ou três dias depois, Feliciano, amanhecia morto, e na sua gaveta se encontravam alguns resíduos de arsênico. O desgraçado se havia envenenado.

Se, porém, a compaixão e o luto o acompanharam ao túmulo, a sorte se encarregou da sua vingança. Feliciano pertencia a uma família abastada e de grande influência na província. Seu irmão tem chegado às mais elevadas posições da nossa sociedade. Debaixo de muitos pontos de vista, o da eloquência, o da inteligência e outros, Feliciano era, sem dúvida nenhuma e sem dosar para o seu irmão, muito superior a ele. Se, pois, Laura tivesse se casado com aquele desgraçado, a que tão grande altura não teria talvez chegado?!

Mas parece que o seu sonho era riqueza, unicamente. E acabou por se casar com um estrangeiro, um inglês se não me engano, que ela acreditou talvez ser rico, mas que o não era, ou que se porventura o era, veio a perder toda a fortuna.

Um dia, o juiz municipal de Leopoldina perguntou-me: "Sabes quem morreu no Angu?" "Não", respondi. "Pois foi a Laura". "Que Laura?" perguntei. "Aquela", me respondeu. "A Laura de São Paulo. Viúva e com filhos todos pequenos; vivia no Angu sem que nós o soubéssemos. E ali vivia de um colégio bem pequeno e que bem poucos conheciam. Há poucos dias tive de lá ir, e fiz o inventário, ou a arrecadação dos poucos, bem poucos bens que possuía".

E assim morreu quase que na miséria e quase que no meio de um sertão quem unicamente havia sonhado com a opulência e por meio dela com todos os gozos e todos os esplendores de uma grande cidade.

CAPÍTULO XXIX

UMA DAS ruas mais extensas que no ano de 1850 havia em São Paulo era uma que, partindo do Campo dos Curros e passando pelos fundos da igreja de Santa Efigênia, ia ter por fim a uma quebrada, que muito mais do que a uma rua, assemelhando-se antes a uma verdadeira estrada, se dirigia para os lados da Luz. Reta, comprida e tendo, além disso, uma largura que se poderia talvez considerar como mais do que suficiente, era aquela uma das ruas que se preparavam para vir a ser em um futuro mais ou menos próximo uma das mais belas daquela cidade. As suas casas, entretanto, além de serem muito poucas, eram todas isoladas, e entre algumas, imensa era a distância que lhes servia de separação. Aquelas casas, porém, se, com efeito, eram muito poucas, todas, em compensação, eram limpas; algumas boas; e todas ocupadas por famílias. Se a rua tinha um nome, eu nunca o conheci. De um e outro lado dela havia algumas travessas, muito poucas; e demais disso, creio que todas desencontradas.

Só de uma cousa acho-me ainda hoje perfeitamente recordado; e é que aquela rua, quando chegava a uma certa distância dos fundos da igreja de Santa Efigênia (que me seria agora impossível determinar, porém, que se porventura a minha memória não me é de todo infiel, deveria exceder de duzentos ou de trezentos metros talvez), era então atravessada por outra, que vindo dos lados do Anhangabaú, ou antes de um largo que por ali existia e de cujo nome já também não me recordo, e se dirigia para os lados dos campos. A esquina que do corte destas duas ruas ficava para os fundos desertos que iam ter à Luz e que era uma das três que até aquele tempo já se achavam ocupadas, era formada por uma dessas casas que por fora nada absolutamente apresentava que a pudesse distinguir de outra qualquer; porém, que além de ser muito limpa e quase que inteiramente nova, ainda dispunha de um grande número de cômodos, todos arejados, à exceção de um único, e todos mais ou menos espaçosos. O aluguel desta tão excelente casa era, se da minha parte não existe talvez algum engano, unicamente de dezesseis ou dezoito mil-réis. Nós, pois, em princípios de dezembro para ela nos mudamos, e foi aí que sempre me conservei até começos de 1853.

Como a primeira rua de que há pouco falei, esta segunda que atravessava, e que era justamente aquela para a qual a nossa casa punha a frente, se tinha um nome, nenhum de nós o conhecia. Entretanto, como em um ou em alguns dos quintais que a orlavam, havia umas grades e muito bonitas touceiras de bambus, rua dos Bambus vinha a ser realmente o único nome pelo qual de todos os estudantes tinha ela se tornado conhecida. Cortada pela outra rua, a dos Bambus ficava, por esta forma, de fato dividida em duas, ou antes, em dois pedaços, que, além de desiguais, eram muito distintos.

O pedaço que ficava do lado do campo, e que era talvez o único ao qual muito mais propriamente pertencia a denominação de rua dos Bambus, era de uma extensão, por assim dizer, indefinida; possuía um número muito pequeno de casas, as quais se achavam todas de um único lado; e de todas essas casas não havia uma única talvez que não fosse ocupada por estudantes. Era, portanto, uma rua exclusivamente acadêmica.

Quanto ao outro pedaço, era inteiramente o contrário. Muito mais curto, muito mais cheio de casas, sobretudo de um lado, os seus habitantes constituíam uma população muito misturada, mas entre a qual o elemento que predominava era o elemento pobre ou ordinário. E com efeito, sem falar no dr. Emílio Paulo, que julgo ter ali morado, não me recordo de que ali tivesse morado pessoa alguma de alguma importância, a não ser um oficial, não sei se reformado, do exército, e que se chamava tenente-coronel Nenê. Era um homem gordo, de cara bastante cheia, e que usava só bigodes. Não sei se era casado. Sei, porém, que tinha algumas filhas, e que duas destas pelo menos eram moças bonitas. Religioso, como eram quase todos os militares daquele tempo, o tenente-coronel Nenê parece que tinha alguma cousa de carola. E isto foi ocasião para uma anedota, que desejo contar, não tanto pela anedota em si, porém antes como recordação de um moço, que depois de ter sido meu contemporâneo em São Paulo, vim depois a conhecer muito melhor em Ouro Preto, quando foi chefe de polícia em nossa província; moço este que parecia, como magistrado, muito prometer para o futuro; mas que estando como juiz de direito em Barbacena, e tendo feito uma viagem à Corte, dali, de repente, desapareceu, sem que até hoje dele se tivesse a menor notícia, havendo unicamente a presunção de que ali se tivesse suicidado.

Refiro-me ao dr. Dario Rafael Calado. Quanto à anedota eis aqui qual foi. Uma ocasião ou porque fosse uma devoção sua antiga, ou fosse qual fosse o motivo, o tenente-coronel Nenê lembrou-se de fazer na sua casa não sei se uma novena ou que outra qualidade de reza. Sei porém que a parte principal, ou talvez única, era uma ladainha. Desde que os estudantes farejaram o negócio, ou para verem muito mais de perto as moças, ou unicamente pela pagodeira da reza, não deixaram de fazer o que em tais casos tinham por costume de sempre fazer; e servindo-se de pés de lã, trataram sem a menor demora de irem lá se metendo, como se fossem uns tão bons devotos de Nossa Senhora tal como o próprio tenente-coronel Nenê. Ao princípio as cousas correram às mil maravilhas, porque se alguma cousa os tais malandros faziam, o que na realidade aparecia nada tinha que ofendesse a reza. Uma noite, porém, algum ou alguns desses suspeitos devotos se desmandaram, e o tenente-coronel que já andava um pouco de orelhas em pé com eles, tendo desde logo tomado a resolução de não mais os admitir em casa, começou desde então a não fazer a sua reza senão a portas fechadas. Ora, dos devotos mais encarniçados dela era justamente aquele Dario Caladoque, por morar em um bairro muito afastado e não sabendo da revolução que se havia dado na noite antecedente, apresentou-se para a reza; e achou a porta fechada. Ele, porém, não quis perder a grande caminhada que havia dado. E como ouvisse que dentro se rezava, ou que estavam todas as cousas preparadas para isso, bateu à porta. Foi o tenente-coronel quem lha veio abrir; e depois de saber o que ele queria e de o procurar desenganar do seu propósito com algumas razões, que se não eram muito delicadas, não eram pelo menos lá muito cheias de má-criação, acabou, no entretanto, por lhe dizer com toda a franqueza, ou para muito melhor falar, com o maior atrevimento, que os estudantes, fossem eles quais fossem, não eram dignos de assistir a um ato sério. Dario não se deu, contudo, por vencido, e procurou por todos os modos ver se chegava a convencer o velho. Por maiores que fossem, porém, os seus rogos ou por mais solenes que fossem todos os seus protestos de que se portaria de um modo tão exemplar, que o próprio tenente-coronel havia de ser o primeiro a ficar de todo edificado, nada houve que fosse capaz de fazer com que este se afastasse do seu propósito. E então, Dario, que era dotado de um gênio muito forte e que de mais a mais era extremamente atrevido, mudando de repente e da maneira a mais completa de modos e sobretudo de linguagem, passa no pobre do tenente-coronel a mais furiosa das descomposturas e ainda de longe sempre exclamando para ele: "Pois limpe o c... com a sua ladainha, sr. ca...lhão de bigodes"; tratou de retirar-se e de ir procurar para aquela noite alguma outra distração em outra freguesia.

Naquele tempo, e não sei se ainda hoje, havia na academia um costume muito antigo. Era o direito que os segundanistas haviam se arrogado, e que era compartilhado por todos os anos superiores de vaiarem os calouros no dia em que se abria a Academia. Para isso, no ano de 1855 os segundanistas mandaram fazer uma túnica ou camisola especial, um barrete, ou antes um capacete, que muito se assemelhava ao de que se servem alguns palhaços; tudo isto extremamente ridículo; e era assim vestido e tocando trombeta que o pobre do calouro tinha de atravessar todo o largo de São Francisco debaixo de uma vaia tremendíssima e de quantas chufas e judiações se podia imaginar. Para os que eram desembaraçados e que tinham bastante presença de espírito para tomarem a judiação como um simples brinquedo, a cousa pouco valia.

Para outros, porém, ninguém faz ideia de que momentozinho amargo não foi aquele. De todos, porém, ninguém tanto sentiu e tanto o mostrou como o Paulino, porque, muito alto e ficando para ele a camisola um pouco curta, foi de todos talvez o mais ridículo; entretanto que muito sério, metido a diplomata e sobretudo extremamente vexado, tal foi o abalo que sofreu que ninguém seria capaz de dizer a cor que ele tinha, pois que juntas no seu rosto quase que se descobriam todas por meio de manchas, das quais eram umas brancas, outras vermelhas, outras roxas e algumas azuis. Um houve, de cujo nome já não me recordo atualmente, que tentou resistir. Muito melhor fora, porém, que nunca tivesse tido uma semelhante ideia, porque sofreu muito mais do que todos os outros e ainda por cima ficou extremamente maltratado. Creio que não houve um só do ano que escapasse. Eu, contudo, escapei. Para isso, sabendo que no primeiro dia não se marcava ponto, em vez de ir para a aula, fui pôr-me em uma casa próxima a fim de ver os tormentos dos colegas.

Tendo, porém, no primeiro dia alguns outros escapado, os segundanistas se prepararam para esperarem os recalcitrantes e deram-lhes uma vaia ainda maior. E, então, para dela escapar, eu, nesse segundo dia, fui para a academia muito antes da hora. Depois da aula fui esconder-me na biblioteca e, tendo de lá assistido à nova vaia, lá me conservei, até que pude sair sem que me vissem. E como quase que eu era o único que faltava, parece que de mim se esqueceram.

Os dois lentes do primeiro ano que acompanhavam ao segundo os seus discípulos eram o dr. Manuel Joaquim e o dr. José Maria de Avelar Brotero. Entre ambos havia o mais completo contraste, porque ao passo que o primeiro era um homenzarrão pesado tanto física como intelectual ou moralmente falando; o segundo era um homem pequeno e parecia um verdadeiro azougue. Os discípulos deste último sentiam por ele um verdadeiro entusiasmo, e diziam que não havia quem fosse como ele tão eloquente e tão instruído na matéria que ensinava. Uma vez que todos assim o diziam é porque assim o era com efeito. Para quem, porém, como eu, apenas passava de relance pela sua aula, o que ficava realmente conhecendo é que o Brotero, se tinha todas essas qualidades, era ao mesmo tempo o maior de quantos trapalhões eu tenho visto, porque não proferindo uma frase que não fosse acompanhada desta outra — meus senhores, meus senhores —, ele ainda baralhava todas essas frases por um tal feitio, que uma vez querendo servir-se desta comparação — como o pescador escandinavo pescando na pinguela —, o que na realidade ele disse e repetiu mais de uma vez foi — como o pescador escandinavo pinguelhando na pesquela.

Manuel Joaquim, que foi o nosso lente, creio que era inteligente e que tinha alguma ilustração. Não era, porém, homem que o mostrasse muito nem que muito agradasse.

Tendo feito o meu ato em fins de outubro, parti logo para a Campanha; e como emendasse as férias gerais com as da Semana Santa, de lá só voltei em meados de abril de 1852. Indo à Campanha depois de quase três anos e para ali voltando já com umas certas fumaças de doutor, pode-se facilmente compreender o que não seria para mim esses quase que seis meses de férias. Infelizmente, quando de lá voltei, comecei a sentir os primeiros acessos da minha. hipocondria e desde então quase que nunca mais deixei de ser um simples carregador da vida.

Desse ano de 1852 muito pouco é o que tenho para dizer. Eu, portanto, apenas direi que tendo Manuel Joaquim continuado a ser o nosso lente da primeira cadeira, o da segunda era o padre Anacleto José Ribeiro Coutinho, um desses homens que não fedem nem cheiram, ou que, modesto em sua figura e em tudo, desempenhava igualmente com a maior modéstia a sua obrigação de lente de direito eclesiástico.

Durante o curso desse ano de 1852, se a memória me não engana, chegou de Minas e foi morar na rua dos Bambus um bichinho ainda muito novo, muito espigado, e que tinha um nariz um pouco grande, o qual ficava um pouco chupado quando o seu dono tinha raiva. Muito inteligente e extremamente vivo, esse bicho por muito tempo foi o nosso maior divertimento, porque tendo um gênio de pólvora, era bastante que se o cutucasse para que ficasse desde logo como uma cobrinha em cuja cauda se tivesse pisado; é hoje o muito alto e muito poderoso sr. visconde de Ouro Preto, ministro da Fazenda e presidente do Conselho de Ministros. Tendo muito pouco depois me mudado da rua dos Bambus, eu quase que o perdi inteiramente de vista, até que de novo e quando ele já se achava formado e casado, nos fomos encontrar em Queluz e Ouro Preto. Desde então, ele começou a subir e a aparecer e eu a concentrar-me e a tornar-me cada vez mais nulo.

Hoje eu nada mais sou do que um simples lavrador que bem pouco já são os que o conhecem; entretanto que aquele tão vivo e tão divertido bichinho de outrora acha-se hoje em uma posição donde terá de subir para as nuvens ou terá de sofrer a mais desastrada das quedas. Subirá ou cairá? Só Deus o sabe. Primeiro, talvez de todos os nossos parlamentares atuais, ninguém há que o exceda em talento e quem mais do que ele estude e trabalhe. Não desdenhando, porém, o emprego dos pequenos meios, o qual deveria ficar como o apanágio exclusivo dos pequenos caracteres, o caráter do Afonso tem, além disso, algumas outras falhas que se muito até agora lhe têm quiçá servido, pode muito bem acontecer que tenham de acabar por vir a ser para ele a causa principal da sua futura queda.

Liberal unicamente porque um puro acaso ou porque o seu destino determinou que fosse como liberal que ele tivesse de começar a sua carreira política, o visconde de Ouro Preto foi e nunca deixará de ser o homem da sua ambição, da sua família, dos seus parentes, dos seus amigos ou do seu partido, senão exclusivamente, pelo menos muitíssimo mais do que o homem de uma ideia. Não sendo daqueles que sobre as matérias do governo têm princípios perfeitamente lógicos e assentados, o nosso atual presidente do conselho é um estadista um pouco aleatório, e, podendo fazer grandes bens, pode ser também o autor de grandes males. Finalmente, dotado de uma ambição desmedida, possuindo uma violência de caráter extraordinária, e nunca tendo encontrado muita dificuldade na escolha dos meios que para vencer lhe depare o acaso ou a sua vontade, o visconde de Ouro Preto já é um dos nossos grandes homens políticos e não seria de admirar que muito maior ainda se tornasse. Nunca, porém, assim pelo menos me parece, há de merecer muito o amor dos seus concidadãos nem talvez mesmo uma estima que se pudesse dizer completamente sem reservas.

CAPÍTULO XXX

Quando fizemos o nosso ato de segundo ano, os meus companheiros partiram para a Campanha, enquanto que por mais de um motivo e cada qual mais ponderoso, eu deixei-me ficar. Tendo, porém, por aqueles meus colegas minha mãe chegado a saber que eu havia ficado um pouco magro, que andava tristonho e que sofria, além de tudo, de um tal ou qual começo de dispneia, aterrou-se com a notícia; acreditou que eu estava talvez ficando tísico; mandou-me condução, e eu tive de partir. Ao inverso, entretanto, das minhas primeiras férias, durante estas eu me conservei sempre extremamente concentrado e muito pouco foi o que delas cheguei a aproveitar.

Ora, naquela ocasião, meu tio Martiniano achava-se com um filho que, sendo desde muito criança dotado de uma dessas inteligências de primor, deveria ter então de 12 para 13 anos. Aquele menino, que estava destinado a ser um dos melhores médicos da nossa província, que tendo, há muitíssimos anos e debaixo do título de Colombo, fundado na cidade da Campanha um jornal republicano, veio por essa forma a se tornar um dos primeiros promotores desse partido em Minas, quando, ainda na última eleição de senadores à qual se acaba de proceder, obteve cerca de cinco mil votos. Com o nome de dr. Francisco Honório Ferreira Brandão, é hoje conhecido em toda a província. Aquele menino, digo, desde muito pequenino, estava resolvido que teria de se formar. Extremamente querido do pai, ele era, sobretudo para a mãe, o que se costuma chamar um ai-jesus. E como dele se separarem em uma idade assim tão tenra?!

Tão grande, porém, era a confiança que ambos em mim depositavam, que me entregaram o filho para que eu o levasse para São Paulo. Um semelhante acontecimento foi, para mim, um verdadeiro achado, porque, já então atacado da minha hipocondria, desde o ano anterior que eu andava sentindo uma disposição muito pronunciada para a solidão. E como meu primo levava um pajem que era um bom cozinheiro, e como, por outro lado, entregue inteiramente à minha direção, não fazia comigo mais do que um, a ideia que desde logo me ocorreu, e que apenas me ocorreu, tratei desde logo de a pôr em execução: havíamos de morar sós. Para isso aluguei, depois de um pouco de dificuldade, uma pequena chácara, que ficava muito lá para adiante do Arouche, sobre um pequeno alto que existia no caminho do Ó. O aluguel era de nada menos que 14$000. E uma semelhante despesa não tinha a menor proporção com a minha tão pequena mesada. Eu, porém, fiz o propósito de apertar a economia sobre todas as outras verbas da minha despesa, e de boa vontade sujeitei-me a esta. Muito pouco foi o tempo que morei naquela chácara, e de todas as recordações que a mesma me deixou, quase que a única que atualmente eu ainda conservo foi a de um vexame que eu ali passei. Um dia em que muito cedo tinha-me posto à janela, aconteceu que por ali passou uma das quitandeiras do Ó que tinha por costume de todos os dias vir trazer à cidade hortaliças, ovos e alguns outros objetos. Desta vez, porém, além de todos esses objetos, ela de mais ainda trazia um pequeno balaio que estava cheio de pequenos lambaris, e pelos quais ela pedia uma verdadeira tutaméia. Ora, naquele tempo, eu gostava daqueles peixinhos. E, pondo-me a refletir, cheguei ao seguinte resultado — que se por acaso eu me dispusesse a fazer aquela compra, eu poderia introduzir em um único saco nada menos de três bem sofríveis proveitos: primeiro, de comer um prato, que além de ser do meu gosto, tinha ainda naquela ocasião o grande sal da novidade; segundo, poupar a grande viagem do cozinheiro à cidade para ir buscar a carne; e terceiro, conservar no cofre a diferença do preço que se dava entre a carne e os peixes, e que era tão grande que quase equivalia a um dia de menos que desta se tinha de comprar. À vista disto, não senti mais a menor hesitação, comprei os peixes e não mandei comprar a carne. Ora, naquele tempo havia em São Paulo um rapaz que passava como muito rico; e esse rapaz, que naquele tempo se chamava Maneco de Azevedo, é hoje o conselheiro Manuel Alves de Azevedo. Eu tinha com ele algumas relações, porém, não propriamente intimidade. Entretanto, não sei por que cargas-d'água, foi esse justamente o dia ou um dos dias, em que aquele, já então algum tanto gorducho sr. Maneco, lembrou-se de vir à minha casa. E como a hora era exatamente a do almoço, eu que nunca tive uma mesa que pudesse fazer honra a ninguém e que ainda hoje com muito poucos pratos me contento, não tive outro remédio senão o de oferecer-lhe aquele meu pobre e tão magríssimo almoço, e de obrigá-lo, sem que pudesse ao menos alegar a circunstância de que fosse sexta-feira, a que não comesse senão peixe, e de mais a mais, que peixes!

Em setembro de 1853, tendo vagado uma chácara que ficava quase que logo para adiante do Tanque do Arouche, composta unicamente de duas estreitas, unidas e, demais, bem pequeninas casas e de um grande, ou antes, de dois não pequenos pastos, eu para ela me mudei. E não só, enquanto ali morei tive um cavalo, cachorro, galinhas etc, e durante algum tempo cheguei mesmo a ter uma vaca; foi nessa mesma chácara que sempre me conservei até formar-me. Neste ano tivemos lentes e matérias inteiramente novas, porque era de fato no 3º ano em que naquele tempo se começava a estudar o que se chamava o direito positivo.

O lente de direito criminal era o dr. Manuel Dias de Toledo. Alto, corpulento, de gravata e de pescoço muito alto, o dr. Manuel Dias era um homem que se movia como se porventura não tivesse juntas ou como se fosse uma só peça inteiriça. E como tivesse o costume de citar na aula, com uma voz que tinha alguma coisa de muito arrancada, os três autores seguintes, Bavout, Foderé, Tocqueville, ele tinha adquirido entre os estudantes o apelido, pelo qual era geralmente conhecido, de Bavout. Não creio que fosse dotado de grande inteligência; e de todos os lentes do curso talvez fosse o único que fazia as suas preleções por caderneta. Mas repetindo o que estava na caderneta, longe de cingir-se unicamente às suas palavras, não só aquele doutor a discutia, porém, era ele ainda o que provocava aos seus discípulos a que a discutissem ou sobre as suas matérias emitissem juízo. Entretanto, como lia quase tudo, quanto de mais notável aparecia, tanto a respeito da prática, porém, muito principalmente a respeito da teoria do direito criminal, a sua caderneta, muito longe de ser, como se poderia supor, uma dessas obras que eram desde logo destinadas a constituir o padrão granítico ou o mais acentuado da fixidez, da ignorância, e muito mais talvez do que tudo, da preguiça, era pelo contrário mais ou menos progressiva. Por essa razão, ainda que geralmente não se tivesse por ele como lente uma muito grande estima, eu nunca deixei de o considerar pela minha parte como sendo talvez um dos melhores; porque lente, muito embora que não era de altos voos ou de uma simples caderneta, todos os seus discípulos não deixavam por isso de ficar sabendo tudo quanto havia de melhor ou de mais adiantado sobre aquela matéria.

O lente da primeira cadeira ou o lente de direito civil, que naquele ano teve de vir a ser o nosso, foi o doutor, ou como mais geralmente então se dizia, foi o padre Vicente Pires da Mota. Muito alto, magro, olhando para o alto por causa, talvez, dos óculos que usava, e tendo uns beiços que pareciam revirar-se ou abrir-se um pouco mais no centro do que nos cantos, o que dava à sua boca alguma cousa que absolutamente nada tinha de amável, mas que pelo contrário parecia ser o suprassumo do desdém ou da presunção a mais imperiosa, o padre Vicente era de todos os lentes da academia aquele talvez que se poderia considerar como o menos simpático.

E como se isto já não bastasse para enfastiar os seus discípulos, dos lentes da academia era ele talvez o menos agradável de se ouvir, porque monótono e sem a menor elevação, sendo, além disso, dotado de uma voz que, além de ser um pouco fanhosa, tinha ao mesmo tempo um certo quê de taquara rachada. Padre Vicente, para que nada lhe faltasse que não tornasse a sua oratória extremamente desagradável, ainda tinha um novo e um dos mais terríveis defeitos. E esse defeito era o de repetir todas as frases, e de quase sempre as repetir, não uma nem duas, mas três e quatro vezes, de sorte que ainda hoje me recordo de uma daquelas suas preleções na qual muito nos custou a conservar o sério, porque, sendo o objeto dela a herança ou a instituição de herdeiros, o padre Vicente, durante todo o tempo que durou aquela preleção, quase que outra cousa mais não fez do que repetir esta frase — como herdeiros, como herdeiros, como herdeiros —, e depois que principiava, parecia que nunca mais queria acabar.

Padre Vicente nunca se tornou notável, nem como escritor, nem como orador, e muito menos o poderia talvez ser como lente ou como jurisconsulto. Entretanto, no Brasil talvez que ninguém ainda houvesse que tantas vezes e que em tão grande número de províncias tenha sido presidente. E como não me consta que em nenhuma dessas presidências ele tivesse tornado o seu nome recomendável por algum desses atos que servem para perpetuar ou, quanto mais não seja, para tornar mais ou menos conhecido a um administrador qualquer, e como, por outro lado, nunca igualmente me constou que a sua influência eleitoral jamais transpusesse os limites da mais completa mediocridade, a conclusão que de todos esses fatos eu sou muito naturalmente levado a tirar é que todas aquelas nomeações foram unicamente devidas a duas das suas mais notáveis e, ao mesmo tempo, das suas mais incontestáveis qualidades — a independência do seu caráter e a firmeza e a energia da sua vontade. E a prova, quanto a mim a melhor, que de um semelhante fato se poderia talvez apresentar, é que o padre Vicente nunca chegou a ser um presidente popular, nem sequer ao menos entre os seus próprios correligionários políticos.

Quando foi presidente de Minas, a maioria da assembleia, que era conservadora como ele, mas que achava-se extremamente descontente por ver que o presidente não se prestava a lhe satisfazer todos os desejos e caprichos, mandou-lhe um dos seus como enviado, para que, debaixo da capa de amizade e ao mesmo tempo como um fino diplomata, se esforçasse para fazê-lo ceder e, no caso de resistência, não deixasse, com o maior jeito, de dar como certa a oposição de toda aquela mesma maioria.

Porém, quando o embaixador contava como certo o êxito feliz daquela tão terrível ameaça, o padre fez com a boca um daqueles gestos de desdém que lhe eram tão peculiares, e com a maior serenidade unicamente lhe respondeu: "Sr. F; eu nada absolutamente tenho com a assembleia. O seu ofício é o de fazer leis e o meu é o de governar. Ela, portanto, faça o que entender do seu dever, que pela minha parte eu saberei cumprir o meu." E o que é certo é que o embaixador teve de sair, segundo se diz, como o cachorro que quebrou a panela, e que aquela maioria não tugiu nem mugiu. Creio, porém, que nada nos poderia dar uma melhor ideia do que foi aquele homem, do que uma anedota que não havia em São Paulo quem a não soubesse, e a qual, por consequência, a muito mais de uma pessoa eu ouvi contar. Sendo nos primeiros tempos da Constituição juiz de paz naquela cidade, o padre Vicente mandou intimar a um sujeito, que morava para os lados da Luz e que suponho era estudante, para que sem a menor demora viesse à sua presença. O sujeito, porém, longe de vir, parece que deu aos executores da ordem uma resposta que não era das mais respeitosas para quem o mandava intimar. E o que é que faz o padre? Ordena aos oficiais que sem a menor demora para lá voltassem, que amarrassem o desobediente e que depois o trouxessem pendurado em um pau como se fosse um porco. E diziam que a ordem havia sido pontualmente cumprida. O fato é de tal natureza que eu nunca pude nele acreditar. Entretanto, muitos foram os que me afirmaram que se havia realmente dado.

O outro dos lentes do terceiro ano que acompanhava os seus discípulos ao quarto era o dr. Prudêncio Geraldo Tavares da Veiga Cabral. Homem que nunca se via senão unicamente na Academia ou na sua própria casa. O dr. Cabral foi de todos os lentes o que mais notório se tornou entre os acadêmicos como um grande fornecedor de anedotas. E destas, a mais antiga que se conhecia era a do seu casamento. Contava-se, com efeito, que tendo o Cabral se casado em uma das melhores famílias de São Paulo naqueles tempos, a sua noite de núpcias acabou por se converter para uns em um objeto de comentários os mais divertidos e para outros em um objeto de dor ou do maior escândalo. E isto porque, depois que o introduziram no quarto da sua noiva e que ele acabou por se ver ali a sós com ela, parece que foi de repente atacado de um acesso de grande terror ou, quiçá, para melhor dizer, de um grande arrependimento. E então, em vez de ir para o leito ou de dirigir à sua noiva, que espantada o observava, a menor carícia ou sequer uma palavra ao menos, do que havia de se lembrar aquele, depois, tão celebrado maluco? Põe-se a passear pelo quarto, a meter a mão pelos cabelos, põe-se enfim e a todo o momento, a exclamar: "Cabral, que fizeste! Cabral, Cabral, que fizeste!". E tendo passado por este modo toda aquela noite a passear e a exclamar, desde que o dia amanheceu deixou a casa e nunca mais lá pôs os pés.

Alto e um pouco giboso, olhando sempre para baixo e de lado, como se porventura estivesse sempre possuído de uma grande desconfiança, aquele doutor não só falava sempre baixo, porém quando falava era ainda sempre com um certo ar de mistério. Com todos estes seus modos era exatamente que ele tinha também o costume de fazer as suas preleções; e a única particularidade que se poderia talvez ainda acrescentar é que, desde que subia para a cadeira, ele nela sempre se conservava mais ou menos agachado e às mais das vezes com as suas mãos entre as pernas. Completamente indiferente para tudo ou para quase tudo que de ordinário estimula aos homens neste mundo, Cabral desempenhava-se das suas funções de lente como quem, sem estímulo e da maneira a mais maquinal, carrega um fardo. Ia à aula, a ela falhava o mais que podia, e, quando nela se achava, se alguma cousa ali realmente o preocupava era que a mesma quanto antes chegasse ao seu fim, para que ele, Cabral, sem a menor demora, a pudesse também deixar. Cabral, portanto, não só nunca deixou de passar para todos como um mau lente, porém, até mesmo, e isto por um grande número de anos, ele nunca havia deixado de ser considerado por todos como sendo de uma esfera intelectual extremamente acanhada, quando um puro acaso veio a todos de repente revelar. Muito longe disso, era ele, pelo contrário, dotado de uma inteligência de primeira ordem. E eis aqui como esse tal acaso se passou ou qual foi esse tão inesperado acontecimento que veio a produzir uma semelhante revelação.

Os reis, quando querem divertir-se, ou quando, percebendo o seu trono abalar-se, sentem a necessidade de agradar aos seus povos, um dos meios de que lançam mão é o de passear pelas províncias, ou de visitar aos seus amados súditos, que por eles e para eles tem sempre às ordens a bolsa e a vida. Depois da grande revolução de 42, o nosso atual imperador entendeu que verificava-se uma daquelas duas hipóteses, e lembrou-se de ir visitar São Paulo. O ano exato não me ocorre agora. Sei, porém, que foi naquela viagem, em que revelando o furor poético de que veio depois a dar tantas e tão ridículas provas, que o sr. d. Pedro II deixou sobre uma mesa aquela célebre e naquele tempo tão decantada quadrinha:

O sincero acolhimento
Do fiel povo ituano
Gravado fica no peito
Do seu grato soberano.

Ora, estando na capital, o imperador, que já naquele tempo se preparava para ser o maior dos sábios e ao mesmo tempo o maior dos protetores das letras, não era possível que deixasse de ir à Academia para fazer-lhe uma visita. Ele, com efeito, lá foi. E quando ele ali chegou, um dos lentes, que por um verdadeiro acaso achava-se então a ocupar a cadeira, outro não era senão aquele mesmo e sempre tão celebrado dr. Cabral, o qual, de mãos entre as pernas e de mais a mais todo curvado, estava, segundo sempre fora o seu costume, a fazer uma das suas preleções, em uma voz que bem poucos eram aqueles que a ouviam, e cada vez mais a espiar para a frente e para os lados. De repente, eis que entra o imperador; Cabral o recebe; o imperador manda que ele de novo ocupe a cadeira; e no meio da maior das admirações, ou de um verdadeiro espanto geral, outro era inteiramente o homem que naquela mesma cadeira agora se achava, sentado. Teso, airoso e modulando uma voz, que além de alta havia se tornado sonora, o Cabral, com uma eloquência que a todos arrebatava, havia concebido, e de súbito proferido, um discurso, que, segundo a muitos, eu ainda ouvi dizer, fora, sem a menor contestação, o melhor e o mais eloquente que se havia ali proferido. Entretanto, Cabral de novo se havia curvado, de novo a sua voz se havia abaixado; e ele havia de novo e por um tal feitio caído no seu antigo ou sempre tão pertinaz ramerrão, que o fim daquela sua, para sempre, tão célebre preleção acabou por ser exatamente o que havia sido o seu princípio ou como se porventura dentro daquela sala nada absolutamente se houvesse passado de extraordinário.

Algumas vezes, antes de encerrar-se a aula, Cabral tirava-se dos seus bons cuidados. Como se fosse inspirado pelo Espírito Santo, prevenia aos seus discípulos que era muito provável que no dia seguinte estivesse doente, e que eles, por consequência, não precisavam de dar-se ao trabalho de virem a aula. Outras vezes, e sem que para isso se desse o menor motivo, ele embirrava com algum ou com alguns deles. E ainda me lembro de um dia em que estando ele à porta da sala com um dos bedéis que se chamava Mendonça, ao ver entrar para a aula a um daqueles seus discípulos, perguntou ao bedel se na véspera ao mesmo não havia marcado ponto. O bedel respondeu que não, que não era possível que lho tivesse marcado, porque o estudante tinha comparecido à aula. "Pois marque-lhe, disse Cabral, vá sempre marcando-lhe, ainda mesmo que ele compareça".

Uma ocasião, estando a fazer exame não sei qual dos meus colegas de preparatórios, e sendo Cabral o presidente da banca, este desde que avistou o rapaz, parece que logo com ele embirrou. E o que é certo é que durante todo o tempo que durou aquele exame, o demônio do maluco quase que outra cousa não fez do que, com aquele seu tão conhecido ar de mistério, indicar aos examinadores o pobre do rapaz, com eles cochichar e a todo o momento lhes dizer:

"Olhem, olhem-lhe só para a boca, e vejam se não é mesmo uma boca de quem está comendo feijão".

O pobre do examinando já não sabia por que alturas andava, e quase que viu-se perdido. Como, porém, era um rapaz inteligente e, creio, que de mais disso sabia muito bem a matéria, conseguiu não ter tomado bomba.

Naquele tempo não havia a mínima regra sobre a chamada para os exames de preparatórios. E como de ordinário eram mais os inscritos do que aqueles que poderiam ser chamados, o que acontecia é que tudo dependia dos empenhos ou do bem-querer do presidente da banca. Ora, em uma dessas vezes, sendo aquele tão endiabrado Cabral o presidente de uma banca em que tinha de fazer exame o atual visconde de Ouro Preto, este lembrou-se de ir pessoalmente pedir-lhe para que o chamasse. Cabral o recebeu da maneira a mais benévola; mas depois de ter-lhe prometido que o chamaria e de o ter tratado com uma amabilidade muito grande, perguntou-lhe: "Mas como é que o senhor se chama?" Afonso Celso de Assis Figueiredo; respondeu-lhe o Afonso muito depressa. "Celso! Celso! Não o chamo. Celso! Celso! Qual! Decididamente não o chamo".

"Mas, senhor doutor", disse-lhe Afonso, "eu nenhuma culpa tenho que meus pais se tivessem lembrado de me porem um semelhante nome". "Celso! Celso! Qual! Decididamente não o chamo. E se fizer o exame, desde já está reprovado". O que depois se seguiu, ou se o Afonso fez ou não fez o exame, é o que não me contaram ou já de todo me esqueci.

CAPÍTULO XXXI

Havia, em 1853, em São Paulo, uma sociedade literária acadêmica que se denominava Ensaio Filosófico. Além das sessões em que todas as semanas se discutiam diferentes teses de filosofia, possuía ainda a sociedade uma revista em que os sócios escreviam sobre todos os objetos de literatura. Para a redação desta revista, havia uma comissão periodicamente eleita, e dessa comissão fazia parte, nesse ano de 1853, o atual senador Manuel Francisco Correia, que era então geralmente conhecido pelo nome de Correia Neto. Tendo este um dia me perguntado se não mandava algum artigo para a revista, eu, que já desde muito tempo andava com umas certas comichões de escrever alguma cousa, mandei um artiguinho de muito poucas linhas e que tinha por título Ignorância e Felicidade. Já não me lembro o que foi que ali escrevi. A ideia capital, porém, era esta: que só os ignorantes é que podiam ser verdadeiramente felizes ou que a felicidade era mais ou menos incompatível com a ciência. Primeira produção de quem ainda hoje, por mais que se esforce, não consegue escrever bem; aquele meu artiguinho não deve ter passado de uma pequena e malcozida futilidade. Julguei, porém, que o deveria aqui mencionar, por duas razões: inicialmente por ter sido o primeiro escrito meu que teve as honras de aparecer em letra de forma; e segundo para mostrar que assim como em quase tudo o mais, ainda sobre este ponto pouco mudei; pois que ainda hoje, depois de velho, não renunciei, mas antes, cada vez mais adiro àquela minha opinião, embora seja à primeira vista um pouco paradoxal.

Como com o escrever, parece que dá-se o mesmo com o comer e o coçar, o ponto está em começar. Pouco depois deste artigo escrevi outro muito mais extenso e que tinha por título "Uma vista sobre a história do povo romano". Ainda que muito mais extenso, o seu mérito era talvez ainda inferior ao do primeiro; pois que, na realidade, este segundo artigo, que nada tinha de original e nem sequer de simplesmente bem-estido, não passava de um resumo mais ou menos seco ou mais ou menos declamatório dos principais fatos da história romana.

Finalmente, no fim desse ano, tendo os meus colegas conterrâneos ido para a Campanha a férias, lá apareceu a ideia de criar-se uma província no sul de Minas que tivesse por capital aquela cidade. Embora abraçada geralmente e com muito entusiasmo, esta ideia, entretanto, não passava de um fruto apenas do bairrismo campanhense, pois, o que de fato se queria não era tanto uma nova província, mas que a Campanha fosse uma capital de província. De sorte que se a ideia tivesse de realizar-se sendo outra a capital, não haveria talvez um só dos seus iniciadores que a ela não renunciasse e que a não combatesse com todas as suas forças. Em princípio, pois, no ano de 1854, o meu colega Simplício de Sales escreveu-me comunicando o que se havia passado e resolvido, e mandando-me dois manifestos ou cousa que o valha, escritos por ele e pelo dr. Ferraz da Luz, a fim de que eu os mandasse imprimir em folhetos em alguma das tipografias de São Paulo, acrescentando, que Justiniano José da Rocha havia aceitado o patrocínio da ideia, e que tendo posto à disposição dos defensores dela as colunas do *Velho Brasil* que ele então redigia, eu poderia, se quisesse, enviar-lhe alguns artigos nesse sentido que seriam de certo publicados.

Pouco tempo depois chegavam os meus colegas da Campanha, e por eles soube que não só aqueles meus artigos tinham sido ali muito apreciados; mas que até geralmente se atribuíam ao próprio Rocha. Era isto devido ao simples fato, talvez, de serem aqueles artigos assinados com um — R — e de se ignorar quem era o autor; mas, não obstante, pode-se fazer ideia de quanto não deveria ficar lisonjeada a minha vaidade, por menor que ela fosse, com uma semelhante suposição.

Depois disto creio que ainda escrevi um ou mais artigos para um jornal que na Campanha se havia criado com a denominação de *Nova Província*; mas de tudo quanto então escrevi, pouco ou nada me recordo. Ora, tendo declarado que foi o senador Correia quem, sendo ainda estudante, tornou-se de fato o editor daqueles meus escritos que primeiro foram publicados pela imprensa, eu não posso deixar de dizer sobre ele aqui alguma cousa. E para o fazer, independente do prazer que para mim sempre resulta de semelhantes recordações, ainda tenho um duplo motivo. Destes, o primeiro é ser meu costume neste meu trabalho, como o leitor já deve ter percebido, nunca encontrar no meu caminho uma pessoa que tenha por qualquer motivo se tornado notável, sem que procure quanto posso pô-la mais ou menos em saliência pelo lado em que essa pessoa é quase sempre muito menos conhecida. Quanto ao segundo motivo, vem a ser o seguinte: assim como para quem já conhece um rio bastante grande na sua foz ou mais ou menos volumoso no seu curso, nunca deixa de haver um tal ou qual prazer em contemplá-lo sem barco nem canoa, assim também nunca deixa de haver para o leitor um certo encanto ou essa mesma espécie de prazer quando ele pode contemplar nos seus começos a todos aqueles que, pelo seu talento, pela sua atividade ou por outras quaisquer qualidades intelectuais ou morais, chegaram a se tornar mais ou menos salientes no meio de tantos outros milhões de homens.

Eu, pois, direi que tendo já vindo do colégio do Pedro II com a fama de bom estudante, Correia Neto passou em São Paulo por um dos melhores da Academia; e com toda a justiça, porque além de ser efetivamente muito inteligente, era ainda muito estudioso. Nem Correia Neto era simplesmente um bom estudante, mas de um gênio alegre, franco e muito sem cerimônias, quase que não havia ninguém que em sua companhia não se achasse à vontade ou que dele não gostasse.

O que, porém, essencialmente o caracterizava e o tornava, por assim dizer, um ser único no seu gênero, era uma tal atividade moral e ao mesmo tempo uma tal mobilidade física, que se poderia dizer, como vulgarmente se diz, que ele tinha azougue no corpo. E, com efeito, não só Correia Neto falava sobre todas as cousas e em toda a parte, nas sociedades secretas, nas reuniões acadêmicas, na rua, em casa e até sozinho, recitando poesias ou declamando os discursos de lord Chatan a favor da América. Não só fazia versos, compunha dramas e escrevia sobre o primeiro assunto que lhe vinha ao pensamento, mas, ao mesmo tempo, e como se o físico se achasse constantemente a correr parelhas com o moral, o que nele ainda se observava e dava logo nas vistas de qualquer um, era que não havia uma só parte do seu corpo que soubesse o que era repouso, pois que tudo nele, sem cessar e ao mesmo tempo, se movia, pernas, braços, cabeça, língua, olhos e até os próprios cabelos da cabeça, pois que sendo cortados mais ou menos rente, com o movimento constante da cabeça, ou antes com o movimento da pele da testa, pareciam se ouriçar e que sem cessar também se moviam.

Como, porém, apesar de tantas cousas que fazia, Correia Neto parecia ainda ter tempo para muito mais, houve uma ocasião em que deu para magnetizador. Lembro-me ainda de ter assistido a uma ou duas dessas sessões que ele dava de magnetismo, e ainda me recordo, como se fosse hoje, do olhar imperioso com que ele procurava dominar a vontade do pobre magnetizando e do ar solene e ao mesmo tempo severo ou um pouco tenebroso com que, perfeitamente convencido da verdade do que fazia e do poder que tinha para o fazer, ele procurava com passes e contrapasses mais ou menos lentos ou mais ou menos acelerados envolver e saturar de fluido magnético a sua paciente ou incrédula vítima, que se conservava sentada em uma cadeira no meio da sala e que ali se mantinha firme e muda como uma estátua.

Eu não me recordo muito bem quais foram as vítimas ou os pacientes que figuraram nessa ou nessas sessões a que assisti, mas quase que tenho certeza de que uma delas foi um estudante que então havia em São Paulo e que se chamava Floriano Leite Ribeiro. Era um rapaz muito feio, esquisito e, ao mesmo tempo um gaiatão de força. Para dar disto uma ideia, bastará a seguinte anedota que me contaram e deram como verdadeira. Floriano era um vadio de chapa e não sabia nenhum preparatório. Entretanto requereu o exame de história; e quando depois das devidas continências esse mesmo Floriano se sentou na banca, deu-se entre o conselheiro Antônio Joaquim Ribas, que era o professor de história, o seguinte diálogo:

— Diga-me, senhor Floriano, quem foi Leão X?

— Muito me admira, senhor doutor, que V. Ex.ª me faça uma tal pergunta, pois devo com toda a sinceridade declarar-lhe que, muito embora eu tenha estudado a história um pouco a fundo, é essa a primeira vez que ouço falar em um tal sujeito.

— Pois fique então, senhor Floriano, sabendo uma cousa muitíssimo mais de admirar, e é que haja um estudante que se anime a vir fazer o exame de história sem saber quem fosse Leão.

— Senhor doutor, está me parecendo que talvez V. Ex.ª tenha razão sobre este ponto, e neste caso eu me retiro.

Ora, por maiores que houvessem sido todas as glórias do Correia Neto, nunca chegou ele a alcançar um triunfo magnético tão completo e tão assombroso, como nesse dia em que magnetizou o Floriano. Verdade é que este resistiu um pouco ao sono, e que foi preciso que o magnetizador empregasse mais do que nunca a sua força magnética para obrigá-lo a dormir; mas, também, quando o sono chegou, foi este tão profundo e ao mesmo tempo tão lúcido que não só o magnetizador estava que não cabia em si de contente, mas que ainda os mais incrédulos dos espectadores achavam-se mais ou menos abalados e quase que um pouco assombrados.

Floriano, porém, tinha a todos debicado, e tanto mais lúcido havia sido o seu sono, quanto acordado ele tinha sempre se conservado desde o princípio até o fim.

Tal era o Correia Neto que eu conhecia em São Paulo. Quanto ao senador Correia, creio que em nada mudou do que foi o simples estudante. Pelo menos a última vez, e creio que a única, que o vi, em maio de 1871, no Senado por ocasião da abertura das câmaras, não lhe notei a menor diferença.

Apenas achei-o um pouco esquisito com a farda bordada com que se achava vestido; primeiro, porque aquela farda, sem que eu o possa bem dizer a razão, me parecia que não assentava bem em quem movia-se tanto; e segundo, porque tendo o conselheiro Correia sempre conservado a barba toda, não sei porque pareceu-me que havia uma certa dissonância entre aquela farda e aquela barba. Quando, porém, achei o meu Correia Neto todo inteiro, foi pouco depois ou quando terminada aquela augusta solenidade, que já todos se retiravam, eu o vi sair do interior do Senado e vir conversando com o internúncio, pois é desnecessário dizer que naquele ano o deputado Correia era o nosso ministro de estrangeiros.

O internúncio era surdo e, para poder perceber o que se lhe diziam, era preciso falar alto e mais ou menos perto do seu ouvido; e o conselheiro Correia lhe falava tão alto e tão de perto, e ao mesmo tempo tanto se movia com a cabeça e com os braços, que mais de uma vez me pareceu estar vendo a hora em que nosso ministro dava uma grande cabeçada naquele pobre velho e que o atirava pela escada abaixo.

CAPÍTULO XXXII

Os MEUS conterrâneos Evaristo e Simplício tinham sempre o costume de ir passar as grandes férias na Campanha. Nas de 1853 e nas que depois se seguiram, de 1854, um dos nossos colegas que era de Santa Catarina, Luiz de Medeiros, assentou de aproveitar de sua companhia e de ir com eles lá passá-las. Ora, havia naquele tempo um colégio em São Paulo, que era quase que o único e que do nome do seu diretor se chamava colégio João Carlos. E como tanto o Simplício como o Medeiros nele fossem professores, o primeiro de latim e o segundo de inglês, ambos comigo se empenharam para que eu os fosse substituir. Quanto ao Simplício, não se me oferecia dificuldade alguma. Como, porém, poderia eu me animar a substituir o Medeiros, se tudo quanto eu havia sabido de inglês nunca havia passado do muito pouco que naqueles tempos se exigia para o exame?! Tantas, porém, foram e tão instantes as solicitações que ambos me fizeram que acabei por fim por me encarregar da prebenda. E o mais é que muito longe de ter com isso de me arrepender, foi justamente o contrário o que veio a acontecer.

E é isto o que, sem entrar em nenhum preâmbulo, vai o leitor desde já ficar sabendo.

O ano de 1854 foi talvez aquele em que aumentando, por assim dizer, de dia em dia, ou em que, tomando um caráter verdadeiramente agudo, a minha hipocondria parecia haver atingido por fim o seu ponto o mais elevado.

Nem para que o leitor disso se convença eu preciso mais do que lhe contar um fato. E esse fato, que se porventura houvesse sido por alguém observado, não deixaria de ser capitulado como verdadeiro ato de loucura, foi, que nada encontrando que me pudesse servir de estimulante, ou de distração para aqueles meus pensamentos sempre tão tristes, e muito principalmente para uma espécie de tédio ou do mais completo desânimo da vida, do que acredita, do que presume, ou do que acha possível qualquer dos meus leitores, que fosse capaz de me lembrar? Pois foi (e agora é a hora de arregalarem muito bem os olhos), pois foi de tomar uma foice e de pôr-me a limpar o pasto da chácara. E como em muito pouco tempo as minhas mãos já se achassem em uma verdadeira petição de misérias, sabem ainda do que foi que me lembrei? Não sabem? Pois foi de tomar umas luvas e de pôr-me a roçar de luvas. E o que muito mais é para admirar, só depois de alguns dias é que cheguei a renunciar a um empenho assim tão insensato.

Ora, em um estado assim de meu espírito, nada me poderia vir mais a propósito do que aquele, para mim tão inesperado, ensino de inglês, porque não havendo quem (quando quer, precisa ou se entusiasma) seja capaz de um esforço mais frenético, ou mais tenaz, do que eu, desde que senti que tinha um dever a cumprir, e que aquele dever eu não o poderia desempenhar sem que chegasse a saber o inglês, o que aconteceu foi que, desde aquele momento atirei-me àquele estudo com uma aplicação, ou para empregar a palavra própria, com um tal furor ou frenesi que, apesar da minha tão completa inaptidão para línguas, quando afinal deixei o colégio, eu do inglês sabia tanto ou mais do que outros que se tinham na conta de o saberem muito. Hoje, como me aconteceu com o latim, já quase que nada sei. O grande resultado, porém, eu o havia alcançado. O estudo do inglês, sem que eu de qualquer modo o tivesse previsto, havia sido, com efeito, durante algum tempo ao menos, o melhor e o mais poderoso derivativo para aquela minha tão grande hipocondria.

Se, porém, utilíssimo havia sido, com efeito, aquele tão inesperado resultado, outro, contudo, eu ainda colhi, o qual naquela ocasião cheguei a considerar como sendo talvez o único, mas que, em todo o caso, foi então para mim o mais sensível. Ora, esse resultado foi o que se referia à parte material de todo aquele negócio ou à grande questão de todos e de todos os tempos — o cobre.

E com efeito, se para todos e em todos os tempos esta tão afetadamente desprezada questão do dinheiro nunca deixou no entretanto de ser de um valor mais ou menos apreciado, quanto mais não deveria ser ela para mim, se durante toda a minha vida nunca cheguei a nadar em dinheiro, vivia naquele tempo quase que a nadar constantemente em seco.

Ora, quanta não deveria ser, portanto, a minha necessidade, e qual não deveria ser o meu contentamento, se o cobre, como uma pequena chuva, porventura se lembrasse de me vir cair?! E nesse caso, e pela primeira vez na minha vida, eu via que esse cobre caía, e que ele me vinha a cair não atirado, porém, muito pelo contrário, por mim arrancado. O resultado, por consequência, não podia deixar de ser para mim, como realmente o foi, de uma importância não direi simplesmente grande, verdadeiramente enorme.

Para que, no entretanto, os meus leitores reconheçam toda a exatidão de um semelhante acerto, eu quero, ou antes, torna-se de uma necessidade verdadeiramente indeclinável para eles, que eu não prescinda, ainda que às carreiras ou do modo o mais perfunctório que me seja possível, de lhes fornecer alguns dados. Tanto mais, quando esse dados pessoais, como tem sido sempre o meu costume nestas *Minhas recordações*, tem sempre por mira alguma cousa mais alta, ou, se assim me posso exprimir, estereotipar uma época. Pois aí vão esses necessários e quanto a mim tão interessantes dados.

Durante o tempo em que me achei em São Paulo, a mesada, a mais geral, dos estudantes costumava ser de 40$000. Algumas chegavam a 80$000; outras desciam de 40$000. Muito raras, porém, seriam aquelas que fossem menores de 30$000. A minha, no entretanto, nunca deixou de ser de 25$000. E só de certo tempo em diante, quando me dispus a pôr ao ganho uma escrava que tinha comigo e que de ordinário me dava um jornal de 400 réis, é que a mesma chegou, ou pouco excedeu, de uns trinta mil-réis. Tudo era, é certo, muitíssimo mais barato do que atualmente o é. Nem para que isto se reconheça, é preciso mais do que ponderar que, sem falar nos alugueres das casas, eram extremamente diminutos como se poderá já ter visto de alguns dos quais eu aqui já tenho falado; ainda os comestíveis em nada destoavam, quanto ao preço, daquela mesma modicidade. Isto, contudo, se era verdadeiro até o ano de 1853; desde então deixou de o ser, porque tendo sido aquele ano, ou o seguinte talvez, um tempo de muito grande carestia, de certos gêneros pelo menos, desde então houve nos preços a mais completa alteração. Assim, por exemplo, o toucinho, que antes nunca havia se vendido senão a razão de uns três mil-réis a arroba ou de oitenta e cem réis a libra, naquele ano encareceu por tal feitio, que eu cheguei a comprá-lo a 800 réis e até mesmo a 1$000 a libra. Depois disto, tendo desaparecido aquela tão apertada carestia, os preços tornaram, como era de razão, de novo a baixar.

Como, porém, é também do costume, nunca tornaram a chegar ao seu antigo ou usual valor; e esse mesmo toucinho, por exemplo, parece que nunca mais desceu de 400 réis por libra.

Um fato, entretanto, fica sempre fora de toda e qualquer dúvida: a minha mesada era extremamente pequena para que pudesse, com facilidade, fazer face a todas as minhas despesas. E assim, fosse qual fosse a barateza de todos aqueles gêneros, facilmente se compreende quais não deveriam ser os incessantes, e direi mesmo os quase incríveis prodígios de economia que eu não teria de fazer, para que, sendo como nunca deixei de ser, não simplesmente exato, porém até mesmo quase que verdadeiramente meticuloso em questões de dinheiro, eu pudesse desempenhar-me de todas as minhas despesas; e que eu delas me pudesse desempenhar não só salvando, tanto quanto me era possível, todas as verdadeiras conveniências, porém, muito principalmente, que eu delas me pudesse desempenhar, sem que andasse, como tantos outros, constantemente a dever e a pedir; porém muito pelo contrário, tendo ainda de ordinário no fim de cada um dos meses, um e às vezes 2 mil réis, para emprestar a outros, cujas mesadas eram muito maiores do que a minha. Ora, quando menos o esperava, tendo ido para o colégio, e depois que lá me achava, tendo o João Carlos ainda me encarregado de algumas outras aulas, de sorte que houve um tempo em que tinha de lá ir passar o dia; eu cheguei por esta forma, a ganhar ali por mês, ao princípio 60$000 e depois 70$000. À vista do grande trabalho que eu ali tinha, era como se vê uma verdadeira insignificância. Esta insignificância, porém, reunida à minha mesada, que muitíssimo mais insignificante ainda era, constituía para mim durante alguns meses uma mesada de nada menos que 100$000, o que era para mim naquele tempo um dinheiro louco; e pode-se fazer uma ideia se o tal colégio foi ou não para mim uma verdadeira redenção.

Pelo que acabo de dizer, já o leitor ficou sabendo, se é que já antes não o tivesse percebido, quanto eu sou um financeiro de força; ou em outros termos, que eu fui um rapazinho que já havia nascido para ser econômico. Para muitos há de parecer que eu já nasci velho. E realmente às vezes quer me parecer que assim foi com efeito, porque, além desta virtude da economia, que parece nunca ter sido uma virtude dos moços, outra tenho eu, que é ainda quase que exclusiva dos velhos: a prudência ou antes o amor da paz e da ordem. Basta dizer que, por ser talvez muito pequenino entre os outros, eu na escola nunca briguei. Se, porém, naquele tempo poderia haver talvez uma tal desculpa, o mesmo não acontecia depois; e, não obstante, o que posso com toda a verdade assegurar aos meus leitores, é que até hoje nunca cheguei a saber o que são ou o que fossem vias de fato.

Entretanto, depois que me mudei para a Leopoldina, ou porque o lugar era de mata e a vida do próximo não era das cousas que mais se respeitasse, ou fosse lá pelo que fosse, deu-me uma ocasião a veneta para ser também valentão. Eu, pois, tirei uma licença para andar armado. Comprei uma faca de ponta com bainha e cabo de prata; e para que ficasse como um cabide de armas, mandei comprar na Corte um aparelhado revólver de nada menos de seis tiros; que por infelicidade enferrujou-se e perdeu-se sem dar um tiro, e que, no entretanto, teve de me custar muito mais talvez de 60 ou 70 mil réis; pois que sendo então um objeto nunca visto ou um objeto de muito alta novidade, o que hoje custa dez, naquele tempo custava setenta. Eu, portanto, sempre que tinha de viajar e desde que havia colocado as minhas esporas de prata com a sua respectiva correntinha, não deixava de pôr na cava do colete a minha faca e de amarrar à cintura aquele meu tão formidável revólver. E devo dizer que tudo isso não deixava de me incomodar bastante, porque a faca às vezes me apertava o peito, e o tal revólver, além de que era um peso, esbarrava às vezes no selim. Mas não se caçam trutas a bragas enxutas; e uma vez que era preciso que eu me fizesse respeitar, não havia outro remédio senão me sujeitar ao aperto e ao peso. Se, porém, quando saía de casa, eu nunca me esquecia das armas; o contrário era justamente o que me acontecia quando saía do pouso. E tendo-me visto por duas ou três vezes obrigado a fazer o meu pajem voltar (e de uma ocasião nada menos de uma légua) para ir buscar as armas que eu sempre esquecia, assentei que ovelhas não são para tais matos, e que se eu pudesse ter préstimo para alguma cousa, com toda a certeza nunca seria para valentão. Eu, pois, guardei as armas. E desde então a única que trago é um pequeno canivete. E ainda assim porque quando vim para a Leopoldina, não havendo aqui cigarros feitos e os que eu levava na carteira, desde que a abria, se evaporavam, sem que achasse quem mos pudesse retribuir assentei de fazer como os outros, comprei o meu canivete; pus no bolso um pedaço de fumo, na carteira uma porção de palhas cortadas, e desde então por necessidade, e hoje por distração ou por hábito, sou eu mesmo quem me encarrego de preparar os cigarros.

    A que propósito, porém, me perguntará o leitor, veio para aqui uma semelhante história? E eu lhe responderei que unicamente para que me servisse de exórdio, a fim de que eu por fim lhe contasse que naquele ano de 1854 deu-se, sem que eu já muito bem me recorde o porque, um grande conflito em São Paulo entre os militares e os estudantes. Como as mais das vezes acontece, este de que aqui me ocupo, na realidade, não passou de um desses fogachos que muito crepitam, enfumaçam, e que afinal de contas quase que nem cinzas deixam; tão leves ou passageiros são. Contudo, o negócio pareceu tão feio, que um dos meus colegas, que se metia a filósofo e que teórica e praticamente sustentava que nunca se devia brigar, veio uma noite passá-la comigo na chácara, porque, dizia ele, receava que apesar de todas as suas teorias, fosse obrigado a brigar. Ora, eu não tinha aquelas teorias, mas na prática eu sempre as segui. E assim, durante todo o tempo que morei em São Paulo, nunca me envolvi em nenhuma dessas brincadeiras de estudantes. Eu, portanto, destas, como de todas as outras vezes, estava tão puro como a neve. Como, porém, eu não trazia letreiro na testa, e a questão era de classes e não de pessoas, entendi, que assim como os outros, eu não devia deixar de igualmente armar-me. E como, quando eu tinha saído da Campanha, meu avô me havia feito presente de uma pistolinha muito bonita, dela agora me lembrei, tratei de fazer, mesmo em casa, umas balas que nela se pudesse introduzir; e era assim com ela, bem armado, que eu tinha o costume de partir para a cidade. No segundo ou no terceiro dia, porém, o demônio da pistolinha lembrou-se de me cair do bolso no meio da rua. E então, pondo-me a refletir que o tal perigo dos militares era cousa muito incerta, e que muito mais certo talvez fosse o ser preso por uso de armas proibidas, fiz com tal pistolinha o mesmo que vim depois a fazer com o meu revólver; atirei-a sem a menor hesitação para um canto, e entregando-me a Deus e à ventura, andei por toda a cidade sem que nunca militar algum se lembrasse de me fazer o menor mal.

    Enquanto iam se passando todas estas cousas, as aulas, por seu lado, não deixavam de ir igualmente funcionando e sendo esta a nossa principal obrigação; foi dela, entretanto, que até agora ainda não disse palavra. Pouco, porém, é o que tenho para dizer. E esse pouco vou sem mais demora agora desembuchar.

Neste ano de 1854, tendo o padre Vicente sido nomeado presidente, não sei bem de que província, foi o dr. Ramalho, hoje barão de Ramalho, quem o teve de substituir na primeira cadeira ou na cadeira de direito civil.

Homem de pouco corpo e de uma figura que nada tinha de graciosa, o dr. Ramalho, quando andava, muito se assemelhava a uma dessas velhas que vivem pela casa a procurar alguma cousa. Um dos lentes mais sem fogo, ninguém, entretanto, havia que estivesse, como ele, tão em dia com todos os nossos praxistas. E assim, se era um lente maçante, oferecia, como compensação, o ser um verdadeiro poço de direito prático. Em meados do ano, tendo sido nomeado lente catedrático, foi ele então substituído pelo dr. Gabriel que nos levou até o fim.

Quanto à cadeira de direito comercial e marítimo, quase que seria inteiramente desnecessário que aqui declarasse quem é que foi daquelas matérias o nosso mestre, porque o lente daquela cadeira era ainda o dr. Clemente Falcão da Silveira. Ora, enquanto aquele doutor ocupou o seu posto, não houve um só dos formados em São Paulo que não tivesse sido seu discípulo; assim como de todos os seus discípulos, bem raros foram aqueles que chegaram a se benzer com um feriado seu. E, na verdade, se não havia na Academia um só lente que não se tivesse tornado mais ou menos notável por uma singularidade qualquer, o que caracterizava, ou o que constituía, dr. Falcão vinha a ser esta — que à exceção de uma certa advocacia em que por simples desenfado uma ou outra vez se metia, nunca tendo tido, pelo menos que me constasse, aquele dr. Falcão outra obrigação, e talvez se pudesse dizer, outra distração, que não fosse sempre, só e exclusivamente aquela sua já tão antiga e sempre tão querida aula; o que de tudo isto resultava era que aquele mesmo doutor tornava-se na Academia de uma pontualidade e de uma assiduidade por uma tal forma exagerada que, se porventura, uma vez na vida e outra na morte, ele chegava a lá não ir, seus discípulos iam para o adro e ali davam um imenso urro como se o mundo estivesse para acabar.

Grosso e de cara redonda, que se tornava muito caracterizada por uns óculos de larga tartaruga e que eram também muito redondos, o dr. Falcão tinha uma perna um pouco mais curta do que a outra. E para que muito mais caracterizada ainda se tornasse a sua pessoa, ele nunca deixava de andar constantemente com um grande bastão que parecia maior do que pedia a sua estatura, menor talvez que a ordinária; e bastão aquele que, sendo pelo dr. Falcão sempre empunhado como se fosse uma tocha, nunca deixava de erguer e de bater no chão de um modo muito compassado e sempre simultaneamente com a sua perna curta.

Inteligente, e sabendo muito bem as matérias que ensinava, podia ser considerado como um dos melhores lentes de São Paulo. Educado em França, sendo por esse motivo um descabelado voltaireando, ele não só na aula não perdia a menor monção de chasquear da religião e da Bíblia, porém, algumas vezes ainda levava a sua inconveniência muito mais longe. Lembro-me de um dia, em que dirigindo-se a nós, não duvidou de nos dizer: "Cada um dos senhores pode talvez saber quem é a sua mãe. Um único, porém, não há que possa afirmar quem é o seu pai". Parece que aquele doutor não deixava na prática de ser lógico; e além de muitos fatos que o demonstravam, bastaria talvez dizer que, nunca tendo querido se casar, ele, no entretanto, vivia com a maior honestidade e como se realmente casado fosse com uma senhora que veio a ser mãe de um meu colega que tinha o mesmo nome do pai; e que depois não só veio a ser um dos lentes da academia, porém, que veio ainda a se tornar muito notável, além de outras empresas de que se tornou o principal iniciador, como o incorporador, ou como o principal diretor da grande Estrada de Ferro Paulista, a qual constituiu-se de fato o verdadeiro ponto de partida da viação férrea em São Paulo, e por consequência, de todas as grandes prosperidades que desde então começaram a se acumular sobre aquela província.

CAPÍTULO XXXIII

QUANDO CHEGUEI a São Paulo, os lentes substitutos que ali existiam eram os seguintes doutores: João Crispiniano Soares, Joaquim Inácio Ramalho, Francisco Maria da Silva Furtado de Mendonça e João da Silva Carrão.

Crispiniano era uma espécie de gigante, em cuja boca via-se pintado o orgulho e o desprezo. Dizia-se que era de uma profundeza imensa em direito romano. E parece que ele tinha disso consciência, pois, que sobre este ponto era de tal natureza o seu orgulho, que algumas vezes ele na aula tinha por costume de assim exprimir-se: "Savigny ou tal jurisconsulto romano é por esta forma que resolve esta questão. Eu, porém, e Papiniano não é assim que a entendemos".

Furtado era um homem de barba toda rapada; que se movia e falava com muita rapidez; que muito ligeira e muito amavelmente a todos cumprimentava; e que, sendo dotado de uma cor um pouco baça, andava constantemente como um mariola, ou antes como um padre que em dia de missa cantada faz no altar a confissão geral, virando-se para um lado e para o outro. Como lente, Furtado tornava-se unicamente notável pela sua muito grande severidade.

Dr. Carrão era um homem alto e magro, de cara um pouco chupada, de uma boca negra como a de um cão, muito sério, e não obstante, um homem simpático. De muito pouco voo e nunca se elevando muito nas suas explicações, o dr. Carrão era, no entretanto, um lente que poderia explicar qualquer matéria, e que a poderia explicar bem.

Quando em meados de 1854 se reformaram os estatutos dos cursos jurídicos e se criaram as duas novas cadeiras, de direito romano para o primeiro ano e a de direito administrativo para o quinto, o governo nomeou para esta última o doutor, e hoje senador, Silveira da Mota, que era então o lente de prática, nomeou para a de prática o dr. Ramalho e para a de direito romano, o dr. Crispiniano. À vista da revolução que por este modo havia vindo produzir aquela reforma, tornou-se de necessidade que se nomeassem novos substitutos; e estes, que em vez de entrarem em concurso, foram desde logo nomeados por decreto, foram os seguintes doutores e bacharéis: Gabriel José Roiz dos Santos, Martim Francisco Ribeiro de Andrade e Antônio Joaquim Ribas.

Martim Francisco era ainda moço, mas, segundo se dizia, sendo um glutão de força e muito amigo de perus, já era bastante gorducho. Isto, porém, não impedia que falasse como uma torrente; que se movesse como um corrupio e, para que nada lhe faltasse que fizesse dele um verdadeiro azougue, ele ainda possuía o cacoete ou talvez antes um defeito, que às vezes até se tornava incômodo para as pessoas que tinham de com ele tratar: o de piscar constantemente os olhos. Tendo sido deputado provincial, geral e até ministro, se em nenhum desses cargos o dr. Martim Francisco não chegou a fazer uma figura verdadeiramente notável, em nenhum deles também se pode dizer que ele estivesse realmente abaixo da posição em que se achava. E, no entretanto, tendo nos ido lecionar economia política, mostrou-se tão inteiramente abaixo da sua posição; que mais de um dos seus discípulos seria talvez capaz de fazer uma preleção muito melhor do que a dele.

Baste unicamente dizer que nem os próprios exemplos que tinha às vezes de citar, ele os podia citar sem que houvesse primeiro mexido e bem remexido os apontamentos que levava.

Dr. Gabriel foi o melhor de todos os oradores-parlamentares que me tem sido dado ouvir.

De ordinário, o orador que torna-se bom de ouvir, quase nunca é bom de ler-se; entretanto o que é bom de ler-se, quase nunca o é de ouvir-se. O dr. Gabriel parece que se achava no primeiro caso, porque tenho lido alguns dos seus discursos, se pode deixar de reconhecer que são a produção de um homem na realidade inteligente; contudo, o efeito não é sequer a décima parte do que aqueles discursos deveriam produzir, se por acaso em vez de lidos fossem ouvidos. E isto é mais uma prova de quanto não se tornam de importância para o orador as suas qualidades intrínsecas. O dr. Gabriel era, com efeito, a figura mais bela, a mais completa que se poderia desejar para um orador. Alto, desempenado, ossos cobertos, testa espaçosa, uma bonita boca, tudo isto era completado por um peito saliente em que caía uma gravata, sempre a mesma, e na qual fulgurava um alfinete de brilhantes. A única falha que nele se poderia talvez notar, e que o tornaria um orador não muito próprio para o grande teatro da praça pública, era a falta de patético ou uma voz que não era completamente volumosa. Tais qualidades, porém, são perfeitamente dispensáveis para um orador parlamentar. E se ele não possuía uma voz propriamente estentórica, se a sua voz não deixava talvez mesmo de ter um pouco desse chiado que algumas vezes se nota em alguns desses constantes ou acérrimos devotos do cigarro, o que, entretanto, se via, e o que era para o caso muito mais do que o suficiente, é que, além de clara, animada e sonora, a voz daquele nosso tão eminente parlamentar era de todos perfeitamente ouvida.

Eu não quero, nem ainda que eu o quisesse eu não poderia fazer aqui um estudo do dr. Gabriel como orador. Todo o meu fito é o de manifestar unicamente uma simples impressão pessoal. E como as mais antigas são sempre as melhores, para dar uma ideia do que era o homem, vou citar um único fato que foi por mim presenciado muito pouco tempo depois que cheguei a São Paulo. Dissolvida a situação liberal em 1848, a assembleia provincial daquele estado tornou-se manifestamente conservadora; e ali havia um pequeno grupo de liberais que era composto do dr. Gabriel como uma grande águia, e dos drs. Martim Francisco e João Brotero, que, ainda muito moços, faziam o papel dos dois filhotes da águia. Faltando vinte ou trinta minutos para dar a hora, o dr. Gabriel, que não desejava que se votasse um projeto cuja passagem procurava embaraçar, pede a palavra pela ordem, fala unicamente por falar, ou, como vulgarmente se diz, põe-se unicamente a falar para encher o tempo. E cousa admirável! No recinto, e sobretudo nas galerias, não havia uma só pessoa que não estivesse presa aos seus lábios, e que não sentisse um verdadeiro pesar quando a hora soa e ele imediatamente se assenta.

Entretanto, veja-se o que é a influência imensa do meio! Aquele homem que tinha passado a sua vida a falar em público, arrostado as maiores tormentas parlamentares e muitas vezes falado em presença do que a nação possuía de mais seleto; quando pela primeira vez teve de nos lecionar, parece que lhe aconteceu exatamente o mesmo que mais de meio século antes já havia acontecido ao grande Napoleão, quando a 18 Brumário teve de se achar e levantar a sua, aliás, tão poderosa voz no recinto dos Quinhentos.

E, com efeito, aquele mesmo dr. Gabriel, que tantas vezes tinha se mostrado sobranceiro e tão cheio de audácia no meio dos maiores e dos mais temíveis dos seus adversários, agora que se via em um cenário inteiramente novo, não pôde furtar-se ao grande abalo que um tal fato lhe produziu, tornou-se, por assim dizer, um outro homem; e desde que subiu a escada e sentou-se na alta cadeira diante apenas de trinta e tantos moços que nada mais eram para ele do que alguns discípulos, aquele homem teve medo, as suas faces descoraram, o suor transparecia sobre sua fronte, os seus lábios tremiam, e foi com uma voz malsegura e toda cheia da maior emoção que ele nos fez o seu cavaco. Este foi como se esperava, digno daquele que o havia feito. Quando no dia seguinte, porém, o dr. Gabriel teve de entrar no que constituía propriamente a matéria do ensino; maior não era possível que fosse a nossa decepção. Habituados, como nos achávamos, à enfadonha, mas sempre sólida e tão profunda erudição do nosso velho Ramalho, nós queríamos, e neste caso contra o que muito naturalmente nós o deveríamos esperar, contávamos com alguma cousa de muito sólido e que fosse de mais a mais envernizada por um dos maiores brilhantismos. E o que foi que tivemos por fim de presenciar? Durante toda a aula, aquele tão grande orador quase que outra cousa mais não havia na realidade feito do que repetir e do que citar, a quem santo Deus?! A Liz Teixeira, que nós, que éramos os seus discípulos, havíamos tido por um verdadeiro timbre de nunca citar, para que, mostrando-nos enfronhados em um autor que então passava por ser um dos mais corriqueiros, não tivéssemos de nos apresentar como uns estudantes de cacaracá. O coração, portanto, como seria bem de prever, desde logo nos caiu aos pés, e desde aquele dia, sentindo-nos todos cheios de saudade do nosso antigo e tão enfadonho mestre, tratamos de ir, como era da nossa obrigação, à aula, mas sempre bem dispostos a estudar o direito por nós mesmos.

A cadeira de direito administrativo, criada em meados de 1854, só se tornou efetiva em 1855.

O nosso ano foi, portanto, o primeiro que estudou essa matéria. Tratando-se de uma disciplina inteiramente nova, o governo parece que escolheu de propósito para ela um homem que, além da sua reconhecida inteligência e de ser um dos lentes mais antigos, era um dos mais provectos parlamentares. O escolhido foi, como dito anteriormente, o doutor e hoje senador José Inácio Silveira da Mota. Tendo, sem que eu já me recorde bem o porquê, o apelido de Mota Luzo, o dr. Silveira da Mota era um homem calvo, desembaraçado no andar; cujo rosto, se bem me recordo, era bexigoso e cuja cor era de um vermelho tão carregado, que se poderia tomá-lo como um homem ameaçado de morfeia.

Como lente falava com uma extrema facilidade; mas, como ainda hoje, e muito mais talvez do que ainda hoje, não cessava a todo o momento de pronunciar esta frase: *verbi gratia* que havia nele já se tornado uma espécie de cacoete.

Tendo dado o seu cavaco no dia da abertura da Academia, o dr. Silveira da Mota, durante alguns dias, não tornou a comparecer à aula. Passado, entretanto, um tempo, ele de novo ali se apresentou, subiu para a cadeira e, depois de nos haver dito que por maiores que tivessem sido os seus esforços, não lhe havia sido possível descobrir um único livro que nos pudesse servir de compêndio, meteu em seguida a mão no bolso da sua casaca; dele tirou um número do *Jornal do Commercio* e nos declara que seria aquele periódico ou o orçamento do império que nele se achava, o que nos teria de servir de compêndio.

Nós não pudemos deixar, à vista de semelhante declaração, de arregalar um pouco os olhos e de nos olharmos uns para os outros. E como não nos era possível, de modo algum, compreender como o *Jornal do Commercio*, ou o orçamento do império, pudesse ser jamais um compêndio, quanto mais um bom compêndio, de ciência alguma; o que se nos afigurou como muito mais certo é que bem pouco teríamos afinal de ficar sabendo de direito administrativo.

Aquele ano, porém, não sei se por alguma epidemia ou por outra qualidade de motivo, parece que foi um dos anos de maior contradança parlamentar, porque tendo nós como lentes de economia política os drs. Carneiro de Campos, Carrão e Martim Francisco, que eram todos deputados ou suplentes de deputados, apenas um deles entrava para tomar conta da cadeira, daí há pouco já era chamado, ou estava marchando para a Corte, de sorte que, se durante todo o ano tivemos cinquenta lições desta matéria, seria talvez o mais. Ora, apenas o dr. Mota deu a primeira ou a segunda lição do *Jornal do Commercio*, sendo, igualmente, como os outros, chamado para a Corte. Para substituí-lo foi nomeado o dr. Furtado. Este nem sequer compareceu à aula. Mas depois de ter-se feito esperar durante alguns dias, acabou por escusar-se; e para substituí-lo foi afinal designado o dr. Ribas.

Gozando de uma fama muito grande de talento, ninguém acreditava que ele pudesse se recusar a um tal encargo. Mas dois, três dias já se haviam passado sem que o homem nos aparecesse na aula, e nós já começávamos a chasquear daquela tão grande inteligência engarrafada, quando no quarto dia ele se nos apresenta e nos diz que debalde havia procurado um livro que nos pudesse servir de compêndio, mas que isso não era motivo para não se estudar a matéria. Ele se havia lembrado de organizar uns apontamentos que nos daria para copiar; e que seriam esses apontamentos os que teriam de nos servir de compêndio. Então tirou do bolso os tais apontamentos; e desde então no-los principia a ler e ao mesmo tempo a no-los explicar. Quando a aula terminou, o homem estava conhecido e soberanamente julgado. Os seus apontamentos eram um verdadeiro primor didático nos quais não se sabia o que mais se deveria admirar, se a profundeza, o método ou a clareza.

Tendo até aqui e por esta forma me ocupado de todos os lentes da Academia, agora só me resta tratar de um único, do qual julgo ter apenas uma vez proferido o nome. Esse é o dr. Carlos Carneiro de Campos, depois visconde de Caravelas, senador e conselheiro de Estado, e que era naquele tempo o lente de economia política. Alto, magro, sempre teso, não havia quem o visse, e sobretudo quem o tivesse ouvido, que com ele desde logo não simpatizasse. Figura esbelta que infundia respeito, Carneiro de Campos era um lente que a ninguém reprovava. Formado unicamente, segundo creio, em Ciências Sociais, pouco ou nada talvez soubesse de Direito. Mas, na matéria que ensinava, que imensa profundeza! Que melíflua persuasão! Quanto a mim, foi o lente que mais me encheu as medidas. Ninguém mais ensinava e ninguém menos cansava. O depois visconde de Caravelas tinha o verdadeiro dom de despertar a mais profunda curiosidade. E o seu sistema era quase sempre o seguinte. Ele estabelecia uma tese; esta tese, apenas exposta, não havia quem a não considerasse o maior de todos os absurdos. Ele começava com a sua voz extremamente fraca a demonstrá-la, e, quando aquele elevado e tão simpático argumentador havia por fim chegado à verdadeira ou à mais importante das suas conclusões, não havia talvez um único dos seus ouvintes que não se achasse inteiramente satisfeito, e ao qual não se afigurasse como o maior dos absurdos que se pudesse pensar jamais de outra maneira. Em São Paulo, como aconteceu com todos os lentes daquela Academia (à exceção apenas dos drs. Manuel Joaquim e Manuel Dias, aos quais, tendo sido recomendado, uma ou outra vez me lembrava de fazer uma visita de verdadeira cerimônia), nunca cheguei a ter com aquele dr. Carneiro de Campos outras relações que não fossem as acadêmicas ou antes de ter, durante alguns meses, o ouvido na aula. Entretanto, em Minas, aqui de novo eu o vim encontrar quando era ele o presidente da província, e creio que chegamos a nos escrever. Pouco tempo depois, ou talvez que desde antes, deixou ele de ser lente, para não mais desempenhar senão empregos políticos.

Este capítulo, como se vê, é o que se poderia chamar de puramente acadêmico, pois que nele, colocando-me inteiramente de fora, eu quase que de outra cousa mais não me ocupei senão de falar de lentes e de preleção.

Uma vez, porém, que não houve lente ainda mesmo daqueles que não chegaram a ser meus mestres, dos quais neste ou em outros capítulos eu não me tivesse ocupado, creio que seria a maior das injustiças se ao menos os nomes eu aqui não mencionasse de todos aqueles que comigo estudaram ou que pelo menos se formaram.

É isso, pois, o que eu agora vou fazer para formar o fecho do presente capítulo. Ora, esses meus colegas, pela ordem da nossa matrícula no nosso 5º e último ano, foram os seguintes:

Clemente Falcão de Sousa.
Henrique Francisco d'Ávila.
Frederico Augusto de Almeida.
Caetano José de Andrade Pinto.
Felisberto Pereira da Silva.
Manuel da Silva Mafra.
José Tomaz da Silva Quintanilha Júnior.
Antônio Carlos Ribeiro de Andrade Machado Silva.
Antônio Ferreira Viana.

Francisco Manuel das Chagas.
Américo Brasiliense de Almeida Melo.
Bernardo Jacinto da Veiga.
Felisberto Gomes Jardim.
José Diogo de Menezes Fróis.
Vicente Mamede de Freitas.
Luiz Ladislau de Toledo Dantas.
Francisco de Paula Ferreira de Rezende.
Cândido Gomes de Vasconcelos Guanabara.
Gabriel de Paula Almeida Magalhães.
Carlos Fredecido de Lima e Silva.
Paulo José de Melo Roiz Costa.
João Rodrigues da Costa.
João Luiz de Matos Pereira e Castro.
Paulino José Soares de Sousa.
Frederico Nunes de Seabra Perestelo.
Francisco Gonçalves Meireles Júnior.
Evaristo Ferreira da Veiga.
Antônio Simplício de Sales.
Luiz de Medeiros.
Domingos José da Cunha Júnior.
Hilário Gomes Nogueira de Castro.
João Benício da Silva.

CAPÍTULO XXXIV

Em 1851 matriculamo-nos no primeiro ano do curso jurídico de São Paulo, 48 estudantes. No fim do ano, a banca que nos devia examinar era composta pelo dr. Manuel Joaquim, que era o lente do ano, pelo dr. Carrão, que o substituiu na cadeira durante alguns dias, e, finalmente, pelo dr. Furtado.

Furtado não era homem que primasse pelo raciocínio. Sendo, porém, dotado de muita memória, usava e abusava desta sua faculdade. E como parecia ter sido feito para navegar em tudo terra a terra, pode-se dizer, que o ensino do direito não passava para ele de um simples papear sem alma, porque nas suas preleções, que eram aparentemente rápidas, mas que por falta de cadência e excesso de carga tornavam-se na realidade mais ou menos enfadonhas e ao mesmo tempo tão pesadas, não dando Furtado aos princípios senão uma parte em todos os sentidos extremamente escassa, o ensino do Direito tornava-se de fato para ele em alguma cousa de exclusivamente positiva ou em uma citação sem fim de leis, decretos e até de avisos.

Nos exames o sistema era o mesmo. E como em semelhante labirinto ninguém há que não se enrede, o que realmente acontecia é que não havia estudante, por mais inteligente ou estudioso que fosse, que não pudesse ser com muita facilidade espichado por aquele lente.

Como de ordinário são os lentes dessa natureza os que se mostram mais severos, Furtado não só era o lente mais reprovador da Academia; mas tinha de fato se tornado o verdadeiro terror de todos os acadêmicos. Os seus companheiros não eram o que se chama lentes reprovadores, mas também não eram dos mais benévolos. O resultado foi que, de 48, ficamos reduzidos a 32. Um terço do ano tinha ficado sobre o campo no primeiro encontro. Quando, a 16 de novembro de 1855, tivemos de tomar o grau, éramos ainda 32. Destes, porém, nem todos eram os 32 primitivos, porque durante o curso havíamos perdido alguns companheiros, muito poucos, dois ou três, e estes foram substituídos por um igual número de outros que vieram dos anos superiores.

O ano, pois, tinha-se tornado um dos melhores, porque se dele se tirassem uns dois, ou quando muito, uns três, pode-se, com toda a certeza, afirmar que todo ele só se compunha de boas inteligências e que destas algumas havia que eram incontestavelmente ótimas. Apesar de terem falecido logo depois de formados, nada menos de sete ou oito, só com os vinte ou 25 restantes, já o ano, sem falar em todos aqueles que em tão grande número têm sido deputados gerais e provinciais e membros da alta administração ou da magistratura, tem dado quatro lentes do curso jurídico de São Paulo, quatro ministros e três senadores.

Uma das cousas mais difíceis é classificar, sem injustiça ou sem engano, as inteligências pela ordem do mérito, porque se umas são mais brilhantes, outras são mais profundas, e nessas duas classes, muitos são ainda os aspectos sob os quais pode o mérito ser encarado, e é quase que impossível bem determinar, ou antes, comparar o valor de quantidades ou de qualidades por assim dizer heterogêneas.

Assim, tivemos um colega, Felisberto Pereira da Silva, que, sendo deputado, foi mais de uma vez indicado para ministro e sempre se recusou. Além de dotado de uma inteligência muito profunda, diziam que Pereira da Silva possuía conhecimentos extensos sobre matemática e algumas outras matérias. Entretanto, muito concentrado, um pouco acanhado mesmo, e sentindo uma grande dificuldade de exprimir-se, a sua figura na Academia não correspondia de modo algum ao muito que dele se esperava. Já Henrique d'Ávila, quando falava, se exprimia com tal facilidade, e era tão grande a doçura que tinha na voz, que não havia quem não ficasse encantado de ouvi-lo; mas eu não sei se o fundo correspondia à forma.

Assim também Antônio Simplício de Sales, que conterrâneo, amigo e companheiro de casa, era uma excelente inteligência. E como desde muito criança foi sempre muito dado à leitura, quando foi para São Paulo já levou uma boa cópia de conhecimentos; e se não tivesse morrido tão cedo, é muito provável que, ajudado pelo seu caráter, acabasse por vir a representar em nossa cena política um papel mais ou menos saliente. Mas Simplício tinha para prejudicá-lo uma certa timidez nervosa ou esse acanhamento muito próprio de nós, caipiras mineiros; e foi um bom estudante, mas não brilhante. Já Evaristo, que era seu sobrinho, um grande vadio e um namorador de chapa, muito pouco ou quase nada sabia das matérias que estudava.

Quando fez o seu exame do primeiro ano, Simplício, que muito queria-lhe e que lhe conhecia a fraqueza, passou 24 horas amarguradíssimas. Quando fomos assistir ao seu exame, íamos certos de que ele seria infalivelmente reprovado, porque tudo quanto Evaristo sabia de direito natural se reduzia a duas ou três ideias incompletas e muito vagas, e ainda assim essas ideias não se referiam à matéria do ponto. Quando terminou o exame, eu e Simplício estávamos de boca aberta. Evaristo, com a maior naturalidade do mundo e com uma habilidade capaz de fazer inveja a qualquer um, havia encaixado no ponto essas duas ou três únicas ideias que possuía, e tinha feito um exame não simplesmente bom, mas quase brilhante.

Esses quatro colegas de que acabo de falar continuaram a ser mais ou menos aquilo que prometiam ou que sempre haviam sido como estudantes. Eu, porém, quero aqui citar três outros que mudaram depois de formados ou que não deram depois de formados o que o estudante prometia. Esses três colegas são Américo Brasiliense de Almeida Melo, Frederico Augusto de Almeida e Cândido Gomes de Vasconcelos Guanabara.

Um pouco falador e sempre falando alto e muito apaulistadamente, Américo, além de ser mais ou menos vadio, era ainda um estudante metido a gaiato; de sorte que na aula de direito eclesiástico, nas lições ou sabatinas, nunca tratava a São Paulo senão como cacique da Igreja. Por isso, embora inteligente, muito pouco prometia.

Entretanto, logo depois de formado, casou-se, tornou-se homem grave, escreveu um livro que foi apreciado, foi chefe do partido republicano em São Paulo, apesar de ter sido em estudante um conservador muito exagerado. Hoje lente da Academia.

Formando o mais perfeito contraste com Américo, Frederico de Almeida era sério, calado, e nunca fez barulho na aula. Mas assim como aquele, ele também deu mais do que prometia, porque, sendo deputado pela Bahia em diversas legislaturas, Frederico de Almeida não só não fez na Câmara uma figura inteiramente nula, porém, ainda e bem depressa, constituiu-se em sua província uma verdadeira influência.

Guanabara foi o inverso dos dois outros. Nos dois primeiros anos do curso foi talvez o estudante mais aparatoso ou brilhante do ano, porque possuindo algumas das principais condições do orador — uma certa eloquência natural, boa figura e uma voz clara e sonora —, e tendo, além disso, algumas noções gerais de filosofia e um certo número de palavrões ou de frases retumbantes, Guanabara nunca deixava de ser ouvido com muito agrado, sobretudo por aqueles que julgavam estar a eloquência quase que exclusivamente na ênfase ou nas grandes sonoridades, e que muito pouca ou quase nenhuma atenção prestam ao fundo. Mas, por isso mesmo, parece que julgou-se Guanabara dispensado para sempre de estudar; e o que aconteceu foi que, à proporção que os anos passavam, ia cada vez mais ficando para a retaguarda. Depois de formado não me consta que tivesse feito em cousa alguma grande papel, embora exercesse o cargo de promotor público na Corte e fosse também deputado pela província do Rio de Janeiro.

Fossem, porém, quais fossem os melhores estudantes do ano, dois havia a quem ninguém contestava um lugar entre os primeiros. Paulino e Viana. Eu quase poderia me dispensar de dizer quem Paulino, porque não há hoje quem não conheça o senador Paulino de Sousa. Pondo de parte esses desenvolvimentos que em nós sempre produz a idade, o estudo e o traquejo dos negócios, bastaria dizer que o estudante Paulino já era exatamente aquilo que é hoje o senador Paulino de Sousa. Entretanto, como de todo o meu ano foram esses os que mais têm brilhado ou aparecido depois de formados, eu pretendo, por isso, demorar-me um pouco mais no exame do caráter e da inteligência de cada um deles e fazer de ambos um estudo, por assim dizer, paralelo, tornando-se necessário que, exponho o que foi como estudante o conselheiro Ferreira Viana, eu tenha igualmente de contar quem foi o estudante Paulino.

Como acabei de dizer, Paulino e Viana eram ambos dotados de uma inteligência de flor; mas, tanto pelo lado da inteligência como sob todos os outros pontos de vista, havia tantas diferenças entre aqueles meus dois colegas, que os dois formavam, por assim dizer, a mais completa antítese.

Dotado de uma inteligência muito mais viva e muito mais imaginosa, Ferreira Viana não só com facilidade falava de improviso, como o fazia com uma tal ou qual eloquência, embora pela ênfase da frase e pelo tom da voz, que às vezes se tornava cavernosa e quase sepulcral, seus discursos tivessem um não sei o que desagradava e que nunca o fizeram um orador simpático. Ainda que não fosse inteiramente incapaz de falar de improviso, Paulino, entretanto, como de ordinário acontece às mais robustas inteligências, nunca o fazia realmente bem, sem meditação e estudo. Quando, porém, tinha estudado e meditado, o que dizia era sempre bom; e era sempre dito, sem muito brilho, é verdade, mas com clareza e agrado.

Filho do visconde de Uruguai, e orgulhando-se do seu ilustre progenitor, Paulino, por índole e por vontade, perfilhava todas as ideias do pai. Ele era portanto, debaixo de todos os pontos de vista, um conservador puro-sangue. Viana, que, pelo contrário, lia e gostava de citar Proudhon, era republicano e creio que ateu. Ambos pouco procuravam e menos ainda frequentavam os colegas.

Aristocrata por nascimento e diplomata por índole, Paulino não apertava jamais a mão de um colega sem que esse aperto de mão fosse constantemente acompanhado de um sorriso e de uma curvatura mais ou menos solene, o que quer dizer que a todos tratava bem sem nunca familiarizar-se. Ao vê-lo ainda quase imberbe e com aquele seu ar sempre grave e ao mesmo tempo afável, quase ninguém havia que não parecesse ver nele um arremedo de ministro ou um pequeno conselheiro de estado.

Democrata muito mais de palavras do que de ideias ou de sentimento, a democracia para Viana parecia não consistir senão naquilo em que realmente ela consiste para a maior parte dos democratas, isto é, em igualar para cima ou em subir para que ninguém nos tape a vista. Ferreira Viana, portanto, não fugia simplesmente dos colegas, em cujas rodas ninguém jamais o via, mas tratando-os a todos um pouco por cima dos ombros ou para eles olhando como um peru para pintos, o seu lugar era sempre junto dos lentes, e até quando tínhamos de entrar para a aula, ao invés de para ela entrar conosco, Viana se colocava na porta a par do lente ao qual, quando passávamos, tínhamos de curvar a cabeça. E para que não se pense que exagero sobre esse ponto, vou contar um fato que se deu comigo.

Tendo ido à Corte em 1857 e estando uma noite no teatro, no camarote da família do conselheiro Eusébio, em um entreato achava-me encostado à porta do camarote que ficava perto da escada, quando vejo de repente vir do outro lado do corredor o meu colega Ferreira Viana pelo braço do conselheiro Carrão. Este tinha me examinado algumas vezes e lecionado o nosso ano durante o impedimento mais ou menos momentâneo de alguns lentes efetivos. Como, porém, nunca lhe frequentei a casa nem tive com ele outras quaisquer relações, quase que não havia motivo para que me conhecesse. Não obstante, apenas me avista, para mim se dirigiu, apertou-me a mão e me cumprimentou com a maior cordialidade; e enquanto assim penhorava da maneira a mais cavalheiresca a minha completa nulidade, aquele que durante cinco anos tinha comigo se sentado nos mesmos bancos e que não havia ainda ano e meio comigo se havia formado no mesmo dia, conservava-se a muito poucos passos de distância, indiferente, impassível, mudo e quedo, como se nunca me tivesse conhecido ou como se não visse em mim mais do que um pobre caipira de Minas que não valia a pena cumprimentar.

Entretanto, quanta dignidade se esconde na pele desses pobres caipiras!

Possuindo Viana e Paulino uma inteligência cada qual melhor, e havendo entre ambos tantos pontos de diferença, era muito provável que entre eles aparecesse a rivalidade, e uma rivalidade mais ou menos malévola. E isso, com efeito, aconteceu. Paulino parecia invejar a Viana um tal ou qual barulho que este fazia dentro e fora da Academia, e Viana parecia odiar Paulino por causa daquela imponência constante com que sempre procedia e com a qual parecia dizer ao contendor: por mais que ruja e que invista, não me ensurdece nem derroca.

Depois de formados, Paulino continuou a ser o que havia sido. Viana, porém, de republicano e ateu converteu-se em conservador extremo; e não só tornou-se um católico ultramontano, mas até, segundo ouvi dizer, veste-se muitas vezes com o hábito de São Francisco. Alguns duvidam da sinceridade dessa conversão. Eu, porém, não, porque sendo as duas principais virtudes do cristianismo a caridade e a humildade, Viana, que eu conheci como o mais orgulhoso dos homens e que parecia eivado das mais odientas e sanguinárias paixões da democracia, hoje parece ter se tornado de uma tal caridade, e sobretudo de uma tão grande humildade, que se não me edifica, porque a minha natureza não se presta com muita facilidade à edificação, nem por isso deixa de me encher da mais incompreensível e quase que assombrosa admiração. E tanto mais sobe de ponto esta minha admiração quando vejo que Viana nunca procurou esconder nem sequer disfarçar essa sua tão repentina e ao mesmo tempo tão completa conversão. Muito pelo contrário, para que o mundo inteiro pudesse contemplar a sua tão sincera penitência, ele, que tanto havia odiado Paulino e que o julgava mil furos abaixo de si, convertendo o ódio em amor e o orgulho em humildade, declarou na Câmara dos Deputados, e por consequência perante o Brasil e o mundo, que se por acaso ali se achava não era porque o merecesse, porém unicamente porque assim o tinha querido o seu muito digno chefe e muito honrado amigo, o senhor Paulino de Sousa, de quem ele era e se confessava o exclusivo deputado.

Entretanto, como de mouro nunca se fez um bom cristão, apesar de toda a sinceridade da sua devoção, ou por despeito, como dizem alguns, ou por outro qualquer motivo que não me é dado saber, Ferreira Viana sempre mostra que foi o autor da Conferência dos Divinos, ou nunca deixa de fazer rir a Câmara, atirando as mais erradas setas contra o imperador e a família imperial.

E já que falei desses meus dois colegas que tanto já têm honrado o nosso ano pelo papel proeminente e tão brilhante que estão representando em nossa cena política, quero agora ocupar-me de outro, que na Corte e que por toda a parte onde foi juiz, tornou-se verdadeiramente notável pela sua retidão, seriedade e saber, ou para tudo dizer em uma só palavra, como o mais completo tipo de um verdadeiro magistrado. Refiro-me ao meu colega e hoje desembargador aposentado Caetano José de Andrade Pinto. Primo do conselheiro Eduardo de Andrade Pinto, tendo sido em estudante um dos conservadores mais exagerados que tenho conhecido, tornou-se, depois de formado, um liberal mais ou menos extremado. Ambos moravam na rua dos Bambus, muito perto da nossa casa, com Pereira da Silva e com um dos moços mais simpáticos que havia então na Academia, falecido há pouco tempo — Antônio Dias Pais Leme.

Pereira da Silva, que era ou parecia ser muito mais velho do que todos eles, e que era, por assim dizer, a gravidade e a dignidade em pessoa, tinha para com Caetano uma afeição que muito se assemelhava ao sentimento sempre indulgente e com ares de severidade que de ordinário mostram os pais para com um filho único que, mais ou menos traquinas ou extremamente malcriado, os vive sempre a atormentar. Caetano, pela sua parte, embora sempre resmungando, parece que não deixara de ter um tal ou qual respeito para com aquele seu companheiro que nunca brincava e que ao mesmo tempo tão amigo sempre se lhe mostrava.

Dotado de uma inteligência muito viva e de uma memória que, muitas vezes, sem querer e sem sentir, tornava plagiário, repetindo trechos que havia lido, Caetano, quando falava, muito se parecia a um homem que se afoga e que braceja desordenadamente, porque possuidor uma grande porção de ideias, essas lhe acudiam ao espírito em borbotão, e querendo, por assim dizer, sair todas ao mesmo tempo, nunca saíam sem uma certa desordem. Sendo um dos mais moços do ano, Caetano, que dentro da aula era o mais correto, talvez, de todos os alunos, fora dela e desde o primeiro até o último ano nunca deixou, por maiores que fossem os protestos em contrário que às vezes se lembrava de fazer, de se portar sempre como uma verdadeira criança, das mais travessas. Isso incomodava extremamente ao Pereira da Silva; mas este perdia inteiramente o seu tempo, porque se aquele sábio-mentor procurava conter ao seu endiabrado Telêmaco, este achava para mais ainda o fazer desembestar ao seu ajuda-culpas ou inseparável companheiro de travessuras — o meu conterrâneo Evaristo. Seria para não acabar, se eu quisesse aqui referir todas essas travessuras que ambos fizeram e de que chegue a se ter notícia. Mas para dar delas uma simples ideia, creio que me bastará mencionar umas três ou quatro de gêneros muito diversos.

Quando foi nomeado bispo um dos antecessores do atual, e que se chamava, se não me engano, d. Antônio de Melo, este nomeou para governador do bispado a um padre da província, que, apenas chegou à capital, começou a pregar e a ensinar o catecismo nas igrejas, e que tanto na prédica como nas aulas falava tanto em pureza, que uma semelhante insistência parecia ser nele uma espécie de mania.

O governador do bispado foi, pois, para Evaristo e Caetano um verdadeiro achado. Desde então se puseram a segui-lo por toda a parte, viviam como ele a pregar constantemente todas as virtudes da pureza, e como aquele padre se prestava realmente à chacota, e o que eles principalmente desejavam era pregar-lhe uma peça qualquer, puseram-se a excogitar qual seria o melhor meio para isso. Um dia, com grande admiração de todos os companheiros, eles se encasacaram e se enluvaram com todo o esmero; dirigiram-se, sem que ninguém pudesse atinar para onde, à casa do governador do bispado e com a maior solenidade de que ambos eram capazes, a ele se apresentaram como uma comissão que enviada pelo corpo acadêmico para felicitá-lo pelos benefícios que estava prestando à religião com todos os seus atos, mas sobretudo pelo empenho com que procurava exaltar a grande virtude da pureza. Depois de terem quase uma hora não falado senão na pureza e mais na pureza, retiraram-se, deixando o pobre do governador contentíssimo de si e extremamente penhorado por aquela prova de apreço e da mais subida estima que lhe havia dado a mocidade acadêmica. Esse fato, que se passou no mais alto da escala social ou que teve por objeto o personagem mais elevado da Igreja, foi logo depois seguido por outro, cujo teatro teve lugar na extremidade oposta ou exatamente na classe mais baixa da sociedade.

Havia naquele tempo em São Paulo, e não sei se ainda hoje existem, uns bailes a que os estudantes haviam dado o nome de sifilíticos, e assim ficaram sendo conhecidos. Eram uns bailes aos quais, como o nome o indica, só incorriam pessoas de condição suspeita ou gente quase toda muito baixa. Ambos, isto é, os dois de que trato, não sei como nem por quê, assentaram de ir assistir a um desses bailes. Depois de terem apreciado tudo e de terem feito algumas outras das suas, quando chegou a hora do chá foram procurar no terreiro alguma cousa que tanto repugna à vista e que muito mais ainda desagrada ao olfato; e com isso temperaram convenientemente o chá. Foram se sentar na sala como uns dois santinhos, e quando viram que todos os convidados haviam bebido e deliciosamente saboreado aquele seu aromático e tão apetitoso chá, trataram de retirar-se.

Entre a nossa casa e a do Caetano havia uma em que moravam umas moças chamadas Vidais, de que já tratei ou de que terei de tratar daqui a pouco. Um dia Caetano põe-se em trajes de Adão no paraíso, embrulha-se muito bem em um lençol e vai bater na casa. As moças, na forma do costume, correm todas para verem quem era. Caetano finge que vai fazer um pedido, e trava conversação com as moças. Pouco a pouco elas começaram a perceber que Caetano talvez tivesse saído do banho naquele momento, e já não sabiam se abriam mais ou se fechavam os olhos, quando, de repente, ele finge fazer um movimento desabado; o lençol cai todo a seus pés. Como se fosse um tiro dado no meio de um bando de pombas, todas correm gritando e querendo, não se animando a olhar para trás.

Quase ao mesmo tempo que fez Caetano esta travessura que era da sua única e exclusiva invenção, tratou de arranjar outra de parceria com Evaristo. E eis aqui qual foi.

Um dos colegas com quem mais relações entretive em São Paulo foi o atual conselheiro Manuel da Silva Mafra. Antes de morar em uma casa da Tabatinguera, onde quase todos os dias nos reuníamos, e que, por sermos sete, nos denominávamos Os sete infantes de Lara, Mafra, Luiz de Medeiros, João Antônio da Costa Bueno e José Venceslau Marques da Cruz, que moravam na casa, e eu, Simplício e Guanabara que a frequentávamos, o Mafra esteve durante algum tempo fazendo também parte da nossa república na rua dos Bambus.

Embora nunca tivesse sido o que se chama um rapaz namorador, e de mais a mais nada tivesse de bonito, Mafra, entretanto, sem que se pudesse saber bem pelo quê, parecia ter o dom de agradar muito às mulheres, algumas das quais por ele se apaixonavam até mesmo sem que ele o soubesse nem quisesse. Ora, defronte da nossa casa morava uma moça muito feia e desengraçada. Tinha-se, entretanto, na conta de bonita; e um dos objetos a que dava mais apreço, com o qual parecia ficar matando tudo, e que por isso só dele se servia nos dias de maior gala, era um xale muito grande de casimira amarelo, mas de um amarelo que até de longe espantava. Essa moça, nem bem tinha visto o Mafra, começou logo a beber os ares por ele, ao passo que em breve o seu amor era tal que não havia ninguém que desde logo o não percebesse; por outro lado nada havia que tanto encaiporasse ao Mafra como o se lhe falar naquele seu amor ou naquela sua namorada, a qual por isso mesmo ele quase que chegava a odiar de todo o seu coração. Ora, naquela ocasião ele tinha uma casaca velha, que às vezes, não sei por quê, se lembrava de vestir em casa. E como era seu costume andar sempre com um boné de pano ou de casimira preta, sua figura não deixava de se tornar algum tanto ridícula quando ele se punha com aquele seu vestuário, isto é, de calças de qualquer cousa, de chinelos de tapete, com colete ou sem ele e de casaca e boné. Os dois, portanto, aproveitando-se dessa circunstância, e encarando o ridículo que daí resultava, acabaram com a mais perfeita naturalidade por perguntarem ao Mafra se ele seria capaz no dia seguinte, à hora da missa, em que passava um pouco mais de gente na rua, de passear em frente da casa de casaca e boné?

"Ora, grande cousa!" respondeu Mafra. "Se eu era capaz de ir assim até o largo de Santa Efigênia, quanto mais passear aqui defronte da casa!" É, não é; e acabaram por apostar que no dia seguinte à hora da missa, Mafra teria de passear durante meia hora na frente da casa de casaca e boné.

Feita a aposta, os dois escreveram à moça uma carta em nome do Mafra, na qual este, depois dos maiores encarecimentos a sua beleza e de se desfazer todo nos protestos do mais abrasado amor, rematava por dizer-lhe que não exigia resposta da carta, porém que se contentava, ou que receberia como sinal de que era o mais feliz de todos os mortais, se ela no dia seguinte, à hora da missa, se apresentasse à janela com aquele seu tão bonito xale amarelo, que se muito bonito por si mesmo, maior valor ainda adquiria por dar um novo realce e um brilho sem igual a um objeto para o qual já quase que não se podia olhar sem o mais completo deslumbramento etc. etc.

No dia seguinte as cousas se passaram como ambos haviam planejado; e apenas o Mafra começou o seu passeio de casaca e boné, imediatamente a moça, inteiramente deslumbrante com aquele seu açafroado ou tão desesperado xale, apresentou-se à janela toda casquilha e dengosa; e assim se conservou durante todo o tempo da aposta: ele quase que sem ver a moça que se achava à janela, e ela a dardejá-lo com um olhar em que mesmo de longe se percebiam todas as alegrias do triunfo e todas as cintilações do mais ardente amor.

Só algum tempo depois é que Mafra chegou a saber do grande debique que lhe haviam feito; e tão grande foi então o seu despeito e a sua raiva que, para ficar livre da moça e dos seus dois cabriões, tratou imediatamente de mudar-se.

Como estas, muitas outras foram as que o Caetano tinha feito, sem que, entretanto, nunca lhe tivesse acontecido cousa alguma; até que um dia caiu a casa, ou quebrou-se o pote na fonte.

Já quando Caetano e Evaristo não sabiam mais o que inventar, lembraram-se um dia de cantar a ladainha no teatro e de canonizarem o subdelegado de polícia que presidia ao espetáculo e que se chamava Antônio de Almeida.

Ajuntaram alguns companheiros que os ajudassem, e começaram a ladainha, mas dito ou cantado que era o nome de um santo, o do subdelegado era logo intercalado, de sorte que apenas se acabava de dizer Santa Maria ora pro nobis, logo se seguia Santo Antônio de Almeida ora pro nobis —, e assim por diante.

O subdelegado era um homem pacato e sem muito prestígio, e por isso abusavam da sua bondade.

Quando ele, porém, viu que o haviam feito santo, parece que deixou de ser o homem que era, e mandou prender o cabeça do motim, que era o Caetano. E então é que o barulho ficou feio, porque os estudantes não queriam que o colega fosse preso. Como não podiam lutar com a força armada que imediatamente entrou, puseram-se a berrar como uns desesperados que o Caetano era um moço fidalgo e que não podia ser preso senão por uma patente de capitão para cima. Nessa algazarra se conservaram até que apareceu, se não me engano, o meu parente, o capitão Luiz de Rezende, que, por ser oficial ou também moço fidalgo, se ofereceu para levar o preso.

Felizmente a estudantada não cessou de vozear e de fazer barulho enquanto seguia o preso; os empenhos logo apareceram e o Caetano foi solto antes de entrar para o quartel.

Sendo da escola do Pereira da Silva, e a companhia do Caetano já tendo me causado alguns aborrecimentos, eu havia prometido que nunca mais andaria com ele. Uma tarde, porém, ele convidou-me para irmos até o largo de Santa Efigênia; e, como tudo por ali era ainda muito deserto e me pareceu que não havia o menor perigo de que ele me fizesse alguma das suas, condescendi e fomos. Quando chegamos ao largo, a viscondessa de Castro, mãe da marquesa de Santos, que acabava de sair da igreja, já estava quase que a entrar no portão da casa da marquesa quando o Caetano gritou com todas as forças dos seus pulmões: — Oh!, viscondessa velha! E dando uma carreira, escondeu-se na igreja, deixando-me aturdido e meio apatetado no meio do largo.

Se a viscondessa se voltasse, eu teria, com toda a certeza, de passar como o autor daquele desacato, ou daquela tão grande irreverência para com uma senhora respeitável pela sua posição social e pela sua velhice. Felizmente a viscondessa era muito surda, nem sequer se virou, e eu passei unicamente pelo susto.

CAPÍTULO XXXV

Durante o tempo em que estive em São Paulo, os estudantes que passavam como os melhores poetas ou que davam esperanças de virem a ser grandes poetas eram apenas três — Álvares de Azevedo, que era conhecido por Maneco de Azevedo, Aureliano Lessa e Bernardo Guimarães. De Maneco de Azevedo, a lembrança que me ficou, ou que ainda hoje conservo, é extremamente vaga. Recordo-me porém, e isso com bastante clareza, que era um moço de um aspecto um pouco melancólico, de uma fisionomia muito atrativa, e bastante pálida, dessa palidez amorenada, meio mórbida talvez, mas que é sempre tão simpática. Creio que nunca estive com ele senão uma única vez; desse nosso encontro nada mais guardo do que esse único fato, de me haver ele encarado por algum tempo e depois dizer que era realmente admirável quanto fisicamente eu me parecia com Vitor Hugo.

Quanto a Aureliano, que era um rapaz bonito e extremamente falador, eu o vi pela primeira vez em um dia 7 de setembro, em que ele recitou no teatro uma poesia em que muito se falava em catadupas ígneas; depois disso com ele me encontrei duas ou três vezes em casa de um velho, que parecia ser homem abastado, que se chamava Vilares e era irmão do cadete Santos, depois barão de Itapetininga. Esse Vilares, que era solteiro e que ainda me parece estar a olhar para a gente com um ar de desconfiança ou de um boi que se prepara para marrar, morava em uma chácara própria que ficava lá para os lados ou mais propriamente para os fundos do Jardim Botânico.

Ele, entretanto, ou porque tivesse uma filha natural que desejava casar, ou porque realmente gostasse dos estudantes, dava-lhes, a alguns deles pelo menos, uma tal ou qual entrada para que lhe fossem à casa, e entre aqueles que dessa entrada se aproveitavam para lá irem, um pouco para passeio mas principalmente para provarem dos doces do proprietário, Aureliano era talvez o mais assíduo.

Com as suas feições flácidas, olhos mortos, os beiços grossos e o de baixo um pouco caído, Bernardo foi dos três o que cheguei a conhecer melhor; e a causa ocasional desse meu conhecimento, foi apenas o fato de ter eu durante dois anos, pelo menos, sempre morado em uma casa da rua que se chamava, ou que nós chamávamos, dos Bambus, e que fazia esquina com a rua que passava por trás da igreja de Santa Efigênia, de cujo nome já não me lembro, ou talvez nunca soubesse, tampouco habitado ou sem importância era ainda naquele tempo aquele bairro de São Paulo. Ora, nessa rua dos Bambus e perto da nossa casa moravam umas moças que eram muito agradáveis e que não eram feias, e cuja casa guardava um certo meio-termo entre uma casa fechada e uma casa franca. Essas moças, se bem me recordo, se chamavam Vidais, viviam com a sua mãe, uma mulher um pouco pernóstica, que escrevia feijão com um — G — cedilhado; o que prova, que se aquela mulher não tinha tido talvez uma educação literária das mais esmeradas, tinha pelo menos recebido da natureza o que falta a muita gente, isto é, a bossa linguística. Se refletirmos um pouco, não se poderá deixar de reconhecer que a analogia que existe entre o G e o J, se não é idêntica, pelo menos muito se parece com a que existe entre o C sem cedilha e o Ç cedilhado.

Pois bem, essa casa das Vidais era onde Bernardo Guimarães morava com um filho chamado Benedito. E sendo nós assim tão vizinhos, é muito natural que, embora ele sempre vivesse mais ou menos encafuado, nós nos víssemos com alguma frequência. Naquele tempo, quem era reprovado duas vezes no mesmo ano não podia mais continuar a estudar. Bernardo Guimarães tendo sido reprovado no 4º ano (creio que era esse o ano), o estava repetindo. O estudo, porém, era talvez a cousa de que Bernado Guimarães menos se lembrava; de sorte que o mês de outubro ainda estava muito longe; e ele já tinha dado 38 ou 39 pontos. Era isto uma péssima recomendação para o exame; e o que é pior, sem meios ou com muito poucos meios para estudar, bastava-lhe que desse mais um ou dois pontos para que perdesse o ano. Mas o que era para Bernardo Guimarães um ano perdido com todas as suas consequências comparado com as lânguidas delícias do sono da manhã ou com o seu constante e sempre tão doce devanear de um cético?!

Bernardo, portanto, nem estudava, nem acordava para ir à aula; e ele teria com toda a certeza perdido o ano se não fosse um velho bedel da Academia, que se chamava Mendonça, e que, morando no largo de Santa Efigênia e sentindo por Bernardo Guimarães uma espécie de caritativa simpatia, tomou a si a penosa tarefa de sair mais cedo para a Academia, passar pelas Vidais e não continuar o seu caminho sem que tivesse acordado Bernardo e o levado consigo. Eu desejaria, se pudesse, dar aqui minuciosas informações desses três futuros poetas de que me estou ocupando. Infelizmente tudo quanto sei da sua vida é apenas o que todos sabiam, isto é, que sendo a mania daquele tempo imitar em tudo a Lord Byron, o ponto principal, sobre que recaía essa tola imitação, era a de uma vida desregrada e, sobretudo, a da mais completa borracheira. Os três, portanto, bebiam muito. De Maneco de Azevedo, ouvi dizer, que bebia quantidades enormes de conhaque ou de não sei que bebida muito forte que então estava em moda. Entretanto, ou por que tivesse a cabeça muito forte, ou por que nunca chegasse a perder o seu natural sentimento de dignidade, o que é certo é que nunca me constou que ele desse com as bebidas qualquer escândalo, ao passo que os dois outros, até no próprio semblante, já traziam os sinais daquele degradante excesso.

Maneco de Azevedo morreu muito moço, e foi isso uma verdadeira pena, porque muito era, com efeito, o que ele nas letras prometia. Aureliano, porém, viveu muito mais tempo, e melhor fora talvez que não tivesse vivido, pois, pertencendo a uma das melhores e das mais ricas famílias da província e parecendo fadado por consequência para uma grande posição e para grandes cousas, desde que saiu da Academia nada ou quase nada produziu que valesse a pena. Segundo ouvi dizer, foi cada vez mais e mais descendo, e, por consequência, cada vez mais também atirando aos porcos aquele tão precioso e tão belíssimo dom da inteligência que a natureza lhe outorgara. Ora, a prova do que estou dizendo acha-se no modo como ambos acabaram, ou naquilo que eu chamarei o cântico da morte de cada um deles. Assim, muito moço ainda para ser um verdadeiro cético, Maneco de Azevedo, longe de ostentar, quando morre, essa indiferença que a sua escola afetava por tudo, parece, pelo contrário, com a mais melancólica ternura gemer e chorar por tudo aquilo que vai perder. A mais bela, com efeito, a mais tocante de todas as suas poesias é justamente essa que todos conhecemos, e em que, cheio de admiração por todos os esplendores da natureza e lamentando do íntimo d'alma esse mesmo mundo que tantas vezes talvez tivesse cruelmente amaldiçoado, assim começa:

> Se eu morresse amanhã veria ao menos
> Cerrar meus olhos minha triste irmã;
> Minha mãe de saudades morreria
> Se eu morresse amanhã.

Muito mais avançado em idade e cético inteiramente empedernido, Aureliano havia-se tornado uma alma completamente ressequida pela aridez da desolação, e um homem neste estado, o que é que pode dizer? Nada.

Por isso também, não podendo chorar, nem mesmo tomar um pouco a sério a morte, escarninho a encara. Olha depois para o ventre intumescido, e, dando uma grande gargalhada, cospe-lhe na cara, ou, em outros termos, tudo quanto ele acha para consolar a uma das suas amantes, e Deus sabe amante de que natureza, foram apenas estes quatro e bem pobres versos:

> Enxuga, Anália, o teu pranto
> Com a ponta da tua anágua,
> Que o teu pobre Aureliano
> Morre de barriga d'água.

Entretanto, esse mesmo homem, que assim morria, tinha em sua mocidade escrito poesias, não só ardentes e entusiásticas, mas ainda do mais puro sentimentalismo, e das quais uma há que ninguém talvez se encontre que a não tenha cantado ou ouvido cantar; é a que serve de letra a uma das mais antigas e a mais popular talvez das nossa modinhas, e que assim começa:

> Por entre as trevas da noite,
> Que cercam a minha existência,
> Brilha um astro de inocência,
> Que é a minha estrela polar;

Nos abismos da minha alma
Só ela pode brilhar.

Embora professando os mesmos princípios, Bernardo Guimarães era de uma natureza muito diferente de qualquer dos dois outros; ou antes parecia reunir em si alguma cousa de ambos, sem prejuízo, entretanto, daquilo que lhe era exclusivamente próprio. Pode-se mesmo dizer que a natureza de Bernardo Guimarães não deixava de ser mais ou menos incompreensível, ou que, assim como acontece à natureza da maior parte dos homens, era a sua um verdadeiro complexo de contradições. Dessas contradições, porém, a que mais notável talvez se tornava vinha a ser a seguinte: revelando às vezes verdadeiros assomos de orgulho, de patriotismo, e de muitos outros sentimentos nobres, Bernardo Guimarães parecia ao mesmo tempo, ou às mais das vezes, não passar de um homem insensível a tudo ou de um ser inteiramente inútil.

Assim, também, o que mais nos encanta em seus escritos, é essa naturalidade quase ingênua que neles domina; são esses sentimentos ternos, doces e um pouco melancólicos que por toda a parte neles se divisam, e, no entretanto, o que sobretudo caracteriza o seu gênio, é o espírito brincalhão e um pouco satírico. Bernardo Guimarães, porém, se a ninguém fazia bem, porque parecia desprezar este mundo ou nele não viver, e por isso se tornava inteiramente indiferente ao bem e ao mal, por outro lado, ou por isso mesmo, nunca a ninguém fez mal. O resultado de tudo isso era que não havia ninguém que dele não gostasse, e muitos havia que lhe tinham senão uma verdadeira estima, pelo menos muita afeição.

Ora, dentre estes, havia um meu colega chamado Hilário, a quem Bernardo também muito queria, talvez porque entre ambos não deixava de haver um certo ponto de contato. Assim como Bernardo, também Hilário vivia sempre a rir-se do mundo e nunca realmente o tomava muito ao sério, de sorte que, além daquele frequentar a este um pouco mais do que tinha por costume conviver com outros, uma ou outra vez não lhe deixava de fazer algumas poesias. Lembrando-me ainda que, tendo-lhe feito uma por ocasião do seu aniversário natalício, quando a enviou, a acompanhou do seguinte bilhete:

> Ao meu amigo e senhor
> O muito ilustre doutor,
> Hilário Gomes de Castro,
> Ante quem o pé arrastro
> Com solene cortesia,
> Dedico esta poesia,
> Eu que sou aquele bardo
> Que chamam doutor Bernardo.

Eu disse que o gênio de Bernardo Guimarães era quase sempre satírico, e vou disto dar aqui um exemplo. Hoje parece que não há um só português que não reconheça as reais virtudes de d. Maria II, porque se esta pode ter defeitos, ou se não foi uma boa rainha, o que está fora de toda a dúvida é que ela como mulher poderia servir de exemplo ainda mesmo àquelas que não são rainhas. Todos, porém, sabem o que são paixões políticas, e o ódio que em Portugal se votava aos Cabrais fez com que se inventasse, e que bem depressa se espalhasse, que não só a proteção que a rainha lhes dispensava não era devida a motivos exclusivamente políticos, mas, que se o rei se mostrava indiferente ou se fazia cego é que para isso também tinha os seus motivos particulares. Ora, quando o conde de Tomar veio ao Brasil como ministro plenipotenciário de Portugal, Bernardo Guimarães se achava por acaso residindo na Corte, e apenas ali chegou aquele conde, fez ele imediatamente esta sátira ou antes este epigrama extremamente ferino:

> Dizem que o Costa Cabral
> Só é conde de Tomar,
> Mas se cornos ele toma,
> Cornos também sabe dar,
> E eis aí por que é que o chamam
> conde de dar e tomar.

Depois de formado, eu ainda me encontrei com Bernardo Guimarães em Ouro Preto. Era ainda o mesmo, porém muito para pior, porque, embora sem nunca descompor-se, cair ou esquecer de todo as conveniências, e, por consequência, sem nunca deixar de conservar uma tal ou qual integridade da sua própria consciência, entregava-se cada vez mais ao seu antigo vício.

Apesar disso, urgido pela necessidade, ou obedecendo à sua própria vocação, nunca deixou Bernardo Guimarães de mais ou menos escrever; e tanto escreveu e tão geralmente agradavam as suas obras que estas são conhecidas em todas as classes da sociedade, até mesmo naquelas nas quais apenas se lê por exceção. Ora, se nesse estado ele conseguiu alcançar um nome, que, é muito provável, nunca se tornará um nome obscuro e muito menos esquecido; veja-se o que Bernardo Guimarães não poderia ter feito se não fosse aquele desgraçado vício a que ele tão cedo se entregou.

Entretanto, pode bem ser que fosse esse mesmo vício o que na realidade serviu para dar-lhe o nome que tem, porque sem ele talvez Bernardo Guimarães se lembrasse de dar para a política ou para outra qualquer cousa mais ou menos séria ou de valor sonante, e, então, adeus musa e adeus romances!

E disso nós temos um bom exemplo no conselheiro Silveira de Souza, que, em estudante, deu provas de ter nascido para poeta, mas entregou-se exclusivamente à política e ao magistério; e tudo isso não fará que o seu nome seja imortal, mas mesmo que sobreviva por muito tempo depois da sua morte.

Há, porém, um exemplo, que é ainda muito mais frisante, o de Francisco Otaviano, cujo nome, quando cheguei a São Paulo, foi talvez o primeiro e o que mais fortemente me feriu o espírito. Embora já estivesse formado, havia três ou quatro anos, quando lá cheguei, ainda o conselheiro Otaviano era um dos nomes em que mais se falava, senão como uma esperança imensa que ia muito em breve se converter na mais gloriosa realidade, mas como um astro luminosíssimo que ia sem grande demora aparecer e brilhar no mais alto firmamento da literatura brasileira. Entretanto, preferiu ser político, e na política chegou a ser, com efeito, um grande. Mas dos seus escritos jornalísticos quase que já ninguém se lembra; como orador há muita gente que lhe põe o pé adiante; e como chefe de partido, ele nunca teve nem sequer a décima parte do poder e talvez mesmo da fama do visconde de Camaragibe.

Dizem, é certo, que não há, ou que não havia, quem tivesse, como ele, jeito, tato, tino ou não sei bem o que para acomodar e dirigir um partido; mas isso são cousas que não se veem, que poucos conhecem e que ainda mais depressa se esquecem. Infelizmente, para ele, o que acontece é que em vez de deixar, como poderia talvez ter feito, um desses escritos que desafiam os séculos, Francisco Otaviano contentou-se, ou preferiu, não ser senão aquilo que tantos outros têm sido, isto é, verdadeiros fogos de artifício que brilham muito e fazem barulho enquanto duram, mas que acabados que sejam, deles ninguém mais se lembra, a não ser talvez aqueles que os chegaram a ver, ou quando muito os filhos e netos a quem estes contaram. Por isso também se o nome de Otaviano tiver de se tornar um nome histórico, não há de ser, com toda a certeza, como o de um conselheiro ou senador, como o de um emérito chefe de partido, nem mesmo pelos seus escritos jornalísticos, mas só e unicamente por uma circunstância, por assim dizer, casual, ou por um dos atos de sua vida que bem pouco ou nada lhe custou, isto é, o de ter posto o seu nome no tratado da tríplice aliança contra o Paraguai, tratado este que, se não o desonra como diplomata, nenhuma honra também lhe traz, porque aquela aliança estava naturalmente feita pelas circunstâncias, e o que ele fez, outro qualquer poderia talvez fazer.

Ora, tendo falado dos três melhores poetas dos meus tempos acadêmicos, não é possível que eu deixe de citar mais um estudante que ainda ali alcancei, e que embora nem tudo quanto escreveu fosse em linhas de pés contados ou em versos medidos, nem por isso deixou de ser um grande poeta, José de Alencar.

Tendo-se formado quando eu era ainda bicho, conheci a José de Alencar apenas de vista, e a única impressão que ele me deixou foi a de ser um moço magro, de cara um pouco tristonha, ou antes, fechada, e que me parecia feio por causa do muito cabelo que lhe diminuía ou lhe cobria a testa. Na minha opinião, José de Alencar é, senão a mais profunda, pelo menos a mais bela e a mais enciclopédica inteligência da penúltima geração. Mesmo adoentado e não sendo rico, segundo penso, tinha de trabalhar para viver ou pelo menos para manter uma certa posição. Como orador parlamentar, ministro, advogado, como escritor político e romancista, José de Alencar em nenhuma destas matérias foi um simples tapeador ou um homem que simplesmente apareceu, pelo contrário, em tudo isso mais ou menos brilhou.

Como romancista, entretanto, devo dizer que José de Alencar não me inspira a mesma admiração que sugere aos outros, ou que o deleite que ele me inspira nada tem de comum com aquele que tão normalmente incute aos outros. E esse fato é um dos muitos argumentos que sempre me fizeram crer que eu não possuo ou que eu não fui dotado de um bom critério literário, porque dos romances de Alencar os que mais me agradam são justamente os primeiros, ou aqueles que na opinião geral são todos de somenos valia, ao passo que não posso ou não sei convenientemente apreciar os últimos, que são para todos os melhores, inclusive o próprio *Guarani*, que é de longe o que lhe tem dado maior nome. Eu desejaria dar aqui a razão desse meu dito. Além de uma certa exageração ou de uma certa inverossimilhança existente em algumas das situações destes romances, e que é, por assim dizer, um defeito comum a todos eles, eu não poderia sem um novo estudo, para o qual me falta o tempo, indicar aqui todos, ou alguns pelo menos, os defeitos que neles notei quando os li pela primeira vez. Entretanto, que já tantos anos há que fiz essa leitura, e tão rápida ou desatenta foi ela, bem pouco ou quase nada é o que hoje ainda me lembro dos defeitos que então notei. Quando li o *Guarani*, minha mulher também o leu, e quando conversávamos sobre as suas belezas e sobre alguns dos seus defeitos, ainda me recordo que uma das observações que ela fez e que me pareceu, com efeito, sensata foi a seguinte: que desde o começo até o fim do romance aparecem duas moças, uma das quais pode ser considerada uma das suas primeiras personagens, cuja vida, por consequência, corre por assim dizer ante os olhos do leitor, ou é uma dessas personagens que não se sabe donde vem nem como vive. Entretanto, essas duas moças, que são solteiras e que de mais a mais são nobres, vivem em uma casa onde não há, ou não parece haver uma escrava, uma criada, ou outra qualquer mulher; ao mesmo tempo um índio, e um índio que ainda tem alguma cousa de selvagem, não encontra o menor obstáculo para devassar toda essa casa, pelo contrário, nela penetra por toda a parte, até mesmo no quarto dessas moças, como se fosse, já não digo um parente ou mesmo um irmão, uma aia ou talvez mãe.

Tendo esgotado o assunto que me propus tratar neste capítulo, eu deveria talvez aqui terminá-lo. Antes porém de o fazer, não quero deixar de falar de um mocinho que em São Paulo também conheci, muito espigado, teso e extremamente simpático, mas no qual o que me impressionava era a cabeça e sobretudo a testa, que me parecia ser pesada ou grande demais para um pescoço tão fino, embora ele nunca deixasse de a levar, assim como Saint Just costumava levar a sua, segundo Camillo Demoulins. Esse moço, entretanto, que eu mesmo não sabia onde morava nem como estudava, de repente dali desapareceu. Embora aquela figura altiva e meiga ao mesmo tempo, nunca me saísse inteiramente do espírito, eu nunca mais tive dele a menor notícia, senão quando comecei a ler nos jornais uns artigos que ele então começava a escrever e que já muito bem se percebia serem os bonitos embriões daqueles que hoje escreve no país. Já se vê, portanto, que falo de Quintino Bocaiuva, e, dessa vez ao menos, me parece que não me impressionei sem motivo com aquela fisionomia que tanto tinha de inteligente quanto de poderosamente atraente, e da qual se poderia dizer que vivia a meditar sorrindo. Republicano inteiramente excêntrico, ou muito cá a meu modo, não compartilho hoje todas as ideias de Quintino, porque, mesmo em moço, nunca tendo deixado de ser um republicano mais ou menos conservador, muito menos poderia hoje conformar-me com todas essas ideias da democracia moderna, cujo corolário lógico e fatal me parece ser o mais desbragado comunismo; nunca pude compreender já não digo o progresso, mas a simples permanência da sociedade sem a propriedade e sem a família.

Quintino, entretanto, nunca foi desses botafogos da anarquia, e o que realmente me admira é que no meio em que ele viveu, tenha podido conservar os restos dessa moderação que ele sempre professou e que, é força confessar, nunca de todo perdeu.

Sejam, porém, quais forem as ideias de Quintino, ou os seus erros e defeitos, que não conheço e dos quais não quero e nem posso ser juiz; apenas o que nele vejo, e o que, sobretudo, o eleva tanto a meus olhos, é que, de todos os republicanos do nosso tempo, talvez sejamos nós dois os únicos que ainda somos o que nunca deixamo-lo de ser. Todos os mais se transformaram, mudando de rumo e de ideias: uns, por necessidade; outros, por vaidade; outros, ainda, por ambição ou por simples interesse. Entretanto, o que há nisso que admirar? Pela minha parte, pelo menos, se ainda não cheguei a esse ponto culminante da filosofia em que nos é dado rir do que é triste e causa nojo, já perdi, entretanto, todos aqueles espantos e todas aquelas raivas e ferozes indignações que tais fatos me causavam; porque já de mais tenho vivido. O que a experiência nos mostra e a cada momento nos confirma é que, por mais baixo que um homem esteja, ele vive constantemente a olhar para cima, e, se por acaso não pode subir, ou não encontra quem o alce, ele morde ou dá coices.

# PARTE TERCEIRA

CAPÍTULO XXXVI

DEPOIS DE ter estado em São Paulo por quase 7 anos, dali parti com minha mãe a 4 de dezembro de 1855, lá deixando em um colégio a meu irmão, de cuja educação desde então me encarreguei. A 13 desse mês cheguei à Campanha. E como sempre tive não sei se o bom ou o mau sestro de não procurar a fortuna mas de deixar que esta por si mesma me procure, desde aquele dia, até que parti para Queluz, a minha estada naquela cidade nada mais foi do que uma espécie de simples férias um pouco mais prolongadas, pois que não tive uma só causa, a única que me apareceu, um rábula da roça ma tirou, e eu não teria ganho na Campanha um só vintém se não fossem umas duas ou três consultas que me fizeram e uns magros emolumentos de curador geral de órfãos e de promotor de capelas e resíduos de que obtive a nomeação.

Felizmente minha mãe ainda tinha uns alugueres de escravos e uns restinhos das suas antigas economias, e foi com isso que passamos.

Também de todo esse tempo nada tenho digno de nota para registrar, senão um único fato, o da eleição por distritos de um só deputado, que teve lugar pela primeira vez no Brasil no ano de 1856. Em relação ao sistema antigo, o novo deu um bom resultado, que foi o de quebrar a unanimidade que o governo sempre alcançava. Mas, em compensação, deu-se fato singular de que aqueles que nas eleições por província eram os mais votados, e também os mais dignos, foram justamente os que mais custaram a se fazer eleger ou que em regra foram derrotados por quase toda a parte; e derrotados não por concorrentes mais ou menos sérios, porém, pelo contrário, por verdadeiras nulidades que tiravam a sua única força de todos esses meios que só se empregam, ou tem força nas aldeias, quando não os iam buscar na fraude e na violência.

Darei disto dois únicos exemplos. Em Sabará era candidato o meu futuro sogro, o conselheiro Luiz Antônio Barbosa, que já havia sido ministro e que pouco depois era eleito senador, e o seu contendor era um médico inteiramente desconhecido; e no entretanto, apesar de muito protegido pelo governo e de ter ainda por si algumas das influências do partido contrário, aquele conselheiro não ganhou a eleição senão por dois ou três votos apenas.

Em Ubá muito mais notável foi ainda o fato; porque se em Sabará tratava-se de um médico mais ou menos obscuro, este não tinha contra si máculas, e a sua popularidade havia sido alcançada por meios honrosos e até louváveis. Em Ubá, porém, já não era assim, porque ali tratava-se de um rábula que, não tendo família, ilustração e nem fortuna e não dispondo por consequência de nenhum desses meios que de ordinário dão aos homens uma sólida ou bem legítima influência, havia obtido essa qualidade pela audácia e largueza da consciência, de mãos dadas com essa pequena e tão bem conhecida astúcia das aldeias, ou para tudo dizer em uma só palavra, pelo pouco escrúpulo, se é que se pode dizer que algum realmente havia, nos meios que empregava para chegar a essa popularidade ou influência a que de fato chegou.

Pois bem, contra ele apresentaram-se a pleitear a eleição nada menos que três candidatos, cada qual mais notável, pois que estes vinham a ser, pelo lado liberal, o futuro senador e conselheiro Antão, e pelo lado conservador, não só o depois senador e já tão distinto jornalista e duas vezes deputado, Firmino Rodrigues Silva, porém ainda um dos mais dignos e mais prestimosos mineiros, o antigo deputado Paula Cândido. Na véspera da eleição, reconhecendo estes três últimos candidatos quanto era grande a força do seu contendor, não duvidaram em chegar finalmente à fala, e então concordaram, que uma vez que nenhum deles tinha elementos bastantes para triunfar, ao menos tratassem de ver se conseguiam dar ao distrito um deputado que dignamente o representasse. À vista disso, tornando-se então necessário verificar qual dos três deveria ser o preferido, os dois primeiros desistiram da sua própria candidatura em favor do último, que além de ser dos três o que dispunha de melhores elementos, era ao mesmo tempo de todos o que se mostrava mais digno da preferência por diferentes títulos.

Desde então todos de comum acordo e com o maior esforço se puseram a trabalhar em favor daquele que tinha assim merecido o apoio geral. Tudo isso, porém, não passou no fim de contas de uma simples vontade sem braços ou de um esforço puramente inane, porque, por fás ou por nefas, veio afinal a vencer o contendor por quem juntos ou separados todos eles guerreavam, e venceu por uma maioria imensa.

Na Campanha nenhum dos dois candidatos prestava, mas um deles, cuja nulidade ainda não era bem conhecida, tinha por si o que valia mais do que quantos merecimentos um candidato poderia apresentar, porque chamava-se Honório Hermeto Carneiro Leão, e o marquês de Paraná, seu pai, cuja influência foi sempre tão grande, era naquele tempo, não direi simplesmente um presidente de conselho, o que só por si basta para fazer de qualquer capelão ou cabide de farda um grande mandachuva, mas pode-se com toda a afoiteza dizer, era tão poderoso que se o considerava quase como um vice-imperador.

Quanto ao outro candidato, eu não posso dele simplesmente dizer, como acabo de dizer do seu contendor, foi apenas uma nulidade, porque além de ter sido um homem que deixou de si na Campanha uma lembrança de ódio ou de desprezo para alguns, porém de amor e de muita saudade para um grande número, constituía um tipo humano que não é dos mais vulgares, e que não deve, por consequência, ficar inteiramente esquecido.

Esse candidato era o padre Antônio Felipe de Araújo, que foi o vigário da Campanha desde 1843, se não me engano, até 1857; e que sendo usualmente conhecido pelo nome de cônego Antônio Felipe, era também algumas vezes ou por algumas pessoas simplesmente chamado de cônego Felipe.

Sem que eu saiba onde nem quando, houve no Brasil um cônego Felipe que, assim como em França Mr. de La Pallisse, tornou-se entre nós o tipo da imbecilidade ou da parvoíce humana. Este de que aqui trato, apesar de haver deixado na Campanha algumas boas anedotas, nada tem de comum ou de semelhante com aquele seu homônimo; mas antes, em vez de ser dado como um tipo mais ou menos completo da toleima humana, poderia ser talvez e com muito mais razão apresentado como um tipo dessa esperteza um pouco campesina, que, se disfarçando com os ares da bonomia ou toleima, inspira mais desdém do que mesmo um sério receio e acaba por isso mesmo, quase sempre por vencer.

Parece, pois, que entrei em cheio na biografia do meu herói, e que nada mais tinha agora a fazer do que, em alguns traços rápidos mas cintilantes, marcar-lhe firmemente o caráter e entrar em seguida em uma bem interessante narração dos seus feitos e virtudes. E é isto o que de certo não deixariam de fazer os que sabem verdadeiramente contar. Eu porém não conto: eu converso. E como a prolixidade e a divagação são vícios dos velhos, nestas *Minhas recordações* quando falo de mim ou de alguém é unicamente para ter ocasião de contar muitas outras cousas. Como finalmente, este cônego Felipe, além de Araújo era também Lopes, vou aproveitar-me desta monção para começando a sua história um pouco mais *ab ovo*, dizer algumas palavras muito rápidas de uma família da Campanha da qual até agora ainda não tive ocasião de falar; e assim deixemos os Lopes e o cônego para o capítulo seguinte.

CAPÍTULO XXXVII

No começo desse século havia na Campanha três famílias de Lopes: os Ferreira Lopes, ou Lopes Mansos; os Lopes de Araújo, ou Lopes Bravos; e os Lopes de Figueiredo, que se tinham apelido, já não me recordo qual fosse.

A dos Lopes Bravos era uma das principais da Campanha, não só porque era branca legítima de Braga, como então se dizia, e gozava de uma tal ou qual posição social avantajada, mas porque de todas as famílias que se encerravam dentro da cidade era esta talvez a mais numerosa, visto que além de ter em outras ruas da povoação um ou outro dos seus membros, a rua d'Áustria era quase que exclusivamente por ela ocupada.

Todas as famílias têm um certo número de qualidades boas ou más que são nelas por assim dizer hereditárias, o que vem a ser justamente o que de alguma sorte as caracteriza. Como todas as outras, esta tinha também as suas qualidades próprias, e foram elas que serviram de fundamento para esse apelido — Bravos — que lhe deram e que era tomado no sentido particular de braveza.

O membro mais notável desta família, foi um moço que eu ainda alcancei um pouco no estudo do latim. Tempos depois matriculou-se na escola militar, tornou-se um engenheiro distinto e fez parte, como membro ou chefe, de algumas das nossas comissões de limites com os estados-vizinhos. Faleceu há pouco como barão de Parima.

Como a família dos Lopes Bravos não primou pela inteligência nem foi muito dada às letras, nunca também, até meados do presente século, havia tido membro algum cuja nomeada transpusesse os restritos limites do município da Campanha ou dos seus arredores.

Ora, embora bastardo, era a esta família dos Lopes Bravos que pertencia o protagonista da eleição de 1856, ou esse cônego Antônio Felipe, de cuja biografia me comprometi a dar aqui alguns ligeiros traços.

Filho de um negociante, e por este criado e desde logo reconhecido, era ele em menino que, segundo mais de uma vez ouvi contar, vigiava a loja do pai, ficando para isso sentado em cima do balcão e tendo diante de si uma almofada na qual fazia rendas. Filho, porém, de um Lopes Bravo, o cônego Antônio Felipe muito pouco ou quase nada se parecia com aqueles Lopes, exceto no corpo, porque todos eles eram altos, mais ou menos corpulentos, e alguns até extremamente gordos, e o cônego era igualmente corpulento e alto.

Quanto à sua inteligência, eu não tive ocasiões suficientes para bem apreciá-la. Se, porém, com certeza não era estúpido, ninguém também havia que acreditasse que ele tivesse nascido para descobrir a pólvora. A sua ilustração, essa se limitava, por assim dizer, ao latim e a Larraga, fora disso a sua ignorância era de tal natureza que ele não sabia em que parte do mundo é que ficavam as repúblicas do Prata nem quais eram as suas capitais. Entretanto pregava sermões e, embora decorados e muitas vezes repetidos, o fazia com uma tal consciência que geralmente agradavam e eu pelo menos muito deles gostava.

Era o cônego o que se poderia chamar com toda a exatidão um verdadeiro molúria; porque ao passo que ninguém havia que soubesse como ele levar a água ao seu moinho, por outro lado, alto e tão cheio de corpo, como eu já disse, ele, entretanto, na voz, no andar, nos modos, em suma em tudo, era um homem todo macio e adocicado. Devo mesmo dizer que, neste último particular, ele não só chegava ao ponto de desagradar e quase que enojar as pessoas secas, porém sinceras, mas que até mesmo para as que mais o estimavam ele não deixava algumas vezes de cair em um tal ou qual ridículo, como quando, tão cheio de corpo e com as suas mãos tão gordas, depois de todos os medeixes e quindins próprios de uma dama envergonhada, se prestava a ir dedilhar o piano que muito mal sabia e punha-se então ali a cantar, com uma voz não direi melodiosa mas langorosa e toda cheia de bemóis e sustenidos, algumas modinhas, cada qual mais terna, e das quais a que parecia ser a da sua maior predileção era uma que andava então muito na baila, e que era assim, se bem me recordo, que começava:

Quando tua voz Lília escuto,
Renasce em mim a esperança;
Mas depois a desconfiança
Vem ferir meu coração.
Mas se teu peito
Também me ama,
Se a mesma chama
Sentes arder;
Porque em ciúme
Meu peito incendes,
Porque pretendes
Ver-me sofrer?!

Há um prolóquio popular que diz: Quando um não quer, dois não brigam. O cônego Felipe era uma perfeita confirmação desta máxima, porque tendo tido um grande número de castanhotos que lhe cortavam desapiedadamente na pele, nunca me constou que com algum altercasse e que nem mesmo alterasse muito para com eles o seu modo de proceder, mas, pelo contrário, quando por acaso sabia que alguém tinha dele falado mal, era justamente quando na primeira vez que o encontrava, já desde longe vinha com os braços abertos para abraçá-lo e confundi-lo com os protestos da mais sincera e calorosa amizade, e se por acaso se oferecia ocasião de servi-lo ou ser-lhe útil, não o deixava de fazer.

Onde, porém, muito mais talvez ainda se poderia bem apreciar o caráter do cônego, ou até que ponto chegava a sua pachorra, era no modo como ele procedia para com os seus escravos, os quais o estimavam muito e o serviam muito bem. O cônego, pode-se dizer, não lhes perdoava uma só falta, mas também nunca os castigou com raiva e menos ainda com crueldade, porque se o castigo era certo e algumas vezes mesmo rigoroso, ele, entretanto, nunca tinha pressa em aplicá-lo e nem sempre esse castigo era batendo. Assim, se a cozinheira lhe apresentava a sopa ou qualquer outro prato mal temperado, o cônego, em vez de bater ou de fazer o menor barulho, pelo contrário, mandava chamá-la, e quando esta chegava, ele com a sua voz adocicada e nestes casos ainda mais meiga do que o costume, lhe dirigia um discurso mais ou menos nestes termos: Fulana, achei hoje na mesa esta sopa, que parece ter realmente caído do céu porque tem estas e aquelas excelentes qualidades, e tão saborosa me pareceu, que se me afigurou seria da minha parte até um encargo de consciência se dela provasse qualquer bocado em prejuízo de quem tão boa a havia feito. Eu, pois, te peço que te assentes à mesa e que, ainda quando não fosse senão unicamente para me fazer o gosto, não deixes nada para qualquer outro".

E fosse qual fosse a qualidade ou a quantidade da iguaria, a pobre da cozinheira a havia de tragar toda até a última gota.

O pajem do cônego era um pardo chamado Elias, a quem aquele muito estimava e deixou forro. Era um traste que muito se parecia com o dono, no moral, bem entendido.

Mas fosse lá pelo que fosse, ambos se entendiam às mil maravilhas. Se o cônego era severo com os seus escravos, com o pobre ou com o tratante do Elias, nem se fala, não só porque o trazia sempre à rédea curta, mas com ele nunca deixava passar camarão por malha, ou não havia culpa, por mínima que fosse, que o Elias não pagasse. De todos os escravos, porém, Elias era o único que se podia gabar de uma regalia verdadeiramente inaudita no reinado da escravidão: nunca foi condenado e muito menos punido, sem que fosse convencido. E, com efeito, se o coitado apanhou não poucas vezes, e algumas delas deveras ou a valer, porque infelizmente o tratante não deixava mais ou menos de fazer por onde, aquilo entretanto que deve aqui ficar consignado, para honra do cônego e para glória do Elias, é que este nunca levou talvez um único bolo sem que primeiro entre o escravo e o senhor tivesse havido uma longa e às vezes muito divertida discussão, ou sem que ao castigo tivesse precedido um julgamento não direi solene mas pelo menos muito longo e muito curioso, em que o senhor acusava e o escravo se defendia, ou negando o fato, ou alegando o maior número de circunstâncias atenuantes ou justificativas que a sua prática na matéria e sua própria esperteza nunca deixava de lhe fazer descobrir.

Verdade é que, jogando o cônego de cima e não podendo Elias o vencer em matreirice, muito raro era o caso em que este não chegasse por fim a concordar com a acusação. Mas ao menos o seu direito de defesa, esse ninguém o tirava. E esse direito, é preciso que eu aqui pondere, não se limitava, como de ordinário acontece, unicamente ao que se poderia chamar a questão de fato, pelo contrário, era de uma tal amplidão que, ainda mesmo depois de convencido, não ficava o réu de modo algum tolhido ou privado de levar a questão para esse tão amplo e ao mesmo tempo tão vago terreno da equidade, e de discutir, fundando-se nesta, sobre a qualidade e a quantidade da pena que lhe deveria ser infligida, visto que, segundo a lei ou antes segundo a pachorra do cônego, ele parecia não se julgar não direi com o poder ou com o direito, mas pelo menos com a precisa disposição para impor a pena, enquanto o réu tácita ou formalmente não tivesse com ela concordado. E com efeito, só quando se havia chegado a este último resultado é que ele então ordenava ao próprio Elias que fosse buscar o instrumento do castigo, para que este lhe fosse aplicado.

Mas ainda aqui não se esgotavam inteiramente os recursos da defesa, porque indo neste ponto o cônego, muito além talvez da nossa tão libérrima legislação criminal, tinha ainda Elias um direito do qual se aproveitava o maior número de vezes que lhe era possível; e era o de vir com embargos à execução, embargos estes que, em regra, não podendo ser infringentes do julgado, eram às mais das vezes simplesmente protelatórios, como, por exemplo, o haver algum outro serviço mais ou menos urgente que pudesse ficar prejudicado com o tempo consumido no castigo, como o frio muito intenso que na ocasião estivesse fazendo, ou algum pequeno arranhão, queimadura, que na mão tivesse o réu etc. O que é certo é que esses embargos quase nunca eram desprezados *in limine*, porém antes eram quase sempre recebidos *si et in quantum*, e só depois de uma nova e não raro bem longa discussão é que se marcava o dia e a hora para a execução.

Elias, porém, se era, como disse, um pouco tratante, e se como advogado em causa própria era de força para lutar com o próprio senhor, possuía, entretanto, uma grande virtude — ninguém melhor do que ele conhecia a lei em que vivia. Assim, se enquanto o pleito não havia sido soberanamente julgado, não havia direito ou chicana de que não lançasse mão, desde o momento em que via que a causa tinha chegado aos seus últimos termos ou que não havia mais possibilidade de apelação ou agravo. Nesse momento, resignado ou estoico, preparava-se sereno para cumprir o que ele julgava o seu dever, e sem que houvesse edital ou qualquer intimação, no dia e hora marcados, ele mesmo se apresentava ao cônego, levando-lhe essa tão bem conhecida rodela de cabiúna de cabo e de cinco olhos em forma de cruz. Recebia os bolos, cujo número era sempre exato e muito bem sonantes, e com lágrimas ou sem elas voltava silencioso e cabisbaixo a fim de continuar na sua vida ordinária até que se oferecesse uma nova falta e um novo pleito, cujo resultado não deixaria de ser mais ou menos o mesmo.

Muito grande era o número de anedotas que na Campanha se contavam do cônego e do seu Elias. Mas creio que para exemplo me bastará contar uma. Quando o cônego saía à noite para jogar ou por outro qualquer motivo que o fizesse demorar, uma das obrigações do Elias era ficar dormindo no corredor para lhe abrir a porta quando chegasse e prestar-lhe os serviços de que precisasse até deitar-se.

Uma noite, voltando o cônego um pouco mais cedo do que Elias talvez esperasse, viu que este, em vez de estar no corredor, achava-se, pelo contrário, em um beco ou em uma rua um pouco escura que ficava ao pé da casa. O cônego, porém, fingiu que não o havia visto, enquanto que este apenas o pressentiu, tratando o quanto antes e o mais que pode de esconder-se. Certo de que Elias lhe viria logo sobre os passos, o cônego dirige-se para a casa, fecha a porta e do lado de dentro põe-se a bater e a chamar pelo pajem para que lhe abrisse a porta.

Elias, que havia chegado imediatamente, tratou então de convencê-lo que ele mesmo o havia posto na impossibilidade de abrir a porta, e por mais que respondesse que estava do lado de fora e que não podia abrir, o cônego insistia que estava ou que devia estar do lado de dentro, e que portanto, abrisse.

E assim se conservaram por uma boa temporada, até que o cônego resolveu a abrir a porta. Seguiu-se o julgamento de costume, e como tratava-se de um flagrante delito com a circunstância agravante da noite e outra talvez ainda mais importante, não sei se Elias dessa vez arranjou quaisquer embargos que adiassem a execução da sentença.

O cônego Antônio Felipe passava por quase todos na Campanha por ser não direi um jesuíta, pois que ele nunca foi o que propriamente se chama um hipócrita, mas um grande francês. Entretanto, um fato que me parece deve ficar aqui assinalado é que se ele foi abandonado por alguns dos seus amigos que mais o acariciavam e que eram por ele da mesma sorte acariciados, não me consta que a nenhum deles o cônego abandonasse. Aquilo de que pela minha parte posso dar testemunho é que, tendo ele desde muito moço se ligado pelos laços da amizade com meus tios paternos, sobretudo meu tio José dos Reis, e de uma amizade tão estreita que parecia quase que de irmãos, essa amizade nunca sofreu a menor quebra e durou tanto quanto ele viveu. Uma grande virtude, porém, que ele sempre possuiu e que nem mesmo os seus mais rancorosos inimigos jamais se animaram a recusar-lhe, é que sendo muito desinteressado em questões de dinheiro, o cônego Antônio Felipe foi durante toda a sua vida um dos homens mais serviçais que teve a Campanha, e embora nunca tivesse sido rico, foi extremamente generoso em obséquios. É sobretudo a essas suas tão apreciadas qualidades que me parece se deve atribuir essa influência que ele alcançou na sua freguesia, que foi pouco a pouco se estendendo pelo sul de Minas, e que ninguém sabe até que ponto chegaria, se a morte não o surpreendesse no começo da sua carreira política.

Dominado por um grande desejo de elevar-se, o cônego Antônio Felipe logo que se ordenou, parece que mostrou desejos de entrar na chapa para eleitores. Os liberais, porém, deram pouca atenção a esse desejo e não o incluíram na chapa. Os conservadores, que bem depressa perceberam o despeito que daí havia resultado para o recém-padre, o incluíram; e embora filho de uma família que tinha-se tornado notável pela inquebrantável firmeza das suas convicções políticas, o cônego Antônio Felipe tornou-se então conservador. Pouco depois foi igualmente incluído na chapa de vereadores, e, como o mais votado, tornou-se o presidente da Câmara. Aqui, porém, deu-se um episódio, que fez um tal ou qual barulho na pequena vida da Campanha, mas que, entretanto, não deixou de ter também o seu tanto ou quanto de cômico.

Naquele tempo era juiz municipal da Campanha o dr. Felizardo Pinheiro de Campos, homem mais ou menos inteligente, mas um pouco trêfego, e que nunca primou muito pelo seu bom senso. Tendo entrado na chapa com o cônego e tendo saído também um dos mais votados, em uma das sessões da Câmara o dr. Felizardo suscitou uma questão não sei bem de que natureza; enquanto o cônego como presidente dava algumas explicações, aquele doutor pediu a palavra e fez-lhe ver que se tinha alguma cousa a dizer, era preciso que deixasse a presidência, pedisse a palavra e fosse falar como qualquer vereador. O cônego atendeu prontamente à reclamação; chamou aquele doutor para ocupar a cadeira da presidência; e foi falar como um simples vereador.

Quando terminou as observações que tinha a fazer, veio para ocupar de novo o seu lugar na presidência, mas o doutor tinha tomado gosto a esse lugar ou havia resolvido ficar com ele por direito de conquista, e recusou-se entregá-lo. Todos os outros vereadores começaram então a reclamar contra um semelhante esbulho, das reclamações passaram a protestos cada vez mais enérgicos e violentos. O negócio foi cada vez mais esquentando, eu já não me lembro ou não sei bem como é que a coisa se passou.

Creio, porém, que o usurpador prevaleceu-se da sua qualidade de juiz municipal, e que não só ameaçou processar os vereadores, como, até me parece, chegou a dar-lhes voz de prisão como desobedientes ou não sei pelo quê.

O que é certo é que, para não serem presos ou por outro qualquer motivo, todos os vereadores se retiraram e deixaram o intruso presidente sozinho à mesa, donde não se o podia arrancar e onde eles supunham que ele ficaria a presidir-se a si mesmo, Mas foi nisso que eles redondamente se enganaram. E, com efeito, retirando-se e deixando aquele doutor senhor da mesa, eles nada mais fizeram do que atirar o sapo n'água, porque apenas se viu senhor do campo de batalha, o dr. Felizardo tratou imediatamente de mandar convocar os suplentes. Estes, que eram do partido contrário, sem mais demora compareceram, e dessa sorte os legítimos vereadores ficaram a ver navios e de mais a mais com um processo, ou com a ameaça de um, às costas. Felizmente, para eles o negócio era por tal forma escandaloso, que o presidente da província, apesar de liberal, não o pode aprovar. O resultado foi que não só o dr. Felizardo perdeu a presidência, mas até mesmo o seu lugar de vereador, porque os que o haviam encaixado na chapa, agora descobriram que ele havia sido eleito sem que tivesse os dois anos de residência que a lei exigia, e a sua eleição foi, por consequência, anulada.

Desde então o cônego foi constantemente subindo até que foi eleito membro da assembleia provincial e pouco depois aparecia como presidente desta.

Ora, a ambição de qualquer cousa é como a do dinheiro, que quanto mais se tem, mais se quer. E assim, o cônego, que talvez nunca sonhasse poder ser um deputado provincial, desde que o foi, assentou que tinha o caminho aberto para ir muito mais longe; e desde aquele momento o seu sonho dourado foi o de representar no sul de Minas, ou talvez mesmo em toda a província, o mesmo papel que não havia muito tinha nela representado o senador José Bento.

O cônego, portanto, fez da assembleia provincial o seu ponto de partida, ou antes, de apoio, para a grande ascensão que projetava. Como ele sabia pedir e sabia dar, e altas ideias de patriotismo e de conveniências públicas foram cousas que nunca lhe ocuparam um só momento o cérebro; pode-se facilmente avaliar o que ele não faria e o que de fato ele não fez.

Com isso não quero dizer que o cônego fosse homem de verdadeiras trampolinagens, mas apenas que, não sendo de vistas largas nem de um senso moral e político na altura do lugar que ocupava, não fazia desse lugar mais do que um meio de engrandecer-se a si próprio. E disso vou dar um único exemplo.

Um dos chefes liberais de Três Pontas era um velho que cheguei ainda a conhecer e que se chamava major Arantes.

Indo o cônego àquele lugar, o major Arantes pediu-lhe que arranjasse na assembleia uma certa quota para a matriz ou não sei para que obra ou instituição daquela cidade. O cônego prometeu e cumpriu a promessa, e na mesma ocasião declarou ao peticionário que na seguinte legislatura pretendia apresentar-se candidato à geral, não propriamente como político, mas antes como um candidato dos seus amigos. O major que acabava de receber aquele obséquio e que via que, sendo a lista de vinte, o desvio de um voto não era cousa que pudesse causar grande transtorno à chapa, fez a promessa. Algum tempo depois aparecia a lei dos círculos, segundo então se dizia; o cônego apresentava-se candidato do distrito da Campanha e escrevia àquele major lembrando-lhe a promessa que havia feito.

Quando se reuniu o colégio na Campanha, o major Arantes foi hóspede de meu tio Martiniano, de quem era compadre e íntimo amigo, e ninguém faz ideia dos esforços que se fizeram para que aquele major deixasse de votar no cônego.

Tudo, porém, foi baldado; e ainda me lembro da resposta que ele deu à minha tia quando esta com muitas outras senhoras pediam-lhe com a maior instância que não desse o seu voto ao cônego, e a resposta foi mais ou menos esta: "Ninguém melhor do que eu conhece quanto o cônego é pouco merecedor do lugar que aspira. Vou nele votar com verdadeira dor de coração e quase que até com pejo, mas, minha comadre, eu sou um homem honrado e de palavra, prometi-lhe o meu voto e não posso deixar de dar-lho".

E com efeito assim o fez. Agora, pois, que já conhecemos a pessoa e a família do candidato, continuemos com a história dessas eleições de 1856, que eu havia deixado para o capítulo seguinte e que só agora é que chegou a vez de a concluir. Eu, porém, prometo por enquanto deixar de parte as minhas costumadas divagações, e no capítulo seguinte o leitor pode contar como certo que não lhe falarei senão só e exclusivamente de eleições.

CAPÍTULO XXXVIII

Logo que apareceu a lei dos círculos, o cônego Antônio Felipe, embora não publicasse oficialmente a sua candidatura, começou sem mais demora a comunicá-la aos amigos e a todas as pessoas com cujo auxílio já contava ou poderia contar. E como desde muito tempo já havia para isso preparado o terreno e não contava que houvesse no distrito qualquer outro candidato que se apresentasse ou que tivesse os suficientes elementos para vencer, tudo fazia acreditar que a candidatura do cônego não só era uma candidatura perfeitamente viável, mas até mesmo quase que segura.

Havia, naquele tempo, em São Gonçalo da Campanha e hoje do Sapucaí, dois homens que ali viviam à maneira de dois grandes senhores ou como verdadeiros aristocratas, e que sendo por esse motivo muito pouco populares, também por esse mesmo motivo muito pouco se envolviam na pequena política do município. Entretanto eram esses dois homens os que desde muito tempo se haviam constituído, ou vinham a ser de fato, os verdadeiros diretores da alta política conservadora daqueles lugares, visto que se conservando sempre um pouco de longe, porém sobretudo em uma muito grande elevação, eram eles, entretanto, sem cuja vontade nada absolutamente se fazia do que por acaso dependia mais ou menos exclusivamente da alta administração e sobretudo do governo geral, o que não deixava de provocar da parte da gente da Campanha para com eles uma espécie de antipatia ou até mesmo de raiva. Isso porque, habitantes de uma simples freguesia do município, não só eram quem realmente dava as cartas, mas pareciam mesmo tratar a cidade com uma espécie de desdém ou de desprezo. Ora, esses dois homens que assim dispunham de uma tão grande influência na Corte eram o barão do Rio Verde e o comendador Francisco de Paula Bueno, que, sendo senhores de uma fortuna não pequena e mantendo antigas e muito importantes relações sociais e políticas, ainda tinham para apoio incontrastável daquela sua influência as relações de amizade e até mesmo de parentesco entre eles e a família Itaboraí-Uruguai.

Os dois, portanto, ou porque nunca tivessem sentido uma grande simpatia pelo cônego que pela sua parte lhes pagava mais ou menos na mesma moeda, ou porque principiassem agora a recear que a influência cada vez mais crescente deste acabasse por suplantar a sua, ou porque, enfim, independente de qualquer cálculo, o que apenas queriam era terem mais uma ocasião de agradarem ou de lisonjearem ao poderoso marquês de Paraná, o que é fora de toda a dúvida, é que escreveram a este, oferecendo-lhe o distrito de Campanha como sendo de todos, talvez, o mais próprio para que nele fosse apresentada a candidatura do filho mais velho do marquês, que não havia muito tinha acabado de formar-se. Segundo eles lhe mandavam dizer, além de muitas outras considerações que os davam para que aquela candidatura fosse ali perfeitamente aceita, ainda se oferecia a muito favorável e muito especial circunstância de ser aquele um distrito que não tinha candidato, e que, por consequência, em vez de dificuldades só teria para o candidato que indicavam a mais completa alacridade ou simples sorrisos e flores. À vista de um tal oferecimento e de tais seguranças, o marquês, que talvez nunca se tivesse lembrado de apresentar o filho como candidato, ou pelo menos de apresentá-lo por aquele distrito, não quis rejeitar um presente que lhe iam tão espontaneamente dar, e aceitou o oferecimento com agrado.

Em princípios de julho, eu estava em um concerto a que também assistia o cônego, quando de repente ali se ouviu o convencional e bem conhecido estourar do rojão, ou foguetão, que anunciava a chegada do correio, e pouco depois ali apareciam algumas das circulares em que aquele marquês apresentava o filho. Tudo isso se havia feito com um tal segredo, que bem poucos eram os que sabiam do negócio e muito menos os que nele acreditavam. Aquela circular, portanto, veio cair sobre o cônego como um raio que inesperadamente arrebenta, ainda quando não mata, sempre assombra ou pateteia. Ele, contudo, embora ficasse com uma cara de fazer rir e ter dó ao mesmo tempo, teve, não obstante, bastante força para não cair; e eu já não me recordo o que foi que ele então disse e nem do que depois fez.

Julgo, porém, me lembrar que, tendo ficado extremamente branco e com um ar de quem acorda espantado, e que mal tendo podido articular uma pergunta de quem não sabe o que quer perguntar, ele depois fez uma boca de quem procurava assobiar sem que o vento quisesse sair, e, passado muito pouco tempo, dali se retirou.

Como eu não andava muito em dia com essas cousas, que trazendo a todos em uma ebulição constante, para mim não passavam de uma dessas tolas barulhadas que fazem nos teatros por causa das pernas de alguma dançarina, ou da cara de alguma cômica um pouco mais jeitosa, ou talvez antes como tudo isso não passava para mim de uma simples briga de galos, em que não se via uma só ideia sequer e o que unicamente aparecia e tanto se aplaudia eram apenas os pulos e as boas esporas dos contendores, realmente não sei qual foi então a resolução que o cônego chegou a tomar nem se continuou com a mesma atividade na campanha que já antes havia encetado.

Em princípios de setembro, e quando menos se esperava, faleceu na Corte, como se sabe, o marquês de Paraná, e eu não sei se na primeira missa que o cônego teve de celebrar, este rezou o memento ou se pôs, sem talvez sentir, de casula branca a cantar aleluia! aleluia! O que sei e é certo é que ele desde logo pôs-se novamente em campo e que já se considerava o senhor da situação, quando ainda de novo lhe veio estourar aos pés alguma cousa que se não era aquele raio tremendo que quase o havia fulminado, nem por isso deixava de ser uma verdadeira bomba e das mais mortíferas, e que, por isso mesmo, veio não só mais uma vez ainda fazer o pobre do cônego assobiar sem querer, mas que até mesmo o teria feito talvez desacoroçoar completamente do seu intento, se a ambição ou se a perseverança do cônego fosse susceptível de desacoroçoamentos. Ora, essa bomba de que falo, e que tão terrível e esmagadora havia assim se tornado para o cônego, foi a notícia que logo depois chegou — que se o grande marquês havia falecido, ele, não obstante ainda mesmo além do túmulo, continuaria a proteger o filho com a sua poderosa sombra. E, com efeito, o ministério, presidido pelo marquês de Paraná, tendo continuado sob a presidência do marquês de Caxias, todos os seus membros sem a menor discrepância entenderam, que era para eles um dever de reconhecimento, ou antes um verdadeiro ponto de honra, o fazer vingar a candidatura do filho daquele que acabava de ser o seu ilustre e tão poderoso chefe e que se vivo fosse o faria eleger por qualquer parte.

Nem foi só o ministério quem tomou esse negócio a peito, mas pode-se talvez dizer que com este o partido conservador inteiro se havia consubstanciado nesse mesmo pensamento, pois que não eram ainda passados muitos dias depois da morte do marquês de Paraná, quando a Campanha foi de novo surpreendida por uma nova circular, que em vez de vir, como a primeira, apenas assinada por um simples e bem curto nome, vinha agora pelo contrário coberta com as assinaturas de todos quantos na Corte eram ou passavam por ser os grandes magnatas conservadores, e na qual não só se ratificava a apresentação que o marquês havia feito do filho, mas ainda se pedia com o maior encarecimento que fosse ele sufragado.

Isso, porém, era apenas o que se poderia chamar a proclamação, que, antes da batalha, de ordinário se publica para encorajar as tropas e amedrontar o inimigo. Como, porém, algumas vezes se pode espantar o inimigo com o barulho ou com a ostentação de forças que realmente não se possui, o que sobretudo concorre para vencê-lo são os meios que se empregam para ter gente e para desmoralizá-lo. Por isso, ao passo que se publicava para todos essa proclamação solene, que aos olhos do povo tornava-se realmente deslumbrante pelos títulos e grandezas que a firmavam, nas cartas particulares que vinham com ela, mas com endereço especial para os diretores daquele pleito, não se esquecia de dizer, da maneira a mais categórica, que o ministério estava pronto para acudir com todas as providências que se julgassem úteis e que fossem reclamadas e que o governo da província a nada igualmente se recusaria.

Com efeito, ou para encurtar razões, o que eu sei e que é certo é que ainda dois ou três dias antes da eleição chegava à Campanha vinda de Ouro Preto, por um positivo, a nomeação de um novo delegado de polícia, que daquela primeira cidade se havia mandado buscar para substituir o que então estava servindo e que não tinha se mostrado bastante enérgico, ou não se achava, como se costuma dizer, à altura da situação.

Ora, depois que reina o atual imperador, e que a vontade de um só chegou a substituir àquela nossa prístina e tão enérgica vontade nacional, qual foi o partido que por mais unido, disciplinado ou numeroso que fosse, jamais conseguiu com o antigo sistema de eleições obter um triunfo qualquer quando o governo fazia empenho em vencer?

Como se não bastasse para esmagá-lo esse empenho tão fortemente manifestado pelo governo, o cônego ainda teve contra si um fato inteiramente virgem naquele lugar. Todos os principais chefes dos dois partidos então existentes na Campanha e que antes não mantinham entre si mais do que essas simples relações de cortesia, a partir desse momento ou por antipatia para com ele ou pela esperança talvez dos grandes benefícios que ao distrito poderiam advir pela eleição de um representante tão altamente recomendado, esqueceram pela primeira vez os seus antigos ódios e malquerenças e todos se coligaram contra o cônego. Este não teve desde então em seu favor senão alguns chefes secundários desses mesmos partidos, mas que eram em compensação também os mais ativos. Além destes, quase que unicamente o povo mais ou menos miúdo, caso não queiramos levar também em conta um elemento que ordinariamente se despreza, mas que no entretanto tem muita força — o das mulheres que rezavam pelo seu triunfo.

Como, porém, eu disse que os chefes de ambos os partidos se coligaram contra o cônego, para que se possa bem compreender o caráter desta eleição, é preciso que eu aqui declare que sendo ambos os candidatos conservadores, os liberais, sem propriamente cindirem-se, inclinaram-se, à vontade de cada um, para o lado de suas amizades ou maiores simpatias. Se algum princípio um pouco mais alto parecia dominar essa escolha, ou aquilo que o resultado final pareceu indicar, foi que em regra a parte mais aristocrática do partido inclinou-se para os paranistas e a mais democrática, para os filipetas. Em todo o caso, foi o partido liberal quem mais lucrou com essa tão grande baralhada, já que nunca tendo conseguido vencer uma eleição municipal na Campanha, agora, pela primeira vez, tiveram os liberais o gosto e a surpresa de verem que o presidente da Câmara e os vereadores mais votados eram todos do seu grêmio. Os paranistas incluíram na sua chapa quatro dos principais chefes desse partido, enquanto o cônego imediatamente fez outra em que aceitando esses mesmos quatro ainda lhes pôs por cima mais outros quatro, se não me engano.

À vista de tudo quanto até aqui tenho exposto, me parece que não há um só dos meus leitores que não compreenda a natureza e a multiplicidade de embaraços com que o pobre do cônego não teria de lutar.

A despeito, porém, de todos esses elementos contrários, desse empenho tão grande e de todos esses esforços que empregaram contra ele, o cônego acabou da maneira mais completa e contra a expectativa geral por ganhar a eleição preparatória. Mas que importava a eleição da Campanha quando, segundo todas as presunções e sobretudo na opinião dos adversários do cônego, todo o distrito era contra ele?! Quando raiou o dia tão ansiosamente esperado da eleição secundária e na véspera já haviam chegado à Campanha todos os eleitores dos municípios vizinhos, estava tão arraigada no espírito dos paranistas a convicção da vitória do seu candidato, ou era mesmo tão geral a presunção da derrota do cônego, que bem poucos seriam aqueles que se animaram a apostar dez contra cem pelo triunfo deste.

Pois bem, quando correu o escrutínio, aquele padre, sem grande inteligência, sem nenhuma ilustração, sem família, por assim dizer, e sem nenhuma dessas condições intrínsecas ou extrínsecas que constituem o mérito ou que concorrem para criar uma grande e real influência, venceu a eleição por maioria, e a venceu contra todo o ministério e todos os magnatas da Corte, contra o governo da província, que tinha inteiramente se posto à disposição dos seus adversários, e finalmente contra todos os embaraços que lhe antepuseram sem o menor escrúpulo o poder, com as suas forças, e a maledicência, a mais insultante e desbragada da paixão política.

Diante de um triunfo tão grande e que ao mesmo tempo tinha tanto de esplêndido quanto por outro lado e muito mais talvez de inesperado, não só imensa foi a vergonha, a tristeza e a dolorosa surpresa dos adversários do cônego, mas pode-se mesmo dizer que todos os ressentimentos neles se converteram em uma espécie de pasmo ou da mais completa consternação. Em vez dessa raiva mais ou menos explosiva que em tais casos de ordinário se vê, o que de fato se observa é que, sem ânimo e sem forças para disfarçarem aquele seu tão grande desalento, eles também se mostravam, e muito mais ainda se sentiam, sem as forças e sem a precisa vontade para reagirem de um modo mais ou menos heroico contra a desgraça que os oprimia, e que, enquanto assim calados e cabisbaixos iam no meio dessa sua inesperada e tão cruel desventura roendo, por assim dizer, aquele tão amargo osso que a sorte impiedosa lhes havia preparado, só uma única ideia lhes acudia o espírito, como um pálido sorriso de consolação ou como um último urro da vingança.

Ora, essa ideia vinha a ser aquela tão completa e tão bem conhecida nulidade do cônego, a qual, diziam eles, bem depressa teria de fazê-lo na Corte um objeto de desprezo e talvez mesmo de riso. E mais, não eram poucos talvez os que, sem serem inimigos do cônego, pensavam mais ou menos por esse modo. O cônego, porém, tendo chegado à Corte, pouco depois ali faleceu de febre amarela, e ninguém sabe se nesse ponto o vaticínio se realizaria ou não.

Creio, entretanto, que se o cônego vivesse, bem longe de alçarem essa tão triste e tão magra consolação, os seus inimigos teriam de passar por uma nova e não menos cruel decepção, pois acredito que se não fosse a morte que o veio surpreender no meio do seu triunfo, ainda quando o cônego não pudesse ou não se animasse a falar na Câmara e que ainda quando ali não fosse capaz de lavrar um simples parecer um pouco mais sério de qualquer comissão, nem por isso deixaria de acabar por obter tudo quanto desejasse, tal era a sua perseverança, o seu jeito para degradar-se, insinuar-se por toda a parte, sobretudo com as pessoas que desejava agradar, e finalmente sua grande habilidade de empregar e fazer valer todos os pequenos meios. Tenho para assim pensar não só a experiência do mundo que me tem dado 56 anos de uma vida que observa e medita um pouco, mas ainda esse conhecimento, que embora não muito profundo, cheguei contudo a ter do cônego. Se, porém, o leitor quer uma prova do que acabo de dizer, eu quero e vou dar uma, que embora à primeira vista de pouca importância, dá, entretanto, muito bem a conhecer o que era o homem e os seus meios.

Essa prova vem a ser a seguinte: tendo o cônego partido para a Corte em abril e ali falecido em junho, em menos de dois meses já tinha se tornado o parceiro infalível de voltarete da marquesa de Olinda, cujo marido era então o presidente do Conselho, ao mesmo tempo era amigo e companheiro de casa do conselheiro Francisco Diogo Pereira de Vasconcelos, que era o ministro da Justiça. Devo aqui declarar que, assim como o atual visconde de Ouro Preto e o conselheiro Joaquim Delfino apenas se encontraram, tais foram as afinidades que entre si descobriram, que desde logo e até hoje, como já tive ocasião de dizer, ambos se ligaram para a boa ou a má fortuna, assim também o cônego e aquele primeiro conselheiro apenas se avistaram em Ouro Preto, desde logo se ligaram de amizade. Quanto a mim, se nela havia alguma sinceridade, seria unicamente da parte do cônego.

A luta entre os filipetas e paranistas foi de tal natureza que, devendo-se votar para um deputado e para um suplente deste, ainda na véspera da eleição nenhum dos dois partidos havia cogitado ou se lembrado de quem deveria ser o suplente. Foi então que meu tio Martiniano, que era liberal e paranista, lembrou-se de falar a meus tios paternos, conservadores e felipistas, que uma vez que não havia candidato à suplência, apresentassem a mim. Meus tios responderam que se aquela sugestão tivesse aparecido mais cedo, eu teria sido com certeza eleito e quase que por unanimidade, mas que na véspera, à noite, tinha-se combinado que se votasse no dr. Antônio Dias Ferraz da Luz, e que agora a minha apresentação tinha se tornado impossível.

Assim, se não fosse aquela demora de algumas horas, eu teria me tornado deputado por aquele distrito, porque tendo o efetivo falecido logo em começo da legislatura, coube de fato o lugar ao seu suplente.

Isso, entretanto, foi para mim talvez um bem, porque uma das maiores dificuldades com que tenho sempre lutado em toda minha vida, e que às vezes quase que me chega a fazer desesperar, é a falta desse dom tão apreciável de bem exprimir o nosso pensamento, que, servindo muitas vezes de capa ou de estímulo para a inópia do espírito, aliado ao estudo, é um verdadeiro ouro sobre azul.

Ora, uma tal dificuldade é em mim de tal natureza, que posso com toda a verdade dizer que, sendo quase que inteiramente incapaz de fazer de improviso um simples brinde, desses que qualquer criança ou caipira um pouco mais desembaraçado faz por aí nos copos d'água, ou de proferir qualquer discurso em que principalmente se fala unicamente por falar, ainda mesmo naqueles casos em que se trata de um discurso cujo objeto é um assunto sério ou mais ou menos abundante, eu nada poderia dizer com um tal ou qual método, e sobretudo em frase que não arranhe os ouvidos ou que não espante a retórica, senão depois de algum estudo e muitas vezes depois de muito trabalho. Aquilo que, embora confusa e muito baralhada, nunca me falta é a ideia, o que me mata é a forma. E se isso ainda hoje é quase que assim, quanto mais logo depois que saí da academia!

O meu papel, portanto, se por acaso chegasse a ir à Câmara naquela ocasião, não poderia deixar de ser, pelo menos assim o acredito, senão inteiramente nulo, em todo caso muito apagado. A minha opinião sobre esta matéria tem sido sempre esta — ou bem César ou João Fernandes —, e que, por consequência, se não se pode aparecer de um modo bem saliente, muito melhor é que se procure esconder o mais que se puder no seio da multidão. E assim não sinto, antes estimo, de ter perdido aquela tão fácil ocasião de ir-me, como tantos outros tão bons ou piores do que eu, poltronear-me nas cadeiras da Cadeia Velha, sem ainda falar no grande risco ao qual sem necessidade ia-me expor de ver da noite para o dia a minha tão morena pele se converter em um pouco mais amarela do que já é, e ter, por consequência, de ver estes meus tão mineiros ossos entregues, sem mais nem menos, à terra do Catumbi.

Alguns meses depois da eleição geral teve de se proceder à de deputados provinciais; e alguns dos meus parentes se lembraram de me apresentar como candidato a um dos dois lugares que ao distrito cabia preencher. A minha eleição parecia estar seguríssima, porque sem ter nenhuma indisposição contra mim, eu era ainda apoiado pelas principais influências dos dois partidos. Mas foi isso justamente o que me parece ter perdido, porque havendo dois outros candidatos e vendo estes, ou os seus protetores, que um deles teria de ser forçosamente derrotado, na véspera da eleição, à noite, chegaram a um acordo e se ligaram para se salvarem a minha custa, embora por muito poucos votos fui com efeito derrotado.

Sendo ainda muito moço e nunca tendo sido dos mais desembaraçados e, por outro lado, contando certíssimo com o meu triunfo, que para mim nunca havia sido objeto de dúvida, pode-se facilmente avaliar a cara com que fiquei quando, estando a assistir à apuração, eu, em vez desse triunfo assim tão sem dúvida e que para mim nunca deixou de ser favas contadas, comecei a ver que ia cada vez mais descendo, até que finalmente a mesa proclamou que o bocado não é para quem se talha, porém, para quem o come.

Para um hipocondríaco, como eu sou, parece que este fato deveria ser para mim um desses espinhos mais ou menos agudos que nos ficam na memória para nos picar durante o resto da vida. Deus, porém, quando criou o homem e o fez inconsequente, não só mostrou que era um grande sábio, mas também que não é à toa que o chama a fonte da sabedoria, porque se há uma cousa que estica até arrebentar, é a lógica, e, se não fosse a inconsequência, eu acredito que a humanidade acabaria afinal por suicidar-se ou por morrer de tubérculos.

Por isso, embora hipocondríaco como sou e olhando para o mundo com olhos de um negro extremamente carregado, eu viva constantemente como na frase consagrada; a descrer e a maldizer dos homens e das cousas, sendo ao mesmo tempo um dos maiores otimistas que o céu cobre, pois que, afinal de contas, a minha filosofia vem a ser a de que tudo quanto Deus faz é sempre para melhor, e hoje reconheço que aquela minha derrota foi para mim um bem.

Com isso, entretanto, não vá agora pensar o leitor que eu quero dizer, ou insinuar, que não senti aquela minha inesperada e tão assinalada derrota, porque além de que felizmente não tenho por costume o mentir, ainda, graças a Deus, tenho um pouquinho de bom senso para não cometer inépcias. Nesse caso se eu quisesse pregar a minha mentirazinha, não haveria um só dos meus leitores que acreditasse, pois todos eles, pelo que acima ficou dito, já ficaram muito bem sabendo que naquela ocasião eu tinha acabado de sair da academia, e se no primeiro ano o estudante não sonha senão com a presidência da República, no quinto essas pretensões já se acham tão minguadas que uma cadeira na Assembleia provincial não é cousa a que de modo algum se torça o nariz, quando mais não seja, é sempre um excelente degrau para se subir mais alto.

Senti, sem dúvida, aquela minha derrota, mas o que posso dizer com toda a franqueza ao leitor é que se muito grande foi o meu pesar, o que realmente me amofinou, ou me queimou como um ferro em brasa, não foi a perda da cadeira, mas o vexame por que passei e o quanto senti o meu orgulho humilhado. Entretanto, foi justamente nisto que tanto me incomodou, que vim afinal a encontrar o bem de que acima falei, já que sofrendo uma semelhante derrota com todas essas circunstâncias que a acompanharam, Deus quis de alguma sorte me estanhar a cara ou calejar-me a sensibilidade para poder sofrer impassível e até sorrindo a série tão longa e constante de outras que teriam de vir depois. É preciso que o leitor saiba que parece ter sido a minha sina a de ser sempre um candidato sem ventura ou de ser constantemente derrotado em campanhas eleitorais. E com efeito, apesar de haver gozado da felicidade de ser sempre muito estimado em todos os lugares em que tenho residido, de ter em todos esses lugares achado muitos e dos mais dedicados amigos no partido conservador e de haver andado constantemente metido em chapas, eu, entretanto, sem falar em duas eleições em que, sem que eu procurasse e até mesmo sem que eu soubesse, me fizeram deputado provincial, nunca cheguei jamais a alcançar o prazer, que bem pouco deveria ser para mim, porém a honra de ser um vereador, um juiz de paz ou um simples eleitor eleito.

Fato este que aqui consigno com o maior orgulho e como um exemplo para os meus filhos, pois que, na realidade, o que um tal fato significa é que, soldado exclusivo da ideia, nunca houve poder ou maioria que fosse capaz de me afastar daquilo que se me afigurava um dever ou ser a verdade, e por isso passei sempre a minha vida política no seio da minoria.

CAPÍTULO XXXIX

Antigo Arraial dos Carijós, a atual cidade de Queluz foi elevada a vila em 1791, pelo capitão general visconde de Barbacena. Composto de campo e mato, a indústria do município em 1857 consistia de: primeiro na criação de animais, sobretudo muares, cujo preço era de 50$000 mais ou menos na idade de um a dois anos; segundo, na cultura da cana em ponto maior ou menor; e terceiro, na de mantimentos, para a qual a mata era boa e os capões ainda melhores.

Queluz era, portanto, naquele tempo, como creio que ainda é hoje, um dos melhores celeiros de Ouro Preto. Além dos tecidos de algodão para o uso doméstico e que se encontravam por toda a parte, havia na freguesia da vila uma fazenda, ou um lugar, chamada São Gonçalo, onde se faziam umas colchas, ou antes cobertores de lã, algumas das quais tinham no centro as armas imperiais, obra tão bonita e tão perfeita que, apesar de ser o seu custo de 50$000, não era fácil obtê-las, visto que, além de serem muito procuradas, sobretudo para presentes, na Corte e na província, até para a Europa, segundo depois vim a saber, algumas foram, por intermédio de minha sogra, para as nossas princesas, que ali residiam, ou para encomenda destas.

Das freguesias do município só mencionarei três — Itaverava, Catas Altas da Noruega e Brumado de Suassuí. Itaverava, como se sabe, é um dos lugares mais célebres da nossa província, por ter sido o primeiro em que se descobriu o ouro em Minas. A despeito, porém, dessa circunstância e de possuir o território da freguesia alguma riqueza, a povoação, além de pequena, era bastante feia, e nada oferecia de notável.

Catas Altas era uma freguesia pobre, que antigamente gozou de uma certa notoriedade por causa do muito ouro que dali se tirou. Ainda em 1857 havia algumas pessoas que em pequeno ponto continuavam a explorar as suas antigas minas, que, por escassas ou por difíceis, já desde muito haviam sido abandonadas. Diziam, porém, que uma das mais ricas veias auríferas que ali se havia descoberto ainda lá se conservava à espera de quem a quisesse ou pudesse explorar, porque tendo sido acompanhada até próximo da igreja, não era possível prosseguir no trabalho sem que esta fosse derribada, e diante do sentimento religioso estacou a cobiça desse tão apreciado metal.

A freguesia do Brumado, que é hoje a vila de Entre Rios, era em quase todos os sentidos a melhor do município. A povoação era grande, asseada e bonita, o povo, mais ou menos civilizado, e se não havia ali muito grandes fortunas, a riqueza estava melhor repartida e o bem-estar parecia ser mais geral. De todas as freguesias do município, era esta a que dava mais serviço à justiça e a que esta, pelo seu lado, mais gostava de ir, pois era ali um costume, ou antes uma espécie de ponto de honra, o não deixar a justiça voltar para a vila sem que levasse consigo o importe de todas as custas feitas e até às vezes das que estavam por fazer-se, de sorte que, custasse o que custasse ou saísse donde saísse nunca deixava de aparecer o dinheiro para esse fim.

Além da freguesia de Itaverava, em que se descobriu o primeiro ouro em Minas, e a de Catas Altas, em que o metal se mostrou muito mais abundante, ainda havia em Queluz um lugar que se tornou notável pela grande quantidade que aí se tirou de ouro. Este lugar chama-se Passagem, e fica a uma légua mais ou menos de Congonhas.

Um dia em que eu viajava pelos lados de Ouro Preto, atravessei um rego que se dirigia para as bandas da Passagem, e eis aqui o que a seu respeito me contaram.

Possuindo alguma fortuna e sendo um homem extremamente empreendedor, o dono, ou descobridor daquelas minas, que sabia muito bem quanto eram ricas e que muito pouco ou quase nada podia fazer por causa da água que era escassa ou que não era suficientemente útil, já não sabia de que expediente pudesse lançar mão para tirá-lo daquela tão grande contrariedade, quando afinal julgou achar esse meio. E eis aqui qual foi. Como se sabe, na serra que passa próximo de Queluz, há um lugar em que se encontra, a muito pequena distância, águas que correm para o Piranga ou rio Doce, para o Paraopeba ou São Francisco e para o Carandaí ou rio Grande. Caminhando-se desse ponto para os lados de Ouro Preto, vai-se tendo sempre à direita as águas do rio Doce e à esquerda, as do São Francisco. Vendo pois aquele homem que não achava na bacia do Paraopeba a água de que tanto precisava, resolveu trazer para a bacia deste rio um córrego que na vertente oposta descia para o Piranga, e embora tivesse para isso de vencer não pequenas dificuldades e uma distância de algumas léguas, empreendeu a tirada do rego. Como, porém, as suas posses não davam para uma tão grande empresa, contraiu entre os seus amigos e conhecidos um grande número de dívidas, meteu-se na mata e nunca mais apareceu, para que, enquanto tirava o rego que devia levar muito tempo, não fosse ele inquietado pelos seus credores. Diante de um tal desaparecimento, estes trataram de acioná-lo à revelia, prepararam as suas execuções, e quando o misterioso fujão de novo apareceu no campo, nas imediações de Ouro Branco e à frente do rego que vinha agora trazendo, sem mais demora começaram a cair sobre ele as citações para a penhora. Ele, pelo seu lado e com a maior impassibilidade, pediu vista para os embargos, até que, por notícia ou denúncia dos credores, sabendo o governador e capitão-geral de tudo isso, mandou chamar o homem e perguntou-lhe se era exato que ele havia pedido vista para embargos de todas aquelas execuções e se era possível que em tão grande número de credores e de dívidas não houvesse um só que não fosse um velhaco ou uma só que não fosse filha da fraude. O homem respondeu que, pelo contrário, todos os seus credores eram homens muito de bem e que tudo quanto exigiam ele realmente o devia, e que em seis meses ele esperava chegar com o rego à mina. Assim que isso acontecesse, não só pagaria a todos os seus credores e com a maior usura, mas que ainda se julgaria bastante rico para dar disso provas à Sua Majestade e ao seu representante na colônia. Por isso, quando pediu vista em todas aquelas execuções, foi unicamente para ganhar tempo e não ter o desprazer de naufragar quando já estava quase que entrando no porto. Diante de uma tal segurança, o governador prometeu-lhe que faria com que os credores esperassem o tempo de que ele ainda precisava, mas que se as cousas não saíssem como dizia, era com ele, governador, que teria de haver-se. E com efeito tudo se passou como o homem havia dito. Pagou, e com muita generosidade, a todos os seus credores; e a sua riqueza tornou-se tal que, sendo uso naquele tempo pulverizarem as mulheres os seus cabelos com uma espécie de pó branco, as suas filhas (se não há em tudo isso no meu espírito alguma confusão de fatos e pessoas), quando iam à igreja, pulverizavam os seus com ouro em pó. Entretanto, se, como disse, não estou confundindo dois fatos distintos, que se deram no mesmo lugar ou que me contaram em ocasiões diversas, ainda alcancei netos e bisnetos desse homem que se achavam reduzidos não só a mais completa pobreza, mas quase que ao estado de verdadeiros mendigos.

Sendo o município de Queluz dividido com o de Ouro Preto por um rio chamado Ventura Luiz ou Maranhão, que corta em duas partes a povoação de Congonhas do Campo, ficava pertencendo a Queluz a margem esquerda ou a parte da povoação onde se acha o santuário do Senhor Bom Jesus de Matozinhos, santuário este que, segundo é de todos bem sabido, foi sempre tão notável na província e até mesmo fora dela, por duas razões: primeiro, pelo colégio que ali por tantos anos se manteve e tanto prosperou, segundo, pelo jubileu que ali tem sempre lugar em setembro de todos os anos e que dura de 12 a 14 desse mês, se não me engano. O colégio, se ainda existe, do que não tenho bem certeza, não é em todo caso mais do que uma simples sombra do que foi antigamente, quando, sendo dirigido pelos padres lazaristas, vinham para ele estudantes de toda a parte, até mesmo da Corte. Quanto ao jubileu, esse parece que ainda continua a ser o que sempre foi. O que posso dizer é que naquele tempo era tal a concorrência que para ele havia, que não só não existiam casas nem outras acomodações que bastassem para os romeiros, curiosos ou traficantes que para ele concorriam, mas que as esmolas que se faziam, sem falar no dinheiro e na cera que era o principal, e compreendiam também animais e outros objetos, muitas vezes atingiam a quantia de dez contos de réis e anos houve em que mostraram muito mais.

A igreja de Matozinhos é pequena e de uma aparência mesquinha por fora, mas é rica e bonita por dentro. O que, porém, a torna muito notável é o seu adro, que, além de bonito, é cercado de um grande número de estátuas de pedra, não sei se dos doze apóstolos ou se dos profetas.

Essas estátuas pareciam perfeitas e a quase todos era o que ali mais agradava e admirava. Entretanto, o que nem todos sabiam e o que muito mais deveria admirar é que todas eram obra de um homem sem mãos — o Aleijadinho. Eu já não me recordo bem no que é que consistia o aleijão desse homem, se na falta completa ou se na simples inutilização da mão, se de uma só ou se de ambas. Mas aquilo que se me contou e que julgo me recordar com mais clareza, é que para que pudesse trabalhar, tornava-se necessário que se lhe amarrasse a ferramenta nos braços ou nas suas imperfeitas mãos. Esse adro de Matozinhos não foi a única obra que ele deixou; segundo ouvi dizer, há em Ouro Preto uma ou mais igrejas que são obras suas.

Como esse, muitos outros homens existiram em Ouro Preto cuja memória deveria ser conservada. Ouvi, de a pessoa que parecia não mentir, que, além de alguns outros fatos curiosos que ali se deram, houve o de um homem que tentou voar, e que fez, não sei com que resultado, alguma cousa nesse sentido. Os filhos, porém, de Ouro Preto, são, como todos os outros mineiros, bem pouco apreciadores do muito que eles possuem de bom, e vão assim deixando que cada vez mais se olvidem as nossas glórias. Ao menos a memória do Aleijadinho algum deles bem poderia salvar do esquecimento, consultando os monumentos e, quanto mais não fosse, aos muito macróbios que ainda por lá existem.

Parece-me que a cidade de Queluz nunca teve, como algumas outras povoações da província, uma muito grande prosperidade. Quando, porém, ali cheguei, era uma vila decadente e pobre e parecia constituir uma só família. Em seu foro e em toda a parte era muito difícil achar uma pessoa mais ou menos limpa que não fosse aparentada com quase todos os outros habitantes do lugar. Apesar da riqueza que lhe faltava, era Queluz uma povoação que nada tinha de desagradável ou de enfadonha; era, pelo contrário, uma povoação alegre, onde as festas eram frequentes, variadas, bonitas e todas muito baratas, porque todos concorriam para elas com as suas pessoas ou com aquilo que podiam dar, e muito pouco era o dinheiro que realmente se gastava. E é assim que fui ali ver algumas festas e brinquedos que nunca eu havia antes visto. Eu, por exemplo, muitas vezes tinha ouvido falar em charola, e muitas vezes tinha empregado a palavra no sentido que geralmente a ela se dá, de alguma cousa que se faz em ar de pouco caso ou de brincadeira. Entretanto, só em Queluz cheguei a saber qual a verdadeira origem dessa palavra, ou o que propriamente se chama charola, pois que ali é que fui ver uma pela primeira vez. A charola é, pois, a condução de um pequeno andor em que vai um Senhor dos Passos pequenino. Essa condução, que tem lugar à noite e no escuro ou com muito poucas luzes, faz-se cantando e correndo ou pelo menos em passo muito apressado, de sorte que mais parece uma confusão ou um tumulto do que mesmo um ato sério ou religioso.

Outro brinquedo que ali também vi, mas que não posso bem descrever, ou porque não lhe prestei bastante atenção, ou antes porque a minha memória daquele tempo já não era a mesma dos tempos de criança chamava-se Luiz ou Liz Teixeira. Sei apenas que era um homem carregado em uma padiola, ou em uma espécie de andor, com alguma algazarra e canto, e que onde parava ou enquanto caminhava parecia que ia serrando ou fingia que serrava alguma cousa. Se, como me parece ter uma vaga lembrança, nessas paradas o homem do andor pregava o sermão da cachaça, é muito de supor que esse brinquedo nada mais fosse do que alguma festa de Baco que o paganismo nos transmitiu.

Deixando de parte algumas outras novidades desse gênero que ali encontrei, só falarei agora da serração da velha, embora, como a respeito do Liz Teixeira, a memória ainda aqui me falhe ou não me ajude. De três cousas, entretanto, me recordo bem: primeiro, a velha é a quaresma que eles tratam de serrar, pois que esse brinquedo tem lugar justamente no meio exato da quaresma; segundo, a velha faz um testamento exatamente como o de Judas, em que se satirizam os costumes ou antes algumas pessoas; e terceiro, esse brinquedo terminava por uma paródia mais ou menos perfeita de um enterro, ou antes de um ofício solene de defunto, pois que reunidos todos defronte da minha casa no largo da Matriz, com estandartes, luzes e muitos deles vestidos de padres, aí se conservavam um tempo imenso a cantarem lições e a praticarem algumas outras solenidades que são próprias daqueles ofícios.

Se, porém, achei em Queluz este costume da serração da velha que se fazia na quaresma e que não havia na Campanha, em compensação não encontrei ali e nem talvez mesmo em nenhuma das partes por onde tenho andado, um costume que havia naquela cidade e que era o da encomendação das almas.

E já que tratando da Campanha esqueci-me, ou não tive ocasião de falar, deste costume, e sendo o meu plano não ter plano nenhum, mas ir apanhando tudo para nada perder do que me acode ao pensamento, vou agora aproveitar a monção que se oferece para reparar aquela falta, e direi, por consequência, que assim como em todas as quartas e sextas-feiras da quaresma havia na matriz da Campanha um ato religioso que se chamava orações mentais também nesses mesmos dias acontecia muito alta noite nas ruas as encomendações das almas.

Essas encomendações, porém, eram de duas naturezas. A primeira, ou a menos solene, era feita por alguns sujeitos que, munidos de uma ou mais matracas, percorriam as ruas e que onde ou quando paravam, depois de baterem a matraca para acordarem os moradores, cantavam em voz soturna e triste umas certas palavras com as quais procuravam recomendar-lhes que se lembrassem da morte e que rezassem pelas almas.

A segunda era feita com música, e tinha alguma cousa de solene e ao mesmo tempo de comovente; porque, embora muito simples, a música de que serviam-se era toda cheia de uma tão doce e profunda melancolia, com um não sei quê de fantástico, e tornava-se por isso mesmo muito própria para abalar o coração e para levantar o pensamento para as cousas de além-túmulo. Dos costumes de Queluz, os únicos que estranhei, foram apenas dois. O primeiro, empregar-se a palavra obrigação como sinônimo ou em lugar da palavra família; e o segundo, a protesto de arearem os dentes, não tirarem a maior parte das mulheres o fumo da boca que realmente mascavam, e o que muito mais repugnante ainda se tornava é que algumas havia que besuntavam com ele os lábios por fora.

CAPÍTULO XL

QUANDO CHEGUEI a Queluz, os homens que ali representavam o principal papel eram os seguintes: o barão de Suassuí, que se dizia e a princípio assinava barão de Sussuí, o coronel Antônio Rodrigues Pereira, que foi depois barão de Pouso Alegre, e os dois irmãos Baetas.

O barão de Suassuí parece que tinha algumas qualidades boas, pois que tinha alguns amigos que lhe pareciam dedicados. Filho, porém, do último capitão-mor do lugar e tendo-se tornado muito célebre debaixo do nome de capitãozinho, pelas suas extravagâncias e arbitrariedades, quando o conheci, ainda não tinha inteiramente se esquecido de que era ou havia sido o filho de um capitão-mor. Jogador e ambicioso, parece que não era muito cavalheiro no jogo; como o único emprego lucrativo do lugar era o de coletor, este entendia ele que lhe devia pertencer e aos seus. Assim, tendo-o exercido pessoalmente por não pouco tempo, depois o passou a um sobrinho. Sendo coletor em 1834 e recebendo a nomeação de substituto do juiz municipal daquele termo, ele, que embora extremamente ignorante, tinha contudo bastante viveza para não se deixar prejudicar no que lhe dizia respeito, soube que os empregos eram incompatíveis e oficiou ao presidente declarando que se a incompatibilidade, com efeito, existia, ele optava pela coletoria, o que deu lugar a que se aumentasse com mais um fato a coleção já então tão rica dos despachos estrambóticos do general Andreas, pois que sendo este então o presidente de Minas, pôs naquele ofício o seguinte despacho: "Informe a tesouraria que tal é o freguês que tão apegado se mostra ao emprego".

O coronel Antônio Rodrigues era um velhinho magro e teso, e tinha sempre a cabeça tão erguida que incomodava extremamente a quem com ele falava. Era, entretanto, tão forte que apesar da sua idade, saía da sua fazenda dos Macacos, que fica ao pé da estação de Buarque de Macedo, e chegava no mesmo dia a Ouro Preto.

Homem inteligente, como quase toda a família, e muito voltairiano, o coronel Antônio Rodrigues era, por assim dizer, a vaidade personificada. Para prová-lo, imensa e variadíssima seria a coleção dos fatos. Creio, porém, que para isso bastarão dois únicos. Sendo fazendeiro e não tendo nem podendo ter conhecimento de Direito, tinha ele, entretanto, por costume dizer que, na qualidade de substituto do juiz municipal, nunca tinha precisado ou que poderia pelo menos sem o menor inconveniente dispensar qualquer assessor.

Assim também, estando ele uma ocasião a presidir o conselho de revista da Guarda Nacional, do qual fazia eu parte e o presidente da Câmara, não sei bem a que propósito, veio a se falar no então marquês de Caxias, e quando um de nós insistia sobre uma opinião, ou uma das melhores qualidades daquele general, o coronel Antônio Rodrigues, com os acentos da mais profunda convicção ou com o ar de quem dizia a mais conhecida de todas as verdades, exclamou: "Não me falem em Caxias! Caxias não é nada. Eu a frente de um exército valho muito mais do que ele". Este homem, entretanto, que era além disso essencialmente egoísta, gozava no município de grande consideração, e onde aparecia, quase sempre dominava. Moral da história: Quem mais grita é quem mais tem razão.

Os filhos muito pouco ou quase nada se parecem com o pai. O meu concunhado, dr. Washington, é, por assim dizer, a mais completa antítese do pai, porque de um gênio alegre e muito sem cerimônia, é ele um dos homens mais chãos que tenho conhecido. O conselheiro Lafaiete, esse se parece um pouco mais com o pai; porque, debaixo das aparências de uma grande modéstia e bonomia, ele é na realidade um grande poço de orgulho, que, quando é fundado, nunca foi vaidade.

Quanto aos Baetas, a gratidão exige que eu não seja tão lacônico, e vou sobre eles estender-me um pouco mais.

No começo desse século, ou pelos fins do século passado, veio para o Brasil um português que trazia nas algibeiras algumas patacas, quatro ou seis, já não me recordo o número. Chegado ao Rio de Janeiro, esse português viu bananas, provou-as, e no fim de dois ou três dias tinha nelas consumido a maior parte do seu capital. Com o restinho que lhe ficou, comprou uns lenços e mais algumas pequenas quinquilharias de muito pouco valor, fez de tudo uma pequena trouxa e subiu para Minas.

Pouco depois regressou à Corte e de novo voltou para Minas com uma trouxa já muito maior, já que tudo quanto na primeira tinha levado, havia vendido com um lucro imenso. As viagens foram assim se repetindo, e no fim de algum tempo já o português tinha um sofrível capital.

Naquele tempo em que as minas já pouco davam, em que ainda não se ganhava para se enriquecer, mas que era preciso trabalhar muito e gastar pouco para se alcançar no fim de muito tempo uma boa fortuna, em que não havia tomado no Brasil o desenvolvimento que depois tomou essa frutinha, que é hoje tão conhecida e que se chama *Coffea arabica*; só existia um único meio de enriquecer depressa e muito. Esse meio era o contrabando de africanos ou o negócio de negros novos. Esse negócio era de duas espécies. A primeira era daqueles que, quase nada mais precisando do que ter um navio, iam à África; atulhavam a embarcação do maior número de peças que podiam, e ainda dando de quebra, ou para as avarias, metade da carregação, conseguiam com a outra metade apurar e embolsar um lucro pronto e imenso. Bastava uma meia dúzia dessas viagens para, em muito pouco tempo, pôr um homem a nadar em cobres. Era uma espécie de sorte grande que ia se tirando sempre. Mas, em compensação, esse negócio tinha dois grandes contras: o mar que foi sempre traiçoeiro e o inglês que é sempre egoísta. Às vezes, quando as cousas pareciam mais seguras, lá se ia por água abaixo, ou para as unhas dos ingleses, a carregação mais o navio. A segunda espécie era muito mais segura, porque em terra não se naufraga, e não há quem prenda ou queira mal àqueles que nos fazem bem.

Se, porém, o negócio era seguro, era preciso, contudo, tantos centos de mil-réis quantos fossem os contos que se queria ganhar. Foi isso o que fez o português; e tão bem andou nesse negócio que, tendo se afazendado em Queluz, quando ali falece, deixou uma fortuna que não era para se olhar sem que se lambessem os beiços.

Nunca se tendo casado, logo que teve fortuna, começou aquele português a mandar vir de Portugal os sobrinhos que por lá tinha em não pequeno número. Quando um destes chegava, ia imediatamente para a enxada; e o prazer do tio parecia ser empregá-los nos serviços os mais pesados e muitas vezes mesmo os mais sórdidos e grosseiros. Se algum deles tinha de ir a Queluz ou a Ouro Preto com a tropa, havia para todos, fosse qual fosse o seu tamanho ou a sua altura, um único e velho casacão, que havia sido do tio em outros tempos, e que, tanto tendo de grande e de grosso quanto tinha de forte, era, segundo muitas vezes eu ouvi dizer, uma cousa verdadeiramente horrenda.

Por maiores que fossem os trabalhos e os sofrimentos dos sobrinhos, era aquele maldito casacão o que constituía para eles o maior de todos os seus martírios. Entretanto, por mais esquisito ou mesmo por mais repugnante que tudo isto nos possa parecer, é preciso, contudo, acrescentar que não era por maldade ou por falta de amor que o tio assim procedia, mas unicamente porque entendia que para que os sobrinhos pudessem chegar a dar homens, tornava-se absolutamente indispensável que fizessem ou aprendessem a fazer o que durante toda a sua vida ele mesmo nunca tinha deixado de fazer, isto é, trabalhar muito e economizar muito mais ainda. E tanto não é isto uma simples suposição, porém a mais completa verdade, que um deles, que foi depois o barão de Loredo, não tendo podido resistir a tanto trabalho, a tanta impertinência e ao mesmo tempo àquele maldito casacão, e tendo, por consequência, deixado o tio e logo depois se casado, este desde que o viu casado e portando-se bem, sem mais demora mandou emprestar-lhe por interposta pessoa a quantia naquele tempo avultadíssima de vinte contos de réis; e tão bem guardado ficou sempre este segredo, que só depois da morte do tio, é que o sobrinho veio a saber donde lhe tinha vindo o benefício. Este português, que era geralmente conhecido em Queluz pelo nome de O Baeta Velho, depois de ter no seu testamento aquinhoado mais ou menos a todos os seus parentes, deixou a quase totalidade da sua fortuna aos dois sobrinhos mais velhos e que mais tempo o haviam suportado.

Desses dois sobrinhos, o mais velho, que se casou e naturalizou-se brasileiro, era o comendador Joaquim Lourenço Baeta Neves, e o outro, que português se conservou e sempre solteiro, chamava-se Daniel Lourenço Baeta Neves. A maior paixão desses dois homens era que a família aparecesse; e por isso, embora qualquer deles perfeitamente conhecesse todo o valor que tem o dinheiro, e ninguém melhor do que eles o soubesse ganhar e guardar, nunca a bolsa de ambos deixava de estar larga, e muito largamente aberta, para tudo quanto eram festas ou melhoramentos locais e bem assim para todas quantas subscrições apareciam, quer nacionais ou públicas, ou quer mesmo simplesmente particulares. Daniel, que era estrangeiro, de uma vida muito frugal e extremamente modesta ou retraída, nunca quis e nunca procurou cousa alguma para si, mas ele era o irmão, ele era os sobrinhos, e tudo ele queria para aquele e para estes.

Sendo, como disse, a paixão daqueles homens que a família aparecesse, apenas os dois filhos mais velhos chegaram à idade de poderem ir para São Paulo, para lá logo os mandaram.

Esses dois filhos, dos quais um foi depois barão de Queluz e o outro é o dr. José Joaquim Baeta Neves, hoje juiz de direito em uma das comarcas daquela província, ali estiveram, com efeito, algum tempo. No fim de um ano, porém, ou pouco mais, a respeito de estudos estavam quase como tinham ido; e haviam gasto, se bem me recordo, sete ou nove contos de réis.

Ninguém faz ideia do desgosto que isso causou aos dois Baetas, não pelo dinheiro, que era para eles neste caso uma questão mais ou menos secundária, mas porque aqueles que deviam honrar e ilustrar a família, mostravam-se por esta forma inteiramente abaixo das suas esperanças e muito mais ainda dos seus desejos. Os dois moços vieram, pois, para a casa, o pai os pôs no eito com os escravos e muitas vezes ainda os ia ali feitorizar, até que o tio, julgando o castigo suficiente, intercedeu por eles, e ficou resolvido que ele mandaria a José, que era seu afilhado, para Pernambuco à sua custa, para ver se nesse lugar dava melhor contas de si, e se forneceria à família o corte de um deputado, de um senador ou de um ministro talvez. Daniel, portanto, marcou ao sobrinho uma mesada bastante avantajada, mas sem ordem de tirar nem sequer mais um vintém, e o mandou para Pernambuco. Ou porque as ordens fossem assim tão restritas, ou porque a enxada lhe tivesse dado juízo, José Baeta começou a fazer o seu curso sem nenhuma novidade, e cada notícia de uma nova aprovação, era um sino que repicava no coração dos dois irmãos. Tudo, pois, corria às mil maravilhas, quando, já quase no fim do curso, José participou que ia casar-se, e o repique dessa vez se converteu em dobre de finados, sobretudo quando José mandou contar que a sua noiva, além do mais, até sabia filosofia. Filosofia dentro de casa! Filosofia na cozinha!, exclamaram os dois ao mesmo tempo, e quase que acreditaram que o mundo já começava a virar de pernas para o ar.

Mas, enfim, passado o primeiro assombro, começaram a pensar que o diabo não era talvez tão feio como se o pinta. Como o rapaz formava-se e a noiva era de boa família, ou filha de uma pessoa de importância em Pernambuco, ambos se conformaram com a sorte, creio mesmo que a mesada foi dobrada, e quando a nova parenta veio, lhe fizeram boa casa.

Eu ainda não vi homens em que o espírito de família fosse tão profundo, ou tão energicamente acentuado, como eram aqueles antigos Baetas, e sobretudo entre os dois irmãos, Joaquim e Daniel, a amizade era de tal natureza que bem se os poderia comparar aos dois irmãos siameses. E disso poderá servir talvez de prova o fato que vou contar. Embora de um gênio mais ou menos alegre, o comendador Joaquim Baeta começou de repente a entristecer e acabou por meter-se em um quarto sem querer ver nem falar a ninguém. Daniel vai vê-lo e encontra-o nesse estado. Quando volta para casa, ou muito poucos dias depois, cai no mesmo estado em que se achava o irmão.

Naquele tempo residia em Barbacena, donde era filho, o dr. Camilo Armond, que foi depois conde de Prados. Um dos nossos melhores médicos, rico e hipocondríaco, o dr. Camilo tomou uma tal aversão à clínica, que bastava que se lhe falasse em ver um doente para que ele se tornasse quase furioso. Entretanto, quanto mais esquivo se mostrava, tanto mais admiráveis eram as curas que fazia. Não achando possibilidade de livrar-se de uma amofinação que tanto o atormentava, o dr. Camilo preferiu dos males o menor e declarou que todos os dias, ou que em certos dias a uma hora certa, ele veria a todos os doentes que o procurassem, os quais vinham muitas vezes de distâncias muito grandes. Por mais distraído ou mesmo alegre que estivesse, apenas batia a hora fatal, o seu rosto imediatamente se assombrava, ele parecia prestes a ter algum grande incômodo. Não obstante, ia para o seu posto, e ainda que sempre carrancudo e de mau humor, durante a hora marcada examinava a todos que se apresentavam e para todos receitava. Como nada recebia para si daquele seu trabalho, todos que já sabiam do costume que estava estabelecido, à proporção que iam saindo, depositavam sobre uma mesa uma espórtula qualquer conforme as suas posses ou a sua vontade. Todo esse dinheiro era para a Casa de Misericórdia de Barbacena, pela qual o dr. Camilo muito se interessava, e na qual, sendo médico, quando ali entrava parecia se converter em um ser inteiramente diferente. Tornando-se logo jovial e carinhoso para com todos os doentes, procedia para com eles com um tal cuidado e um tal zelo, como se fosse um médico que dali tirasse a sua subsistência ou os mais avultados rendimentos. Se, porém, fora da Misericórdia, o dr. Camilo arrenegava de tratar de doentes, ele entretanto não deixava, como outro qualquer particular, de visitar os amigos ou conhecidos que por acaso enfermavam.

Ora, estando os dois Baetas naquele estado, a família e um primo que era médico resolveram levá-los para Barbacena, não só para se ver se melhoravam com a mudança de terra, mas ao mesmo tempo, ou sobretudo, na esperança de que pudessem ser vistos pelo dr. Camilo. Felizmente eram ambos conhecidos daquele estapafúrdio salvador dos outros. Ele os foi visitar na chácara em que residiam, e por uma dessas bizarrias que são tão próprias nos homens dessa natureza, o dr. Camilo não só continuou a ir vê-los todos os dias, ou quase todos os dias, mas ainda com eles ficava a conversar horas inteiras.

Em pouco tempo os dois irmãos começaram *pari passu* a melhorar, e quando um sarou o outro estava igualmente são.

De todos os seus parentes, aquele a quem ambos mais estimavam era um primo que se chamava Joaquim Afonso, e que algum tempo depois foi genro do comendador.

Sendo muladeiro, Joaquim Afonso passava pela Campanha para ir a Sorocaba, e ali se achando, quando me dispunha a partir para Queluz, não sei quem se lembrou de pedir-lhe uma carta de recomendação para mim. Quando cheguei a Queluz apresentei a carta aos primos, e desde logo fui tratado por ambos com a mais completa cordialidade, comportamento este que bem depressa se converteu em estima e amizade, e durante todo o tempo em que ali estive nunca deixou de se conservar tal qual, ainda mesmo a despeito de algumas desagradabilíssimas circunstâncias, que, outro fosse o caráter meu e deles, bem poderiam ter quebrado a primitiva simpatia e a consequente amizade. Logo que cheguei pedi ao Daniel que me arranjasse uma casa e ele me disse que a casa já estava arranjada, e não só no dia seguinte para ela me mudava, porém, ainda pouco tempo depois, ele a mandava envidraçar e oleá-la toda. Quando quis saber do preço do aluguel para pagá-lo, disse-me que não tinha casas para alugar; quando insisti a sua resposta foi a de que ele não me havia dado a casa, mas sim ao seu primo Joaquim Afonso, que me havia recomendado.

Lembrei-me então de procurar outra e de mudar-me, mas vendo as grandes despesas que ele havia feito, e que a minha saída poderia ofendê-lo, refletindo, ainda, que as nossas relações de amizade já estavam travadas e que não seria o aluguel da casa que poderia aumentar a minha suspeição, se acaso houvesse, e tendo finalmente, e sobretudo, bastante consciência do meu caráter, não insisti nem mudei-me, nessa casa me conservei durante todo o tempo em que ali residi.

CAPÍTULO XLI

A CASA em que morei em Queluz fica defronte da matriz, ocupando toda a frente do largo entre a rua Direita e a outra que passa pelo lado oposto. Quase toda de pedra, a madeira que nela se empregou é tão grossa e de tal qualidade que faz gosto vê-la e admirá-la. Entretanto, essa casa foi comprada algum tempo depois da revolução pela insignificante quantia de dois ou três contos de réis.

Quando nela morei, ainda se viam em diversos lugares os sinais das balas que a haviam ferido no combate de 26 de julho de 1842, combate este cuja suma é a seguinte:

Tendo na véspera à noite sido a vila flanqueada pelas forças do capitão Marciano Pereira Brandão, que se emboscaram nas estradas de Congonhas, Suassuí e Ouro Preto, no dia 26 foi atacada do lado do Lavapés pela coluna do coronel Antônio Nunes Galvão e do lado das Bananeiras pela do coronel Francisco José de Alvarenga. O exército da legalidade que defendia Queluz tinha estado ao mando do comandante das armas José Manuel Carlos de Gusmão, tendo, porém, este, poucos dias antes, se retirado para Ouro Preto, no dia do combate era o exército comandado pelo brigadeiro Manuel Alves de Toledo Ribas.

Como em quase todos os combates a que assistiu o presidente rebelde, neste, de Queluz, o papel proeminente, ou o mais brilhante, ainda veio a caber ao bravo e infatigável coronel Galvão. Entretanto, Galvão já era velho, e de mais a mais um velho achacoso. Tão adoentado se achava no combate de Santa Luzia que, mesmo no momento mais crítico daquela ação, foi atacado de uma forte síncope que o impediu de continuar a combater. Tal era a sua força de ânimo e de vontade que, apesar do estado enfermo em que se achava, desde que a si tornou e que pôde dar ordens, logo as deu, e tão sábias e acertadas que a ele se deveu o ter dali se afastado o exército rebelde, mais como um exército que voluntariamente se retira do que mesmo como um exército vencido. Tendo logo depois daquele combate deposto as armas em Matozinhos, ele ali mesmo se ocultou e muito pouco depois ali mesmo faleceu.

Os rebeldes, porém, tinham feito grande medo ao governo; e se, como se diz, o medo é mau conselheiro, não duvido acrescentar que o medo foi sempre muito pouco cavalheiro. E disso foi uma das provas, naquela ocasião, do modo como foram tratados os prisioneiros de Santa Luzia, pois que, embora constituíssem eles o que havia de melhor na província e tivessem voluntariamente se entregado, além de outras picardias que sofreram nem sequer lhes dispensaram os ferros na sua condução para a capital. Grande foi, portanto, o terror que de todos se apoderou logo depois da vitória, e tão grande foi esse terror, que dar asilo a um rebelde pareceu ser um crime igual ao da própria rebelião. A pessoa, pois, que havia asilado a Galvão em Matozinhos parecia recear ser acusada de haver cometido esse tão grande crime, e o que é certo é que, por esse ou qualquer outro motivo, não só foi Galvão enterrado sem acompanhamento e sem honras, mas embrulhado ou cosido apenas em um simples lençol, como era o costume enterrarem os escravos. Até mesmo no próprio assento de óbitos, o seu nome foi dado como o de um escravo da fazenda em que ele havia falecido.

E eis aqui qual foi o triste e lastimoso fim do mais valente cabo de guerra da revolução mineira ou como miseranda vítima de uma tão generosa causa escondeu seu nome debaixo da terra e morreu como escravo, aquele que tanto havia combatido pela liberdade e que muito mais do que tantos outros era digno de uma estátua porque prudente e bravo, modesto e firme, Galvão possuía ainda um grande coração e uma alma verdadeiramente heroica. E eis aqui um exemplo apenas para que se possa conhecer o homem. Atacada a vila de Queluz por todos os lados, o exército da legalidade começou a recuar por toda a parte, até que, por fim, se concentrando no largo da Matriz, fez desta uma espécie de fortaleza, donde com a artilharia de que dispunham, os legalistas varriam as ruas que iam ter ao largo.

Na rua Direita e quase que defronte da casa em que morei, havia um sobrado donde se avistava o adro e grande parte do largo. Um filho de Galvão, o alferes Fortunato Nunes Galvão, penetrando naquela casa, trata imediatamente de fazer dela um ponto de apoio para atacar o inimigo, e apoderando-se ele mesmo de uma espingarda, e convertendo-se em atirador, logo que a havia carregado, dentro da sala, vinha para uma janela de sacada que havia na casa e, protegendo-se com o portal da mesma janela, fazia com segurança a pontaria e atirava para a igreja.

Tão incômodo para os legalistas tornou-se aquele terrível atirador, que resolveram, custasse o que custasse, pô-lo fora de combate. Um soldado, portanto, saindo da igreja pelos fundos do adro, passa-se para o lado oposto ao da rua Direita, e, cosendo-se com as casas e ocultando-se de todos os modos que pôde até chegar junto da casa em que depois vim a morar, de novo atravessa o largo e, sempre escondido pela casa, vai colocar-se na esquina que esta formava com a rua Direita. Ali colocado, o soldado fez exatamente o mesmo jogo que estava o moço fazendo; enquanto este, amparando-se com o portal da janela, apontava para a igreja, o soldado amparado pela esquina da casa apontava para ele, que disparando o tiro o feriu em cheio.

Como a distância era muito pequena e pouco mais teria de dez braças, se é que realmente as tinha, o jovem Galvão caiu mortalmente ferido. Avisado que lhe morre o filho, corre o velho pai a vê-lo, e mal tem tempo para lhe cerrar os olhos.

Terrível foi o golpe e o coração lhe estala. Mas como se tivesse pejo da sua própria dor, ele, como o carvalho que se desenraiza e não se verga, não chora o filho nem a si mesmo se lamenta, dizendo apenas: "é um que perco, mas três ainda me ficam para darem a vida pela liberdade da nossa pátria". Silencioso se retira e vai de novo combater.

Esse combate de Queluz é um daqueles poucos em que a verdade aparece em toda a sua nudez, porque havendo a seu respeito nada menos de três partes oficiais, nos pontos capitais são todas perfeitamente concordes.

Se, porém, todas são concordes nos pontos capitais, sobretudo na completa derrota que ali sofreu o exército da legalidade; nenhuma delas, entretanto, se ocupa dos pequenos incidentes nem dá a menor notícia de um grande número de episódios mais ou menos interessantes que se deram naquele combate e que a tradição conserva. Em parte, ao menos, eu poderia sanar essa lacuna; isso, porém, me levaria muito longe. Eu pois, deixando de parte tudo quanto sei, me contentarei apenas com o citar aqui dois fatos, dos quais o primeiro pode servir de argumento para aqueles que acreditam na fatalidade do nosso destino e o outro é uma das melhores provas de quanto é capaz o medo ou um terror pânico.

Em uma casa que havia, e que não sei se ainda existe, quase que defronte da cadeia, porém um pouco mais para o lado da igreja do Carmo, morava em 1842 uma pobre mulher. Quando começou o ataque da vila, foi tal o susto que dela se apoderou, que não contente de fechar todas as portas e janelas, ainda procurou um dos quartos que mais recônditos ficavam no interior da casa, e ali foi se esconder, metendo-se debaixo da cama. No dia seguinte, quando se abriu a casa e se procurou a sua habitadora, esta ainda se achava debaixo da cama, mas estava morta e banhada no seu sangue. Como se de propósito a procurasse, uma bala de peça ou de espingarda atravessando uma ou talvez mesmo muitas paredes a tinha ido ali alcançar, e ela desta sorte achou a morte no lugar justamente em que mais segura supôs guardar a vida. Quanto ao outro fato que se passou com o tenente-coronel Luiz Gonzaga de Melo, e que foi o próprio que me contou, foi o seguinte:

Acossado por todos os lados, o exército da legalidade tinha, todo, como já disse, se concentrado no largo da Matriz e ali se achava quando chegou a noite. Completamente desmoralizado para que pudesse ainda resistir e estando privado de mantimentos e absolutamente sem água, da qual se achava cortado, os rebeldes contavam que, apenas amanhecesse, o inimigo se renderia à discrição.

E como supunham que este se achava completamente cercado no largo, descuidaram-se de segurar as saídas da povoação. Próximo, porém, ao fundo do adro, havia um beco muito estreito, escuro e íngreme, que descia para uma rua que levava à estrada de Suassuí. Apenas escureceu, a não serem os feridos e aqueles que preferiram se render e que no dia seguinte foram aprisionados em número de duzentos, todos os mais se enfiaram por aquele beco e procuraram a estrada de Suassuí, onde apenas existia um piquete de quatro ou seis pessoas que ali estavam unicamente para vigiarem quem entrava ou quem saía.

Os legalistas tinham alcançado o seu intento e já davam graças a Deus de os haver salvo de um perigo que parecia sem remédio, quando o piquete, pelo seu lado, ao ver aquele borbotão de gente com o qual de todo não contava, antes de salvar-se, lembra-se de aproveitar ao menos os tiros que já estavam prontos e dispara as espingardas contra os primeiros que chegavam. Ouvindo aqueles tiros, os fugitivos acreditam que a estrada estava guardada com forças pelos rebeldes, e seguiu-se então uma das cenas mais indescritíveis de terror, confusão e desespero, porque, além de tudo, entre aqueles fugitivos havia também algumas mulheres.

Fazia parte dessa multidão assim posta em tão terrível debandada, aquele tenente-coronel Gonzaga, que, julgando estar a estrada tomada, ficou algum tempo sem saber o que fazer até que, sendo um perfeito conhecedor de todas aquelas localidades, lembrou-se de meter-se no mato e procurar a fazenda da Pedra, que fica nas imediações das Taipas, e que, pertencendo a parentes seus, poderia lhe servir de refúgio.

Ele, portanto, sem mais demora, meteu-se no mato, e disse-me que, durante toda a noite, caminhou sempre e sem parar um só momento em direção às Taipas. Quando começou a aparecer esse clarear tão duvidoso que precede a aurora, lhe pareceu lobrigar um campo, e este assemelhava-se exatamente ao pasto da Pedra, e sem mais demora para lá se dirigiu.

Quando, porém, entra no pasto, e que ali dá os seus primeiros passos, vê diante de si um soldado que lhe apontava uma espingarda ao peito. A surpresa e o susto que esse fato lhe causou foi tal que, lhe faltando a voz para gritar ou ânimo para correr, estacou no mesmo lugar, e imóvel ali ficou até que afinal reconheceu que o soldado era um toco e a espingarda um galho seco que ainda o toco conservava.

É desnecessário dizer qual não foi o alívio que sentiu a sua alma já tão atribulada quando ele se viu livre daquele perigo, embora cômico, tão terrível para ele. Esse consolo porém, bem pouco durou, ou não passou de um simples alívio puramente momentâneo; porque, livre daquele perigo e pondo-se, sem mais demora, a correr para a casa que ficava embaixo e que ia se tornar para ele a salvação, de repente reconhece que em vez da fazenda da Pedra, que fica a cinco ou seis léguas distante de Queluz, ele estava descendo para a chácara das Bananeiras, distante apenas um quilômetro ou pouco mais daquele lugar. Embora morto de fome, de sede, de sono e de cansaço, teve de novo de meter-se no mato e de ir já não sei onde nem como procurar outro refúgio.

E já que acabo de falar desse combate de Queluz e da revolução de Minas, quero aqui fazer menção de um dos muitos parentes meus que fui encontrar naquele município, que além de ter sido um daqueles com quem tive mais frequentes relações e de ser dotado de um caráter bastante original, ainda alcançou naquela revolução uma notoriedade mais ou menos extensa. Esse meu parente era o tenente-coronel José Antônio de Rezende, casado com uma parenta (creio que neta) de Tiradentes, e que tornou-se muito conhecido na revolução debaixo do nome de capitão dos óculos, porque, contra o costume da província, andava sempre de óculos, e em todos os combates em que entrou nunca deixou de mostrar uma bravura extraordinária. Baleado em uma coxa no ataque de Sabará, não pôde o capitão Rezende entrar em fogo, ou antes pôr-se à frente da sua companhia no combate de Santa Luzia, mas não lhe sofrendo o ânimo de ficar inerte, assentou, já que não podia comandar a sua gente, de se tornar, ainda que um pouco de longe, um franco-atirador. Tomando, portanto, uma reúna e um grande número de cartuchos, foi colocar-se em uma posição donde pudesse atirar sobre as forças do governo, e, segundo dizia ele, quantos tiros deu, foram outros tantos carapuças que lançou por terra.

Carapuças era sempre o nome que ele dava aos soldados de linha, que, naquele tempo, em vez de bonés ou barretinas, usavam uma espécie de capacetes ou mitras que não deixavam de ter uma tal ou qual semelhança com as nossas antigas carapuças. Baleado como estava, foi um dos primeiros aprisionados, e dizia ele que foi nessa ocasião muito insultado pelos carapuças, mas acrescentava que nem sequer ouvia o que eles diziam, porque naquela ocasião toda a sua atenção e todo o seu cuidado estavam apenas concentrados no chapéu do Chile que levava e em cujo forro estavam duzentos ou trezentos mil réis, que era tudo quanto então possuía e que tanta falta lhe poderiam então fazer. Por isso, enquanto o descompunham, o que ele fazia era segurar com as duas mãos o chapéu contra o peito, para que não o tirassem nem lhe pudessem ver o fundo.

Nem era esse meu parente excelente atirador, unicamente como soldado ou de espingarda, mas o que muito mais admira pela dificuldade e ainda pela singularidade é que era também um insigne atirador de bodoque, de sorte que, achando-se em sua casa um francês e estando um cabrito bastante longe a roer uma planta, sem mais demora ele toma o bodoque, faz a pontaria, e tão certeira foi esta que a pelota foi dar no focinho do cabrito, o que produziu no francês um tal entusiasmo, ou uma tão grande admiração, que este não sossegou enquanto o meu parente não lhe deu ou não lhe vendeu o bodoque para levá-lo para França.

Depois de velho, a sua maior distração era fazer palitos, e quando ia visitar-me, eu já sabia que tinha sortimento para muito tempo. Assim como em toda a parte, em Queluz todos os rebeldes foram despronunciados; mas aqui, como em outros lugares, se exigia como condição da despronúncia que os rebeldes assinassem um termo em que declaravam terem sido iludidos e que não havia quem mais do que eles amasse as leis e o imperador etc.

O advogado, portanto, daquele meu parente, dr. Pinto de Vasconcelos, foi com ele entender-se para que fizesse ou assinasse a tal declaração, acrescentando que sem ela nada se poderia conseguir. A resposta que lhe deu, como que ofendido ou se julgasse insultado, foi que nunca na sua vida havia mentido e que não havia agora de mentir para negar aquilo que o honrava, que havia feito de livre vontade e que estava pronto a repetir, se pudesse ou fosse necessário. Concluindo, lhe disse que se o pudesse livrar sem a declaração, que o livrasse, mas que se isso não fosse possível, ficaria na cadeia, certo de que não morreria de fome, e que para distrair-se havia nas nossas matas muita salsa e cinco folhas para fazer palitos. Com efeito, não assinou a declaração, mas, não obstante, foi despronunciado, porque o juiz municipal, dr. José Inácio Nogueira Penido, além de ser naturalmente muito benévolo e moderado, era ainda parente dos Baetas, que faziam timbre em favorecer a todos os rebeldes.

De quanto acabo de dizer, vê-se logo que aquele capitão Rezende era o que hoje se costuma chamar um tipo, ou, como antigamente se dizia, um grande esquisito. Pois em Queluz havia outro que não lhe ficava muito atrás. Era o tenente Francisco Balbino de Noronha Almeida. Homem de uma natureza pouco comum ou mais ou menos excêntrico no seu vestuário, nos seus modos, e até mesmo talvez nas suas ideias, Balbino, desde que não tinha obrigação que rigorosamente o prendesse, quase que não fazia outra cousa senão passear na frente da própria casa. E esssse passeio, ele nunca o praticava em silêncio, porém cantando, ou antes cantarolando, com um tom de voz pretensamente baixo, mas que não era baixo nem falsete, e que seria um pouco difícil de classificar. Balbino, porém, não era como alguns da sua espécie que só tocam em uma corda ou cantam uma só ária. O seu repertório, pelo contrário, era variadíssimo e ia desde a mais terna das modas até o mais solene cantochão.

Entretanto, esse homem, que tanto gostava de cantar, era (e digo era porque não sei se mudou com a idade) uma das pessoas mais rancorosas que conheci. Se ele tinha um coração que não esquecia nem perdoava o mal que se lhe fazia, esse coração, entretanto, ele o tinha sempre aberto para todos que nele quisessem entrar. Assim, logo que chegava a Queluz uma pessoa mais ou menos limpa, ou uma família estranha, o maior gosto que essa pessoa, ou que essa família, podia dar a Balbino era o de procurar a sua casa, e logo que ali se ia, achavam todos um acolhimento sempre tão franco e inteiro que ninguém deixava de voltar.

Eu lá fui como tantos outros, e mais do que os outros lá fiquei, porque quanto mais o tempo passava, mais a casa ficava sendo minha, e muito mais do que um estranho, ia ficando membro da família. Balbino, porém, possuía uma esquisitice que era a meus olhos a maior de todas. Como se sabe, uma das regras que, pode-se dizer, quase não tem exceção vem a ser a seguinte: Toda a pessoa que é fácil em receber aos outros, ou que parece ter, como se diz, um coração de estalagem, se não é falsa, o que forma com toda a certeza o fundo do seu caráter é o mais completo francesismo. Pois aquele homem, que tão bem sabia odiar, igualmente sabia amar, e entre alguns amigos que tenho tido e que tão dedicados me têm sido, não é com certeza o Balbino quem ocupa o último lugar. Dele tive muitas provas; mas para conhecê-lo bastará esta.

Balbino era um homem pobre, tinha uma numerosa família e para mantê-la dispunha apenas dos seus minguados vencimentos de partidor e contador. Pois bem, quando deixei Queluz, e que partia sem bem saber para onde nem se jamais lá voltaria, na hora em que abraçava pela última vez aquela gente que tanto me havia amado, aquele esquisitão, com lágrimas nos olhos, dá-me um embrulho e me diz: "O senhor vai para um lugar que não conhece, peço-lhe que leve isto, talvez lhe possa servir". E aquele embrulho que ele me dava e que encerrava duzentos e tantos mil-réis em moedas de ouro e de prata era o resultado das economias de toda a sua vida. Debalde recusei; fui obrigado a aceitar. Ano e meio depois voltei a Queluz, levando o embrulho tal qual o havia trazido e disse ao Balbino: "Já ganhei muitos contos de réis, já possuo uma chácara. Guarde, pois, o seu embrulho, que nas suas mãos ficará melhor guardado. Quanto à minha gratidão, essa eu mesmo a guardarei".

CAPÍTULO XLII

TENDO SIDO nomeado juiz municipal e de órfãos de termo de Queluz, por decreto de 30 de outubro de 1856, parti da Campanha a 26 de junho de 1857 e a 4 de julho cheguei à sede do meu município. No dia seguinte escrevi ao comendador Manuel Teixeira de Sousa, depois senador do império e barão de Camargo, enviando-lhe uma procuração para que em meu nome tomasse posse do emprego.

Até então, ou até ser escolhido senador, o comendador Manuel Teixeira havia se tornado notável em toda a província pela prontidão e mais completa boa vontade com que a todos servia. Estando na sua fazenda, apenas recebeu a minha carta, veio sem a menor demora à capital, tomou a posse no dia 8, e eu a 9 entrei em exercício.

Nomeado muito pouco tempo depois delegado de polícia, acumulei desde logo os dois empregos. Como havia muitos anos que o termo tinha estado sem um juiz formado, e a estada do meu predecessor naquele lugar tinha sido de muito pouca duração, o resultado foi que a justiça havia perdido quase toda a sua atividade, sua imparcialidade e sobretudo sua severidade. Desde então seguiu-se o esperado, isto é, ao passo que para todos a lei ia cada vez mais se convertendo em um espantalho sem força ou em simples letra morta, iam ao mesmo tempo os criminosos e desordeiros cada vez mais infestando quase todo o município, mas sobretudo a dois dos seus distritos fronteiros — o da Capela Nova das Dores e o de São Caetano do Paraopeba.

Logo que tomei conta dos meus empregos, um sujeito deste último distrito veio se queixar de alguns criminosos que ali existiam e pedir-me que o protegesse contra a morte com que estes o ameaçavam. Procurei então tirar a esse respeito algumas informações, e quando verifiquei que a queixa não era inteiramente infundada, assentei de ir em pessoa fazer as prisões, tendo reunido todos os oficiais de justiça e mandado intimar alguns policiais, além desses auxiliares, e também agregado à escolta algumas pessoas da vila, que voluntariamente se ofereceram para acompanhar-me. À tardinha parti de Queluz sem que ninguém soubesse qual era o nosso destino, senão o único escrivão que havia sido encarregado de lavrar os mandados. Tendo durante a noite caminhado as 5 léguas mais ou menos que da vila distava o lugar da diligência, cercamos às casas em que estavam aqueles que íamos prender, todas mais ou menos juntas.

Quando, porém, já nos dispúnhamos a esperar que o dia amanhecesse para se dar execução aos mandados, começaram de dentro das casas os tiros contra a escolta. O resultado foi que um dos oficiais ficou, se não me engano, levemente ferido, e um tiro passou tão próximo da cabeça do outro que lhe chamuscou os cabelos. A diligência efetuou-se não obstante, e um dos presos teve de vir em carro para Queluz por ter sido baleado em uma das coxas.

Ora, como creio já ter dito, eu sempre fui tão prudente, ou tão pacífico, que nem mesmo em menino me lembro de ter seriamente brigado. Como de todo não contava com aquela resistência, pode-se facilmente avaliar qual não seria a minha surpresa e o estado do meu coração. Assim como Henrique IV no cerco de Cahors tremia, lembrou-se que um futuro rei de França não tinha licença de ter medo, mas atirou-se ao assalto como um bravo, também entendi que um delegado de polícia tinha obrigação de ser corajoso, e, fazendo das tripas coração, consegui manter uma tal calma que se o coração pulava ou estava pequenino ninguém houve que o percebesse, e desde então ficou público e evidentemente reconhecido que o juiz municipal de Queluz não tinha medo.

Ninguém faz ideia da força moral que me adveio de uma semelhante diligência. Nem para mostrá-lo eu preciso mais do que dizer que não só a maior parte dos criminosos e desordeiros começaram a retirar-se do município, e que até em alguns lugares o meu nome começou a servir de tutu ou espantalho para as crianças, mas que tendo por esse tempo, ou pouco tempo depois, se tornado mais ou menos agitado ou um pouco melindroso o estado do município de Pitangui, o presidente da província, que era então o conselheiro Carlos Carneiro de Campos, depois visconde de Caravelas, escreveu-me em princípios do ano seguinte propondo-me a minha remoção para aquele município, a fim de ser nomeado ao mesmo tempo delegado de polícia, mediante uma gratificação que me parece era de 400$000 ou talvez mais. Eu, porém, não aceitei a proposta.

Entretanto, se tudo isso é certo, e se reconheço que aquela diligência muito concorreu para o bom êxito da minha administração em Queluz, quando hoje reflito sobre aquele meu ato, com a calma dos anos e da experiência, fico convencido de que aquela diligência não deixou de ser um grande excesso de zelo ou um ato mais ou menos quixotesco, e se tivesse de começar de novo a minha vida, não praticaria com toda certeza um semelhante ato.

Quando cheguei a Queluz, muito pouco ou quase nada sabia de prática, e quanto ao Direito, eu nada mais sabia do que essas noções gerais muito vagas e muito incompletas com que sai da Academia a maior parte dos recém-formados. Felizmente não havia em Queluz quem tivesse bastantes habilitações para conhecer a minha inópia, pois que esta era tal que senti-me extremamente embaraçado quando tive de ali dar a minha primeira audiência. Procedendo, porém, com certo ar de quem tinha consciência de si, fui despachando o que me parecia fácil, sobre outros pontos, indagava antes de despachar qual era o estilo que se achava adotado naquele foro, e quando via que o negócio era mais ou menos complicado, despachava o que viesse nos autos. Por felicidade, nos que me tinham ido em conclusão, encontrei algumas faltas ou negligências que os escrivães haviam cometido. Não deixei passar camarão por malha, adverti, censurei ou ameacei, conforme o caso, li os despachos na audiência, e quando esta acabou, o juiz estava julgado: dava-se a respeito e fazia medo.

Desde então pus-me a estudar a prática nos livros e ao mesmo tempo nos autos, não dava despacho algum sem que primeiro estudasse bem a questão, e como em terra de cegos quem tem olho é rei, e a minha retidão foi cousa que logo todos perceberam e que nunca se pôs em dúvida, o que aconteceu foi que, em pouco tempo, tal era o acatamento que mereciam os meus despachos que, a não ser em duas ou três causas em que estavam em jogo grandes interesses e em que a chicana disputava meças à má-fé, não me recordo de que se tivesse agravado de um só deles nem talvez mesmo apelado.

Se, porém, à exceção dessas duas ou três causas que me deram o que fazer e alguns desgostos, muito suave foi para mim a vara cível e até mesmo porque o principal trabalho do juiz eram os inventários e partilhas, e quando voltava daqueles já trazia o esboço destas organizado de acordo com todos os interessados e mandando chamar um dos partidores, era eu mesmo por assim dizer quem as fazia. Outro tanto não posso dizer no que se refere ao crime, porque, segundo já disse, na falta de um juiz formado, tendo tirado à lei quase toda a sua eficácia, foi tal o número de processos e de prisões que tive de fazer de gente boa que, em relação ao lugar e ao tempo, talvez não haja nenhum juiz que tenha feito o que fiz.

Entretanto, para que não se pensasse que havia da minha parte outro qualquer móvel que não fosse o amor ao dever e à justiça, eu não só nunca empregava na perseguição do crime rigores desnecessários, mas procurava, pelo contrário, suavizar o quanto podia a própria ação dessa mesma justiça. E para dar uma ideia do meu modo de proceder a este respeito, eis aqui um exemplo:

Havia em Queluz um advogado, muito popular e aparentado e que era realmente um bom homem. Além de ser muito benquisto, era, por assim dizer, o primeiro juiz de paz vitalício do lugar. Mas, por ignorância, ou por facilidade, ou talvez mesmo por essa bondade mal entendida que não vê na pena senão a dor que dela resulta e não a correção que é o seu fim, aquele advogado envolveu-se em um negócio de perjúrio, e eu tive por isso de processá-lo. Havendo dado o despacho de pronúncia, o levei para a audiência; quando esta acabou chamei o réu e lhe disse: "O senhor assistiu ao seu processo, e compreende muito bem que eu não poderia deixar de pronunciá-lo. Eu, pois, o pronunciei e o senhor está preso. Como, porém, o seu crime é afiançável, mande ver quem trate de arranjar a fiança, e para que ela se preste sem demora, e o senhor possa ir dormir na sua casa, eu aqui me conservarei para dar todos os despachos que forem necessários". Com efeito, assim se fez, e em vez de me querer mal, ficou-me, pelo contrário, agradecido.

Quando acabei o meu quatriênio, um pouco por hábito e afeição que já tinha àquele lugar, porém muito mais ainda pelos receios que me causavam as incertezas de um novo destino, eu desejava ainda que fosse unicamente por mais algum tempo continuar a exercer ali o meu emprego.

Tendo, porém, bastante consciência de haver sido um bom juiz e muito orgulho para pedir como favor aquilo a que me julgava com direito, não solicitei a minha recondução nem dei para isso o menor passo. Ora, o senador Manuel Teixeira queria o lugar para um dos seus filhos, e eu não fui reconduzido. Recebi isso como uma das maiores injustiças, mas hoje considero como um dos maiores benefícios, porque se por acaso houvesse sido reconduzido, não teria o sossego e certas comodidades que logo depois alcancei, e teria abraçado talvez uma das carreiras que honram ao homem, a que no Brasil pelo menos só serve como crisol de virtudes. Isto porque, votado eternamente à pobreza e a uma dependência maior ou menor, o magistrado, para cúmulo das suas misérias, é ainda um alvo sempre constante para os tiros dos maus, e por melhor que seja ou mais que faça, como o moleiro, seu filho e o burro, é sempre preso por ter cão e preso por não ter cão. E disso quero dar três exemplos que se passaram comigo mesmo. Um sobrinho do Balbino, casado com uma prima, moça e bonita, foi denunciado como o autor de um crime grave. Embora não houvesse contra ele senão alguns indícios mais ou menos fortes, eu o pronunciei e tratei de prendê-lo. Tendo já dito como Queluz quase que formava uma só família e aquele moço aparentado, por assim dizer, com toda a vila, por maiores que fossem os meus esforços, nunca me foi possível prendê-lo, desde logo se começou a dizer que se eu o não prendia, era unicamente por contemplação para com o Balbino e muito mais ainda por causa dos bonitos olhos da mulher do réu. Este, pouco depois, recolheu-se voluntariamente à prisão para ser julgado pelo júri, e sendo, como era de se esperar, por este absolvido, o juiz de direito apelou. Então, eu, que muito bem sabia que o réu fugiria, e que uma vez fugido não o poderia prender de novo, tratei de vigiá-lo. Apenas encerrou-se o júri o enviei com os outros para a cadeia de Ouro Preto. Pois bem apenas pratiquei este ato, desde logo se começou a dizer que eu o havia praticado não para que o réu ficasse melhor seguro, mas unicamente para que a sua mulher ficasse em mais completa liberdade.

    O outro fato, para mim ainda mais doloroso, foi o seguinte: Um moço, que se achava casado na família dos Baetas e pertencia ao mesmo tempo a uma das melhores e mais importantes famílias do município, cometeu igualmente um crime grave. Embora nunca tivesse negócio que tanto me contrariasse como esse, não deixei de cumprir o meu dever com todo o zelo que o caso exigia e pronunciei o rapaz. Se o não tivesse feito, não haveria talvez três pessoas em

Queluz que não me acusassem de ter sido influenciado pela amizade ou pelo poderio daquelas famílias. Desde, porém, que pronunciei aquele moço, até alguns colegas meus, que estou certo seriam os primeiros a me porem pela rua da amargura por ter-me tornado um humilde passador de culpas, até esses, ou para alcançarem o patrocínio da causa, ou para me intrigarem com os Baetas, ou finalmente para cortejá-los à minha custa, começaram a dizer que se eu havia assim procedido, não era por convicção ou espírito de justiça, mas unicamente para ostentar catonismo.

O terceiro fato é de natureza civil, e eis aqui qual foi. Havia no município de Queluz um português rico e solteiro. Embora tivesse irmãos e outros parentes ricos em Portugal, instituiu seus testamenteiros conjuntos e universais herdeiros a um português que morava com ele e a um brasileiro seu vizinho. Logo que faleceu, os parentes alegaram que o testamento era falso e que os herdeiros instituídos haviam envenenado o testador. Um desses herdeiros pertencia a uma família rica e numerosa, e o outro achou logo casamento em outra família também rica e de influência. Os parentes, que eram pobres e se viram ao mesmo tempo sem a menor proteção, nada conseguiram do que pretendiam, ou não puderam levar avante a sua demanda. Nesse ínterim faleceu o herdeiro brasileiro deixando órfãos pequeninos, e o português assenhoreou-se de toda a herança e nela se meteu de posse.

Quando cheguei a Queluz, já isso durava havia dez anos ou talvez mais. Pareceu-me, pois, que não era possível, sem um grande escândalo, que aqueles órfãos, que não estavam em boas circunstâncias, continuassem privados da parte que tinham naquela herança enquanto o outro herdeiro ia indefinidamente se locupletando com ela, e tratei de partilhá-la. Isso, porém, não convinha a quem a tinha toda; e o que aconteceu foi que este meu amor pela justiça, ou que essa proteção que tratei de dar ao direito dos fracos que nem sequer conhecia contra os fortes que me haviam recebido nas palminhas das mãos, veio a ser causa dos maiores e quase únicos dissabores que tive em Queluz, porque, vendo aqueles poderosos que nada conseguiam com as lisonjas e com todos os outros meios blandiciosos, trataram afinal de ver se me desgostavam e se me punham fora do município. Para alcançarem esse seu desiderato, lançaram mão de tudo: da imprensa, das denúncias dadas ao governo contra mim, e até mesmo de meios não só indignos como verdadeiramente asquerosos. Eu, porém, nem cedia, nem perdia a calma. Sempre acastelado na legalidade, não só acabei por vencer, mas ainda, para castigo dos iníquos, foram eles próprios os que me vieram fornecer as últimas armas com que eu os deveria ferir, ou antes, com que eles a si próprios se feriram, caíram de uma vez. E vou dizer como.

Havia na freguesia de Itaverava um advogado muito velho que se chamava padre Ribeiro, conhecido em toda aquela redondeza como o maior de todos os chicaneiros. Homem muito inteligente e que em outros tempos tinha sido um influente deputado provincial, padre Ribeiro estava agora completamente entrevado no fundo da cama e creio que nem mesmo o alimento ele já o tomava por suas mãos, dizendo que já se tinha tornado um passarinho pelo muito pouco que realmente comia, mas nunca deixando de ter na boca umas pequenas pelotinhas de fumo que estava constantemente a mascar ou antes a revolver na língua.

Apesar desse seu estado e da sua muito grande velhice, padre Ribeiro, que era um homem extremamente espirituoso, nunca cessava de dizer graças, e graças que pareciam inteiramente dissonantes na boca de um padre que jamais perdeu a perfeita lucidez da sua tão notável inteligência. Infelizmente parece que nunca soube o que era moral e o que era justiça. Em todo o caso, o que se pode afirmar é que se em algum tempo conheceu tais cousas, pouco a pouco, a poder de fazer do direito torto, tinha acabado por perverter por uma tal forma o seu senso jurídico, que se lhe dessem a melhor de todas as causas para defender, ele, ao invés de seguir a linha reta, preferiria, ou antes, não poderia deixar de seguir por ziguezagues e torcicolos todos cheios de espinhos e até mesmo de imundícies.

Quanto à perversão do senso moral, essa era tal que, tendo o padre Ribeiro um filho, também padre, mas um homem de virtudes e de grande pundonor, e o podendo instituir por meio de um simples testamento seu herdeiro, quis, não sei se para poupar selo da herança ou se por outro qualquer motivo, perfilhá-lo judicialmente, e para isso veio justificar perante mim que aquele padre era seu filho e que ele o havia tido de sua própria irmã!

Foi, pois, esse padre Ribeiro quem se tornou a alma de todo aquele negócio da herança; e não houve chicanas nem delongas de que não lançasse mão, até que, vendo que nada conseguia e tendo dito a algumas pessoas que nunca havia encontrado um juiz que lhe fizesse frente, e que afinal tinha se achado sem forças diante de uma criança, lembrou-se de lançar mão de um último recurso e foi este recurso o que tudo perdeu.

Padre Ribeiro era versado na legislação antiga e por tal forma que, não podendo ler nem se mexer, não a deixava de citar com muita frequência, e da cama mesmo indicava ao escrevente o livro que deveria ir buscar e o lugar que deveria abrir e ler. Muito pouco, ou quase nada, sabia ele da legislação moderna, e acreditando que se a herança fosse denunciada como bens de ausentes, seria a arrecadação feita, pelo juízo dos feitos e que desde que eu deixasse de ser juiz na causa, tudo mais se arranjaria depois e com a maior facilidade. Aconselhou ao herdeiro que estava de posse da herança que a denunciasse à tesouraria como sendo uma herança de ausentes, e que requeresse já não sei bem o quê.

O herdeiro fez o que o padre lhe ordenou e assinou o requerimento. A tesouraria mandou-me a denúncia para que eu procedesse à arrecadação, e desde que o próprio possuidor declarava que não havia quem dela tomasse conta, procedi à arrecadação. Facilmente se concebe qual não seria a decepção ou o desespero! Mas o mal estava feito e sem remédio, porque privado da fazenda e de todos os outros bens, o defraudador dos órfãos já não dispunha da pólvora inglesa para lhes abafar o direito.

Quando saí de Queluz, a questão ainda não estava decidida, mas aquele que tanto se havia oposto à partilha, agora a pedia como um grande favor, e creio que foi isso, com efeito, o que afinal se decidiu.

Pouco antes de retirar-me de Queluz, e quando já se sentia quase que prestes a morrer, padre Ribeiro solicitou-me que fosse à sua casa; desejava pedir perdão das ofensas que tinha praticado para comigo e, depois de ter muito encarecido as minhas qualidades de juiz, pedir-me que lhe perdoasse as muitas ofensas e injustiças de que se considerava réu.

Respondi-lhe que, tendo ele feito o que julgava ser o seu dever de advogado e eu, o meu de juiz, nada havia para ser perdoado; se ele entendia que no seu procedimento alguma cousa havia que necessitava de perdão para a sua alma, pela minha parte eu lhe dava pleno e da melhor vontade.

E eis aqui o juiz a quem o governo julgou incapaz de continuar a administrar justiça e a quem talvez julgasse fazer ainda um grande favor de não mandar responsabilizar por tanta cousa ruim que havia feito. Felizmente outra recompensa me coube que vale imensamente mais do que quantas reconduções ou nomeações de juiz de direito se me pudessem dar. Se alguém for ao município de Queluz e perguntar a qualquer das pessoas mais antigas daquela localidade quem foi um juiz que por lá andou de 1857 a 1861, há de ficar realmente admirado de como é que depois de quase trinta anos se pode conservar ainda tão firme e sempre tão favorável a lembrança de um pobre juiz municipal.

PARTE QUARTA

CAPÍTULO XLIII

Depois que se fundou a cidade do Rio de Janeiro e que a sua existência se firmou de um modo incontrastável, os índios tamoios que ocupavam aquele lugar e que formavam uma tribo, senão muito numerosa, pelo menos extremamente aguerrida, foram pouco a pouco retirando-se, ou antes, segundo me recordo de já ter lido, de repente desapareceram.

Desde então a colonização da província do Rio de Janeiro começou a se fazer sem grande estorvo e creio mesmo que com uma relativa rapidez, até que, chegando ao baixo Paraíba e ali encontrando esse rio, já nesse ponto bastante largo e volumoso, e do outro lado os índios puris, pareceu estacar nesse lugar. O que é certo é que, desde a sua confluência com o Paraibana até quase à sua confluência com o Pomba, o Paraíba tornou-se desde então o limite nunca ultrapassado daquela província.

Como se sabe, foi nos últimos anos do século XVII que alguns exploradores, ou aventureiros, descobriram o ouro nos sertões de Minas, e em muito pouco tempo o centro de nossa província não só era por toda a parte devassado, porém ainda mais ou menos povoado, pois que sendo uma das últimas províncias descobertas, foi entretanto a que mais depressa e mais abundantemente se povoou.

Como, porém, os imigrantes que para ela vinham do Rio de Janeiro ou de São Paulo faziam a sua entrada pela estrada de Matias Barbosa, e daí para o sul até as imediações da atual cidade de Baependi, e como o principal ou talvez único móvel dessa tão forte emigração era o precioso metal, que podia de um dia para o outro fazer de um pobre diabo um homem rico ou talvez mesmo um grande potentado; e como finalmente esse mesmo ouro nunca existiu, ou pelo menos nunca apareceu de um modo satisfatório nas bacias do Pomba e do Muriaé, o que aconteceu foi que, em vez daquela tão forte corrente imigratória obliquar para a direita, a fim de ir encontrar o Paraíba, e desta sorte ligar por aquele lado o litoral ou a província do Rio com o centro de Minas, espalhou-se, pelo contrário, pelo norte, pelo sul e até mesmo um pouco pelo ocidente em procura da província de Goiás, e desprezou completamente a parte hoje mais rica de toda a província, isto é, aquela que hoje se denomina mata. Ora, dessa circunstância veio a resultar um fato que, se não é singular, não deixa entretanto de ser bastante curioso, o de ter-se conservado no Brasil durante perto de século e meio, e de mais a mais, a uma distância da costa que não chegava a dezenas de léguas, um verdadeiro pequeno mundo selvagem, que, independente e inteiramente segregado, vivia, por assim dizer, no meio da civilização que o cercava, pois que, ainda nos princípios do século atual, entre a província do Rio de Janeiro e o centro de Minas, se conservava em pleno poder dos nossos aborígines, ou como tais mais ou menos considerados, uma língua ou tira de mata que, muito estreita nas imediações da atual cidade de Mar de Espanha, ia sempre se alargando para o oriente até ligar-se na grande ou imensa mata da província do Espírito Santo ou da Capitania, como ainda até bem pouco era costume se chamar aquela província.

É a 12 léguas da cidade de Mar de Espanha e quase que no começo, por consequência, dessa estreita tira de mata que se acha hoje a atual cidade de Leopoldina, assentada sobre o pequeno ribeirão do Feijão Cru, a duas léguas apenas do rio Pomba e a oito mais ou menos do Paraíba.

Foi na terceira década, mais ou menos, do corrente século que veio a ter lugar a descoberta do Feijão Cru, ou que este começou a ter os seus primeiros habitadores brancos, e a primazia ou a precedência desse fato é ainda hoje disputada pelas duas famílias mais numerosas desses contornos — os Monteiros de Barros e os Almeidas —, esta última que do campo já veio confundida ou que aqui desde logo se confundiu com a dos Britos e a dos Netos. A questão, entretanto, não tem, quanto a mim, grande importância; porque, tendo sido o fato quase simultâneo, não há nenhum inconveniente que todas essas famílias fiquem com essa honra em comum.

Eu, porém, tendo ainda a tempo me lembrado de tirar a esse respeito informações com um dos primeiros entrantes, homem sério, que forneceu-as com inteira imparcialidade, vou aqui expor o resultado do que pude colher desses dados: e também observar por mim mesmo. Vindo para este lugar em 1861, ainda o encontrei em um ponto de atraso extraordinário, e posso, por consequência, me considerar também como um dos primeiros entrantes, ou pelo menos como um dos seus primitivos habitadores, já que vim em um tempo em que nas rodas dos homens quase que ainda não se via um só que fosse filho desta terra.

Quem fosse o verdadeiro descobridor do antigo Feijão Cru, atual cidade da Leopoldina, parece não ser cousa que hoje se possa dizer com certeza. Sei apenas que o primeiro que habitou no lugar em que hoje se acha a cidade foi um sujeito que se chamava ou que tinha o apelido de Peitudo. Quem, porém, muito concorreu para o povoamento desses lugares foi Francisco Pinheiro, irmão de Romão Pinheiro de Lacerda, que eu ainda aqui alcancei como um dos fazendeiros mais ricos desses lugares e que embora fosse homem muito retraído e pouco figurasse na vida pública, veio entretanto a fundar, pela sua descendência e pelos parentes que atraiu, uma das melhores famílias desta freguesia.

Naquele tempo qualquer um tinha o direito de se apropriar de quanta terra devoluta lhe desse na vontade; e para isso nada mais era preciso do que fazer qualquer pequeno serviço que consagrasse ou que autenticasse a posse tomada.

Foi isso o que fez Francisco Pinheiro. Homem naturalmente empreendedor, em vez de se entregar aos pacíficos porém monótonos serviços da sua antiga lavoura, veio abrir diferentes posses aqui na mata, e depois foi ao centro de Minas divulgar o que por aqui havia visto e encontrado, as posses que já tinha aberto, e finalmente convidar pessoas para vê-las e comprá-las.

A família dos Monteiros de Barros é, como todos sabem, originária de Congonhas do Campo e uma das mais importantes da nossa província.

Possuidora de minas e, por consequência, muito rica em outros tempos, desde que o ouro começou a escassear, a antiga riqueza começou a diminuir. Assim, um membro dessa família, o comendador Manoel José Monteiro de Barros, assentou de deixar as minas para vir se estabelecer na mata com fazenda de cultura. Para esse fim alcançou do governo um grande número de sesmarias, não só para si e para todos os seus filhos que já existiam, mas até mesmo, segundo ouvi dizer, para uma filha que ainda não estava nascida e não sei se também para todos os outros que tivessem de nascer. O que sei e que até bem pouco o Pirapetinga pequeno e quase todo o Pirapetinga grande, desde a fazenda do Socorro até a Pedra bonita e a fazenda de Santa Rosa, nas imediações da atual freguesia de Santa Ana do Pirapetinga, ficaram, por assim dizer, sem quase que nenhuma interrupção, em poder dos Monteiros. Sendo já homem de alguma idade, envolvido nos negócios políticos daquela época, o comendador Manuel José, antes de fazer para aqui a sua mudança, mandou que primeiro se abrisse a fazenda para a qual devia entrar, que é a da Providência, onde se acha a estação da estrada de ferro da Leopoldina, que tem o mesmo nome, e desse serviço foi incumbido um meu parente, o capitão Quirino Ribeiro de Avelar Rezende, que era genro do comendador, e com ele João Ferreira da Silva, também genro, ou parente, do mesmo comendador.

Nesses casos de colonização, assim como em quase tudo, o pronto está em dar-se o primeiro passo.

E assim, desde que aqui penetraram os primeiros colonizadores, o resto foi, por assim dizer, de gargalheira.

Se, porém, depois de vila, e sobretudo depois que a estrada de ferro se aproximou, a colonização dessa mata se compôs de elementos um pouco de toda parte e até mesmo do Ceará, na sua quase totalidade essa colonização foi mineira, e sobretudo dos municípios desta província que mais ou menos se aproximam da serra do Espinhaço, desde a Itabira e Congonhas do Campo até Rio Preto.

Em 1829, Manuel Antônio de Almeida, que morava na freguesia do Bom Jardim, que hoje pertence ao Turvo ou Lima Duarte, dirigiu-se para aqui a fim de examinar a mata e ver se havia modo de estabelecer-se.

Tendo chegado onde existe a velha fazenda do Feijão Cru, aí encontrou um certo Felipe, que lhe propôs vender a posse que nesse lugar havia feito.

Manuel Antônio respondeu-lhe que a posse lhe agradava e que o seu desejo vindo para aqui era de estabelecer-se, mas que à vista da grande multidão de índios que ocupavam toda a mata, ele não se animava a trazer a família e vir se expor a si e a ela a um tão grande perigo. Felipe, porém, tendo lhe dito que os índios eram muito pacíficos e desde que não se envolvesse nos seus negócios nada absolutamente havia que deles se pudesse recear, acabou por convencer Manuel Antônio, e este fez a compra da posse.

Tendo Felipe estabelecido a sua posse um pouco acima da confluência do Feijão Cru pequeno com o grande, e tendo feito talvez algumas pequeninas abertas por este último ribeirão acima, a sua posse compreendia todas as vertentes desse mesmo ribeirão. Certo é que, apesar de ter-se dela destacado a grande fazenda ou sesmaria da Constança, a minha pequena fazenda da Filadélfia, e ainda alguns outros pequenos sítios que Manuel Antônio durante a sua vida foi dando ou vendendo no inventário a que por morte de sua mulher se teve de proceder, as terras que nele entraram ainda montaram à quantia de mais de oitenta contos de réis à razão de cem mil-réis o alqueire.

Esse mundo de terras foi no entretanto comprado por Manuel Antônio a troco, por assim dizer, de um mau cavalo arriado, pois que o preço da venda havia sido esse mesmo animal de que Felipe precisava para retirar-se, e mais uma pequena quantia em dinheiro (cerca de duzentos mil-réis se não me engano), da qual, ou de cuja maior parte, Manuel Antônio passou crédito que, segundo ouvi dizer, não chegou a pagar, porque Felipe desde então sumiu-se e nunca mais apareceu para receber o importe.

Eu ainda alcancei aqui a Manuel Antônio e sua mulher. Esta morreu algum tempo depois, já quase centenária. O marido sobreviveu-lhe ainda alguns anos e morreu maior de cem anos.

Quando aqui cheguei, estava ele ainda tão forte que nas festas de São João trepava pelo mastro acima com grande facilidade, quase como os netos que assistiam também à festa. Ainda nas vésperas de morrer andava a cavalo por toda a parte sem nenhuma companhia, sempre a falar sozinho, planejando casamento com as moças ou queixando-se das que pretendiam casar-se com ele. Como disse, ele morreu com mais de cem anos; e ainda assim morreu porque quis, pois que tendo nas pernas umas feridas já bastante antigas, de repente embirrou em querer curá-las, e quando elas de todo se finaram, ele também morreu. Sobre seus defeitos e virtudes nada posso dizer com muita certeza. Sei, porém, que era um grande sovina tão ignorante sobre trabalhos de advocacia, que nem de leve lhes conhecia o valor.

Tendo-lhe falecido um neto de quem herdava cerca de vinte contos de réis ou talvez mais, procurou-me para tratar da arrecadação da herança. Como eu tinha acabado de casar-me naquela ocasião, disse à minha mulher que uma vez que era aquele o primeiro serviço que fazia depois de casado, havia de ser ela quem escreveria a petição e que os honorários desse negócio lhe ficariam pertencendo. Minha mulher ficou muito contente contando que teria de receber talvez alguns centos de mil-réis. Tendo, porém, eu dito a Manuel Antônio que ele daria por aquele meu serviço o que por acaso entendesse o mesmo valer, quando ele recebeu a herança mandou de presente à minha mulher, julgando talvez ter pago, e muito bem, o meu trabalho, um simples balainho com joias.

Foi no dia 1º de setembro de 1829 que Manuel Antônio partiu de Bonjardim com a família e alguns parentes, e foi a 30 desse mesmo mês que ele chegou ao Feijão Cru, tendo consumido exatamente um mês em uma viagem que hoje se faz em poucos dias. Tendo passado por São João Nepomuceno, até onde as comunicações pareciam ser um pouco mais fáceis, Manuel Antônio tratou de procurar a atual freguesia de Rio Pardo, onde já havia então um comecinho de povoação. Dali desceu com toda a sua comitiva aquele mesmo rio, por uma picada, ou por um caminho, que já era mais ou menos transitável, porém, que em vez de dirigir-se um pouco mais para o sul em demanda do Feijão Cru pequeno ou grande, ia ter, pelo contrário, no lugar onde acha-se hoje a ponte, na estrada de Leopoldina para Cataguazes, e onde passara outro caminho ou picada, que vindo dos lados do Meia Pataca, chegava apenas à atual fazenda da Providência.

Desde que Manuel Antônio aqui se estabeleceu, começou sem mais se interromper uma verdadeira corrente de imigração, que, sendo a princípio dos parentes e conhecidos que ele havia deixado na freguesia natal, foi desde logo e cada vez mais se ampliando às freguesias e municípios vizinhos.

Como, porém, já disse, se foram estes, com efeito, os verdadeiros colonizadores de Leopoldina, pois que todos ficaram, e foram eles de fato os que acabaram por encher esta nossa freguesia, a eles, entretanto, não cabe nem a honra da descoberta, nem sequer, ao menos, terem sido os primeiros habitadores desses lugares. Sem falar no capitão Querino e João Ferreira, que já estavam abrindo a

Providência, ou em Peitudo, que já tinha o seu ranchinho, onde é hoje o centro da cidade; talvez em Bernardo Fonseca, que tinha na Grama uma lavoura em um ponto já um pouco maior; e sem falar, finalmente, em Francisco Pinheiro, que além das posses que havia aberto e não sei se também uma sesmaria na Onça, ainda possuía todas as terras onde se acha a estação da estrada de ferro, que vendidas a João Ferreira da Silva vieram a formar a atual fazenda do Desengano. Ainda havia, onde está hoje a fazenda da Cachoeira, a meia légua da cidade, um fulano, Manuel João da Silveira, que vendeu a sua posse ou sesmaria a Joaquim Ferreira Brito. Encontramos ainda, junto da cachoeira do Feijão Cru, que fica um pouco para baixo da estrada que segue de Leopoldina para Cataguazes, o padre Manuel Antônio Brandão, o qual dava-se à cultura das suas terras, mas que muito maior interesse colhia da poaia, que, encarregando aos índios de tirar, deles comprava por pouco mais de nada e a mandava vender na Corte por muito bom preço. E havia, finalmente, onde é hoje a fazenda da Fortaleza, a três quartos de légua de Leopoldina, na estrada que vai desta cidade para Laranjal, um fulano, Manuel Alves, que naquele lugar havia feito ou comprado uma posse cuja extensão excedia a muito mais de uma boa sesmaria, posse esta que, desde logo ou que passado apenas muito pouco tempo, veio a passar para o poder do capitão João Gualberto Ferreira Brito.

Este capitão João Gualberto, que foi um dos primeiros entrantes, era genro de Manuel Antônio, e tornou-se com o tempo o membro mais importante da família dos Almeidas, dos Britos e dos Netos, vindo depois a exercer, por esse motivo, uma influência muito grande na freguesia de Leopoldina, onde ninguém podia vencer uma só eleição sem o seu concurso. O título de capitão se lhe havia apegado à pessoa por um tal feitio que, desde que se dizia o capitão, já todos sabiam de que se falava era o capitão João Gualberto.

Pouco antes de morrer, ele foi condecorado com o oficialato da Rosa, e o próprio decreto imperial que o nomeou declarava que a nomeação era para o capitão João Gualberto Ferreira Brito. Entretanto, só há bem pouco tempo, e depois que ele já havia falecido, é que se veio a saber que o capitão João Gualberto era tão capitão como eu ou qualquer dos meus leitores. Na verdade, na

Guarda Nacional nunca passou de um simples soldado raso. E eis aqui como é que se fez semelhante nomeação.

Quando em 1842 arrebentou a revolução em Barbacena, duas localidades que a ela primeiro aderiram foram a vila do Pomba e todo o seu município e uma grande parte do município de Presídio. Desde que estes dois lugares se pronunciaram, começou a espalhar-se que os rebeldes estavam se dispondo para tomar Feijão Cru. Naquele tempo, nosso Feijão Cru ainda vivia como que inteiramente separado da comunhão nacional: não tinha Guarda Nacional, e se tinha juiz de paz, esse andava lá muito por longe. Não obstante, ou porque tivesse ordem, ou de moto próprio, os habitantes trataram de se armar da melhor forma que cada um pôde e de se reunir para o que desse e viesse. Quando, porém, armaram-se e reuniram-se, começaram todos a perguntar: Mas quem é que há de ser agora o nosso comandante?

E já não sabiam como é que resolveriam uma questão tão nova e intrincada, quando um dos circunstantes (pelo menos foi assim que me contaram) mete a mão no bolso das calças, tira uma boceta redonda de chifre, bate nela com a mão antes de abri-la, toma uma boa pitada de esturro e, com ares de um velho Nestor, ou como o Arquimedes, quando exclamou "eureca!" tira das profundezas do seu bestunto o verbo do bom senso, e exclama: "Ora gente! Para que hão de estar vocês aí com chove não chove! Boi sem candeeiro não guia e aquilo que não se tem, faz-se. Pois alumiemos um capitão que nos governe".

Quanto a mim, o compadre João Gualberto está muito no causo de ser o nosso capitão.

"Sim, senhor," respondeu logo o outro. "Tirou-me isso mesmo da língua. Nós precisamos de um candeeiro que nos guie e o compadre João está muito no causo de ser o nosso capitão. Quem melhor do que ele?". "De certo, de certo. Está muito no causo. Pois seja o compadre o nosso capitão! O compadre é nosso capitão!".

E desde aquele dia o capitão João Gualberto ficou sendo não só um capitão, mas ainda um capitão como nenhum outro, porque no império do Brasil não havia nem um poder, nem mesmo o do imperador, que fosse capaz de demiti-lo.

Ora, se isso era assim em 1842, pode-se fazer ideia do que não seria quando esse capitão João Gualberto com Manuel Antônio e sua família vieram aqui estabelecer-se. E com efeito, era tal o isolamento em que viviam e tão grande era a escassez de tudo quanto haviam mister nos primeiros tempos em que aqui se acharam que, segundo as informações que pude obter, o próprio milho de que precisavam para passar o primeiro ano, depois da sua chegada, eles o tiveram de ir procurar e buscar, embora pelo preço de duzentos e quarenta réis o alqueire, em São José do Paraopeba, que fica, como se sabe, a doze léguas daqui, entre as cidades de Pomba e Ubá. Ainda que no Meia Pataca já houvesse naquele tempo algumas casas, ou mesmo um pequeno princípio de povoação, era esta, entretanto, tão pobre, ou antes tão miserável, que um juiz de paz que ali morava em um pequeno rancho à margem do Pomba, nem sequer se dava ao trabalho ou ao luxo de vestir calças, mas de ordinário andava só de ceroulas.

CAPÍTULO XLIV

COMO JÁ tivemos ocasião de ver, os verdadeiros povoadores da freguesia de Leopoldina foram os Almeidas, os Britos e os Netos, não só porque foram os primeiros que vieram, mas ainda porque vieram em tão grande número que, na ocasião em que vim para aqui, muito raras eram as pessoas (na freguesia só, bem entendido) que não pertencessem a essas famílias ou que não se achassem com elas mais ou menos entrelaçadas.

Se, porém, foram esses os reais povoadores de Leopoldina, quem foi o verdadeiro Rômulo dessa nossa pequenina Roma, quem politicamente a fundou ou principiou a dar-lhe essa importância tão grande e tão rápida que em muito pouco tempo fez dela um dos mais ricos e prósperos municípios da província? Esse foi, como é de todos bem sabido, um Monteiro, e um Monteiro que me parece não ter sido dos primeiros entrantes.

Ora, este de que falo foi o dr. Antônio José Monteiro de Barros, que, sendo um homem rico, não sei se por herança ou unicamente por dote, veio fundar a légua e meia desta cidade, junto às margens do Pirapetinga, a sua fazenda do Paraíso, que veio a ser depois do conde de Mesquita.

Sendo ainda hoje uma das maiores do município, era esta naquele tempo relativamente uma verdadeira maravilha, porque além de ser a casa muito grande e feita com bastante gosto, era ainda tão abundantemente mobiliada e de objetos tão bem trabalhados ou preciosos que, depois que aquele doutor quebrou, bem poucos foram os habitantes de Leopoldina que não tivessem nas suas casas algum ou alguns daqueles mesmos objetos, comprados por trinta ou quarenta o que valia duzentos ou trezentos. Foi esse dr. Antônio José quem, por simples amor a este lugar ou talvez para com ele formar para si um verdadeiro feudo, promoveu e conseguiu a sua elevação a freguesia e ao mesmo tempo a vila pela lei provincial nº 666, de 1854, sendo sete anos depois elevada a cidade pela lei nº 1.116, de 18 de outubro de 1861.

E com efeito, tal veio a ser a influência, e influência muito legítima, que o dr. Antônio José aqui exerceu, que não havia uma só eleição, de qualquer natureza em que se apresentasse como candidato, que ele perdesse qualquer outro voto que não fosse unicamente o seu. E se por acaso ele não quebrasse e não morresse logo depois, é muito de supor que essa sua influência nunca diminuísse e que se tornasse verdadeiramente incontrastável; tanto parecia ser dotado desse dom de agradar aos homens, servindo-os sempre e sempre parecendo servi-los da melhor vontade.

Eu não cheguei a conhecer pessoalmente o dr. Antônio José, porque ele já estava na Corte quando aqui cheguei, e ali pouco depois morreu, mas não duvido de afirmar o que acabo de dizer, e por duas razões: primeiro, porque não sendo o dr. Antônio José um homem que primasse pelos seus dotes intelectuais, e nunca tendo feito figura na Câmara, onde de fato não passava de um simples deputado mudo, não obstante, tanto na Corte como por toda parte por onde andou, foi sempre muito considerado e muito estimado; e segundo, e é esta a principal razão, porque lutando no fim da vida com grandes dificuldades financeiras, quando faleceu, era ele devedor de quase todos os habitantes deste lugar, ou de dinheiro, ou de mantimentos, ou de outras diferentes espécies de negócios, e a alguns, quantias mais ou menos avultadas.

Imenso, portanto, e ao mesmo tempo muito geral, foi o prejuízo que a sua quebra acabou afinal por causar; e no entretanto não só nunca ouvi a ninguém que dele se queixasse por esse ou por outro qualquer motivo, mas, pelo contrário, a mais de um algumas vezes ouvi dizer que o doutor, assim como a todos, me causou também tal ou qual prejuízo. Enfim, era uma pessoa tão prestativa e em tudo tão boa que não me queixo do prejuízo, antes o dou por muito bem empregado.

Entretanto, creio que foi essa sua bondade assim tão grande o que veio a ser talvez a verdadeira causa da sua perda, porque marido amante e fraco, o dr. Antônio José foi casado com uma senhora que não só amava muito o luxo, mas que ainda o levava ao ponto de uma verdadeira tolice. Para dar disso a prova não é preciso mais do que dizer que aquela senhora nunca ia à Corte sem uma bagagem tão numerosa e ostentosa, que mais parecia uma mudança do que mesmo um simples passeio, visto que só o número de mucamas e serventes era uma cousa despropositada. Entretanto, se ela ia a uma casa de modas e lhe mostravam alguns chapéus, por exemplo, dizendo-se-lhe que eram os da última moda e os únicos que ainda existiam, ela os tratava logo de comprar, e não se contentava com um nem dois, mas, pelo contrário, os arrematava a todos, embora, como sempre sucedia, pouco depois os pusesse de lado por inúteis ou por já não estarem mais da moda. Assim, embora o dr. Antônio José fosse um homem chão e simples e muito pouco consigo mesmo gastasse, não é de admirar que acabasse por quebrar, como de fato quebrou, seguindo-se a essa quebra sem grande demora a sua morte, ainda que estivesse bem longe de ser velho.

E já que falei do dr. Antônio José, a quem Leopoldina tanto veio a dever, não quero deixar de citar mais um homem encarregado pelo governo provincial, que embora não fosse engenheiro, foi entretanto quem abriu uma excelente estrada, a primeira verdadeiramente de rodagem que esta mata possuiu, que partindo do Meia Pataca, ou não sei se ainda muito mais de trás, ia terminar nas margens do Paraíba, em São José, ou talvez antes, no Porto Novo do Cunha, que, naquele tempo, nem mesmo de povoação se poderia talvez chamar, tão pequeno era o número de casas que ali se avistavam.

Este notável mineiro, de quem agora estou falando e que, residindo então em Mar de Espanha, era não obstante o homem, por assim dizer, de todos esses lugares, onde acabou por se tornar uma figura verdadeiramente legendária, era o comendador Leite Ribeiro, que veio a ser depois barão da Airuoca. Homem de uma família muito rica, mais de uma vez desarranjou-se ou chegou mesmo a quebrar. Por mais que os seus parentes lhe viessem em auxílio e lhe restabelecessem a fortuna, era tudo mais ou menos em vão, porque, além do seu tempo estar sempre à disposição do Estado, da província, do município e até mesmo de qualquer particular que o reclamasse, ainda a sua alma era tão excessivamente beneficente que não havia lágrimas que ele não enxugasse nem benefício que ele, podendo, não o prestasse.

Entretanto era um homem taciturno, que pelos seus modos mais tirava do que dava esperanças e que sempre muito mais fazia do que aquilo que asseverava ou prometia.

Muitas são as anedotas que se contam a seu respeito. Eu, porém, só registrarei aqui duas, mas que, melhor do que as palavras, dão perfeitamente a conhecer qual era o seu verdadeiro caráter.

Uma tarde apareceu na fazenda do barão de Airuoca um homem que vinha de bem longe, creio que do município de Bonfim, e disse-lhe que era pai de uma numerosa família e estava sendo executado por uma quantia de quatro ou seis contos de réis. Aquela execução era a sua ruína e a desolação da sua família, e se ele arranjasse aquela quantia, tinha certeza de que a pagaria no prazo que indicou, porque para isso contava com tais e tais meios, mas que tendo recorrido a todas as pessoas que o poderiam socorrer nessa ocasião, vira os seus passos todos perdidos, até que, tendo sabido da caridade com que o barão a todos amparava, tomara a resolução de vir até ele, a fim de ver se achava esse socorro, que andava havia tanto tempo a procurar debalde.

O barão não lhe disse uma só palavra. Quando chegou a hora da ceia, mandou chamá-lo; terminada a ceia, o despachou para que fosse dormir.

O homem, porém, pouco ou nada dormiu, porque, tendo se esvaído a sua última esperança, passou quase toda a noite a pensar na grande desconsolação em que ia voltar. Quando já prestes a partir foi despedir-se daquele que tinha sido a sua última esperança e que tão secamente se havia convertido para ele na sua última desilusão. Este tira do bolso um papel e lhe entrega, dizendo apenas: "Eis aqui uma ordem do dinheiro que o senhor precisa". O homem caiu das nuvens; e depois de ter-se desfeito nas expressões do mais entranhado reconhecimento, pediu-lhe que lhe fornecesse papel para que lhe passasse a clareza daquela quantia.

O barão lhe respondeu: "Eu não sei quem é o senhor. Se for homem de bem, me pagará ainda mesmo sem clareza; se for um velhaco, a sua clareza só me servirá para me entupir a gaveta. É desnecessário, portanto, que o senhor a passe".

Quando havia decorrido o tempo que o desconhecido havia marcado para reembolsar a quantia que viera pedir, de novo apareceu na fazenda do barão e restituiu-lhe o dinheiro com toda a exatidão e ainda acompanhado de um presente e de mil agradecimentos, tanto dele como de toda a sua família. Infelizmente, nem todos assim procediam. E essa era também uma das principais causas dos transtornos do barão. Era tal o sentimento de caridade e benevolência que dominava ao barão de Airuoca, que não havia criminoso, por mais indigno que fosse de qualquer complacência, que não alcançasse a sua proteção; e quando o censuravam por isso, a sua resposta era sempre esta: "Os bons não precisam de proteção, porque estes estão por si mesmos protegidos; os maus, porém, não estão no mesmo caso, e se ninguém os proteger, que virá a ser deles?" Uma ocasião, sendo ele juiz municipal substituto em São João Nepomuceno, um criminoso o procurou com as choradeiras de costume, para que lhe valesse naquela sua tão grande e, segundo ele, imerecida desgraça. O barão partiu imediatamente para a vila, e perguntando ao escrivão pelos autos, indagou deste se havia muitas provas ou se a defesa era fácil. O escrivão respondeu que o crime era grave e que a prova era tal que não havia a menor probabilidade de defesa.

"Nesse caso", disse-lhe o barão, "é preciso que esses autos se consumam". O escrivão fez-lhe então ver que a cousa não era tão fácil como ele supunha, e que se os autos desaparecessem, disso se aproveitaria ao criminoso, mas que, em compensação, ficaria criminoso ele escrivão que nunca havia cometido crime algum. O barão ficou extremamente embaraçado com semelhante resposta, e por algum tempo se concentrou, ou pôs-se a ruminar, a ver se achava um meio que a ninguém comprometesse. Quando afinal julgou que o havia achado; e disse ao escrivão: "Eu nunca comprometi a ninguém e não quero de modo algum comprometer a você, que é um pai de família. Mas também não é possível que este pobre diabo tenha de sofrer uma pena tamanha. E assim, você lavre aí um auto de consumo e eu mesmo o assinarei".

O que é certo é que o escrivão custou muito a convencê-lo que o tal auto de consumo não remediava nada e que apenas o que poderia acontecer é que em vez de um só criminoso pelo negócio, dois talvez fossem os criminosos.

As mortes tanto do dr. Antônio José como desse barão de Airuoca quase que coincidiram exatamente com a minha vinda para Leopoldina; e com esses dois homens fecha-se, por assim dizer, o período lendário ou tradicional desta nossa Mata. O que, pois, daqui em diante vou contar já faz parte da minha própria vida, e, por consequência, vou deixar de ser um simples colecionador de tradições para ser um historiador de viso e ao mesmo tempo um pouco ator.

CAPÍTULO XLV

Quando os primeiros passeantes penetraram no Feijão Cru, pode-se dizer que, por este lado, os pontos avançados da civilização vinham a ser os seguintes: Angu ao sul, Rio Pardo ao ocidente, Meia Pataca ao norte. A partir destes pontos começava então o que se poderia denominar mata bruta ou região dos selvagens. Mas se a bacia do Pomba já se achava quase toda conquistada e se por quase todos os lados a linha da conquista já não pouco havia progredido, isso, contudo, não impedia que muito vasta fosse ainda a parte da mata que restava por conquistar. E com efeito, terminando em ponta, mas cada vez mais se alargando para norte ou na direção nordeste, não só isso que ainda restava da mata bruta, ou essa região dos selvagens, se estendia desde Feijão Cru até a fronteira do Espírito Santo, mas ainda acompanhando sempre a margem esquerda do Paraíba, do qual muito pouco se afastava, ela, que, segundo já disse, ia sempre se desenvolvendo para oriente e para norte, acabava afinal por confundir por este último lado com os confins, naquele tempo muito incertos ou extremamente vagos, do mais antigo de todos os nossos municípios — o de Mariana — e dos dois outros muito mais modernos, Piranga e Presídio.

Ora, esta região de que acabo de falar e que naquele tempo não passava de uma simples testemunha silenciosa da criação, que no fim de tampouco tempo veio depois a se tornar em uma das gemas mais preciosas da nossa província, achava-se toda em poder de uns índios, que eu não sei se a si mesmos se denominavam puris, mas que eram geralmente assim chamados pelos invasores brancos. Se estes índios eram, com efeito, puris, se dividiam-se em muitas tribos, se essas tribos eram ou não mais ou menos numerosas, e finalmente se todos eles formavam um povo único e irmão ou se pelo contrário pertenciam a diferentes raças são questões sobre as quais nada posso dizer. Sejam, porém, quais forem as respostas que se possa dar a todas estas questões, e ainda muitas outras sobre as quais a minha ignorância não é talvez menor, há um fato, entretanto, a cujo respeito todas as minhas informações combinam e que pode, por consequência, ser dado como certo: que estes índios de que aqui nos ocupamos nada tinham de ferozes, mas, que pelo contrário, sendo dotados de uma índole extremamente branda, eram todos muito pacíficos.

Não obstante, de todos os nossos índios eram estes talvez dos mais atrasados. Nem para a prova deste meu asserto talvez fosse necessário mais do que dizer que não só todos eles viviam em um estado da mais completa nudez, mas que, nunca tendo chegado a conhecer o uso de rede (objeto este que desde tanto tempo tão comum já se havia tornado, entre os outros índios), eles só tinham por leito a própria terra. Dava-se mesmo com eles uma circunstância que não deixa, quanto a mim, de ser algum tanto curiosa. E essa circunstância, que não me consta tenha sido jamais observada entre os outros índios, vem a ser a seguinte: em vez de altearem as suas camas, como é o costume de quase toda a humanidade, estes índios, pelo contrário, as tratavam quanto podiam de rebaixar, ou exatamente como fazem os porcos e alguns outros animais, as cavavam no chão, onde com o tempo, ou com um uso mais ou menos prolongado, estas acabavam por ficar tão lisas que se poderiam dizer envernizadas.

Quanto às suas habitações, ou quanto aos seus aldeamentos, nossos silvícolas nada absolutamente possuíam do que os outros tinham por costume denominarem uma taba. E digo isso porque sendo aquelas tabas, como se sabe, umas construções mais ou menos vastas, mais ou menos permanentes e que eram sempre feitas com uma certa arte, tudo quanto os índios que aqui habitavam de melhor chegaram a realizar neste sentido apenas se reduzia, segundo o testemunho de todos aqueles que os puderam observar, a alguns pequeninos ranchos de beirada ao chão, e que não passam, como ainda se deve saber, de duas simples forquilhas afincadas ao solo, sobre as quais se atravessa um pau em forma de cumeeira, e sobre esta depois se encostam alguns outros paus, que fazendo as vezes de caibros, e sendo afinal cobertos com qualquer cousa sobre a qual a água possa correr, vem por esse modo a servirem ao mesmo tempo de teto e parede. Entre nós encontram-se alguns desses ranchos, que são feitos com certa perfeição relativa e que são depois cobertos de sapé.

Os dos índios, porém, eram muito mais fracos e grosseiros, exclusivamente cobertos com folhas de palmito. Se, porém, esses ranchos já eram assim tão toscos e tão ligeiros, mesmos índios ainda tinham um gênero de coberta que com facilidade e em falta de agasalho levavam muito as lampas a esses mesmos ranchos. Essas cobertas, que eu não sei se eram simplesmente transitórias ou se tinham alguma cousa de mais ou menos permanente, vinham a reduzir-se unicamente em fincarem eles no chão algumas cabeças de palmito cujas folhas, ficando bem juntas e todas mais ou menos inclinadas para um único lado, acabavam por lhes fornecer uma tal ou qual guarida que, embora muito pouco sólida e nada tivesse de muito impermeável, nem por isso, deixava de lhes servir para ali passarem algumas noites a se abrigarem durante o dia contra o rigor das intempéries. Como todos os outros índios, estes também davam-se à pesca. E é muito de supor que nesta eles não deixassem de fazer uso dos covos ou giquis. Para pescarem os lambaris e alguns outros peixes tão miúdos como estes, o meio, ou um dos meios, de que eles se serviam era um que eu mesmo em menino algumas vezes empreguei ou vi empregar, e que pelo lado da simplicidade talvez não haja nenhum que o iguale.

Ora, esse meio é o de uma linha sem anzol. Na ponta da linha, porém, tendo-se amarrado como isca algumas minhocas, estas, puxadas com um certo jeito e de repente aladas ou sacadas para fora, traziam consigo os peixes. Quanto aos animais maiores, ou quando a pescaria tinha de ser feita em águas um pouco mais volumosas, o meio empregado, que era de todos o mais comum, era o das redes, as quais eram sempre feitas com o fio do tucum ou com a embira que se tira da embaúba branca.

Segundo todas as informações que obtive, estes índios nada absolutamente plantavam. Dir-se-ia mesmo que eles não tinham nem sequer a ideia da agricultura. E assim, sem falar no mel das abelhas, que além de um pouco escasso parece ter por natureza não passar de um simples acepipe, e sem falar ainda nos frutos das árvores, que, além de intermitentes, são de ordinário tão precários, pode-se dizer que tudo quanto esses pobres índios chegavam a tirar da terra para o seu sustento quase que unicamente se reduzia a um certo número de raízes, que são hoje mais ou menos desconhecidas ou delas já quase que ninguém se aproveita. Destas raízes, aquela de que mais uso eles faziam, de que pareciam muito gostar, e que por ser aqui muito abundante tornava-se para eles de uma utilidade constante e muito apreciada vinha a ser o caratinga, uma espécie de cará muito mais duro do que os outros, e que inteiramente privados de qualquer espécie de ferramentas, eles tinham por costume de arrancar não só com o primeiro instrumento cavante que o acaso lhes deparava, mas muitas vezes com as próprias unhas.

Estes índios eram, segundo mais de uma pessoa me afirmou, uns grandes corredores. E assim, achando-se eles reduzidos a meios de subsistência tão escassos, e que além de tão escassos, não deixavam de ser mais ou menos precários, está bem visto que eles não deixariam de ser também uns grandes caçadores. E eles o eram com efeito, se assim me posso exprimir, por duas necessidades — uma física e outra moral. Por necessidade física, porque era a caça o que constituía para eles a principal base da sua alimentação; por necessidade moral, porque a não ser essa mesma caça, esses índios quase que não tinham outra qualquer espécie de divertimento senão dançar, o que não era nem frequente, nem feito em toda a parte. Segundo estou informado, isso só tinha lugar por temporadas e em certos e determinados sítios que eram para isso destinados, de sorte que, sendo esses sítios muito poucos pela dificuldade de os achar e de os preparar no mato, e que sendo, além disso, aproveitados desde tempos por assim dizer imemoriais, eles, que iam-se tornando cada vez mais limpos e mais duros, afinal acabaram, segundo ainda me recordo de ter ouvido contar, por ficarem como que inteiramente petrificados. Ora, fato de ser a caça para os índios, como acabei de dizer, uma necessidade e ao mesmo tempo o principal, talvez, de todos os seus divertimentos, veio a resultar uma consequência, que sendo muito natural em todos os lugares que têm sido ocupados pelos nossos indígenas, parece que aqui veio a se tornar ainda muito mais sensível. E essa consequência é a seguinte: sendo esta mata a última parte descoberta da nossa província, ela não só é hoje muito mais pobre de caça do que as extremidades de Minas, onde a população ainda se acha muito rareada, mas até mesmo do que o próprio centro, que foi o primeiro a ser descoberto e povoado. Verdade é que, estando a população aqui a perder de vista, muito mais condensada do que se acha no campo ou talvez mesmo em qualquer outra parte da província, esta bem pode ser talvez não só uma das causas eficientes do fato, mas, quiçá, a principal ou a verdadeira causa desse tão rápido e progressivo desaparecimento da caça. E isto porque, derribadas como têm sido as matas e por consequência já não encontrando a caça aqui nem o espaço necessário para se mover, nem talvez mesmo o alimento suficiente para se nutrir, ela ou é com facilidade morta, ou então trata quanto lhe é possível de ir sempre se retirando para os lados do oriente ou da província do Espírito Santo, onde a mata vai sempre se alargando e se tornando cada vez mais compacta. O fato, porém, é que a caça tem diminuído muito e que tende cada vez mais a desaparecer.

Quando eu aqui cheguei já os veados não entravam na classe das cousas muito comuns. E no entretanto eu ainda cheguei a ver matar-se um dentro da chácara que eu então possuía, por assim dizer, dentro da própria cidade. Esta propriedade, que ficava quase que pegada com a igreja do Rosário, que então se começava a construir, e veado este que ia dando causa a uma briga ou a uma grande demanda, porque tendo sido o tal pernilongo levantado pelos cães de um francês muito caçador, que então aqui havia e que se chamava Levasseur, e tendo depois de muitas marchas e contramarchas acabado por entrar pelas ruas da cidade, quem o matou não foi o dono dos cães, que não sei onde o esperava nem por onde andava, mas um dos moradores da mesma cidade, que estando em sua casa e o vendo passar, sem a menor demora se apoderou de uma espingarda, montou em um cavalo, que por acaso se achava arreado à sua porta, e, como se fosse um verdadeiro louco, disparou a correr atrás dele, até que afinal o foi matar, como já disse, à minha vista, no pasto da minha chácara.

Quase que por esse mesmo tempo, ou antes, já alguns anos depois, quando a minha residência não era mais na cidade, tenho alguma lembrança de que esse mesmo francês ainda chegou a matar ou chegou a pegar uma anta, pois que me recordo de me haverem convidado para lá ir vê-la, o que não fiz, por me parecer que não valia a pena andar três léguas por um semelhante motivo. Mas hoje quem é que ouve mais falar em antas ou veados?! Mesmo depois que me afazendei, ainda uma onça, cujo rastro bastante grande foi visto atrás do meu paiol e debaixo de uma coberta que tinha quase que pegada à casa, chegou a comer alguns de meus carneiros, e o seu propósito bem firme e deliberado era com toda a certeza o de não me deixar talvez um só. E de fato, com uma intermitência mais ou menos regular, ela os foi agarrando e levando para o mato onde os comia; até que tendo-se armado uma espingarda no lugar onde a mesma havia escondido os restos de um desses carneiros destinados a contentar a sua mortífera gula, e tendo a espingarda disparado à noite quando o carnívoro havia vindo em busca da carne guardada, desde então nunca mais apareceu. Hoje o que desta raça uma vez ou outra por aí se encontra, pode-se afoitamente dizer que são apenas algumas jabutiricas, ou simples gatos-do-mato, mas espécie esta que, a não ser às galinhas, a ninguém mete medo. Eu mesmo, que pouco saio de casa, já tenho visto alguns, e não só já matei um, que por acaso encontrei nas imediações do meu terreiro, mas ainda tive o cuidado de guardar-lhe a caveira como um padrão de glória venatória; pois que sendo eu um caçador que apenas serve para semear chumbo pelos matos, ou cuja mão treme e os olhos fecham-se quando o tiro dispara, posso entretanto dizer, sem pregar nenhuma mentira, que já matei uma onça.

A caça, entretanto, que mais resistiu e que ainda não há muitos anos era uma verdadeira praga para as roças foram os porcos-do-mato (queixadas e catetes), cujas varas eram muitas vezes grandes, e que, pelo que me diz respeito, me chegavam até bem perto de casa ou a uma distância de cem braças mais ou menos onde a mata vinha pegar ao açude.

Tudo isso está hoje muito diminuído, bem como as pacas e quase toda a caça de pena, de sorte que a não ser as cotias a que se dá pouco apreço e os jacus e pombas que estão também no mesmo caso, bem poucos são os animais de pelo que hoje se encontram, assim como já se faz uma grande festa quando se tem à mesa um inhambu ou um jaó, e quanto a um macuco, isso então nem se fala.

Voltando, porém, aos índios, direi que, para a caça, como para tudo o mais, eles não dispunham de outra arma senão da flecha. Quanto aos seus costumes, o único que parece chamar a atenção dos brancos é justamente o que menos atenção deveria merecer por ser muito comum entre todos eles, isto é, de logo depois do parto irem as parturientes se banhar na água fria e ficarem como se nada tivessem, enquanto os maridos punham-se por elas a guardar o resguardo.

Nem todos furavam a face. Alguns, porém, não só furavam as orelhas e os lábios, mas ainda pintavam ou bordavam todo o corpo, sobretudo o peito e os braços, com uma tinta que me disseram ser azul, embora eu não conheça no mato nenhuma substância que dê uma cor perfeitamente azul.

Apesar de haver a mais completa separação entre a vida dos brancos e a dos índios, estes, contudo, foram pouco a pouco civilizando-se, e não deixavam de ser por aqueles aproveitados em alguns serviços, que eram, de ordinário, pagos com cachaça. Dessas tarefas, porém, aquela que lhes era quase que exclusiva era derrubar o mato, na qual, dizem todos, não havia quem os excedesse.

Um fato que me parece pode ser considerado como o mais característico desses índios foi a sua muito grande mansidão. Sendo eles os senhores exclusivos e imemoriais de toda essa nossa mata, e não lhes sendo, a princípio, de nenhum modo difícil disputar aos brancos a sua posse; entretanto, desde os primeiros entrantes que viviam, por assim dizer, afogados entre eles, até os últimos tempos em que os novos vindos iam de fato tomando conta de toda ela, não só nunca houve um só exemplo de agressão em corpo por parte dos índios contra os brancos, mas até mesmo pode-se afirmar que se alguma rixa individual veio a dar-se, o que era muito natural e provável, estas foram de tal natureza que não deixaram de si lembrança, a não ser talvez nos cartórios.

É muito de supor-se que à proporção que a mata ia sendo ocupada pelos brancos, fossem também os índios, assim como a caça, emigrando para o oriente ou para os sertões do Espírito Santo.

Aquilo, porém, que mais concorreu para o seu desaparecimento, foi, segundo o testemunho geral de todos os primeiros colonizadores com quem tenho conversado, uma epidemia de sarampo que apareceu alguns anos depois que estes últimos fizeram aqui o seu estabelecimento. Sendo este um mal inteiramente novo, segundo me parece, entre eles, a epidemia tomou um caráter não só muito intenso porém extremamente geral, e como apenas a febre aparecia, desde logo tratavam de se atirarem à água fria. O resultado foi essa mortandade tão grande e que tanta impressão causou a todos aqueles que já se achavam aqui estabelecidos.

Quando vim para a mata, tive a oportunidade de ver um grande número desses índios na fazenda da Soledade, que pertencia ao capitão Quirino; e vi também algum tempo depois uma espécie de pequeno aldeamento deles, um pouco para lá do atual arraial dos Tebas na estrada que ia para Rio Pardo. Eram apenas alguns pequenos ranchos muito imundos e onde eles pareciam estar sempre a cozinhar preguiça.

Nunca soube-lhes o número ao certo, mas parece que deveriam ser uns dez ou doze, e sei que eram homens e mulheres. Entretanto, em vez de progredirem, parece que já se acabaram, ou que estão se acabando de velhice, ou talvez mais ainda de doença.

Eu já disse que esses índios eram aqui conhecidos pelo nome de puris; e eis aqui o que a respeito deles nos diz Varnhagem na sua *História Geral do Brasil*:

> *"Porém novos perigos vinham reclamar os cuidados do governador em outra capitania, a do Porto Seguro, ameaçada de perder-se inteiramente, sucumbindo à anarquia e às assoladoras invasões de uns novos inimigos que, com o nome de Aimorés, ali se apresentavam chegados do sertão, os quais, havidos pelos outros Bárbaros por mais que bárbaros, falavam uma língua inteiramente desconhecida e tinham usos estranhos a todo o mais gentio do Brasil. Não construíam tabas nem tujupares; não conheciam a rede, e dormiam no chão sobre folhas; não agricultavam; andavam em pequenos magotes; não sabiam nadar, mas corriam muito, não havendo outro meio de se lhes escapar mais do que o de entrar n'água, se a havia perto; arrancavam a fala com muita força, desde a garganta; e (o que era mais para temer) eram antropófagos, não por vingança e satisfação de ódios inveterados, mas por gula. Tudo induz a acreditar que eram da mesma nação representada pelos chamados agora puris, que também, como este nome o expressa, são gulosos de carne humana e preferem, como se conta dos tubarões d'África, à carne dos brancos à dos negros, a quem designam por macacos do chão".*

Esta descrição parece combinar em quase tudo com as informações que pude obter sobre os nossos puris e que já atrás ficaram expostas. Lembrando-me, porém, que as duas principais características dos aimorés eram o horror à água e a sua ferocidade ou tão gulosa antropofagia, e vendo, ao mesmo tempo, que nesses dois pontos dá-se entre os dois povos não uma simples divergência de costumes, porém, pode-se mesmo dizer um contraste, o mais completo.

Já mostrei que os nossos puris eram de uma mansidão e de uma inoxiedade sem igual; por outro lado, eles eram ainda, conforme o testemunho de quase todos que os conheceram, uns nadadores de primeira força. De repente suscitou-me no espírito uma dúvida, que não sei mesmo se como tal possa ser considerada: se os nossos puris são, com efeito, aimorés, ou se não seriam, pelo contrário, algum ramo da nação tupi. Para se cortar a questão, era preciso ouvi-los falar ou conhecer pelo menos algumas palavras da sua língua. Mas só há meses é que me lembrei de escrever estas *Minhas recordações*, e hoje me é impossível verificar o fato por mim mesmo; as informações que a este respeito procurei foram inteiramente nulas. Apenas o que posso dizer é que os primeiros entrantes davam à moléstia chamada opilação o nome de canguari, nome que me parece ser tupi e que vim aqui ouvir pela primeira vez. Este nome, porém, pode ter sido importado, bem como o das aves, o das árvores e o dos frutos, que são iguais aos dos outros lugares. Um dos rios, entretanto, que passa mais perto daqui é o Pirapetinga, nome este que me parece ser puramente tupi e que ainda me parece não existe nos lugares donde vieram os primeiros colonizadores, para que um tal nome pudesse ser transplantado. A minha incompetência, porém, sobre esta matéria é tão grande, que até receio estar dizendo talvez algumas boas necedades. Mas, se por acaso, eu com efeito as disse, creio que mereço ser desculpado, porque o meu desejo era unicamente o de fornecer algumas informações de que os entendidos pudessem tirar talvez algum proveito. Entretanto, por infelicidade minha, eu nada pude ver ou observar por mim mesmo, e o que a tal respeito me contaram é tão pouco, tão superficial e talvez mesmo tão incerto, que afinal de contas pode bem ser que se reduza a zero.[4]

---

4   Eu já havia escrito este capítulo quando me constou que nos arredores da Leopoldina ainda vivia um velho que por algum tempo havia morado entre os índios. Incumbi então uma pessoa da minha confiança, e para isso bem competente, o sr. João Guilherme Gaede, de ver se obtinha desse velho algumas informações que me fossem úteis. E essas informações, que há pouco me foram remetidas e que por mais de um motivo vou aqui transcrever *ipis verbis*, são as seguintes:
Informações obtidas do senhor Camilo José Gomes, 98 anos já feitos, e que conhece o Feijão Cru há mais de cinquenta anos.

Primeiro — Os índios que conheceu foram os Coroados, Coporés e Puris, sendo todo o seu comércio com estes e com eles habitou. Os seus aldeamentos eram dentro das matas e em forma circular e constavam de ranchos feitos de palha de palmito, que giravam pela margem do rio Pomba, Roça Grande, até a margem do Paraíba; os Coroados e Caporés giravam na margem do rio Pomba, Presídio e Ubá, e não permaneciam alojados no mesmo lugar, ficando ora aqui, ora acolá.
Segundo — As suas poderosas armas de defesa e de caça eram a flecha e o bodoque (armas que o senhor Camilo manejou com tanta perícia como eles e que apesar da sua velhice ainda mata uma galinha, quer com a flecha, quer com o bodoque, pela cabeça, isto é, atirando-lhe certeiramente).
Terceiro — As flechas são feitas de pontas de taquaras quicê, brejaúba e ubá.
Quarto — Além da pedra conhecida por pedra de raio, que eles tinham engastada em um pau, o que leva a supor-se que era este o instrumento primitivo, possuíam facas e foices velhas e arcos de barril, e com isto faziam tudo.
Quinto — Plantavam favas mangalê, caratinga, batatas-doces, bananas-da-terra, e milho, cavando a terra com cavadeira de pau, e de tudo davam cabo em estado verde.
Sexto — Pescavam com timbó ou com balaios do feitio mais ou menos dos nossos giquiás, sendo de boca larga, trazendo uma armadilha para disparar e fechar-se a tampa.
Sétimo — Nadam como peixes, fazem jangadas para seus transportes e montados em um pau atravessam em qualquer rio, exceto os lugares de cachoeira.
Oitavo — São corredores, e de sagacidade e esperteza admiráveis, no mato andam sempre agachados. São dados ao furto e não são leais.
Nono — Casam-se por afeição, conhecida esta; é toda a forma do casamento, e este constituído e assim unidos, respeitam severamente.
Décimo — Fazem balaios, redes e panelas (enormes) de barro; as redes são feitas de corda torcida de embiruçu, tucum e de embaúba branca.
Décimo primeiro — São conhecedores de raízes e plantas medicinais, que aplicam em caso de enfermidades.

Décimo segundo — Usam de cabelos compridos, andam nus, as mulheres é que usavam um saco atado à cintura.
Décimo terceiro — Temem ao trovão e em grande alarido gritam "tupã está brabo", quando há trovoada.
Décimo quarto — Os que falecem são enrolados ou atados com cordas e depositados com a sua flecha, bodoque e mais objetos que lhe pertençam dentro de uma grande panela de barro, e assim são enterrados; de tempos em tempos voltam os que sobrevivem àquele lugar para os chorarem.
Décimo quinto — Em tempo determinado fazem suas reuniões (uma espécie de quinteto que costumam fazer os pretos), as suas cantigas são de um alarido infernal, e para essas ocasiões fazem provisões de caças assadas e cozidas. Esses divertimentos duravam de dois a três dias, e nestas reuniões tornavam-se perigosos pela bebedeira que tomavam de uma bebida chamada catipueira (milho mascado e depositado com água em uma grande panela de barro; fermentada, está pronta a bebida). A carne era cozida do seguinte modo — fazendo um buraco no chão, calçando-o com pedras, folhas e terra e fazendo por cima uma grande fogueira; finda esta, estava pronta a carne; assavam pondo em cima do fogo a carne por meio de um estivado de paus.
Décimo sexto — A eles acompanham uma qualidade de cachorros miúdos que lhes ajudam a caçar.
Décimo sétimo — O senhor Camilo dominava quarenta famílias pelo medo e respeito que do mesmo tomaram por causa da arma de fogo.
Décimo oitavo — Diz o senhor Camilo que no Sapé existem algumas sepulturas e que ele conhece o lugar e que se pode ainda verificar.
Décimo nono — Aos que eles consideravam amigos chamavam Opé.
Vigésimo — Aos indivíduos de cor branca, ao verem, diziam: aí vem raial orutu, que quer dizer valente; e aos de cor preta diziam: aí vem tapanhê.
Vigésimo primeiro — Acreditavam muito em feitiço; tanto assim, que o índio que os dominava, de noite afastava-se do aldeamento a fim de entender-se com o Nhaueira. Feito isso, voltava a dar conta da conferência, determinando o que se devia fazer. Carachucha era o nome que tinha o índio chefe.

CAPÍTULO XLVI

Estabelecidos no meio de um sertão inteiramente bruto, compreende-se perfeitamente quantas e de que ordem não deveriam ser as dificuldades com que teriam, desde logo e durante algum tempo, de lutar os primeiros que para aqui entraram. E com efeito tão grande era o estado de isolamento em que se achavam, tantas as contrariedades com que a cada passo tinham de arcar, e finalmente tal a escassez de tudo quanto haviam mister, que para dar de tudo isso uma noção perfeitamente clara, creio que me bastará assinalar um único fato. E esse fato vem a ser o seguinte: sendo o milho para os mineiros um objeto, não simplesmente de uma utilidade maior ou menor, porém a verdadeira base da alimentação dos homens e de todos os animais, e que não podendo por consequência esses primeiros entrantes deixar de o ter, não só para fazerem as suas primeiras plantações, mas até mesmo para atravessarem o primeiro ano da sua estada aqui, eles, entretanto, para o obterem, o tiveram de ir procurar e buscar, ainda que pelo preço apenas de duzentos e quarenta réis o alqueire, a uma distância não inferior talvez a doze léguas ou a uma povoação que fica entre as cidades do Pomba e Ubá e que se chama São José do Paraopeba. E isso porque, sendo o caminho que ia para aqueles lados de todos o mais transitável, ou, para falar melhor, o menos intransitável, eram justamente esses lados os que mais cômodos de fato se tornavam para uma condução qualquer. Se, porém, esse fato de existir para ali um caminho, já só por si queria indicar que havia por aqueles lados um pouco mais de habitadores; isso, contudo, não queria de modo algum dizer que houvesse ali uma muito grande abundância e uma civilização muito maior ou que ali se encontrassem muitos outros lugares em que aqueles primeiros entrantes se pudessem prover do necessário. E é assim que, embora no Meia Pataca já não deixasse de haver algumas casas e até mesmo um certo princípio de povoação, era esta no entretanto tão pobre, ou para falar com muito maior exatidão, era por uma tal forma miserável que, segundo informações seguras que a esse respeito cheguei a alcançar, um juiz de paz que ali havia não só morava em um rancho à margem do Pomba, mas sequer se dava ao trabalho ou ao luxo de vestir calças, porém andava de ordinário só de ceroulas.

Ora, se era isso o que se dava com o simples mantimento, veja-se agora o que não seria com o sal! E, com efeito, tais eram os embaraços que resultavam da carência quase sempre maior ou menor de um gênero de uma tão grande necessidade que, para obtê-lo com um pouco mais de facilidade, todos se reuniram e foram abrir uma picada e fazer um caminho mais ou menos transitável, que prosseguindo da Providência, onde o antigo havia parado, foi ter à povoação do Angu. E foi nesta povoação que desde então foram se abastecer não só de sal, mas ainda de alguma coisinha a mais que a sua vida quase que tão simples como a dos próprios puris às vezes exigia.

Perguntando ao meu informante qual foi a primeira freguesia e o primeiro município a que pertenceram depois que aqui chegaram, disse-me ele que a freguesia foi a do Angu (hoje Angustura) e o município o do Pomba. Creio, porém, que deve haver nisto algum equívoco, porque, sendo o Angu e São José d'Além Paraíba, muito mais antigos do que Leopoldina, como poderiam pertencer ao município do Pomba se achavam-se dele separados pela mata ainda não aberta do Feijão Cru? Só se havia para lá chegar algum outro caminho que fizesse uma grande volta. Parece-me, porém, muito mais natural que as margens do Paraíba pertencessem ao município de Barbacena ou ao de São João Nepomuceno, se por acaso este último já então existia. Infelizmente faltam-me aqui os meios de verificar à qual das antigas freguesias ou municípios iam pertencendo as diversas povoações que iam se fundando.

A questão, porém, é fácil de resolver recorrendo aos arquivos da província; por isso prefiro contar a vida dos primeiros entrantes que não consta destes arquivos, e que se eu aqui não a deixar consignada, talvez no fim de bem pouco tempo já ninguém se venha a encontrar que a possa de qualquer modo apanhar.

Nos começos o que unicamente se procurava era apenas viver e, ao mesmo tempo, ir arranjando os cômodos para tudo, visto que nada existia. Tudo, pois, se cifrava em plantar o mantimento para o gasto e algum algodão com que se fizesse a roupa. Pouco a pouco, porém, as cousas foram melhorando: os porcos aumentaram;

sobraram alguns cevados; e foi esse o primeiro gênero de exportação que deu este lugar, sem falar na poaia em que o padre Manoel Antônio desde logo se pôs a negociar, segundo já tive ocasião de dizer. Nada mais podendo eu sobre isso acrescentar, senão que nesse tempo a exportação na sua totalidade, ou na sua quase totalidade, era feita para São Fidélis e não sei se também para Campos.

Quanto ao café, este foi plantado aqui muito cedo, porque Francisco Pinheiro e Romão Pinheiro, quando vieram, já trouxeram de Valença algumas sementes; e foram estas as que forneceram aqui as primeiras mudas. O café, porém, não era um gênero mineiro; os habitantes eram mineiros e dos menos progressistas da província; e o café vegetou por muito tempo assim como uma cousa um pouco esquisita, até que afinal alguns Monteiros, com muita repugnância e como que só para experimentar, o plantaram também, acharam que a cousa não era ruim. A moda depressa pegou, e em pouco tempo o Feijão Cru não esteve mais para ser Feijão, nem Cru, nem cozido; graças ao café, se crismou em Leopoldina.

Quando cheguei aqui, a cultura do café, embora não fosse ainda a décima nem talvez mesmo a vigésima parte do que ela é hoje, já era, entretanto, bastante avultada; ainda mesmo sem falar em Angu e São José, que a esse respeito, como em quase tudo o mais, estava mil furos adiante de Leopoldina. Nessa ocasião, grande parte da exportação, sobretudo a do lado oriental do município, ainda continuava a ser feita por São Fidélis; a maior parte, porém, já se fazia por Magé ou pelo porto da Piedade, até que a estrada de ferro veio acabar com todos esses escoadouros, de que hoje já quase ninguém se lembra.

Desde que alguns cristãos se reúnem em qualquer terra desconhecida, uma das primeiras ideias que lhes vem ao pensamento é a de construir uma igreja onde rendam graças a Deus e um cemitério no qual possam dar uma plácida morada aos ossos dos seus. E se isso é o que acode a todos os cristãos em geral, como poderia deixar de acudir aos filhos de uma província tão profundamente religiosa, como sempre tem sido esta nossa, e sobretudo a mineiros, como eram então os daqueles tempos, que nunca se deitavam sem que primeiro, reunida a família inteira, todos tivessem rezado o terço, e que nunca se levantavam sem ter o primeiro se recomendado a Deus, ou quando, assim como em algumas casas acontecia, ninguém se entregava aos seus afazeres senão depois de haverem saudado o novo dia que aparecia, com um certo número de cânticos sagrados? Os primeiros entrantes, portanto, que se animaram a deixar o campo para virem procurar aqui melhores condições de fortuna, apenas se haviam estabelecido nesta terra dos bugres, a primeira cousa de que se lembraram foi de não viverem como pagãos no meio daqueles pagãos; ou de terem quanto antes uma igreja e um cemitério em que juntos pudessem rezar e onde os ossos dos seus pudessem repousar em terra sagrada. Ora, tomada uma semelhante resolução, Joaquim Ferreira Brito e Francisco Pinheiro, cujas sesmarias se encontravam na Grama e no lugar onde está hoje a cidade, delas tiraram uma pequena parte, e dessa pequena parte das suas terras fizeram doação à comunidade, para que desde então ficassem formando o patrimônio do padroeiro que por todos havia sido escolhido ou do tão simpático e muito glorioso mártir São Sebastião.

Quanto aos limites desse patrimônio, não os posso determinar com bastante precisão, mas julgo que foram Feijão Cru e um pequeno lagrimal, que vindo dos lados do cemitério velho atravessa a rua do Rosário, e que depois de já estar junto com o corregozinho que passa pela cadeia, atravessa a rua Direita e vai entrar em Feijão Cru.

O largo do Rosário e a rua do Riachuelo, sei com toda a certeza, não faziam parte desse patrimônio primitivo, pois quando aqui cheguei, ou muito pouco tempo antes de aqui chegar, ainda estavam em terras de José Ferreira Brito, o qual, embora não dispusesse de grande fortuna, foi, entretanto, não só quem começou a igreja do Rosário, e nela gastou um conto de réis, mas quem deu ainda para o patrimônio da igreja ou da Câmara, que sem muita cerimônia foi logo dele tomando conta, o terreno onde se acha hoje a referida rua, ou pelo menos a parte que fica do lado da igreja até uma certa distância e depois de um pequenino córrego que lhe passa pelos fundos.

Quanto ao cemitério novo, esse se acha nas terras da chácara que foi minha e das quais doei a parte que se julgava necessária para a fundação do mesmo.

Antes disso, ou antes que os primeiros entrantes se dispusessem a construir aqui uma igreja, não é de supor que se conservassem inteiramente sem missas nem sacramentos. Eu, porém, inteiramente ignoro onde tais atos se praticavam ou como eram eles praticados; Tudo quanto a esse respeito posso talvez afirmar é que a primeira missa que aqui se disse teve por altar, segundo me foi asseverado, um simples toco de sapucaia. Desde, porém, que São Sebastião já se havia tornado um proprietário, ou posseiro, como outro qualquer, não havia mais razão para que andasse assim um pouco aos boleus pelos matos ou como um simples hóspede dos seus devotos. Estes trataram o quanto antes de lhe darem uma casa própria, e para assento da pequena capela, e ao mesmo tempo (sem o saberem) para assento da futura cidade de Leopoldina, foi escolhido o alto ou o morro que ainda hoje julgo chamar-se de cemitério, que é o que ficava para trás da rua do Rosário, na estrada que, desde então, começando a se estender para os lados de Laranjal e Capivara, hoje vai ter às duas novíssimas povoações de Campo Limpo e Vista Alegre, cuja existência, como é de todo bem sabido, é um fruto exclusivo da estrada de ferro.

Foi, pois, ali que se fez esse cemitério, cujos restos creio que ainda alcancei, e bem assim essa igreja, que bem poucos já são hoje os que a tivessem visto.

Se, porém, a não vimos, grande não deve ser também o nosso pesar, visto que, tanto pela forma como igualmente pela sua matéria, essa igrejinha mostrava que era obra de quem bem pouco tinha para si, quanto mais para dar aos outros, mesmo que esse outro fosse o grande protetor dos homens contra a fome, a peste e a guerra, pois que essa igreja, que eles então ali fundaram, nada mais vinha a ser na realidade do que um simples ranchinho coberto de palmito e cujas paredes eram feitas de pau a pique e barro.

Mas, mesmo assim tão toscozinho, esse pobre rancho de palmito e barro não deixava de ser uma igreja tão santa como outra qualquer, e até, não duvido dizer, muito mais santa talvez do que as mais ricas ou primorosas catedrais, visto que nestas Deus é de ordinário apenas adorado por hábito ou simplesmente com os lábios, entretanto, naquele tão pequenino ranchinho o grande altar da divindade se achava, pelo contrário, profunda e magnificamente erguido no coração de cada um. Ora, o homem procura o mais que pode aproximar-se ou sempre se amparar à sombra da divindade. E, como por isso, não há igreja que fique por muito tempo isolada, em torno desta de que aqui tratamos foram desde logo se levantando algumas pequeninas casinhas, ou antes alguns pequenos ranchos, que em tudo perfeitamente condiziam com aquele em que tão parcamente se abrigava o santo.

Como, porém, se São Sebastião é o nosso padroeiro contra a fome, isso não quer rigorosamente dizer que o seja também contra a sede; e como São Sebastião ali não dava água aos seus devotos nem aliviava o peso da que eles viam-se obrigados a procurar bem longe, parece que eles acharam que uma vez que a água não lhes vinha, eram eles que deveriam ir até ela, e como então a miséria não era tão grande, eles, um pouco abaixo da atual matriz, ou ali mesmo, ou melhor, no meio do morro onde, à direita, segue o caminho, não sei se rua ou estrada, que vai para a Grama, fizeram uma nova igreja, muito ruinzinha ainda, é certo, mas que à vista da outra, quase que parecia tomar ares de catedral. Eles, portanto, agarraram no santo e o trouxeram para ali. E como ninguém queria morar longe do santo, não só com a igreja de palmito, lá também deixaram as suas casas de palmito e vieram fazer outras cá bem junto da igreja nova. Porém, como o santo já não parecia puri, metido debaixo das cabeças de palmito como a gente civilizada que tinha casa coberta de telhas, os devotos também o acompanharam neste ponto, e em vez de palmito (visto que ainda não havia nascido o sapé), puseram-se também a cobrir as suas casas de telha.

Mas isso de dizer que o santo já parecia gente civilizada é apenas um simples modo de dizer, porque se a igreja e as casas já não eram de puris, ainda permaneciam casas de gente pobre e muito atrasada. Finalmente deram o último arranco: levaram a igreja muito mais para cima ou para o alto do morro e ali a fizeram muito maior e sem nenhum ornato. Já no meu tempo, lhe puseram torres, a entalharam e a envernizaram mais ou menos, e está hoje senão uma cousa que chame a atenção, pelo menos alguma cousa que não faz rir. Desde então as casas da povoação foram também pelo seu lado tratando de mais ou menos melhorar. Já ia-se achando telhas para cobri-las, tábuas para assoalhá-las, alguma cal para branqueá-las e até óleo para tingi-las, até que hoje já algumas existem que os donos podem mostrar sem constrangimento nem vergonha.

Quando cheguei aqui, Leopoldina já era vila e a sua fama já começava a se estender com uma certa exageração; eu já havia chegado ao centro da vila e ainda continuava a estender os olhos para diante a fim de ver se podia descobrir onde é que ela estava.

Nesse tempo, Leopoldina, incluindo-se Grama, que formava um bairro inteiramente separado, deveria ter umas setenta ou oitenta casas mais ou menos; e estas eram de tal natureza que, precisando de uma para morar, e tendo logo achado três ou quatro que me emprestaram (porque naquele tempo não se usava alugar casas), eu, entretanto, embora visse que eram das melhores da vila e a cavalo dado não se olha o dente, preferi pagar 15$000 mensais por um sobradinho que fica pouco abaixo da matriz no começo da rua, ou estrada, que vai para Grama. Esse ao menos era um pouco mais limpo e não tinha buracos. Como naquele tempo as vidraças eram um objeto de luxo que só, cabia à casa da Câmara e a mais três ou quatro casas particulares, o que fiz foi mandar pôr umas duas ou três empanadas nas janelas do meu quarto e do meu escritório. E foi ali que passei um ano bem agradável, por duas razões: primeiro porque a respeito de necessidades eu fui sempre um pouco esparciata e quase nada há que me faça falta; e segundo porque naquele tempo vivia-se em Leopoldina como que um pouco em família; e nada há que eu goste tanto como a vida em família, de estar livre de formalidades e cerimônias, ou na minha mais completa liberdade.

A verdade, porém, é que naquele tempo só se tinha carne uma vez por semana, e que, ainda assim, às vezes falhava. Eu não tinha galinheiro nem sequer um pátio fechado onde pudesse ter alguns frangos presos; biscoitos mesmo nem sempre se achavam, quanto mais pão; de sorte que, às vezes, se chegasse algum hóspede e houvesse algum descuido em conservar a despensa mais ou menos bem provida, o resultado é que não se ficava simplesmente com o unha de fome, e sim com cara de quem passa sem comer.

Poderia aqui terminar este capítulo da descoberta e povoamento da mata de Leopoldina, pois que na realidade nada me ocorre de alguma importância que pudesse aqui acrescentar.

Como, porém, Angu e São José fizeram parte por muito tempo do nosso município e eu ainda não disse uma só palavra do povoamento que veio para essa mata por aquele lado, vou agora suprir esta lacuna.

Assim como a colonização que veio do lado de Pomba e de Rio Pardo era toda mineira, também pode-se dizer que a que veio do lado do Paraíba era ainda mais ou menos mineira, não só porque me parece que foram muitos os mineiros que dos lados de Rio Preto e Paraibana vieram pouco a pouco margeando o Paraíba pelo lado esquerdo e conquistando a mata, mas ainda porque mesmo dos que atravessaram o Paraíba, não poucos, ou antes, para falar com maior exatidão, a maioria, talvez fossem igualmente mineiros. E nesse caso creio que estão todos os membros da família Teixeira Leite e Leite Ribeiro, que vieram se estabelecer naquelas duas freguesias e que ali se tornaram os mais ricos e importantes fazendeiros.

Três foram, pois, os elementos que constituíram a colonização da nossa mata, todos eles mais ou menos mineiros mas, não obstante, muito diferentes entre si. Assim, aqueles que depois de terem saído da província, pelas estradas de Matias Barbosa, de Rio Preto, de novo voltaram a ela, pelo Porto Novo ou pelo Porto Velho após terem residido um tempo maior ou menor na província do Rio de Janeiro, com ideias e costumes fluminenses; e, como os habitantes de Angustura e São José, se conservaram sempre em relações muito íntimas e constantes com a Corte. O resultado foi uma civilização e riqueza muito superior à do resto da mata, havendo nas grandes e ricas fazendas que ali existiam muito maior luxo e, sobretudo, muito maior conforto.

Entre Angustura e a serra da Leopoldina achava-se o segundo elemento — o dos Monteiros —, que, genuínos representantes dos fazendeiros mineiros, trouxeram para a mata a aristocracia patriarcal do centro da província, isto é, fazendas grandes, muita religião, muita abundância em tudo, mas, ao mesmo tempo, ideias acanhadas, pouco gosto e pouco conforto. Da serra da Leopoldina para o lado de Pomba e Rio Novo era o elemento democrático mineiro com todas as suas virtudes e defeitos: muita religião; hospitalidade franca, prestabilidade sem limites, mas, ao mesmo tempo, muita ignorância, muita superstição, nada de conforto, nem mesmo às vezes de útil ou sequer do quase necessário.

Houve um tempo, é certo, em que neste elemento colonizador se introduziu um luxo extremamente tolo e foi o dos objetos de ouro e prata. E isso se deu porque houve um tempo, de 1850 a 1860 mais ou menos, em que sobre toda a província, mas principalmente aqui na mata, veio a cair como uma verdadeira praga do Egito um grande bando de joalheiros franceses, ou antes de joalheiros israelitas, de todas as procedências, os quais tiravam todo o ouro e prata velha do melhor quilate que então havia e em grande abundância, deixando em troca ouro e prata falsos, ou de quilate muito ordinário, e cujo peso era ainda fraudulentamente aumentado pelas chapas de ferro e por outras matérias de nenhum valor que eram cobertas ou disfarçadas debaixo de lâminas muitas vezes assaz delgadas daqueles dois preciosos metais. De sorte que se eles pediam, por um objeto qualquer, cem, por exemplo, o vendiam por cinquenta ou quarenta, e de ordinário a crédito. Rebatiam logo o crédito às vezes pela metade, e, ainda assim, acabavam sempre por tirar do negócio um lucro mais ou menos leonino. Tal era, porém, a tolice dos compradores, ou tal a lábia, os artifícios e a insistência dos vendedores, que não havia quase que ninguém que não fosse vítima dessa mania de ter objetos de ouro e prata, ou de ostentar esse luxo tolo, ou em uma tão completa desarmonia com tudo o mais, pois que, ainda depois que eu aqui estava, ainda ouvi contar o caso de um meu colega que, pousando em uma casa, recebeu uma bacia para lavar o rosto de prata. Entretanto, à noite, teve ele de levantar-se e de dar um passeio até a porta do terreiro porque debaixo da sua cama não havia nenhum vaso nem de prata, nem de louça, nem de qualidade alguma.

Felizmente esse escândalo dos mascates acabou por chegar a um tal ponto que a assembleia provincial e as Câmaras municipais entenderam que era preciso lhes pôr cobro; e tendo estabelecido sobre essa indústria impostos verdadeiramente proibitivos, esses mascates, ou esses verdadeiros ladrões, foram pouco a pouco desaparecendo.

Ao passo, pois, que a parte meridional do município de Leopoldina foi quase toda ocupada por gente mais ou menos abastada e sobretudo mais ou menos civilizada; a sua parte setentrional, incluída a freguesia propriamente da cidade, só teve nos seus princípios por habitadores gente quase toda mais ou menos ignorante, ou que, quando muito, mal sabia ler e escrever, e que eram todos muito pouco abastados e em geral muito pouco civilizados. Disso resultou que, ainda mesmo depois que já era cidade, muitas vezes se encontrava pelas estradas um homem todo vestido de roupa grossa, pouco asseada, e às vezes até um pouco esfrangalhada, com um chapéu também grosso, sujo e velho, descalço, ou com sapatos, ou chinelos de couro branco, e finalmente, ou quase sempre, com as pernas das calças mais ou menos arregaçadas. Esse homem ia montado em um cavalo, ou burro, muito ordinário, tendo no pé uma única espora, e sobre um lombilho muito mal forrado, que, em tudo condizia com o cavalo e o cavaleiro. Tudo isso sem falar ainda na grande e indefectível manguara, ou no piraí, ou chiqueira, cujo cabo podia também servir de manguara e também algumas vezes no saco que ia à garupa, ou na enxada, no machado, ou algum outro objeto de igual natureza que ia carregando ao ombro.

Ao ver uma figura assim tão esquipática, ninguém havia que desde logo não pensasse que era apenas um trabalhador de roça, e, se tinha os pés inchados ou algumas feridas nas pernas, que não acreditasse que era talvez algum mendigo. No entretanto, pondo-se a conversar com ele ou tiradas as devidas inquirições, vinha-se afinal a saber que o tal trabalhador de roça era às vezes um fazendeiro cuja fortuna ascendia a muitas dezenas de contos de réis e que era ou já tinha sido eleitor, juiz de paz, vereador etc. Disso ainda se via, há bem pouco tempo.

Felizmente, depois da criação da vila, quando foram entrando outras famílias e sobretudo depois da estrada de ferro que produziu no lugar uma verdadeira revolução, as cousas têm mudado muito; e não só nas casas mais pobres já se vê muito mais comodidade, mas, sobretudo em público, a decência é mais ou menos geral, e os filhos daqueles jarretas, em parte ao menos, já quase que apresentam ares de Corte.

CAPÍTULO XLVII

Eu já contei que, não tendo sido reconduzido ao emprego de juiz municipal de Queluz, vi-me de repente na necessidade de mudar de carreira e de procurar um lugar onde fosse advogar.

Assim, sem que tivesse o menor conhecimento dos lugares para onde ia, sem cartas de recomendações e, de mais a mais, tendo às costas uma dívida de quase dois contos de réis, com apenas nas algibeiras uns duzentos ou trezentos mil réis que fossem propriamente meus, parti de Queluz em procura do ponto em que mais me conviria estabelecer-me. Tendo passado por Barbacena, onde se achavam os Baetas, a quem desejava visitar, dirigi-me para Mar de Espanha.

Povoação muito nova, que antigamente se chamava Cágado, e que nunca pude saber porque foi depois crismada como Mar de Espanha, que, sabe-se, foi apenas inventada, ou de repente exaltada, unicamente em ódio a São João Nepomuceno, que por intrigas políticas se queria suprimir. O Mar de Espanha, naquela ocasião, já era uma cidade pequena, limpa e que se poderia dizer bonitinha.

Quando ali cheguei, eu não conhecia, ou julgava não conhecer, uma viva alma, mas, por um verdadeiro acaso, ali encontrei um contemporâneo de São Paulo com o qual tinha tido algumas relações em uma sociedade secreta de beneficência, ou não sei se em um clube republicano que lá havia. E foi esse meu contemporâneo, Antônio Vespaziano de Albuquerque, quem, além de me apresentar a algumas pessoas do lugar, me forneceu as informações que eu andava a procurar.

Tendo deixado Mar de Espanha e estando cada vez mais firme no meu propósito de continuar na minha peregrinação até São Fidélis, comecei então a entrar no que se poderia chamar a parte mais densa da mata, e onde, com grande admiração da minha parte, a cada passo me via estar passando por cima dos mais belos e apetitosos palmitos, dos quais sempre tanto gostei tão caros no campo e que só se encontravam pelos píncaros das serras. Agora ali estavam caídos no chão, sem que deles ninguém fizesse o menor caso, inteiramente desprezados e até mesmo quase que de todo evitados, porque, sendo naqueles tempos a opilação uma das principais moléstias aqui da mata, era, segundo quase todos acreditavam, não os brejos ou a própria virgindade de uma tão luxuriante natureza a causa daquele mal que pelo depauperamento do corpo igualmente depauperava a alma, porém, sim, e com a maior talvez de todas as injustiças, aqueles pobres, tão esbeltos e sobretudo tão gostosos palmitos.

No dia seguinte cheguei ainda não muito tarde à Leopoldina, e não preciso, pois que julgo tê-lo feito, aqui de novo repetir a má impressão que recebi, pois quando esperava encontrar uma povoação grande e sobretudo muito florescente, o que de fato acabei por encontrar não passava, pode-se dizer, de um simples lugarejo, onde algumas casas um pouco melhores que ali se viam quase que pertenciam unicamente a fazendeiros.

Não obstante, a terra não deixava de ter o seu hotel, o qual ficava na rua Direita, logo acima da cadeia, e cujo título, se bem me recordo, era Hotel Leopoldinense.

O hotel, cujo dono se chamava José Maria Monteiro, era como outro qualquer e torna-se, por consequência, desnecessário que eu aqui dele me ocupe. Uma espécie, porém, de *Petrus in cunctis* da Leopoldina naquele tempo, e dos tipos que aqui vim encontrar um dos mais curiosos, o dono daquele hotel, além de ser vereador, negociante de secos e molhados, procurador ou cousa que o valha da irmandade do Santíssimo sacramento, agente do correio, e, finalmente, subdelegado de polícia, com tudo isso, e com algumas outras coisinhas mais, ainda acumulava a profissão, o negócio ou a glória de proprietário edificador ou um indefesso construtor de casas.

Verdade é que, dispondo de recursos que nada tinham de folgados, os materiais de que ele se servia para as suas obras tanto tinham de refugos quanto tinham de baratos. Por esse motivo, quase todas as suas obras nunca chegavam a ter uma duração muito maior do que a dessa tão conhecida Rosa de Malherbe, ou dados os devidos descontos, o espaço de alguns anos. Isso, porém, não vinha de modo algum impedir que essas obras se fizessem, e tantas já eram elas que, todo cheio do maior orgulho, uma das frases que de ordinário se servia quando se punha a alegar os seus serviços vinha a ser essa: Leopoldina nunca havia tido, e era muitíssimo provável que jamais tivesse, quem como ele tanto obrasse.

Tendo uma tendência extremamente pronunciada para o papel de Munckausen, a muitos fazia rir e a outros deixava inteiramente embasbacados a ousadia e a perfeita seriedade com que ele pregava as mais descabeladas petas. De uma inteligência menos que medíocre e uma ignorância que apenas se disfarçava com a moradia que algum tempo tivera na Corte, um dia em que tratava-se de expedir voluntários para o Paraguai, por acaso veio a dizer-se que antes de lá chegar eles teriam de ficar em Montevidéu. E logo José Maria exclamou: "Oh! Conheço muito esta cidade. Fica exatamente por trás do Pará. Uma vez já tive de lá ir, e fiquei algum tempo como guarda-marinha".

Eu não sei se foi nessa mesma ocasião que ele ainda contou que tendo sido cercado em uma das ruas por um magote de seis ou oito espadachins, apesar de dispor apenas do seu espadim, não só abriu o seu caminho por meio deles, porém ainda acreditava que dos outros um só não havia ficado que não estivesse ou morto ou ferido. Entretanto, não o podia afirmar com toda a certeza; porque tendo o fato se dado à noite e querendo ele evitar a polícia ou algum escândalo, tratou o mais depressa que lhe foi possível de se recolher à casa.

Nem eram as façanhas de valentia, ou outras de igual natureza, as únicas que com o maior gosto alardeava. Homem fadado para todas as glórias, ele não só afirmava que desde muito moço se havia dado ao culto das musas, mas que deixara também rastros numerosos e verdadeiramente luminosos em nossa literatura. Um dia, abrindo a gaveta do seu balcão e tendo dela tirado um soneto de Bocage: "Piolhos cria o cabelo o mais dourado", depois de os ler a algumas pessoas que estavam presentes, acrescentou que era uma pequena poesia que, sentindo-se inspirado, tinha feito naquele mesmo dia ou na noite precedente.

Esquecendo-se, entretanto, de que havia sido guarda-marinha e de todas as grandezas por onde sempre havia andado, uma das suas maiores glórias era a de ter sido chefe de cozinha, ou um dos cozinheiros, da casa imperial; e era este justamente um dos campos mais vastos por onde à rédea solta caminhava a sua musa petalógica.

O que, porém, o havia tornado realmente célebre era o seu gênio arrebatado e extremamente colérico. E como vivia sempre a se proclamar o maior inimigo da pressa e, por outro lado a se queixar constantemente das suas comadres, nunca se podia realmente saber quando se o tinha pelos pés ou pelas mãos. Era necessário um muito grande tino para se lidar com ele, muito principalmente na agência do correio, onde tendo-se em conta muito mais de senhor do que simples empregado, ali sempre procedia como um verdadeiro déspota, ou como um verdadeiro Lopes, como de fato alguns o chamavam, pois que bastava a menor exigência ou a menor circunstância que o contrariasse para que desde logo disparasse e muitas vezes mesmo recusasse de entregar a correspondência naquele momento, e até mesmo por muitos dias. Foi o que aconteceu com um oficial de justiça chamado Antônio Lúcio, que, tendo ido ver cartas, teve em resposta que no mundo não havia quem perdesse o seu tempo em lhe escrever. O oficial, ou porque se insultasse, ou por simples debique, mandou assinar o *Jornal do Commercio*, e, quando o foi buscar, José Maria, ao princípio pelo menos, recusou-se a lhe fazer a entrega, dizendo com a maior sem-cerimônia, ou com o maior desprezo, que negro não assinava jornais.

Havia, entretanto, um meio de fazer desse homem, assim tão intratável, o mais amável e paciente de todos os homens. E esse meio, que era extremamente simples, eis aqui qual era: Naquele tempo, um dos homens mais importantes do município de Leopoldina era o major José Maria Manso da Costa Reis. Um dia, uma pessoa que não conhecia aquele major, o qual era geralmente conhecido pelo simples nome de José Maria, o confundiu com o dono do hotel e deu a este o título de major.

Às pessoas que estavam presentes não escapou a imensa transformação que imediatamente se havia dado na fisionomia e nos modos do nosso homem. Chegaram a verificar que tão benéfica transformação era um simples efeito daquele título de major. Desde esse dia, os que chegaram a ter conhecimento desse negócio tiveram nas mãos a potente vara mágica com que poderiam dominar de um modo certo e seguro aquela tão irritável e furiosa fera, pois que, mais impaciente, por mais hemorroidário ou mesmo por mais colérico que ele estivesse, era bastante que se lhe dissesse: Perdão, ou tenha paciência, senhor major! E imediatamente o homem tornava-se macio como uma cera, e dele se poderia fazer tudo quanto se quisesse.

Fossem, porém, quais fossem os defeitos ou mesmo os ridículos desse homem, uma justiça se lhe deve fazer: era um homem muito serviçal e ainda mesmo no meio dos seus maiores arrebatamentos nunca se mostrou verdadeiramente mau.

Se, porém, todos o temiam e se muitos também eram os que, o conhecendo mais de perto, o sabiam estimar, ninguém entretanto o temia e ao mesmo tempo o apreciava como um dos seus vizinhos que lhe ficava em frente, e que formava com ele o mais perfeito contraste, porque ao passo que aquele era baixo, claro, muito vermelho e extremamente colérico, este, pelo contrário, que era alto, muito moreno e de uma palidez um pouco hepática, era de uma tal pachorra e de uma mansuetude tão grande que não só geralmente se dizia que na sua casa ele era ainda menos do que um galo e que na realidade quase que não passava de um simples pinto que leva bicadas, porém que muito célebre chegou ainda a se tornar por um grande número de anedotas que dele se contavam e das quais vou dar aqui umas duas ou três para exemplo.

Tendo ido a uma festa na fazenda de d. Eusébia, onde é hoje a estação de mesmo nome da estrada de ferro da Leopoldina, pediu ele que no dia seguinte muito cedo lhe dessem arreado o seu animal; depois de ter dado os sinais que melhor o caracterizavam, acrescentou que era um caponacho que lhe haviam emprestado e o melhor cavalo em que até então havia montado. Quando lhe trouxeram o animal para montar, alguém lhe ponderou que o cavalo era égua. Ele, porém, assegurou que tinha vindo em um caponocho, que estava bem certo disso, e que era aquele que ali se achava. Mas quando foi bem de perto examinar, sacudiu a cabeça, e parece que ainda ficou duvidando.

Um dia, foi ele mesmo quem contou, tendo saído a passear pelas ruas de Mariana embrulhado em um capote de barregana, uma mulher da vida airada o agarrou e o fechou pelos peitos na suposição de que era um outro. Já ia feri-lo com uma navalha, quando, reconhecendo o seu engano, lhe disse: "O senhor escapou de boas, pois, por um triz eu lhe cortava o pescoço com esta navalha". E ele dizia, tomado de uma violentíssima cólera: "Pois foi vossemecê quem de muito pior escapou, pois que, se a senhora tivesse cortado o meu pescoço com essa sua navalha, eu lhe dava um tapa".

Sendo solicitador e tendo sido em Mar de Espanha nomeado defensor de alguns escravos de um F. Carcasseno que respondiam ao júri por um dos crimes da lei de 10 de junho, o nosso pachorrento falou uns quatro ou cinco minutos e deixou os pobres pretos completamente indefensos. Quando lhe foram dizer que os seus clientes haviam sido condenados à morte, ele, com a costumada pachorra, exclamou: "Com que então foram condenados à morte! Coitados! E se eu não me tivesse esforçado como me esforcei, o que seria deles?!".

Ora, o hotel do José Maria, sendo o único que existia no lugar, e além disso não havendo a menor dificuldade de o encontrar, fui direitinho a ele. Quando, porém, já estava me dispondo para apear, eis que em forma de exclamação ouço partir da janela de um sobrado fronteiro uma voz que me parecia ser muito minha conhecida e que no meio de um grande número de alegres ó lá, ó lá, trazia como estribilho: Pois então estás aqui?!

Sem a menor demora volvi a cabeça, e quem é que ali eu havia de encontrar? Pois era o meu colega Bié, um sujeito que já escapou de ser visconde, e que hoje, milionário, é geralmente conhecido pelo nome de Gabriel de Paula Almeida Magalhães, mas que tendo no seio da família o apelido de Bié, era por esse mesmo modo conhecido pelos colegas.

É desnecessário dizer que em vez de apear-me no hotel, fui desde logo fazendo uma rápida meia-volta à esquerda, e que daí a pouco estava eu caindo na casa e nos braços daquele colega, de quem desde a nossa formatura nunca mais eu tivera a menor notícia, e que vínhamos agora a nos encontrar nas margens de Feijão Cru.

Tendo-lhe contado, depois das expansões próprias de um semelhante encontro, que a minha viagem não passava da de um simples Paturot que andava em busca de uma advocacia qualquer, disse-me o Gabriel que o que eu procurava estava achado, e o que realmente me convinha era mesmo a Leopoldina.

Para melhor me convencer, mostrou-me todos os seus assentos; e então, com um pouco de inveja, pude logo verificar que enquanto eu havia partido para Queluz levando dois escravos e de lá saía possuindo menos talvez do que levara, Gabriel, pelo contrário, que havia vindo, logo depois de formado, para a Leopoldina, muito pouco mais trazendo de seu do que o pobre cavalo em que montava e na garupa deste a importância da própria formatura que ainda estava devendo, no fim, entretanto, de muito pouco mais de cinco anos, não só havia pago tudo quanto tinha vindo devendo, e já havia se tornado senhor de muitas cousas, porém até já era tido na conta de capitalista.

Apesar de tudo isso, o aspecto da terra me contrariava, e a minha ideia fixa era sempre São Fidélis.

Como, porém, os meus animais já estavam muito estragados, e como Gabriel me disse que me garantia que eu não me havia de arrepender e que depois de algum tempo de experiência nada me impedia que eu fosse experimentar São Fidélis, acabei por me render *si et in quantum* a esse argumento. Tendo voltado a Queluz para de lá fazer seguir a minha bagagem, no dia 22 de setembro de 1861 aqui de novo bati carga e tratei de estabelecer-me.

Quanto aos resultados que de uma tal resolução se seguiram, esses de alguma sorte se caracterizam por esta única asserção — eu hoje ainda aqui estou e nunca me arrependi.

De fato, muito pouco depois que aqui cheguei, comecei desde logo a reconhecer que longe de serem fundados os meus receios, eram, pelo contrário, as minhas esperanças que se mostravam de muito excedidas. Deixando, porém, de parte tudo quanto a tal respeito eu pudesse aqui dizer, vou, e de um modo muito perfunctório, unicamente consignar as duas causas que, no meu entender, mais concorreram para a minha boa estreia em Leopoldina. E dessas causas a primeira eis aqui qual foi:

Pouco depois que cheguei, tendo se reunido o júri, alguém propôs-me, ou veio pedir-me, que me encarregasse da defesa de um pobre-diabo que se achava na cadeia e que não encontrava quem o quisesse defender; e eu de boa vontade me prestei ao pedido. O crime estava provadíssimo, e por esse lado não havia a menor esperança de salvação. Parece, porém, que além da declaração do réu ainda havia alguns indícios de que o móvel do crime fora o desagravo da honra de um marido ultrajado.

E então, como tive tempo para ler e bem estudar o processo, tive igualmente ocasião para preparar um discursozinho, no qual, deixando inteiramente de lado o crime ou a sua prova, nada mais fiz do que única e exclusivamente me ocupar da relevância e até mesmo da grande santidade do móvel que realmente o havia ditado. Este pequeno discurso, que alcançou a absolvição (creio que unânime) do réu, não só pareceu que havia agradado às pessoas entendidas, porém, até mesmo, e muito mais talvez ainda, aos homens da roça. O que é certo é que, pouco depois, aparecia no *Jornal do Commercio* um artiguinho anônimo em que muito se elevava aquela defesa. Na seguinte sessão do júri, apesar de muitos serem os réus, fui eu quem os defendeu a todos, ou pelo menos a quase todos, de sorte que, embora naquele tempo muito poucas fossem as defesas cujo valor excedesse de uns cem ou duzentos mil-réis, só naquela única sessão do júri eu cheguei a ganhar perto de dois contos de réis.

Quanto à outra causa ou circunstância a que acima me referi, essa foi a seguinte: Quando cheguei à Leopoldina, dois eram os únicos advogados que aqui residiam. Desses, tendo sido um deles excluído pelo parentesco em que se achava com o escrivão de órfãos, de direito e, mais ou menos, de fato pode-se dizer que então não havia senão o Gabriel. Ora, pouco depois que aqui cheguei, Gabriel tratou o seu casamento. Como antes deste teve de ir medicar-se à Corte, vim a ficar por muito tempo o único advogado da terra. O resultado de tudo isso foi que, sem ter necessidade de ir talvez a mais de umas quatro ou seis audiências, eu, no fim do ano, do modo o mais limpo e ao mesmo tempo o mais cômodo, havia ganho cerca de sete contos de réis, ou quase tanto quanto havia ganho durante o meu quatriênio em Queluz, e pelo modo que o leitor já sabe, tão cheio de trabalho e de amarguras.

CAPÍTULO XLVIII

Quase que ao mesmo tempo em que mudei-me para Leopoldina, veio para aqui como juiz municipal e de órfãos (o segundo) deste termo o dr. João das Chagas Lobato.

Baixo, muito moreno e de feições que nada tinham de bonitas nem mesmo de muito agradáveis, Lobato era, além de seco e muito reservado, de modos algumas vezes bruscos. Dotado de uma inteligência um pouco vagarosa, mas raciocinadora e profunda, não possuía ele uma grande facilidade de expressão, o que fazia com que, sendo às vezes um orador que convencia, bem poucas vezes agradasse.

Possuindo o que talvez se pudesse chamar o senso ou o tino jurídico, e nunca deixando de estudar muito a fundo as questões que tinha de resolver, este homem, que foi um bom juiz e um excelente delegado de polícia, se não tivesse abandonado tão depressa o estudo do direito, teria acabado, quanto a mim, por se tornar um dos nossos maiores jurisconsultos.

Se, porém, segundo acabei de dizer, Lobato não era nem podia ser um grande orador, em compensação sabia escrever muito bem, e o seu estilo era, via de regra, preciso, claro e muito nervoso.

Foi ele quem, estando em um dos dias do ano de 1888 em Leopoldina, lembrou-se de convidar a todos os cidadãos para uma reunião pública em que se discutissem os meios de pôr um dique ao absolutismo que nos ameaçava. Foi essa reunião justamente que, tendo sido feita no momento exatamente o mais apropriado, chegou de repente a converter em um foco ardente e sobretudo profundo de republicanismo um dos mais fortes e mais constantes baluartes do conservadorismo em nossa província, qual sempre havia sido Leopoldina.

Nem os efeitos de uma semelhante reunião se limitaram unicamente ao município em que havia tido lugar. Pelo contrário, o manifesto que dela se originou, feito por Lobato e assinado por um grande número de pessoas respeitabilíssimas, foi publicado no *Jornal do Commercio*, produzindo na Corte e em toda a parte uma tal sensação que, embora se procurasse ridicularizá-la, denominando-se República da Leopoldina ao novo movimento que por essa forma se iniciava, o resultado serviu de exemplo sendo seguido por quase toda a província, inclusive a do Rio, e até mesmo por outras mais longínquas.

Além desse manifesto, parece-me que ainda foi obra do Lobato o do congresso republicano, que se reuniu em Ouro Preto e teve como aquele uma repercussão muito geral e profunda.

Havendo entre nós mais de um ponto de afinidades ou de mútua simpatia, desde que nos conhecemos nos tornamos amigos, e essa amizade ainda hoje perdura, sem que se lhe notasse jamais a menor quebra.

Eu, como já tive ocasião de dizer, morava em um pequeno sobrado que fica, descendo, do lado esquerdo e um pouco abaixo da Matriz, e o Lobato no que lhe fica perfeitamente em frente. Entretanto que, ao passo que ainda no largo, mas já no começo da rua que hoje se chama barão de Cotegipe, morava um negociante muito popular, João Teixeira Lopes Guimarães, no espaço intermédio, ou um pouco mais para baixo da minha casa, que, tendo sido o primeiro coletor de Leopoldina, dela coletor é hoje ainda, e que, se os fados não enganam, terá de coletor ir para a cova.

Hoje parece que o tratam de comendador Lucas Augusto Monteiro de Barros, com o mesmo direito, ou pela mesma razão, com que outros vão também sendo tratados que não passam de uns simples cavalheiros. Naquele tempo, porém, a terra era ainda muito democrática, ou antes, sendo ainda um pouco feudal, não conhecia senão dois comendadores: o primeiro, que já havia falecido e que se chamava Manuel Monteiro de Barros; e o segundo, de nome Manuel José Monteiro de Castro, e que foi depois o primeiro barão de Leopoldina.

Com uma cara de limão azedo ou então de sol com chuva, com um corpo extremamente fino e com um todo de quem nunca foi moço e jamais envelhece, Lucas Augusto, que acotovelando a todos com quem conversa, parece comer, beber e suar política, e que julgando-se e parecendo um conservador até à medula dos ossos, não passava no fundo do coração de um temível democrata. Era, no fim de contas, uma alma generosa, um amigo dedicado, ou como se poderia talvez dizer, uma boa fruta com casca carrasquenha.

Ora, sendo a terra pequena, cada um vivendo no seio da família e quase que não havendo outra espécie de divertimento senão a palestra em alguma loja ou o gamão na botica, a nossa principal distração (minha e dos três) vinha a ser o jogo (voltarete, solo ou manilha), que era de ordinário a dez réis o tento. E como de cada uma das casas se avistava as outras três, desde que algum dos companheiros se sentia disposto e via os outros pelas portas ou janelas, dava um pequeno sinal, e a roda pouco depois estava formada. Se, porém, dentro da vila e logo depois cidade, os divertimentos eram, como disse, extremamente escassos, em compensação muitas eram as festas de roça ou os passeios pelas fazendas, que supriam, e talvez com melhoria, os que poderia haver na povoação.

Muitas são as recordações que de tudo isso ainda conservo. Mas aqui só falarei de um único desses passeios e das festas a que assisti.

Pouco tempo depois que eu havia aqui chegado, Lobato, que tinha de fazer um grande giro em diligências, convidou-me para acompanhá-lo. A princípio recusei-me. Mas, tendo ele me feito ver que, além de divertido, o passeio poderia ser para mim de grande utilidade, pois que me tornaria assim mais conhecido e poderia mesmo oferecer alguma eventualidade de arranjar algumas causas, acabei por ceder.

E com efeito tudo se passou como ele havia previsto. Sem falar em causas menores, não só alcancei uma causa cível muito simples, e que ajustei por um conto de réis, mas ainda aconteceu que Lobato nas vésperas da partida havia pronunciado por crime de dano a um grande fazendeiro do Angu. Quando chegamos a São José, o fazendeiro, que não tinha conhecimento da pronúncia, não só ali se achava publicamente, mas creio mesmo que foi visitar Lobato. Este foi às nuvens com o negócio, mas, não obstante, desde logo mandando passar o mandado de prisão e acompanhado do seu escrivão, foi em pessoa prender o fazendeiro. E assim veio a se me deparar uma causa crime, que foi das melhores que tive, e que eu teria com toda a certeza perdido se ali não estivesse, porque, devendo-se tratar imediatamente da fiança do homem, outro que mais perto estivesse seria então o chamado, e não eu que morava longe.

Pelo lado do divertimento, as cousas não foram piores, pois que, sem falar nos grandes e bonitos surubis de que tanto nos fartamos enquanto andamos pelas margens do Paraíba, ainda por toda a parte encontramos algumas moças mais ou menos bonitas, e na idade em que nos achávamos, quase que só isso era bastante para que a viagem fosse boa.

Já não me recordo bem do tempo que durou essa nossa peregrinação. Sei, porém, que além da parte do município que percorremos na ida e na volta, a nossa viagem pela margem do Paraíba se estendeu desde Porto Velho até uma légua acima de Porto Novo do Cunha, o qual, naquele tempo, apenas tinha a casa da barreira e mais duas ou três, em uma das quais havia um negócio que parecia só ter prateleiras para vender.

Entretanto, se essa viagem me foi útil e agradável por todos os lados, foi nela, todavia, que passei um dos meus mais incômodos e encaiporantes quartos de hora. E eis aqui qual foi o caso. Quando chegamos a São José d'Além Paraíba, acabava de haver ali uma festa; e na casa em que nos fomos hospedar, se achavam como hóspedes o comendador José Eugênio Teixeira Leite e seu irmão Antônio Carlos Teixeira Leite, que eram naquele tempo os homens talvez os mais ricos de toda a mata. Ora, onde estão Breves e Teixeiras Leite, aí está também o jogo, porque parece ser uma gente que já nasce jogando.

Aqueles dois ricaços, porém, não tinham parceiros para o jogo e assentaram por força de os arranjar entre a gente da justiça que com eles estava então pousada. Lobato foi desde logo torcendo o nariz, e com o seu modo seco e decisivo recusou-se peremptoriamente ao convite. A razão que ele deu para isso foi que não jogava. Mas o verdadeiro motivo foi outro, e quase que posso asseverar que foi o existir então na casa uma senhorita muito bonita, ou pelo menos tão simpática, que em um dos dias seguintes, tendo eu encontrado o escrivão de órfãos, que era um homem já velho e carregado de família, de bruços a escrever sobre a cama ou sobre um banco, fui ver o que o mesmo escrevia. Embora tivesse feito o maior esforço para esconder, pude contudo verificar que era uma quadra em louvor da deusa, como ele a costumava chamar. E então

Lobato, que era um moço e apesar de ser juiz não deixava de ter coração, assentou que, em vez de aturar a velhos jogadores, muitíssimo mais divertido era conversar com a moça ou com as outras que lá também havia.

Vendo que nada arranjavam com o juiz, os tais senhores voltaram-se então para o advogado. E por mais que eu lhes dissesse que era um moço pobre, que não tinha por costume jogar, e que ainda quando o quisesse fazer, não seria com milionários como eles, foi tudo tempo perdido. Segundo eles disseram, o jogo era a dinheiro unicamente para prender a atenção e que, por consequência, seria eu quem determinaria a qualidade do jogo e o seu preço. Senti-me acanhado com toda aquela insistência. Pareceu-me que da minha parte seria uma falta de polidez o recusar, e então respondi que não duvidaria em concorrer para o marimbo que eles propunham, mas que havia de ser com a condição de que o valor do tento seria, quando muito, de cem réis apenas. Tudo aceitaram e o jogo começou, com efeito, a cem réis o tento; e devo mesmo dizer que nunca se alterou o seu valor.

À proporção, porém, que ia o jogo caminhando, a parada foi também passando de um tento a dois, de dois a quatro, e afinal era aos punhados. O resultado foi que, apesar de ter eu desde o começo me posto, como se diz, atrás do toco, quando dei acordo já me achava perdendo perto talvez de duzentos mil réis.

Eu estava em brasas, porque além de nunca ter perdido uma tão grande quantia, todo o dinheiro que eu tinha não passava de trinta ou quarenta mil réis. Eu, porém, contava com o Lobato, e em uma ocasião, tendo me ausentado da mesa do jogo, fui dele saber qual a quantia que ele na ocasião possuía ou com a qual eu pudesse contar, e a resposta que me deu foi que tudo quanto tinha eram dezoito ou vinte e dois mil réis.

Caiu-me então o coração aos pés e por muito tempo pus-me a ver estrelas ao meio-dia, apesar de ser então meia-noite. Em negócios de honra e de dinheiro, sendo de um acanhamento e de uma susceptibilidade quase que pueril, ninguém pode, nem de leve, fazer uma ideia do que em mim se passou quando, todo cheio de susto e de vergonha, eu me lembrava que não tinha dinheiro para pagar uma dívida de jogo a homens altamente colocados e que me viam pela primeira vez.

Felizmente ainda tinha alguns tentos, e tendo me dirigido para a mesa no propósito de acabá-los e levantar-me, pouco a pouco a fortuna começou a bafejar-me; e, conquanto saísse ainda perdendo, o meu dinheiro chegou, contudo, para o pagamento.

Agora, a festa da roça de que prometi falar, que foi realmente muito boa, mas que não pretendo descrever, teve lugar na fazenda de d. Eusébia, que a deu com o fim de celebrar a formatura e a chegada do seu neto, o dr. Nomimato José de Sousa Lima.

A festa durou três dias, e durante todo esse tempo eu dormiria, quando muito, umas quatro ou cinco horas, porque dançava-se de dia e de noite, e muitos eram aqueles, e principalmente aquelas, que consentiam que alguém jamais dormisse.

Ainda hoje, que já estou velho, ninguém há que tanto como eu se queixe do sono. E isso porque, para que eu fique satisfeito, são indispensáveis duas condições: primeiro, que acorde naturalmente; e segundo, que tenha dormido de sete horas e tanto a oito, pois que, moço e tresnoitado, cheguei de uma vez a dormir dezoito. E assim pode-se bem avaliar do triste e desgraçado estado em que não deveria achar-se a minha pobre e tão dorminhoca animalidade.

Entretanto, no quarto dia se reunia a junta de qualificação de votantes. E como eu tinha o maior empenho em vencer a eleição, ou pelo menos em fortalecer o meu partido, nada havia que me pudesse impedir de fazer parte da junta. Saindo, pois, a lua à meia-noite, à uma hora da madrugada deixei a festa, e com o Lobato, e não sei com que outros companheiros, viemos almoçar em Leopoldina.

Nunca, porém, tive uma viagem igual a essa; basta dizer que, uma légua antes de chegar à Leopoldina, andei de cinco a dez minutos pelo menos, completamente dormindo em cima do animal. E cousa verdadeiramente admirável! Eu, que acordado nunca fui dos mais firmes, quando me vejo em cima de uma sela, assim tonto e dormindo, não caí!

CAPÍTULO XLIX

Dão-se em mim dois fatos que, embora não sejam incompatíveis, não é frequente que se achem juntos. Sentindo uma grande necessidade de ordem, sou no fundo do meu caráter extremamente conservador, por outro lado, ninguém havendo em que seja mais profundo o sentimento da independência, do direito, e sobretudo da própria dignidade, também talvez ninguém se encontre que sinta-se mais disposto a resistir e a combater, em relação a si, todo e qualquer poder que não se funde na própria natureza e, por consequência, no direito e na razão.

Assim, acatando sempre a autoridade, desde que legítima, não só eu nunca cometi um crime, nunca faltei ao respeito das pessoas que têm por si a investidura legal, e até mesmo quando estudante e em um tempo em que se fazia garbo de nada respeitar, nunca deixei de atender à mais ligeira advertência da mais desprezível sentinela, porque naquele homem em que, debaixo de tantos pontos de vista, nada poderia absolutamente valer, eu, entretanto, não via senão um agente dessa autoridade, sem a qual a sociedade não pode subsistir, mas sobretudo o representante da lei ou dessa vontade, que bem ou mal interpretada se presumia ser a vontade de todos. Entretanto, indômito sempre contra a tirania violenta ou disfarçada e contra toda a depressão do meu caráter cívico, e ao mesmo tempo do caráter nacional, bem poucos terão se conservado em uma oposição tão constante e tão intransigente como eu tenho me conservado durante toda a minha vida, que já não é das mais breves, em relação ao governo que entre nós tem sido estabelecido.

Com todas essas predisposições e tendo entrado muito cedo para o estudo de latim, o entusiasmo pelas virtudes cívicas dos romanos, do bom tempo, desde logo fez de mim um republicano por instinto ou de sentimento, e hoje, que já se tem decorrido perto de meio século, eu, republicano, e mais republicano talvez ainda o sou. Com essa diferença, porém, que tendo sido durante toda a minha vida, e até mesmo em moço, um republicano mais ou menos moderado, acabei hoje por me tornar republicano apaixonado e verdadeiramente odiento.

E não é propriamente pelo fato da abolição, que muito embora para mim e para a verdade não passasse de um puro efeito do despotismo real, mas sim uma ideia justa, e que, postas de parte as considerações políticas ou puramente econômicas, poderia até chamar-se uma ideia santa. Porém, unicamente, com toda a verdade o digo, pela criação da guarda negra, porque esta, que a uns assombrou, que a outros pareceu um grande erro político e que a todos os bons cidadãos mais ou menos desagradou, veio mais uma vez ainda confirmar-me que os reis, para governarem alguns homens, não duvidariam de incendiar o resto do universo inteiro.

Nem se diga que uma tal ideia não partisse do alto, porque, ainda quando os reis não fossem adivinhados pelos seus Sejanos, bastaria o mais ligeiro sinal de reprovação da parte daqueles que tudo dão para que imediatamente entre brancos e pretos reinasse, como até agora, a mais completa harmonia. Afinal, torna-se absolutamente incompreensível que escravos e senhores que se amavam, tornassem-se inimigos pela liberdade, ou que aqueles que nunca se levantaram para ser livres, queiram matar aqueles que atônitos, sim, porém sem a menor relutância, lhes aceitaram a liberdade. Que se poderia, no entanto, esperar de uma mulher beata e sem critério, ou de um estrangeiro que, intrigante por índole e por família e mais do que tudo cúpido, nunca poderia amar a cousa alguma, quanto mais uma pátria que o não viu nascer?!

Quando fui para São Paulo, eu já era um republicano tão entranhado e tão convicto que, na aula de direito constitucional sendo um dia chamado à lição, não duvidei de contrariar a doutrina ensinada e de procurar, quanto pude, mostrar que não tendo o seu assento na natureza, o poder moderador nunca passaria de uma pura mistificação e, por consequência, de um produto unicamente da força ou da falta de dignidade nacional.

Não havendo partido republicano no Brasil, eu, ou por acompanhar os sentimentos de família, ou por entender que o partido liberal era o que mais se aproximava do meu ideal, a ele me filiei, e o leitor já sabe qual foi desde criança o meu ardor para a política.

Desde o momento, porém, em que cheguei a Queluz, entendi que um juiz não deveria ser político, e embora os liberais dali me tivessem posto na sua chapa para eleitores, ou não fui votar, ou, se fui, votei em branco.

Quando vim para Leopoldina, não havia aqui partido liberal e, assim como em Queluz, as minhas relações foram principalmente com os mais firmes e notáveis conservadores. Se, porém, em Leopoldina não havia um partido literal, nem por isso deixava de haver alguns liberais, que abatidos pela falta de consistência, porém não desanimados e muito menos ainda conformados, pareciam unicamente esperar por um chefe que os soubesse congregar e dirigir para se atirarem a essas lutas a que muitos nas suas terras se haviam dado e que aqui não podiam dar-se. À vista disso, e tendo logo sabido que eu sempre fora, não só um liberal de família e de inclinação, porém até mesmo um republicano convicto, o que depois veio a ser a maior arma que aqui se empregou contra mim, os liberais, digo, na primeira eleição que se efetuou, trataram de fazer também a sua chapinha, e, sem que me consultassem, nela incluíram o meu nome. Ora, feudo dos Monteiros de Barros desde os seus começos e em cujas eleições o dr. Antônio José, ou para juiz de paz ou fosse para deputado, quase que de ordinário só perdia o seu único voto, tudo em Leopoldina que se referia à vida política tinha um certo quê de patriarcal ou puramente de família. Assim sendo, tanto as qualificações como as eleições não passavam na realidade de puras formas ou só se faziam para constar. Portanto, não é de admirar que as qualificações de Leopoldina estivessem todas cheias de descuidos e até mesmo de irregularidades mais ou menos substanciais.

Quando terminou a eleição em que os liberais foram vencidos, como todos esperavam, pedi a palavra. E, um pouco por desfastio, mas sobretudo para agradecer a fineza que os liberais me haviam feito, fiz um protesto fundado naquelas irregularidades, protesto este que, se houvesse necessidade de anular os votos de Leopoldina para vencer a eleição de deputado, muito bem se o poderia fazer sem que se desse o menor escândalo.

Se o anticristo tivesse aparecido ali naquele momento, ou se uma bomba de dinamite tivesse explodido sem que se soubesse donde havia partido, não faria o mesmo efeito que o meu protesto. A princípio houve apenas um grande estupor. Mas, quando se passou a primeira emoção, foi só então que todos aqueles inocentes e tão pacatos cidadãos começaram a refletir sobre todas as ciladas e enormidades de que era capaz o espírito do mal. "Que pena! Um moço tão bom!", era o que se ouvia dizer a todos aqueles que me eram mais amigos. E esta exclamação, que no caso vertente quase que chegava a equivaler àquela outra antiga e muito conhecida — até fuma! —, queria de alguma sorte dizer que, apesar de toda a minha bondade, não havia talvez monstruosidade alguma de que eu não fosse capaz.

Felizmente, criados pelos Monteiros de Barros, cuja índole (a dos velhos pelo menos) foi em todos os tempos profundamente ordeira e inimiga de espalhafatos, os conservadores de Leopoldina mostraram-se igualmente em todos os tempos muito cordatos e moderados, e embora desde então manifestassem para comigo uma extrema prevenção política, não só nunca me fizeram nem me quiseram o menor mal, mas, muito pelo contrário, continuaram sempre, fora da política, a me estimar como dantes. Isso, porém, não teria assim se passado se em vez de ter sido feito o meu protesto em Leopoldina, eu o tivesse ido fazer no Meia Pataca, porque o senhor feudal daquele lugar, que era um meu parente por afinidade, senão também por sangue, e que se chamava major Antônio Vieira da Silva Pinto, longe de ter essa longanimidade dos Monteiros, formava, pelo contrário, com eles a mais perfeita antítese, de sorte que, ao passo que os Monteiros nunca deixaram de ser uns homens perfeitamente patriarcais, aquele major veio a constituir o último e o mais perfeito tipo dos antigos capitães-mores que teve a nossa província ou pelo menos daqueles que pude por notícia conhecer. E para que não se creia que estou exagerando, vou aqui consignar um único fato que só por si é suficiente para caracterizar o homem.

O major Vieira, depois de ter feito sair da freguesia a um dos seus genros o último liberal que se animou a lhe fazer frente ali, tornou-se o senhor incontestado e o mais absoluto daquele lugar. Em 1863, porém, tendo subido os liberais, um negociante chamado Moretzon, que para ali se havia mudado e que tinha sido nomeado subdelegado de polícia, tentou erguer o partido e disputar a eleição, ou pelo menos sustentar uma chapinha. O major, porém, mandou-lhe dizer que o partido liberal no Meia Pataca era de tal natureza que nem o próprio chefe era digno de votar, e que não havia de votar. No dia da eleição, sendo Vieira como sempre o juiz de paz presidente da mesa, Moretzon colocou-se atrás da sua cadeira. Quando na chamada dos votantes o major Antônio Vieira chegou ao nome do chefe liberal, como por uma simples distração passou por cima do seu nome e chamou o seguinte.

Como era bem de prever, o vigilante Moretzon não deixou de reclamar. Mas por mais que reclamasse e que até com o próprio dedo mostrasse o seu nome na lista, o major, pelo seu lado, insistiu que ali não estava ou que o não enxergava, e o reclamante teve de ficar sem votar. Na primeira reunião da qualificação, o major não deixou de o eliminar, e o eliminou por falta de renda. Moretzon recorreu ao conselho municipal, que na sua maioria era composto de conservadores, sendo o seu recurso unanimemente provido e o seu nome, incluído na qualificação.

Na primeira eleição que se seguiu, apresentou-se Moretzon para votar. Terminada a chamada sem que o seu nome fosse proferido, e tendo ele reclamado que se o chamasse, o major lhe respondeu que o reclamante não havia sido qualificado. E quando este se pôs a insistir que estava, sim, aquele lhe perguntou quem o havia qualificado? Então Moretzon, com os documentos que tinha em mãos, lhe disse que quem o havia qualificado fora o conselho municipal. "Pois, senhor Moretzon, respondeu-lhe o major com o mais imperturbável sangue-frio, se quem o qualificou foi o conselho municipal, é lá que o senhor deve ir votar. Vá, vá votar no conselho municipal". E o pobre Moretzon não teve outro remédio senão depor o voto no bolso e de conservar bem quietinha a língua dentro da boca.

Voltando, porém, ao que ia contando sobre a eleição de Leopoldina, direi que, sendo por aquela forma e um pouco sem querer estimulado para a luta, o que, dada a minha natureza, vê-se bem que não seria das cousas as mais difíceis, pus-me desde logo à frente dos liberais, fiscalizei e promovi as qualificações, e, na primeira eleição que depois desta teve lugar, os liberais, que antes nunca passavam de uns trinta ou quarenta votos, tiveram cento e muitos. O fato foi tão estrondoso que repercutiu por fora.

No fim de 1863, lendo nos jornais a chapa de deputados provinciais, vi, com a maior surpresa da minha parte, que o meu nome estava ali. E até hoje nunca pude saber quem foi o autor dessa lembrança. Eleito, fui tomar assento na primeira sessão da legislatura. Ausente da segunda, os deputados provinciais, que organizaram a nova chapa, não quiseram deixar de fora o meu nome, e assim fui ainda assistir à primeira sessão desta nova legislatura. Foi então que, da parte do presidente da província, o dr. e hoje conselheiro Saldanha Marinho, vieram me sondar, ou antes me propor, para ser um dos candidatos à deputação geral pelo então 5º distrito eleitoral desta província, onde nasci e tenho uma tão grande parentela.

Eu, porém, desde logo e sem a menor hesitação, recusei. E por dois motivos: primeiro, porque chefe da maioria, que era histórica, e quando se tratava de dar entrada na província à situação progressista, eu não poderia aceitar uma candidatura que deveria ser apoiada por um presidente a quem eu não queria apoiar e a quem ia talvez bem depressa hostilizar; e, segundo, porque, sendo o 5º distrito extremamente conservador, eu não poderia naquela ocasião ser eleito senão por meios pouco honrosos. Em meu lugar, ou em falta de outro, foi então incluído o dr. Cesário Alvim, que, sendo naquela época carne e osso com o conselheiro Afonso Celso, então ministro, representava na assembleia o papel de um fino diplomata, que, pressentindo bem e não podendo de todo os evitar, procurava ao menos demorar, ou amortecer, os golpes que estavam pendentes e que às vezes caíam sobre aquela situação que se esforçava por defender. Tendo entrado na chapa, ele e os seus companheiros foram, com efeito, eleitos. Mas para isso, além de uma compressão extraordinária, foi ainda preciso que na câmara se fizesse uma injusta depuração de alguns colegas.

O pouco que cheguei a ver da nossa alta política bem depressa me desencantou de todas essas lutas em que as ideias inteiramente desapareciam para cederem, sem pejo nem lógica, o seu lugar às piores paixões e a um interesse muitas vezes sórdido. Não tendo, portanto, comparecido à segunda sessão daquela legislatura, quando, no fim de 1866, se tratava de organizar uma nova chapa, escrevi ao dr. e hoje conselheiro Lima Duarte, que se achava encarregado desse mister, que eu não queria mais ser deputado provincial, e indiquei-lhe um nome que poderia entrar em meu lugar. Desde então fui cada vez mais me recolhendo à vida doméstica. E já nem sequer me lembrava de concorrer às eleições como um simples votante, quando afinal o aparecimento do partido republicano veio de novo despertar no meu coração as chamas dos meus antigos tempos.

Infelizmente, já não pode servir para as pelejas um antigo e desventurado corcel, que, indômito e brioso embora, além de velho e cansado, já se sente estropeado. E, não obstante, assim como os velhos que se assentavam nas praças públicas para estimularem os combatentes, eu, onde estou e quanto posso, sirvo-me da palavra e da pena, para bradar "avante!"

E no dia de cada eleição, esquecendo próximos parentes e os meus mais íntimos amigos, o meu voto, que nunca falta, quando isento como a própria liberdade, ou quando tão puro como a mais pura das ideias, veloz se atira pelas profundezas da urna, dentro ou fora unicamente brada "viva a República!".

CAPÍTULO L

DE TUDO quanto acabei de referir no capítulo anterior, já o leitor ficou sabendo que fui eleito deputado provincial sem pretensão da minha parte e, por consequência, por um puro acaso. O que, porém, o leitor não sabe, e que eu agora não duvido de lhe dizer, é que essa eleição foi para mim um motivo de boas venturas, porque não só ela ofereceu-me ocasião para merecer dos meus companheiros da assembleia uma tal ou qual consideração, mas muito principalmente porque direta ou indiretamente essa eleição, ou a minha estada na assembleia, veio a ser causa de certos fatos, dos quais o meu coração guarda até hoje uma bem funda lembrança.

Além disso, o leitor, muito provavelmente, ainda não se terá esquecido de que mudando-me aqui para Leopoldina, um semelhante ato nada mais havia sido do que um simples efeito do acaso, uma vez que, além de ter sido por mera casualidade que vim aqui encontrar ao meu amigo Bié ainda acresce que sendo essa uma resolução que tive de tomar um pouco de afogadilho, não cheguei na realidade a tomá-la em consequência de uma intuição que se pudesse propriamente denominar minha, porém antes como que arrastado pela influência de outrem ou inteiramente contra a minha vontade. Não obstante, o leitor não deixará de estar igualmente lembrado de que muito longe de ser isso para mim um mal, tornou-se, muito pelo contrário e desde logo, um motivo de verdadeira felicidade, visto que, no simples espaço de um ano, não só cheguei a ganhar tanto ou quase tanto quanto eu havia ganho em Queluz durante todo o meu quatriênio, porém, o que muito mais é ainda, sem que tivesse para isso o imenso trabalho e sobretudo os grandes desgostos e incômodos de espírito que por lá passei.

Isso que se deu com a minha eleição, e que antes já se havia dado com a minha mudança para a Leopoldina, é o que sempre tem acontecido em todo o curso da minha vida.

E não só o leitor já teve talvez ocasião de o notar, quando me ocupei da minha formatura e depois disso quando tratei da minha nomeação de juiz municipal e da mudança para Queluz, mas será isso ainda o que terá de observar se por acaso, no curso destas *Minhas recordações*, eu chegar, além de outros fatos de muito menor monta, a me ocupar de minha passagem de advogado para lavrador e finalmente do modo como cheguei a conceber e executar o *Julgamento de Pilatos*.

E, com efeito, isso tem se refletido tantas vezes, e tal influência tem acabado por vir a exercer sobre o meu espírito, que se eu fosse capaz, no que vai de telhas acima, de acreditar com fé em alguma cousa, eu talvez pudesse dizer que hoje não passo de um perfeito fatalista, e, com relação à minha pessoa, de um fatalista otimista.

Felizmente, além de que a metafísica do homem muito pouco influi no seu proceder e o que dirige ou, pelo menos às mais das vezes, arrasta o homem são os seus instintos, ou, se quiserem, o seu caráter, acresce ainda que a crença na fatalidade é tão contrária à atividade e a essa tão grande presunção de que o homem foi dotado, que não há um só fatalista, que jamais fosse lógico. Ora, eu não nasci para ser um fatalista, tanto que não há talvez ninguém que tão pouco apreço dê ao presente e que tanto se ocupe do futuro.

Mas o que não deixa de ser igualmente certo é que tenho sido desde moço tão prudente e tão previdente, pondo inteiramente de parte toda a modéstia, posso dizer com a mais inteira verdade que, no pequeno círculo das minhas relações, de ordinário os meus conselhos e as minhas opiniões se revestiam quase que da autoridade de um oráculo, donde a conclusão que daqui se deveria tirar seria que tudo quanto sou, ou que todo o bem que no curso da minha vida eu possa de fato ter colhido, só a mim o devo. Pois bem, esse homem, que assim tem gozado de um conceito tão elevado de bom senso, de prudência e de previdência, é o primeiro que reconhece e que não sente o menor vexame de confessar que tudo quanto a si realmente deve neste mundo é pura e simplesmente o bom conceito que chegou a alcançar dos outros e evitar as más consequências de um procedimento sem critério nas cousas mais ordinárias da vida. Quanto, porém, ao seu verdadeiro destino, ou aos pontos capitais dessa mesma vida, ou ao que constitui os verdadeiros picos dessa tão pequenina montanha, o coitado de mim, como diz

Fernão Mendes Pinto, nada absolutamente mais tem feito do que ser as mais das vezes arrastado por uma força, que ele mesmo não conhece, e que o arrastava de um modo inesperado e muitas vezes irresistível para onde nunca os seus desejos e muito menos talvez ainda a sua vontade o aconselhavam que fosse.

E o que mais é e o que sobretudo o acabava por confundir é que sempre achava um bem onde só esperava achar o mal, ou que o acaso sempre esperava por se mostrar mais sábio.

Disso vou dar uma nova prova. Legítimo e muito genuíno neto de meu avô, desde a idade a mais tenra comecei a mostrar pelas pessoas do outro sexo a mais pronunciada inclinação. Essa precocidade foi em mim de uma tal natureza que talvez seja eu o único homem que verdadeiramente não conheça qual tenha sido o seu primeiro amor. Se muito perfeitamente ainda me recordo da primeira vez em que o tal bichinho, deixando inteiramente de parte as suas antigas e tão inocentes cócegas, as lembrou de muito seriamente se pôr a me roer o coração, por outro lado aquilo que ainda hoje é para mim uma questão que eu não poderia com alguma certeza resolver, é se naquela ocasião eu já teria então chegado ao fim do meu décimo primeiro ano. E é ainda para mim extremamente duvidoso se em uma semelhante idade já se pode amar. Desde então, até que afinal me casei e que cheguei hoje a esse triste ou venturoso estado de olhar para a mais formosa das moças com os mesmos olhos com que me poria a contemplar alguma gabada ou bonita pintura, a parte mais interessante, ou pelo menos a mais cheia da minha vida, pode-se dizer que outra cousa mais não foi do que uma série nunca ininterrupta de variados e multíplices galanteios, que resvalando, por assim dizer, muito de leve pelo coração, iam ter na imaginação apenas o seu principal ou, talvez antes, o seu exclusivo teatro. A despeito, porém, de tudo isso, ou por isso mesmo talvez, deu-se comigo um fato realmente singular: nunca me passou pelo pensamento uma ideia um pouco mais consistente de que pudesse, ou devesse, realmente casar-me.

Quando mudei-me para Leopoldina, as minhas ideias a esse respeito estavam por tal forma assentadas e o casamento havia sido tão absolutamente eliminado do número das cousas prováveis da minha existência que, tendo algum tempo depois que ali cheguei comprado uma pequena chácara, a casa que desde logo tratei então de construir e onde me parecia que teria de passar o pouco ou muito de vida que ainda me ficasse para viver, na realidade não passava de algumas salas e alcovas, onde apenas se poderia mover um simples homem solteiro, que não fosse dos mais gordos e que de mais a mais não gostasse dos badulaques e das teteias.

Quando em 1864 fui para Ouro Preto tomar assento na assembleia provincial, ainda essa minha pequena casa estava levando a sua última demão. Se, porém, se diz, casamento e mortalha no céu se talha, às vezes quer me parecer que esse talhamento nada tem de cousa feita à última hora, mas que o céu, pelo contrário, ou por ser inimigo de pressas, ou por ter ao seu dispor o tempo e a fazendo, ou muito principalmente pelo seu grande e incomparável saber-fazer, desde longe apronta tudo; e que às vezes quase que leva a sua bondade em ir prevenir ao freguês que a sua obra já está pronta. E senão, o leitor, que me vá ouvindo, e depois hei de pedir-lhe que me diga se é assim ou não.

Juiz de Fora, que durante algum tempo se denominou a vila e a cidade do Paraibuna, mas que por ter então o povo combinado em preferir ao nome do rio que o banha o de algum caturra que por ali morasse, a lei veio a não ter outro remédio senão o de o crismar de novo; hoje é de fato e de direito a cidade de Juiz de Fora. Em princípios de 1850, porém, essa cidade, que é hoje tão catita e que parece um pedacinho do grande município do Rio de Janeiro, não era nem sequer uma simples freguesia dessa nossa tão vasta e tão sertaneja província; e até mesmo muito poucos anos antes disso, pode-se ainda acrescentar que não passava de um pobre e bem insignificante lugarejo, ou de um simples rancho de tropa. Tudo quanto é hoje Juiz de Fora deve-se principalmente a um dos filhos mais empreendedores que a nossa província tem tido, e que ainda quando o Brasil vivia a ressonar mais ou menos narcotizado no colo do senhor d. Pedro II e que ninguém se lembrava de falar em Mauás e muito menos em atravessar a vapor a serra do Mar, quanto mais a da Mantiqueira, já havia ele sozinho encasquetado em ligar Ouro Preto à Corte por uma estrada que fosse estrada. Assim foi que inventou essa obra monumental que veio depois a se chamar União Indústria. No ano de 1861, a estrada tinha enfim chegado à então cidade de Paraibuna; parte do grande sonho de Mariano Procópio estava enfim realizado. Desde a colonização alemã de Juiz de Fora, que era ainda mais uma das suas criações, se poderia ir em um dia à imperial cidade de Petrópolis ou ao Porto da Estrela, sem lama, sem caldeirões, e quem o quisesse ou pudesse, ao abrigo do sol e da chuva. A inauguração da grande obra marcou-se então para o dia de São João daquele ano; e como a família imperial vinha a ela assistir, e era essa a primeira vez que o imperador se dignava de ver a nossa província, foi essa uma das festas mais estrondosas de que rezam os nossos anais daqueles tempos passados.

A família imperial foi hospedada no bonito castelo que Mariano acabara de ali fazer, uma verdadeira maravilha naquele tempo, e que ainda hoje merece uma justa admiração de todos aqueles que o veem. Para auxiliá-lo na recepção das imperiais pessoas, o anfitrião de toda aquela festa convidou a família do conselheiro Luiz Antônio Barbosa, com a qual mantinha relações antigas e muito estreitas de amizade, de sorte que ao passo que a viúva daquele conselheiro teve então de fazer companhia à imperatriz, as duas filhas mais velhas acompanhavam as duas princesas.

Tratando-se de um ato e de uma festa de tal importância e para a qual de todos os lados era tão grande a concorrência, não era possível que a capital se conservasse indiferente.

E com efeito, além da banda de música do corpo policial e de um corpo de cavalaria, partiram de Ouro Preto para ali o presidente da província, que era então o conselheiro Pires da Mota, e alguns funcionários da mais alta categoria, entre eles o dr., hoje conselheiro, Quintiliano José da Silva, que para ali foi como juiz de direito e dos feitos da capital, ou segundo me parece, como chefe de polícia interino que então era. Ora, o dr. Quintiliano era naquele tempo o correspondente do *Jornal do Commercio* em Ouro Preto, e quando mandou para a redação a descrição daquela festa, ele, ou porque tendo sido cunhado do conselheiro Barbosa, quis pagar com um elogio às filhas um tributo à memória do morto, ou, talvez antes, como sou muito mais levado a acreditar, estando viúvo havia pouco tempo, não pôde ser bastante forte contra os encantos de duas jovens, que, muito mais do que formosas, pareciam se revestir desse brilho, muito mais raro e talvez irresistível, de um espírito cintilante e de uma inteligência culta. O que é certo é que fez daquelas moças uma descrição tão extremamente lisonjeira que, ao ler a correspondência, o meu coração como que se pôs a escutar.

Minha imaginação me dizia que era exatamente assim o ideal que algumas vezes devaneando eu havia feito de uma esposa para mim; ia o meu coração, por outro lado, todo cheio do maior enlevo, a acompanhando sempre, até que, parecendo nada mais fazer do que repetir um eco de uma voz suave e remotíssima que parecia partir das maiores profundezas da minha alma, de repente eu exclamei: "Oh! Se eu pudesse me casar com uma delas... Mas quando parecia andar por esse modo tão docemente a divagar por essas belas e tão encantadoras regiões em que únicas nos é dado de gozar sem dor, fui de repente despertado por uma voz, que no meio de uma grande gargalhada, me dizia: Absurdo! E, com efeito, era aquela exatamente a vez primeira que eu ouvia falar daquelas moças.

E, ainda assim, para ficar desde logo sabendo que eram filhas de um homem que havia sido ministro de Estado e que morrera senador; que tinham recebido uma educação finíssima; e que sobrinhas do mordomo do paço, conviviam com as princesas. E eu? Que era eu? Um triste, modesto e bem insignificante juiz da roça, ou para falar de um modo muito mais preciso, ou de um modo muito mais claro, um pobre moço que apenas tinha para viver um pergaminho que tanto lhe custara e que tão pouco lhe rendia, alguém inteiramente desconhecido, que só tinha por si essa arma modesta e de ordinário tão pouco apreciada de uma vida sem mancha, e que, de mais a mais, nunca tendo tido o gênio, e muito menos talvez ainda, a vontade, das belas aparências, não passaria talvez aos olhos da frivolidade dourada e sempre estulta de um simples matuto. Tudo, pois, não passou de rápido sonho que acordado se esquece, ou de um simples relâmpago que fúlgido brilha e que desaparece para sempre.

No mês de julho de 1864, ou três anos perfeitamente exatos depois disso, eu me achava em Ouro Preto como membro da assembleia provincial. E como eram muitos os dias santos e a assembleia talvez não trabalhasse, assentei de ir passar em Queluz as festas de São João.

Mandei, pois, buscar os meus animais que lá se achavam; quando chegaram, no dia 22, mandei que fossem postos em um pasto que havia logo na saída de Ouro Preto e que, cercado de um alto muro, era fechado por um grande portão. Na noite desse dia, estava em um baile em casa do dr. Carlos Tomás de Magalhães Gomes quando, já quase no meio do baile, ali apareceram umas moças que, pelo seu ar, seus modos e até pelo seu próprio vestuário, desde logo se via que não eram de Ouro Preto. Perguntei quem eram. Responderam-me que eram filhas do conselheiro Luiz Antônio Barbosa, e que indo para Matozinhos visitar a avó, estavam de passagem por Ouro Preto. E cousa admirável! Não fizeram em mim a menor impressão; nem sequer me passou pelo pensamento a inauguração da União Indústria.

No dia seguinte de manhã apareceu-me em casa um meu colega de assembleia, o vigário Paraíso; e da parte do dr. Quintiliano me disse para obsequiar a sua cunhada e sobrinha que se achavam em sua casa. Aquele doutor pretendia dar uma reunião familiar e esperava que eu a ela não faltasse. Respondi que estava unicamente à espera dos meus animais, e que apenas os mesmos chegassem, partiria para Queluz. Os animais, porém, haviam fugido daquele pasto tão seguro; durante o dia não apareceram e eu fui, à noite, à reunião. Na hora da despedida, as filhas do dr. Quintiliano, que me tratavam com alguma familiaridade desde os tempos em que residi em Queluz, onde estiveram alguns meses, exigiram de mim com a maior insistência que não faltasse à reunião do dia seguinte. Mas, embora aquela a que eu acabara de assistir já me tivesse parecido extremamente agradável, não quis ceder, senão *sub conditione*, isto é, caso os meus animais ainda não aparecessem no dia que ia seguir-se. Os animais, porém, que pareciam haver sido escondidos por algum encartador, ou que haviam se apostado para não me levarem a Queluz, ainda nesse dia não quiseram aparecer. Eu tive de cumprir a minha promessa, e não só essa segunda reunião me pareceu muitíssimo mais agradável do que a primeira, porém, aconteceu ainda que, no terceiro dia, os animais tendo reaparecido, começou a parecer-me que, parte dos dias santos já não tendo eu aproveitado, seria agora da minha parte uma falta de cumprimento dos meus deveres cívicos se não concorresse com a minha presença para que por falta de número não deixasse de haver sessão. Eu, pois, fiz voltar a minha condução, e em vez de partir para Queluz, continuei a nunca dar parte de ausente nas reuniões daquele doutor.

Como, porém, não há mal que sempre dure nem bem que não se acabe, no fim de uma semana aquelas moças partiram; e Ouro Preto pareceu para muita gente o lugar o mais ermo e o mais aborrecido de quantos o céu cobre.

A 20 de agosto, eu e meus colegas de assembleia, dr. Francisco Vicente Gonçalves Pena e dr. Washington Rodrigues Pereira, partimos para a fazenda de André Gomes, que fica a pouca distância de Sabará. No dia 22 ali chegamos e no dia 23 monsenhor José Augusto Ferreira da Silva dizia uma missa em ação de graças pelos três casamentos que acabavam de ajustar-se.

No dia 25, deixando André Gomes em um estado de minha alma que bem poucos poderiam compreender, recolhi-me para Leopoldina. E dessa sorte, entrevista, por assim dizer, apenas, eu agora e bem depressa e quando ela acabava de prometer ser minha, ia de novo separar-me dessa noiva, com a qual, havia três anos, a minha imaginação tinha sonhado; e cerca de cinco bem vagarosos meses que não foram entretanto inteiramente despidos de uma certa dulcidão ou desse tão agridoce encanto da esperança de um bem que se reputa certo, nós vivemos unicamente das nossas cartas.

A 2 de fevereiro, porém, de 1865, na fazenda do Cafezal, aquele mesmo monsenhor José Augusto, em presença do vigário de Juiz de Fora, celebrou os três casamentos; e desde aquele dia começou para mim uma existência inteiramente nova.

Hipocondríaco e insociável por natureza, mais de uma vez, diante desse ônus e de todas essas contrariedades grandes e pequenas que constituem, por assim dizer, a parte pouco atrativa, ou a mais dissaborida de uma família qualquer, eu quase que tenho me arrependido de me haver casado. Ouvindo, porém, e bem depressa, essa voz íntima e tão alta da gratidão e da razão, eu a mim mesmo desde logo brado: "Mas, desgraçado, sem essa mulher que Deus te deu, ou até mesmo sem essa família que tanto te pesa ou te incomoda, o que seria de ti?!".

E reverente e grato curvo-me então perante essa Providência que, misericordiosa sempre para comigo e tão benigna, tantos e tão grandes bens me tem outorgado, que eu não procurava nem talvez os merecesse, e dos quais foi o maior talvez essa sócia dedicada, tão cheia de brandura e tão paciente, dos meus agros, indômitos e tão íntimos desprazeres.[5]

---

[5] — Meu pai foi sempre um idealista — Os bens materiais nunca o seduziram. Por isso, ele deixou sem resposta a seguinte carta, encontrada no seu arquivo, e que ora se publica como documento interessante da época. Ei-la:
Fazenda do ...., 10 de dezembro de 1863.
Meu colega e amigo sr. dr. Rezende.

Tenho uma filha única e desejo dar-lhe estado com moço bem-educado e de espirito econômico, e julgando o meu colega nessas e outras condições apreciáveis, convido-o para meu genro, e, aceitando, peço-lhe que d'aí mesmo do Muriaé siga para a Cidade de ...., Fazenda das ...., onde me encontrará para mais de plano falarmos sobre esse objeto, e desde já garanto ao meu colega um estado e futuro lisonjeiro. Minha filha, além da educação esmerada que lhe hei dado, é herdeira de mais de cem contos de réis. Espero, portanto, meu colega na Fazenda das ...., para onde sigo agora. Desejo-lhe todas as felicidades e sempre às ordens sou; com toda estima, seu colega e amigo, obrigado.
Assinado: C. R. de M.'

CAPÍTULO LI

Minha índole é essencialmente religiosa. E tendo nascido em uma província que ainda hoje é a mais católica do Império, e em um tempo em que no Brasil o sentimento cristão e católico achava-se ainda em todo o seu vigor, eu não só fui um menino extremamente religioso, mas quase que carola.

Assim, sem falar em todas essas manifestações de religiosidade que são comuns a todo o mundo, unicamente direi que desde muito criança nunca passei uma só noite sem que antes de deitar-me não me recomendasse a Deus e que cheio do maior ardor, não lhe dirigisse um grande número de orações. Destas quero aqui consignar duas como sendo indicativas de dois de meus sentimentos mais profundos e ao mesmo tempo os mais duradouros — o desejo de aprender e o amor a meu pai. E de fato, ouvindo sempre dizer que Santo Agostinho era o maior doutor da Igreja, entendi que ninguém melhor do que aquele santo poderia fazer de mim um grande doutor, e todas as noites nunca deixava de importuná-lo com aquela minha sobredita oração, a fim de que alcançasse de Deus o infundir-me a sabedoria. Quanto à outra oração, essa, debaixo do ponto de vista do sentimento, pelo menos, se não fosse útil, ninguém dirá no entretanto que não fosse digna do maior respeito, e tinha por fim o interceder junto a Deus pela salvação eterna de meu pai. E cousa digna de nota! Quando já homem feito, e que a descrença já havia em mim produzido quase todos os seus efeitos, eu ainda rezava essa mesma oração, porque me parecia que o deixar um semelhante ato seria de alguma sorte da minha parte um esquecimento de meu pai ou um verdadeiro sacrilégio à sua memória. Quando parti para São Paulo, a pureza e a itensidade das minhas crenças ainda se achavam perfeitamente intactas; de sorte que, aproximando-se ali a quaresma, eu de nenhum modo esqueci-me dos preceitos quaresmais, e lembrei-me desde logo de confessar-me.

Os estudantes, porém, não tinham por costume de se confessarem; e nada havendo de que tanto eu sempre receasse como de cair no ridículo, dirigi-me ao convento da Luz, que ficava então, e não sei se ainda hoje, em um dos arrabaldes da cidade, e pedi a um frade que ali existia o favor de confessar-me. O frade, porém, recusou-se, e desde aquela época nunca mais me tornei a confessar, senão há cerca talvez de catorze ou quinze anos depois em Juiz de Fora, e ainda assim por uma simples e quase indecente formalidade, visto que ali me achando para me casar, se me declarou que uma tal formalidade era absolutamente indispensável para que eu tivesse o direito de formar uma família.

A despeito, no entretanto, daquela recusa do frade, e a despeito mesmo, e muito mais talvez ainda, do meio muito pouco religioso em que eu agora me achava vivendo, se desde aquele tempo comecei a duvidar da santidade dos frades e até mesmo de algumas outras abusões em que antes muito eu cria, nada ainda me levava, no entretanto, a descrer, nem sequer por sombras, da santidade e da grande eficácia da religião.

Infelizmente, porém, na esquina que ficava defronte da nossa casa, na rua dos Bambus, havia um homem que se chamava Porto. Este homem, além de um filho que era nosso colega, tinha um mais novo que era caixeiro no Rio de Janeiro, e tendo uma ocasião vindo este visitar a família, e que foi, se bem me recordo, no ano de 1851, em uma roda em que por acaso também me achava, disse tais cousas da mãe de Jesus Cristo, e tantas outras sobre à sua virgindade, que não só desde logo me caiu o coração aos pés, mas que, cheio do mais santo horror, eu quase que temia, ou antes, quase que não sabia compreender como era que lá das maiores alturas do céu não se desprendia algum vingador e tremendo raio que viesse sem a menor demora fulminar aquele tão grande blasfemo. Por maior, porém, que fosse o meu terror e a minha ansiedade, aquele raio não quis aparecer. E desde aquele dia a semente da dúvida começou a germinar no meu coração, ou, para falar com muito melhor acerto, desde aquele dia o meu espírito lembrou-se de examinar.

Entretanto, muito longe de em mim a dúvida proceder, como em tantos outros, de um único jato, ou por meio de grandes saltos foi, pelo contrário, de uma marcha lentíssima; e tão vagarosos e miúdos foram sempre os seus passos que, se não fosse a vida já um tanto longa que o destino me tem dado, ela (a dúvida) não chegaria ao fim.

Assim, a princípio e pouco a pouco me tornando protestante, mas sem que nunca sentisse a menor simpatia por essa religião, só muitos anos depois é que acabei por me tornar de nome um simples racionalista.

Em 1861, quando mudei-me para Leopoldina, já era esse mais ou menos o estado do meu espírito. E, no entretanto, embora em 1864 a dúvida já tivesse produzido em mim todos os seus efeitos, e na realidade nem de cabeça, nem de coração eu me pudesse considerar um cristão, quanto mais ainda um católico. Não só antes de partir para tomar assento na assembleia, mandei dizer uma missa para que Deus me guiasse naquela nova carreira em que ia agora entrar. Ainda na véspera de escrever a carta em que devia pedir a minha mulher em casamento, mandei dizer uma segunda missa em Ouro Preto, para que Deus me inspirasse se eu deveria ou não realizar um tal intento. Tanto pode a força do hábito, ou tal é a religiosidade da minha natureza, que não encontrando religião alguma em que eu possa crer, acabo por acreditar que todas podem ser agradáveis a Deus; se o que vale unicamente é a intenção, qualquer delas nos pode servir como um veículo para a ele nos dirigirmos.

Durante vinte anos foi esse exatamente o estado em que o meu espírito se conservou, até que, tendo escrito *Julgamento de Pilatos*, o estudo que para isso tive de fazer veio de alguma sorte, ou da maneira a mais inteira, completar a revolução. E como foi *Julgamento de Pilatos* uma espécie de vendaval que acabou por varrer do meu espírito os últimos preconceitos cristãos que porventura ainda aí existissem, quero aqui contar quando e como uma tal obra nasceu e veio afinal a realizar-se.

Fazendeiro feito à força, ou por um puro acaso, nunca achei na lavoura o mínimo prazer. Além disso, sendo a minha fazenda muito pequena, e tendo sempre eu tido quem fizesse por mim todas as cousas, o papel de fazendeiro quase que na realidade não passava de dar algumas ordens gerais.

A tudo isso acresce ainda que, tendo sido toda a minha vida extremamente concentrado, eu, que a princípio tinha ainda alguma força para vencer uma tal predisposição, e que ainda uma ou outra vez saía e passeava, acabei nos últimos tempos por quase não sair de dentro de casa. E disso resultou que, se durante toda a minha vida a leitura foi sempre um dos meus melhores divertimentos, quando passei de uma certa idade ela tornou-se não só a minha única distração, mas, pode-se mesmo dizer, a minha única ocupação. Ora, no ano de 1885, minha sogra, tendo feito o propósito de visitar a todos os filhos, teve de vir à Leopoldina, onde vivia um deles, e à minha fazenda, onde havia outra. Já bastante idosa, porém, e de mais a mais muito pesada, minha mulher, para poupar-lhe o grande incômodo de uma viagem a cavalo e por maus caminhos, lembrou-se de ir ela mesma para aquela cidade, onde a mãe durante mais tempo poderia assim gozar da companhia dos dois filhos, entretanto que ainda estando pagão um dos meus filhos, se aproveitaria a presença da avó para se lhe fazer o batizado.

Essa ideia foi com o melhor aplauso aceita; em agosto daquele ano, minha mulher para lá partiu, não só disposta a demorar-se todo o tempo que a mãe lá estivesse mas ainda levando todos os filhos e me deixando completamente só. Era justamente um tempo em que eu não tinha em casa a menor leitura, e facilmente se compreende qual não seria o meu desencanto e o estado de tédio que de mim se apoderou quando me vi assim tão só e sem a menor distração. Debalde, corri uma e muitas vezes a minha estante, na qual, por mais que procurasse, não podia descobrir um só livro que não fizesse sono ou que, por lido, relido e trelido, fosse capaz de me prender a atenção.

Então, em desespero de causa, avistei o livro dos evangelhos, e deliberei-me de o ler. Assim o fiz com efeito. No fim de dois dias a leitura estava feita. E como agora supri-la? Não se me deparando à imaginação um meio qualquer para isso, então lembrei-me de aproveitar a leitura que acabava de fazer para sobre ela escrever algumas variações, ou para dela extrair um assunto qualquer sobre o qual eu pudesse escrever. E o primeiro que me deu na vista e que desde logo me serviu de tema foi o fato de ser Pilatos tão conhecido sem entretanto o merecer. O assunto, porém, parece que era extremamente magro, porque no fim de muito pouco tempo estava de todo esgotado. E então apelando para um segundo, um terceiro ou mais assuntos, verifiquei que não havia um só que valesse dez réis de mel coado, quando de repente notei que todos esses trechos esparsos, escritos inteiramente ao acaso, lidos juntos, como estavam, não passariam de um verdadeiro jogo de disparates, e podiam, no entretanto, se ligar e juntos se conservar na mais perfeita harmonia, desde que se quisesse servir para ligá-los a uma ideia que rapidamente naquele momento me havia ocorrido ao espírito — a loucura de Jesus Cristo.

 Ora, desde que tal pensamento me ocorreu, a minha distração estava achada, e pensando e repensando noite e dia no meu assunto, nenhuma falta senti da mulher nem dos filhos. Em dezembro desse ano, embora um pouco incompleto e muito informe ainda, o esboço da obra estava feito. Como, porém, a miséria é sempre a véspera da fartura, eu, que durante tanto tempo tinha andado a lazarar uma leitura qualquer, recebi nesse mesmo mês de dezembro o recado de um médico, o dr. Otávio Otoni, que, havia muito pouco, tinha vindo para aqui dizendo-me que tinha alguns livros, entre os quais se contava uma grande coleção que se denominava Bibliothèque Nationale, e que todos esses livros ele os punha à minha disposição. Isso foi para mim o mesmo que ter visto passarinho verde, ou mesmo melhor do que se tivesse me vindo às mãos algum prêmio não muito pequeno da loteria. E o que posso asseverar é que durante quatro ou cinco meses devorei nada menos de uns duzentos volumes dessa biblioteca.

 Em junho de 1886, a grande biblioteca estava esgotada, e eu de novo sem leitura. Então lembrei-me de meu *Julgamento de Pilatos*, e voltei de novo à carga, mas dessa vez quase que unicamente para apurar ou limar o que já estava escrito. Em outubro desse ano dei a obra por concluída e já me dispunha a ir à Corte para tratar da sua publicação, quando o aparecimento da *cholera morbus* e depois o de algumas outras epidemias me obrigou a adiar indefinidamente essa minha publicação.

 E aqui cumpre notar que foi ainda a uma circunstância inteiramente independente da minha vontade e que, pelo contrário, muito a contrariou que foi este adiamento exclusivamente devido; entretanto que afinal tive de dar as mais fervorosas graças a Deus porque houvesse assim acontecido. E isso digo por mais de uma razão, principalmente por duas, de que vou aqui tratar. A minha vida tem sido tão modesta e tem se passado tão silenciosa que, se porventura o meu nome não morresse, de todo ou desde logo, comigo, eu só o poderia dever a esse meu *Julgamento de Pilatos*, que se me afigura como novo, ou um pouco mais profundo, talvez no entretanto que não deixa de encerrar um mérito qualquer, muito embora muitas vezes queira também me parecer que aquilo que se me afigura como novo, ou um pouco mais profundo, talvez não passe na realidade de alguma cousa muito comum. Mas, enfim, boa ou má, não me resta cousa melhor, e quem se afoga a tudo se agarra.

Velho, pois, como já estou, e sem a menor esperança de já agora poder salvar-me de um inteiro esquecimento, é essa para mim a tábua única de que disponho ou à qual me posso agarrar.

Ora, se ideias não me faltam e se o que realmente me mata é essa tão grande dificuldade, que sempre senti, de dar a essas minhas ideias uma expressão um pouco menos insuportável e, sobretudo, de tornar um pouco mais leve o meu estilo de ordinário tão pesado, todos esses adiamentos, além de que me serviram para ir tirando, até meados de 1888, em que dei a obra por concluída, algumas das muitas escabrosidades do estilo que então a mesma encerrava e de que ainda conserva um tão grande número, todos esses adiamentos, repito, vieram ainda me fornecer ocasião para que, além da introdução e das notas que só afinal me lembrei de juntar, igualmente e depois do primeiro adiamento acrescentasse à obra uma nova parte, isto é, a segunda ou, para melhor dizer, os primeiros capítulos da segunda. Bem sei que, esta segunda parte veio tornar ainda um pouco mais desconexo o todo da obra. Mas desde muito tempo já tinha me assaltado a ideia de que os primeiros capítulos do Gênesis não passavam de uma pura alegoria; e quando se me oferecia assim uma ocasião mais ou menos usada para fazer a manifestação dessa minha ideia, entendi que a não devia desprezar, tanto mais quando essa transição, ou essa excrescência, me servia para disfarçar aos olhos dos leitores cristãos o que eu não lhes poderia dizer, sem irritá-los ou profundamente escandalizá-los.

Quanto à outra razão de que acima falei, que tendo eu, como disse, terminado a obra em princípio ou meados de 1888, logo depois, ou quase que simultaneamente, verificou-se a abolição do elemento servil. Raras vezes ter-se-á verificado uma revolução semelhante de um modo tão pacífico, e o que mais é, tão sem ódio entre os que se chamavam os opressores e os chamados oprimidos. Infelizmente, porém, obra muito mais de paixões e de interesses inconfessáveis do que mesmo da razão, da política ou do sentimentalismo, essas mesmas paixões e interesses inconfessáveis quiseram servir-se agora dos novos redimidos como instrumentos para os fins mais ou menos reprovados que tinham em vista; e em um país, que se formou de diferentes raças, e onde depois da conquista nunca se haviam visto lutas ou ódios dessas mesmas raças, agora os procuravam criar; e, aqui bem perto de mim, eu tive de ver libertos, capitaneados ou insuflados por padres ou por autoridades policiais, caminhando aos gritos de — viva a rainha! — ameaçarem de morte e de incêndio aos seus antigos senhores, ou, para melhor dizer, aos homens antigamente livres, unicamente porque, acreditando que não estavam destinados a passarem de livres para escravos, pretendiam discutir reunidos os inconvenientes da monarquia, ou porque festejavam em banquetes ao som da Marselhesa o advento da República.

Ora, o catolicismo foi sempre o maior fautor do absolutismo e um dos maiores inimigos da liberdade, e se o antigo clero brasileiro por muito tempo constituiu uma das exceções mais honrosas a esta regra, hoje, inteiramente estrangeirado e inteiramente subordinado às influências de Roma, procura fazer de uma princesa beata e que só se tem dado a conhecer por uma grande leviandade, o principal arrimo do poder sacerdotal, que vai, de dia em dia, se arruinando. E como toda a força dos homens da Igreja sempre se fundou na ignorância dos povos, um dos meios de que mais se servem para se opor à libertação nacional é o de dizerem que a República, destruindo a monarquia, apenas o que pretende é destruir a religião. E assim, se eu não tivesse sido impedido de publicar o *Julgamento de Pilatos*, uma semelhante publicação teria agora vindo a servir nas mãos deles de um grande argumento comprobatório daquela sua asserção, e, dessa sorte, não só lhes teria fornecido uma excelente arma contra a República; mas, ainda com esta simples frase — ele chama a Jesus Cristo de louco —, me teriam exposto talvez a mim e a minha família aos maiores perigos.

CAPITULO LII

O MEU irmão, Valério, nunca foi dos mais inclinados para as letras; e em menino era tal a sua negação para o estudo, que ainda me recordo de uma ocasião em que para não ir à escola, ele lembrou-se de fugir e de ir por alguns dias se esconder em uma casa do nosso conhecimento. Minha mãe logo que veio a saber do seu esconderijo, não se demorou em lá ir buscá-lo; e severa como era, ia, segundo declarava, muito disposta a dar-lhe um castigo exemplar. Mas, desde que a pressentiu, ele tratou imediatamente de trepar para o telhado da casa. Desde o momento em que lá se achou em cima, tornou-se necessária uma muito grande diplomacia para que o fizessem descer, porque, ameaçando de atirar-se daquelas alturas ao chão se alguém porventura se lembrasse de lá ir pegá-lo, ele de fato de lá não desceu, senão depois de ter obtido de minha mãe uma promessa muito formal de que nada lhe faria e depois de ter, além disso, alcançado todas as competentes e as mais eficazes garantias do cumprimento daquela promessa. Quando minha mãe foi para São Paulo, a fim de ali passar comigo o meu último ano, o levou consigo. E quando de lá nos retiramos, eu o deixei em um colégio. Durante, porém, cerca de nove ou dez anos ele não passou do segundo ano do curso.

Em fins de 1864 escreveu-me que estava absolutamente decidido a não continuar a estudar, que ele só havia nascido para ser lavrador, e que se eu queria fazer dele um homem útil, que tratasse de lhe arranjar um modo de ser lavrador.

À vista disso, me dispus a comprar um sítio em que ele pudesse começar a sua nova vida. Mas lembrando-me que o resultado que poderia tirar de um pequeno sítio seria extremamente insignificante e em todo o caso extremamente demorado. Assentei que o verdadeiro era eu também me tornar lavrador, porque reunidos os meus poucos recursos aos poucos e ruins de minha mãe, talvez conseguíssemos no fim de algum tempo uma fortunazinha. Eu, pois, comprei a légua e meia de Leopoldina uma pequena fazenda que se chamava Córrego da Onça, mas que eu na escritura crismei com o nome de Filadélfia. O motivo que tive para isso foi dar à fazenda um nome que significasse a verdadeira razão da sua compra, pois fora unicamente por amor a meu irmão que eu ia assim me meter em uma vida tão nova e estranha para mim. Eu, porém, tive para isso um outro e talvez muito mais poderoso motivo. E foi que, tendo naquele tempo perdido quase que de todo a esperança de chegar a ver a República estabelecida nesse nosso amplívago Império, eu quis que nessa vida solitária em que teria agora de viver, o nome do meu retiro me recordasse essa República pela qual vivia sempre a suspirar sem nunca vê-la. Assim dei à fazenda o nome da grande cidade em que se proclamou a primeira das repúblicas americanas. Nem parou só nisso essa espécie de mania para com a República. Mas para que tudo em minha casa a recordasse, desde que dei a meus filhos, segundo o costume, os nomes dos avós ou dos parentes mais próximos, ou mais queridos, comecei a não lhes pôr outros nomes senão os dos grandes republicanos dos bons tempos de Roma. E tal é a razão porque os meus últimos filhos se chamaram Cássio, Flamínio e Mânlio. O meu maior desejo era de pôr em um deles o nome de Bruto. Minha mulher, porém, que é de um sangue extremamente conservador e um pouco palaciano, e da qual por isso nunca pude fazer uma boa republicana, quis de maneira alguma consentir que eu pusesse em um dos meus filhos um nome de cachorro, segundo ela dizia; tal foi o único motivo porque não pude ter o prazer de possuir um filho Bruto.

 Comprando esta fazenda a minha intenção era de, morando na roça, continuar não obstante a advogar e de me pôr por este modo a andar a dois carrinhos, ou a correr a dois carrilhos. Esse, porém, foi o maior dos enganos que vim então a cometer nesses meus cálculos, porque no fim de muito pouco tempo tive infelizmente de mais uma vez ter de reconhecer a grande verdade desse conhecido preceito evangélico — ninguém pode servir a dois senhores. Fui, em consequência disso, pouco a pouco abandonando a minha advocacia, e quando afinal acabei por dar acordo, eu havia quase que sem o sentir perdido de todo a boa fonte do cobre, ou a minha macia e tão gorda teta. Estava reduzido a uma teta um pouco áspera e extremamente magra, entretanto que a fome parecia cada vez mais aumentar.

Tanto eu como meu irmão não tínhamos a menor noção da cultura de café; e pode-se mesmo dizer que não tínhamos a respeito de qualquer cultura mais do que esses conhecimentos superficiais que não há quase que ninguém que os não tenha. E assim, não é de admirar que a princípio cometêssemos alguns desses erros, ou antes, algumas tolices que eram dignas de fazer rir a qualquer agricultor, ainda mesmo dos mais inexperientes. Felizmente a agricultura nunca foi das ciências as mais difíceis. E como, embora entre mim e meu irmão não deixe de existir esse quê de família que nunca de todo desaparece, existe, entretanto, entre os nossos caracteres uma antítese mais ou menos completa. Isso mesmo nos serviu de muito; porque possuindo eu muito mais bom senso, muito mais brandura e moderação e um espírito muitíssimo mais rotineiro, essas minhas qualidades serviam para coibir o que nele havia de muito áspero, de muito ousado e sobretudo de muito progressista. E como ele havia, com efeito, nascido, segundo dizia, para a lavoura, não sabia o que era preguiça nem descuido. De mais a mais, havia herdado de um dos nossos avós uma grande habilidade para as artes mecânicas, ou para fazer tudo de que precisava, ou que às vezes intentava de fazer. O que é certo é que, no fim de muito pouco tempo, ele havia se tornado um lavrador, não só igual, porém que até mesmo superior a todos os nossos vizinhos. Se dispuséssemos de recursos, é de supor que no fim de poucos anos nós teríamos feito uma muito grande fortuna. Aqui, porém, era justamente onde batia o ponto. Não dispondo de capitais, tive de pedir emprestado o preço da fazenda, que era o de 14 contos de réis, e o prêmio que tive de pagar, e que de fato paguei, durante um grande número de anos era de 12% ao ano. Os escravos eram muito poucos e, de mais a mais, quase todos ruins. Onde ir buscar dinheiro para comprar outros? Finalmente, e era este talvez o pior de todos os contratempos, a fazenda tinha muito poucos cafezais, e por falta de experiência da nossa parte, e ao mesmo tempo por falta de recursos, não tratei desde logo de aumentá-los. Como, porém, se tudo isso já não fosse mais do que suficiente para acabar em muito pouco tempo por me conduzir a uma perdição completamente irremediável, para cúmulo das minhas desgraças, tendo reunido as minhas duas primeiras colheitas, tendo-as mandado de uma só vez e tendo-me demorado em sacar o importe, o comissário quebrou e acabou por me dar um prejuízo de cerca de 3 contos de réis, cujos juros acumulados hoje andariam em algumas dezenas de contos. Em tais circunstâncias, parece que bem poucos em meu lugar não deixariam de desanimar e que menos seriam talvez ainda aqueles que não acabassem por completamente desmantelar-se. Pela minha parte, não desconheci a profundeza do abismo a cujas bordas me achava, e algumas vezes quase que cheguei também a desanimar. Eu, porém, que sou muito naturalmente econômico, já tinha desde meus primeiros passos na vida ou desde minha meninice e da minha estada em São Paulo podido conhecer de quantos prodígios não é capaz a economia, e foi a extrema economia a grande arma de que me dispus a lançar mão para vencer a uma tão difícil campanha.

Houve, contudo, dois fatos que para isso muito concorreram, e dos quais quero aqui falar. O primeiro foi o sistema que sempre segui de nunca vender o meu café enquanto o preço estava baixo, de sorte que muito mais de uma vez cheguei a ter guardadas as colheitas não só de dois, porém até mesmo de três anos. O resultado, entretanto, nunca deixou de ser-me extremamente favorável, visto que além de nunca ter tido dessas contas de venda do café que mal chegavam apenas para cobrir os gastos da produção, eu de ordinário vendia o meu pelo duplo e às vezes pelo triplo do que teria dado no ano da colheita, e uma vez cheguei a vender por 12 e até por 14 mil-réis a arroba um café que no ano da colheita a muitos não chegou a dar mais do que uns 2 mil-réis líquidos.

Quanto ao outro fato, eis aqui qual ele foi. Um dia, tendo ido a casa de um vizinho, ali encontrei um pardo já velho, descalço, que se chamava Joaquim Francisco da Silva e que era, ou tinha sido, carpinteiro. Disse-me que vinha à minha casa. E então contou-me que era credor hipotecário de um fazendeiro, da quantia de 20 contos de réis mais ou menos. Sua hipoteca era só dos remanescentes de outra, feita a um comissário, que sendo a dívida deste apenas de 21 contos, tais eram, entretanto, os prêmios, comissões e a multa que o devedor teria de pagar se a cobrança fosse judiciária, que essa dívida no fim de dois anos ou pouco mais tinha subido a quase 50 contos de réis, exatamente o valor dos bens do executado. Contou-me ainda que ele tinha vindo de muito longe unicamente para me confiar a causa, visto que tinha como certo que se eu dela me encarregasse, não deixaria de lhe salvar alguma coisa. Respondi-lhe que à vista da sua própria exposição, nada se poderia alcançar, e que por isso eu não podia aceitar a causa. Então me declarou que ele tinha vindo unicamente para me confiar a sua procuração e estava disposto a deixar inteiramente ao meu arbítrio os honorários que eu quisesse, ou entendesse, dever cobrar; e que uma vez que eu não aceitava a causa, nesse caso dava de mão a qualquer direito que porventura pudesse ter e que voltaria para a sua casa, que era, se não me engano, na freguesia do Lamim ou de Catas Altas da Noruega, no município de Queluz. À vista de uma prova de tanta confiança e de uma generosidade tão grande, disse-lhe que eu não tinha esperança alguma de ser-lhe útil mas que para corresponder a essa sua tão grande confiança em mim depositada, eu iria tratar de ver se poderia arranjar alguma cousa.

Com efeito, recebi a procuração. Tratei de disputar a preferência, e o resultado foi que, em menos de um ano, além de muitos agradecimentos que recebi do homem, igualmente obtive mais de dois contos de réis em dinheiro e o que valia muito mais do que isso, seis escravos, todos muito novos, e que foram desde então para mim de um auxílio imenso para a minha lavoura.

Como este capítulo ficaria extenso em demasia se nele incluísse o muito que ainda tenho para dizer, fica o resto para o seguinte, ou para os seguintes.

CAPÍTULO LIII

No ANO de 1885, ou exatamente vinte anos depois que eu havia dado a grandiosa cabeçada de me meter a ser fazendeiro, eu havia afinal vencido a grande campanha. Já quase que não devia, a minha fazenda tinha cerca de cem alqueires de terras, sendo uma boa parte em matas virgens, nela estavam plantados cerca de 150 mil pés de café e finalmente eu possuía vinte e tantos escravos, muito moços, quase todos de flor. O meu grande desiderato estava enfim alcançado: a educação dos meus filhos estava garantida, e se eu morresse, a minha família teria com que passar, senão com luxo pelo menos ao abrigo de privações. Avaliando naquele ano a minha fortuna em cento e muitos contos de réis, o rendimento que daí em diante eu dela poderia tirar, se poderia, sem uma muito grande exageração, calcular em 10 contos de réis, que deveriam ir de ano em ano cada vez a mais. E de fato aquele ano de 1885 foi para a lavoura aqui da mata o que se poderia com toda a razão denominar o apogeu da sua prosperidade, pois que as terras que eu ainda havia comprado a 80$000 o alqueire agora se achavam a 300$000 mais ou menos; o pé de café que eu havia comprado a 200 réis estava a 400 e 500 e finalmente os escravos que em muito pouco tempo tinham aumentado de valor de um modo verdadeiramente extraordinário e que antes valiam um conto e tanto, agora regulavam, quando moços e sem defeitos, de 1:500$000 para cima sendo mulheres, e de 2:000$000 para cima sendo homens. Todo esse estado, porém, de uma tão grande prosperidade estava, como de ordinário sucede, destinado a nada mais ser do que uma espécie de visita da saúde ou do que um verdadeiro prenúncio de grandes misérias. Foi com efeito nesse ano que passou e foi sancionada a segunda lei de 28 de setembro, ou a Lei Saraiva, como vulgarmente se a chama; e tendo essa lei fixado para a emancipação um preço aos escravos muito inferior aqui na mata à metade do seu valor, isso já foi um grande, e direi mesmo, um bem grande golpe que se deu na fortuna do fazendeiro. Mas, como não lhe tiraram os braços e todas as demais circunstâncias eram prósperas, essa lei veio de fato a não fazer mal algum à produção, e se tivesse deixado tempo para que essa mesma lei fosse, sem uma muito grande celeridade, produzindo todos os seus efeitos, a abolição se teria realizado, não direi sem prejuízo e grandes desgostos, pois que estes eram absolutamente inevitáveis, porém ao menos sem um muito grande abalo e sobretudo sem grandes desgraças e as tão lamentáveis misérias que tivemos de presenciar.

A impaciência, ou os interesses da Corte, não consentiu porém que assim se fizesse, e três anos depois, quando das árvores pendia uma colheita tão grande como nunca antes ainda se havia visto, o Brasil inteiro foi de repente surpreendido por uma lei que passava em quatro ou seis dias e que em duas linhas declarava que no Brasil não havia mais escravidão, isto é, que um país cuja civilização, segundo havia dito o grande e incomparável estadista nosso, senador Bernardo de Vasconcelos, nos tinha vindo da costa d'África, que sendo, como agora ainda o era, tão novo e tão extenso, quase que não tinha outros trabalhadores senão os descendentes desses mesmos africanos boçais que nos haviam trazido a civilização e que finalmente tendo suportado, por mais de três séculos, o cancro da escravidão, agora se punham a gritar que não o poderiam suportar nem sequer por mais alguns anos. Ficara de repente, ou, para melhor dizer, da noite para o dia privado de seiscentos ou de oitocentos mil trabalhadores, que tinham feito, que ainda faziam toda a sua fortuna, e isto sem que para substituí-los nada se apresentasse, e a cada um o que apenas se dizia era: Arranje-se como puder.

Ninguém faz ideia do abalo que um tal fato produziu entre todos os lavradores. E, no entretanto, tal é a nossa índole, que não houve uma só pessoa a quem viesse o pensamento de resistir nem sequer de sofismar a lei. Os senhores não ficaram querendo mal a nenhum dos seus libertos; e estes, ou ficassem ou se retirassem, nenhum só insultou nem sequer faltou com o respeito aos seus antigos senhores. E tal sendo o modo como todos se separaram, é muito de supor que, com o tempo, os antigos laços de família, que a uns e a outros por tanto tempo haviam prendido, se convertessem por fim em relação de amizade e de mútuos e sinceros bons ofícios, se a alma danada da monarquia ou se a sórdida ambição de um estrangeiro não viesse converter, ou pelo menos procurar converter, em inimigos, a pessoas que pareciam destinadas pela própria natureza para nunca de todo se desprenderem.

Assim, pois, tivemos de presenciar no Brasil dois fatos que, tendo de encher a posteridade de uma grande admiração, só com muita dificuldade terão de ser talvez acreditados. O primeiro deles é que em um país onde, como então se dava com o Brasil, quase todo o trabalho unicamente repousava sobre o braço escravo, tivesse a escravidão sido abolida tão de súbito e de um modo tão pacífico. E quanto ao segundo fato, é que houvesse um governo que podendo se aproveitar dessa calma tão propícia para procurar, quanto pudesse, reparar os males inevitáveis de uma revolução tão profunda e tão súbita, e muitíssimo principalmente para aplacar os ânimos daqueles que, reduzidos à mais completa ruína, mostravam-se, não obstante, tão perfeitamente dispostos a resignar-se, fosse esse mesmo governo, que tomasse a si o danado, e quase que se poderia dizer, o incompreensível empenho de furiosamente encapelar as terríveis ondas de um oceano que tão quieto se mostrava, ou que muito longe de pressuroso aproveitar-se de condições tão singulares, e ao mesmo tempo tão excelentes, para ocupar-se senão de cicatrizar de todo e de pronto a todas essas chagas tão profundas e vivas e que tão doloridas sangravam, de pelo menos sobre elas lançar algumas gotas de um bálsamo qualquer. Aquilo, pelo contrário, que unicamente lhe ocorreu à mente insana, ou que se lhe afigurou como o *suprasummum* da política, ou, para falar com muito maior exatidão, como o *suprasummum* de um servilismo, neurônico ou inteiramente oriental, foi, como é de todos bem sabido, essa ideia verdadeiramente estrambótica, e que eu não sei se deva chamar satânica ou se antes bruta ou ferozmente estúpida, de envenenar, ou de cada vez mais irritar a essas mesmas chagas, não só com as ameaças de novas e maiores opressões, ameaças estas, todas tão cheias de desdém, e ao mesmo tempo, tão repassadas de ódio e de furor; porém muito principalmente com a pior de todas as iniquidades, ou com aquela de todas as ofensas que, sempre superior à maior das paciências, é por isso mesmo também de todas a que menos talvez se poderia perdoar e quanto mais poder olvidar! E essa ofensa que a todos encheu de pasmo e de nojo, foi o aumento da aflição ao aflito por esse meio quase sempre tão perigoso e, no caso de que aqui tratamos, tão absolutamente indigno — o do ridículo. Muito embora o coração, e até mesmo a própria consciência universal, se recuse a acreditar, um ministro houve que do alto da sua cadeira no parlamento deu graças a Deus por saber que senhoras de dezenas de escravos achavam-se agora reduzidas à triste necessidade de lavar e cozinhar para si e para a sua família por não terem quem o fizesse no seu lugar. E dizia ele que ninguém devia viver à custa do trabalho dos outros. E ele? Servia-se por acaso por suas próprias mãos? Lavava e cozinhava para si? Pelo contrário, vivia muito à farta, e sabe Deus com que santíssimos pensamentos, em um convento à custa e ao doce e tão santo conchego dos seus bons frades.

A lei, pois, de 13 de maio de 1888 veio a ser para mim, assim como o foi, e ainda mais talvez, para quase todos os lavradores, um golpe terribilíssimo. A minha fortuna que em 1885 eu havia avaliado, segundo há pouco acabei de dizer, em cento e muitos contos, desceu desde logo, e por assim dizer, de um só golpe, a cerca de uns 30 contos de réis, e ainda puramente nominais; porque ao passo que eliminado sem deixar o menor resíduo o valor dos escravos, e que o valor das terras descia a 100 mil-réis o alqueire, e até mesmo a menos, e o do pé de café a 100 réis, e alguns a 50 e a 20, por outro lado, nem mesmo por esses preços os compradores apareciam.

Ora, ver-se da noite para o dia aniquilado o fruto de tantos anos de esforços, de privação e até mesmo de capitais, pois que na minha lavoura eu havia aplicado a pequenina herança de meus pais, o pequeno dote de minha mulher e um grande número de contos de réis que eu havia ganho pela advocacia e por alguns outros modos, não é, com efeito, cousa com que facilmente se possa resignar, sobretudo quando se vê que a causa principal de um tal golpe não passava da mais sórdida ambição e de um grande número de interesses inconfessáveis. Enquanto isso aqueles que haviam vibrado com esse tão rude e tão tremendo golpe continuavam sempre a se conservar no seu mais completo bem-bom e que em lugar de consolar ou de se condoerem, pelo contrário, riam-se das suas vítimas.

Felizmente, porém, para mim, que sou uma verdadeira sensitiva para quase todos os pequeninos males e que vivo constantemente a me inquietar por umas verdadeiras ninharias, sou, no entretanto, e da maneira a mais contrária, de uma resignação e de uma grandeza d'alma verdadeiramente pouco comum para todos os males que reconheço virem do alto ou para os quais percebo que é absolutamente inútil procurar remédio. A abolição estava para mim neste caso. Tendo desde logo reconhecido que independentemente do grande mal, que teria para o futuro de se converter em um grande bem, nem mesmo para os outros, ou para aqueles que se tornavam uma consequência imediata do primeiro, isto é, que nem mesmo para a reorganização da minha lavoura eu poderia descobrir um remédio qualquer que, além de pronto, fosse ao mesmo tempo convenientemente acertado, desde logo também me resolvi a entregar-me de olhos fechados nas mãos da Providência: deixar de ser lavrador, se assim fosse preciso, durante um ano pelo menos, e ir por esse modo vivendo, ou antes, comendo o ganhado, até ver o que mais me conviria fazer, sem correr o risco de dar um passo em falso e do qual tivesse depois talvez de arrepender-me. Felizmente, porém, ainda para mim, os meus libertos me declararam que nem um só deles se retiraria sem que primeiro me houvessem colhido todo o meu café. E com efeito, não só o cumpriram, porém ainda, enquanto se conservaram em minha casa, nunca se afastaram na menor cousa do antigo regime e da antiga disciplina. Quando concluíram a colheita é que então, ou para reunirem-se às suas famílias, ou para terem consciência, como era muito natural, de que se achavam com efeito livres, foram pouco a pouco se retirando, mas dando-lhes eu condução e saindo todos na mais perfeita paz comigo. Afinal, fiquei reduzido a um, que havia sido o meu primeiro escravo, que se chamava Antônio, e a duas outras que serviam dentro de casa, das quais uma, de nome Inocência, e que foi ama de um dos meus filhos, preferiu ficar comigo a ir para a companhia da mãe, que havia conseguido reunir toda a família e que muito instou para que ela para lá também fosse.

    Desde então os cafezais não mais se capinaram e o próprio terreiro passou a antes parecer o de uma tapera do que mesmo o de uma fazenda habitada. Entretanto, o que poderia à primeira vista parecer um grande mal, veio para mim a se converter em um bem, porque, naquele ano e depois no seguinte, devendo tudo, de todos os modos, concorrer para tornar o mais completo que fosse possível a ruína da miserável lavoura, até as próprias estações mudaram. De sorte que, ao passo que na estação da chuva o sol do alto do trópico ia tudo queimando durante treze ou catorze horas por dia, quando deveria começar a seca e que era dela agora que unicamente se precisava, principiou a chuva. O que então se plantou de cereais foi muito pouco; e fazendas houve em que se poderia dizer que nada absolutamente se plantou, pois que um dos meus vizinhos, por exemplo, que sempre havia tido o costume de plantar muitas dezenas de alqueires de milho, não chegou, segundo a mais de uma pessoa ouvi contar, a plantar senão apenas um único alqueire, além de haver perdido cerca de 10 mil arrobas de café por não encontrar quem o colhesse.

Do muito, porém, ou do muito pouco que se plantou, insignificantíssima foi a colheita, e de alguns cereais, como o arroz, por exemplo, a maior parte dos plantadores nem a semente chegaram a tirar. Ora, se os meus libertos tivessem ficado, eu não deixaria de fazer as minhas roças do costume e muito maior teria sido a minha despesa, sem que entretanto pudesse tirar o menor proveito, pois que todos os libertos, sem a menor exceção, foram cada vez mais diminuindo o serviço. Os dois casais últimos que me ficaram, por exemplo, gastaram dois meses, ou cento e cinquenta serviços, para me capinarem unicamente um alqueire de cafezal, o que antes se fazia com a quarta parte desses mesmos serviços, e isso, ou para chegar a um resultado assim tão irrisório, além dos jornais que lhes pagava, sustentando eu nada menos de 12 bocas, pois que, desses dois casais, um tinha cinco ou seis filhos e o outro três, e todos de 12 anos para baixo. Ora, a saída dos libertos poupou-me o mantimento que com eles teria de gastar, e tendo assim ficado com os paióis cheios e com o café nas tulhas, vim a me achar suficientemente habilitado para, sem uma muito grande urgência, ir aguardando tempos melhores. Entretanto, o ter ficado os cafezais no mato foi ainda de alguma sorte um bem, visto que, se não há da minha parte algum erro de observação, quer às vezes me parecer que, por estar a terra por falta de capina mais ou menos coberta, não foi o estrago nos meus cafezais causado pelo sol talvez tão grande como aquele que em alguns outros me pareceu notar ainda que por uma bem desagradável compensação muito maior foi também o prejuízo que veio a se produzir na minha colheita de café. E isso porque, sendo em fins de abril ou princípio de maio que o café costumava se achar no ponto de se iniciar a colher, em abril de 1889, já ele à força do muito sol não se achava completamente maduro, mas até mesmo começando a secar. Então, o que aconteceu foi que com as chuvas, que logo depois sobrevieram, a metade pelo menos, ou dois terços talvez, caiu e perdeu-se, o que fez com que a colheita, já em si uma das mais pequeninas, acabasse por menor se tornar ainda. Em abril de 1889 fui a Juiz de Fora buscar alguns colonos italianos; e creio que não fui infeliz na escolha. Foi isso uma simples experiência; e por ora inda absolutamente não sei o que terei de fazer. Sejam, porém, quais forem as vantajens do serviço livre, um fato para mim está desde já verificado, e vem a ser que, bem ou mal, o escravo trabalha muito mais do que o homem livre, uma vez que o seu trabalho seja feitorizado.

CAPÍTULO LIV

Se é certo, como dizem, e como realmente parece, que os povos mais felizes são exatamente aqueles que não têm história, e se um tal conceito, como é de razão, deve igualmente ser aplicado ao homem, eu poderia talvez dizer que a época mais feliz de toda a minha vida é também aquela em que, tendo-me casado e pouco depois me afastado da advocacia, acabei por me tornar exclusivamente lavrador. Até então eu tinha sido de uma atividade um pouco acima talvez do que é comum. Mas desde aquele para mim tão memorável ano de 1865 começou a se desenvolver em mim uma espécie de evolução quietista, que, muito demorada nos seus princípios, foi, no entretanto, caminhando em uma proporção sempre progressiva, ou cada vez mais crescente, até o ano de 1885, e muito principalmente deste ano até 1888. E faço essa distinção porque se naquele primeiro período eu não tinha ainda de todo me desprendido de certas obrigações sociais e de certos cuidados, ou de certas ocupações domésticas, desde aquele ano deu-se uma nova circunstância, que veio de alguma sorte tornar absoluta, ou inteiramente completa, essa mesma evolução de que acabei de falar. E essa circunstância foi que tendo trocado em 1885 o meu antigo e já tão enraizado hábito de ler pelo hábito para mim mais ou menos novo de escrever, e que tendo, segundo o meu costume, me entregado a esse meu novo hábito com uma espécie de verdadeiro furor, tão grande veio então a se tornar a concentração do meu espírito nos objetos sobre que escrevia, que poderia dizer talvez, e dizê-lo sem a menor sombra de encarecimento ou de uma muito grande exageração, que durante quase todo aquele período de três anos a minha vida não passou de uma vida quase que inteiramente espiritual, até que o fato da abolição, vindo arrebatar para mim como um verdadeiro raio, surgiu pelo tão inesperado golpe, produzindo em toda a minha existência uma revolução de tal natureza, que muitas vezes me parecia estar sonhando ou ter sido por uma espécie de arte mágica transportado para um país longínquo e onde nada eu encontrava que não me fosse estranho.

Ora, a paixão, e com ela a sua inseparável companheira, a imaginação, é sem dúvida nenhuma o que constitui a vida. E tanto isso é verdade, que para os velhos o maior de todos os seus prazeres acaba por ser o sono; e o sono já muito se parece com a morte. Se, porém, a paixão é a vida, ela é ao mesmo tempo a dor, e daqui o vir a ser o desprendimento, ou uma certa placidez do ânimo, que não pode resultar senão de uma tal ou qual moderação das nossas paixões e da nossa imaginação, a base principal de uma verdadeira felicidade, ou dessa felicidade relativa que é de fato a única que o homem pode alcançar neste mundo.

Esse foi o estado em que me conservei durante esse tão longo período de que acabei de falar. E assim, se durante ele eu tive, nem era possível que eu deixasse de ter, prazeres e pesares, todos esses sentimentos eram unicamente daqueles que têm por costume de passar sem deixar sulcos, ou sem que deixem pelo menos muito profundos sulcos.

E com efeito, sem falar em uma moléstia bastante grave de que minha mulher foi atacada e de que na ocasião muitas vezes tremi, e sem igualmente falar no falecimento de minha mãe, do qual já tive ocasião de me ocupar, eu quase que poderia dizer que durante todo esse tão longo espaço de aproximadamente um quarto de século, dois são quase que os únicos fatos que não direi que a minha memória conservou, mas que vieram na realidade quebrar essa espécie de quietude monótona em que a minha vida ia mais ou menos docemente, de contínuo, se deslizando.

O primeiro desses fatos é a maior loucura, a maior tolice, ou, não sei se deveria antes dizer, a maior asneira que tenho cometido em toda a minha vida. Entretanto, trata-se de um fato muito simples, extremamente natural, e que se fosse apreciado unicamente pela intenção que o ditou, não só seria digno de todas as desculpas, porém até mesmo de algum elogio. Infelizmente, porém, ninguém há talvez que seja como eu tão fraco contra o ridículo ou que tenha do ridículo um tão grande horror. Ora, o que eu fizera, sobretudo partindo de mim, era o que havia de mais soberanamente ridículo. Quando praticada aquela tão grande asneira, desde logo pude cair em mim, tão grande foi o vexame que imediatamente se me apoderou que, se me fosse possível, eu teria ido me meter umas mil braças pela terra adentro. Felizmente, o fato acabou por se esquecer, ou, para melhor dizer, passou completamente despercebido, e não serei eu quem agora me lembre de o vir aqui recordar.

Tratemos, pois, do outro, que foi uma viagem que fiz em 1868 a São Paulo. Havia dois motivos para que essa viagem não deixasse de produzir em mim uma grande impressão. Depois de ter-me conservado ausente muito mais de doze anos, eu de novo ia agora tornar a ver uma cidade que passa como uma das maiores e mais belas que possuímos e na qual eu havia morado por quase sete anos. Aquela, a primeira e única vez em que saindo barra afora eu fazia uma viagem por mar. O primeiro motivo, porém, não produziu o que eu esperava, porque, conquanto já então se começasse a dizer que São Paulo estava prosperando muito, eu fui achar a cidade tal qual eu havia deixado, nada tendo ido ali encontrar de novo, senão a estrada de ferro que não havia muito se tinha construído. E como, ou porque nunca me ache bem senão quando me vejo aqui no seio destas nossas Minas, ou porque não tendo tido em São Paulo senão uma vida puramente escolástica, e nunca tendo, além disso, chegado jamais a encontrar ali grandes prazeres, nunca também tivesse grandes motivos para querer a terra, o que é certo é que revi aquela cidade mais completa e com a mesmíssima indiferença com que treze anos antes eu a tinha deixado, e que no fim de muito poucos dias já me achava aflitíssimo para me ver de novo em casa.

Quanto à viagem de ida, nada também me ofereceu de notável, porque foi feita sem um incidente qualquer que me tocasse a imaginação ou os nervos, e o oceano, que é maior de imaginar-se do que mesmo de ver-se, desde que se afasta da terra acaba por se tornar monótono. A viagem, porém, de volta nada teve de semelhante com a de ida, muito pelo contrário, formou com ela o mais perfeito contraste, não só porque a de ida foi de dia e a de volta, de noite, mas sobretudo porque nesta última, desde que saímos de Santos, foi tal o pampeiro, o aguaceiro, a tempestade ou não sei qual o nome que se dá a essa cousa que se pôs a brincar com o tal paulista em que viajávamos, que todos os passageiros que vinham para São Sebastião tiveram de vir dar com os costados na Corte, tal era a força do vento e a braveza do mar que o navio teve de se fazer ao alto para não correr os grandes perigos da costa.

Dessa viagem, entretanto, ou dessa para mim tão temerosa tempestade, não serei eu por certo que me lembre de fazer a descrição, porque nada deveria haver de mais ridículo do que um puro caipira de Minas a falar das cousas do mar. E assim, tudo quanto me animo de aqui consignar são duas únicas observações que naquela ocasião cheguei a fazer, e que são as seguintes: primeiro, que não tenho lá muito grande medo da morte, visto que tendo naquela ocasião a considerado como não estando muito longe, a morte no entretanto não me causou então um grande abalo; e segundo, que não é o uso do mar o que acaba por tirar o enjoo, mas que só enjoa quem já nasceu para ser enjoado. E com efeito, aquela tempestade era de tal natureza que, à exceção talvez dos empregados do navio, dentro da embarcação não havia uma só pessoa que não lançasse, não tropeçasse ou não caisse, e que ao passo que havia um paulista que não cessava de gritar como um desesperado pelo Senhor Bom Jesus da Cana Verde, ao mesmo tempo não havia um só viajante que de boca, ou que do fundo do seu coração, não se encomendasse a todos os santos da Corte do Céu e muito principalmente àquele ou àqueles que eram da sua mais especial devoção. Entretanto, no meio de toda aquela balbúrdia, além de um caipira paulista que muito mais valente ainda do que eu parecia andar pelo navio com todo o desempeno de quem não havia saído da sua própria casa, fui o único que não enjoou. Verdade é que, sendo chamado para jantar e me sentindo com muito bom apetite, eu não deixei de muito de pronto ir apresentar-me à mesa, e que, não obstante, não pude nela me conservar por muito tempo. Mas isso foi unicamente porque, vendo que ali tudo dançava, cadeiras, mesas, pratos, talheres e sobretudo os lampiões, que pareciam badalos de sinos a querer tocar no teto, achei que antes de lançar carga ao mar era muito melhor pôr-me horizontalmente em um banco onde a cabeça recostada podia apreciar os males dos outros sem que, para deles se compadecer, precisasse de também sofrer.

Fora disso, não me recordo de ter sentido qualquer outro incômodo. Contudo, para ser um narrador que ainda nas menores coisas nunca deixa de ser exato e de ser sobretudo extremamente minucioso, eu não devo aqui deixar de comemorar uma circunstância muito importante. Dois ou três dias depois que eu me tinha desembarcado, toda a cidade do Rio de Janeiro me cheirava a navio.

Qual foi porém o motivo dessa minha viagem a São Paulo? É o que eu agora vou contar. Minha mãe, depois de ter estado algum tempo comigo em Queluz, assentou afinal de ir ficar com meu irmão em São Paulo. Ora, segundo creio já ter tido ocasião de o dizer, minha mãe era dotada de um tino muito grande para os seus negócios. Passando, portanto, pela Campanha, ela lembrou-se de ali comprar alguns escravos mais ou menos velhos, ou menos defeituosos. Levou consigo para São Paulo, pôs a jornal naquela cidade, e, desta sorte, de um capital extremamente diminuto ela chegou a tirar um rendimento, que se não era grande, dava-lhe, não obstante, o quanto era preciso para não passar de um modo muito apertado.

Quando meu irmão veio para a minha companhia, ela veio também. Mas minha mãe, como de ordinário acontece a quase todas as senhoras, sentia um grande fraco pelas cidades grandes. Assim, como em 1839, foi com o maior desprazer que ela deixou a Corte, também agora, apesar de ter de ficar pela primeira vez sem nenhum dos filhos, não havia nada que lhe fizesse perder de todo a esperança, ou a intenção de voltar para São Paulo, ainda que fosse, como dizia, para lá ir despedir-se das suas amigas e passar mais alguns meses. Por um semelhante motivo nunca houve razões nem instâncias que a fizessem consentir em que eu mandasse buscar os escravos que ainda lá haviam ficado; e como sempre timbrei em nunca contrariá-la ainda mesmo naquilo que reconhecia não ser lá muito razoável, desisti daquela ideia. Minha mãe, porém, adormeceu e tendo se tornado absolutamente impossível a sua volta para São Paulo, assentei de ir eu mesmo buscar aqueles escravos, porque tendo já se passado quase que quatro anos, não era esse um negócio que pudesse ser convenientemente liquidado senão por mim.

Muito pouco tempo depois que eu havia chegado a São Paulo quando lá fui pela primeira vez, tive ocasião de conhecer e travar relações com um homem que se chamava Joaquim José Ferreira, um quase meu conterrâneo, liberal muito exaltado, sendo por isso assinante do *Grito Nacional*, que era de tal violência de linguagem e de ideias, que se dizia ser pago pela polícia. Por aí começamos as nossas relações. Depois disso, ou nos meus últimos anos de São Paulo, ainda aconteceu de eu ser seu vizinho durante quase três anos em uns terrenos que ele possuía adiante do Tanque dos Unegas, que ficavam defronte da chácara em que eu morava. De tudo isso resultou que, apesar de ser aquele Ferreira um homem muito irascível e um pouco esquisito, tal afeição acabou por me mostrar que, por ocasião da minha retirada de São Paulo, desde a véspera da minha partida estava a chorar e que no dia seguinte de madrugada saiu de casa para não me ver partir.

Chegando, pois, a São Paulo, em 1868, não quis deixar de ser seu hóspede. Tomei na estação um carro e segui diretamente para a sua casa, e com ele lá me fui aboletar, tanto mais que todas as minhas vistas eram de não me demorar naquela cidade mais de uns três ou quatro dias.

Não encontrei nenhuma dificuldade em reunir os escravos e liquidar as respectivas contas, embora quase tudo o mais que minha mãe lá havia deixado se houvesse de todo extraviado. Dos escravos, porém, havia uma chamada Geralda, que tendo estado alugada como servente do bispo daquela diocese, pouco antes falecido, ou por descuido do encarregado dos escravos, ou não sei por que motivo, tinha ido se estabelecer sobre si, ou tinha ido morar em uma casa que ela mesma havia alugado em uma rua que corre além do Carmo pelas margens do Tamanduateí.

Tendo, embora com alguma dificuldade, chegado a descobrir a casa em que ela morava, uma noite para lá parti com um dos escravos do Ferreira e a trouxe comigo. No dia seguinte muito cedo vieram me dizer que à porta estava um homem de carro que desejava falar-me. Fui recebê-lo, e então soube que era um oficial de justiça que me intimava da parte do juiz municipal para ir apresentar-lhe a senhora F. ou a pessoa que na véspera, à noite, eu havia trazido para a minha companhia. Tendo, pois, tomado o tempo apenas preciso para me vestir, parti com a escrava para a casa do juiz. Quando ali cheguei, havia algumas pessoas, e entre elas encontrei Luiz Gama, o autor da intimação, cuja polícia era de tal natureza, que, estando eu em São Paulo depois de quatro ou cinco dias apenas, e sendo ali quase que inteiramente desconhecido e estando em uma casa que ninguém sabia, tendo feito, além disso, em um bairro da cidade a apreensão da escrava à noite e em seguida, sem que ninguém visse, a levado para um bairro inteiramente oposto, no entretanto, menos de 12 horas depois, eu era intimado para apresentá-la em juízo.

O fundamento do mandado, como já se pode ter percebido, era que a escrava achava-se sobre si e que por consequência detinha de fato a posse da sua liberdade. Eu, porém, apresentei os meus documentos. O encarregado dos escravos, tendo por ordem do juiz sido chamado, explicou todos os fatos como eles realmente eram, e a tal posse da liberdade caiu, por assim dizer, com um sopro. Luiz Gama, então, vendo-se batido sobre este ponto, ainda alegou que a escrava havia tido filhos com o seu antigo senhor, e que em vista da ordenação estava por este fato livre. Eu, porém, que conhecia muito bem a Campanha, mostrei que a escrava poderia ter tido talvez filhos com algum dos filhos do seu senhor, mas que com ele não era isso de modo algum possível, por diversas razões que apresentei. A escrava, ou de boa-fé ou por não ter havido tempo de ser insinuada, confirmou as minhas alegações, e então, à vista de provas e de explicações tão claras, o juiz declarou que eu podia retirar-me levando a criada, pois que o meu direito não podia sofrer a menor contestação. Luiz Gama ainda quis ver se era possível lançar mão de algum outro pretexto para reter a escrava, mas acabou por se convencer que não havia para isso possibilidade alguma.

Por essa ocasião e quando Luiz Gama parecia mais insistir, eu lhe perguntei se realmente achava que eu fosse capaz de querer reduzir à escravidão pessoa livre? "Não", respondeu ele, "não só não o acho capaz, porém até mesmo estou inteiramente persuadido de que o senhor procede com a mais completa boa-fé. Mas eu também fui escravo, não tive do meu senhor a menor queixa, antes lhe devo talvez alguma gratidão, e no entretanto nada disso impede que eu tivesse sido escravo, apesar de haver nascido homem livre. O meu dever, portanto, ou antes a missão que a mim tomei, é a de defender o direito dos escravos sempre e em toda a parte onde eu o possa fazer, sem que entretanto nada tenha com as intenções dos senhores ou que de qualquer modo lhes queira mal por isso".

No dia seguinte, muito cedo, apareceu-me de novo em casa uma pessoa que me procurava da parte de Luiz Gama. Esse fato causou-me um tal aborrecimento, que eu disse ao meu hóspede que partiria no dia seguinte, deixando a escrava e todos os outros, se porventura me viessem ainda com alguma nova trica ou embaraço. Fui, no entretanto, verificar o que ainda se queria de mim, e encontrei um homem que, entregando-me um papel, me declarou ser empregado, ou não sei quê de Luiz Gama.

O papel era uma conta mais ou menos nesses termos: importância do mandado, tanto; aluguel de carro, tanto; mais não sei que parcela, tanto; soma tanto (3 ou 4 mil-réis), deduzidos de tanto (vinte e tantos mil-réis) que me foram entregues pela sra. Geralda, sobra, tanto, que devolvo.

O dinheiro me foi então entregue pelo portador juntamente com um relógio velho e mais alguns outros objetos pertencentes à escrava, e na conta não se achava nem sequer o preço da petição que havia sido feita por Luiz Gama. Limpeza de mãos!

Sendo a abolição uma ideia justa, e direi mesmo uma ideia generosa e quase que santa, muitos devem ter sido aqueles que a abraçaram unicamente por amor a ela ou que vieram a se tornar abolicionistas em toda a pureza do seu coração. Eu, porém, com toda a verdade o digo, a dois unicamente é que cheguei a conhecer, e esses dois foram Luiz Gama e o meu primo, o dr. Agostinho Marques Perdigão Malheiros. E ainda assim eu dou a primazia ao último, porque aquele ainda tinha para estimulá-lo o amor da própria raça e o ódio da escravidão que havia sofrido, enquanto que o último, legítimo branco, neto de fazendeiros e ele mesmo senhor de escravos, não duvidou, no entanto, em um tempo em que falar em abolição era mais do que um crime e era quase que um sacrilégio, de escrever um livro que ele muito bem sabia não havia de ter compradores, e isso unicamente para convencer a quem não queria ser convencido que a escravidão era a maior de todas as iniquidades, fosse qual fosse o ponto de vista debaixo do qual se a pudesse considerar.

E como na completa unidade em que naquele tempo ele se achava, era preciso que ninguém pudesse duvidar da sua própria sinceridade, ele, que não dispunha de uma muito grande fortuna, libertou a todos os seus escravos.

Entretanto, ó desconsoladoras ironias da sorte! Em todas essas tão barulhentas festas da abolição, tão prolongadas e sempre tão cheias de vivas e de flores, se porventura o nome de Luiz Gama chegou algumas vezes a aparecer, pode-se dizer que foi apenas *per accidens* ou então unicamente de encambulhada com aquela tão bem conhecida e tão imensa turba de abolicionistas de carregação ou de puro contrabando, ou daqueles que unicamente o foram quando viram que muito pouco faltava para pingar a última hora. Quanto ao nome de Perdigão Malheiros, este já desde muito que havia de todo se afundado, e a ninguém com toda a certeza encontrou que dele se lembrasse. Isso, no entretanto, era aquilo que natural e muito logicamente deveria acontecer. Filha de um grande número de interesses, do servilismo e da mais sórdida especulação, a abolição, tal qual foi feita, muito pouco deve à ideia. Desde os seus mais altos promotores até o último e mais desprezável dos papa-pecúlios, o que unicamente transparece é a especulação, e sempre a especulação.

Se, algum dia, um historiador aparecer que, despido de todos os preconceitos, ainda mesmo os humanitários que pelo simples fato de serem humanitários não deixam por isso de ser muitíssimas vezes iníquos, se dispuser a ser um juiz verdadeiramente imparcial, ele, para condenar não pequena turba vil e muito mais odiosa, talvez dos especuladores grandes, de nada mais precisará do que ler os pareceres do Conselho de Estado ou os debates das nossas câmaras e cotejar os feitos dos homens com as suas próprias palavras ou com aquilo que muitas vezes na véspera todos eles haviam dito. Quanto aos miúdos, a condenação é sem dúvida nenhuma muito mais difícil, porque os ladrões e os velhacos foram e hão de ser sempre muito hábeis em fazer desaparecer as provas dos seus crimes. Para que, porém, por um único exemplo se possa fazer ideia do muito de igual que então se praticou, quero aqui consignar um fato que se passou, por assim dizer, na minha família, e do qual o autor seria provavelmente algum daqueles que, cheios do maior desassombro viviam a se esfalfar para proclamarem a todos os ventos que não se deveria viver à custa do suor alheio, e que, por consequência, não havia um só fazendeiro que não fosse digno de ser queimado e de se lhe atirar as cinzas ao vento, pois eram homens de tal natureza que só davam aos seus escravos relho e trabalho e que às vezes os cozinhavam nas suas caldeiras e não sei se também os comiam. E eis aqui qual o fato.

Tendo minha sogra se mudado para a Corte, levou consigo uma escrava sua, já velha e cega de um olho, e a colocou em uma casa onde, em muito pouco tempo, além do jornal que dava à senhora, pôde ainda arranjar um pecúlio de 100$000. Um dos tais, sabendo do fato, que para isso o faro nunca lhe faltava, disse à escrava que com aqueles 100$000 poderia alcançar a sua liberdade por meio da confederação abolicionista, e que se ela quisesse, ele, unicamente por comiseração para com a sua tão grande desgraça, não duvidaria de se encarregar desse negócio. A pobre preta anuiu com o melhor prazer, e poucos dias depois dava os seus 100$000 e em troca recebia uma carta falsa de liberdade com o conselho de que deixasse o quanto antes a casa onde se achava e de procurar desaparecer. Assim ela o fez com efeito. A polícia, porém, ainda tinha naquele tempo algum respeito pelo direito dos senhores, e, tendo sido a escrava descoberta, minha sogra, para que a mesma não se tornasse de novo a extraviar, a mandou aqui para Leopoldina a fim de ficar em companhia de um dos meus cunhados que estava sem quem o servisse. Desde então e até que aparecendo a abolição aquela pobre negra fosse verdadeiramente libertada, pode-se dizer que ela quase que outra cousa mais não fazia do que lamentar a sua desapiedada sorte e de amaldiçoar aquele indigno e tão cruel autor da sua desgraça, que havia feito com que ela saísse da Corte donde tanto gostava e de uma casa onde tão bem ela se achava, para acabar por vir agora, e quando menos o esperava, a achar-se aqui nesse ermo de Leopoldina e ter no fim da sua vida de desgostar a uma senhora que sempre a havia tão bem tratado. "Mas", acrescentava ela, "um moço tão bonito, tão bem trajado, um empregado do Tesouro, como eu poderia pensar que jamais me fizesse esta!". E esta, no entretanto, não foi talvez das piores.

Este livro foi impresso na Edigráfica.
Rua Nova Jerusalém, 345 Bonsucesso, Rio Janeiro, RJ.